MUJER Y LITERATURA
MEXICANA Y CHICANA
Culturas en contacto

2

PROGRAMA INTERDISCIPLINARIO DE ESTUDIOS DE LA MUJER

MUJER Y LITERATURA MEXICANA Y CHICANA
Culturas en contacto

2

Aralia López González
Amelia Malagamba
Elena Urrutia
coordinadoras

C M

EL COLEGIO DE MÉXICO

EL COLEGIO DE LA FRONTERA NORTE

Ilustración de la portada: Frida Kahlo, *Autorretrato en la frontera entre México y Estados Unidos*, 1932, Colección Manuel Rayero, Nueva York.

Este libro se publica con el apoyo del
Programa Cultural de las Fronteras
del Consejo Nacional para la Cultura y las Artes

Portada de Mónica Diez Martínez

Primera edición, 1990
D.R. ©   El Colegio de México
         Camino al Ajusco 20
         Pedregal de Santa Teresa
         10740 México, D.F.
D.R. ©   El Colegio de la Frontera Norte
         Bulevar Abelardo L. Rodríguez 21
         Tijuana, B.C., México

ISBN 968-12-0447-6

Impreso en México/*Printed in Mexico*

ÍNDICE

[5]

SEGUNDA PARTE

LAS ESCRITORAS DE LA FRONTERA NORTE DE MÉXICO:
FIN DE UNA INSULARIDAD DENTRO DE OTRA
INSULARIDAD CULTURAL, EN VÍAS DE UN SINCRETISMO
PRIMER Y TERCERMUNDISTAS

TERCERA PARTE
LAS ESCRITORAS CHICANAS:
RUPTURA DEL CERCO PATRIARCAL Y COLONIAL
EN UN ESPACIO DE CULTURAS DISCREPANTES

ÍNDICE

PRESENTACIÓN

Empeñadas como estamos en discernir una especificidad en la literatura escrita por mujeres, en abril de 1987 realizamos el Primer Coloquio Fronterizo sobre el tema "Mujer y literatura mexicana y chicana: culturas en contacto",* en mayo de 1988 el Segundo Coloquio –cuyas ponencias presentamos ahora en este volumen– y en mayo de 1989 el tercero, ya que nos movía y nos mueve ampliar, ensanchando y profundizando, la cámara de espejos.

Puesto que el Taller sobre Narrativa Femenina Mexicana –iniciado en 1984–, en el marco del Programa Interdisciplinario de Estudios de la Mujer (PIEM) de El Colegio de México, ha centrado su análisis en la producción literaria femenina y mexicana, nos pareció de sumo interés poder enriquecer dicho análisis propiciando el encuentro y la discusión con investigadoras(es) que trabajan sobre el mismo campo literario en universidades fronterizas y estadunidenses, y también danesas y australianas.

Resultó así que una visión desde la ciudad de México de la obra de Elena Poniatowska, Inés Arredondo o Josefina Vicens, por ejemplo, fuera puesta en diálogo en esa cámara de espejos con la visión que desde Berkeley, Santa Barbara o San Diego nos llevaron quienes coincidían en los mismos temas de estudio.

Y digo nos llevaron porque el encuentro y la discusión se dio en Tijuana –en El Colegio de la Frontera Norte–, lugar de cruce por excelencia de quienes van o vienen en este incesante movimiento de personas, ideas y productos entre México y Estados Unidos.

Por otra parte, ¿era posible encontrarse en la frontera norte ignorando el quehacer literario de las mujeres que en ella viven y que, seguramente, a la especificidad genérica habrían de añadir características regionales? Por ello, algunas ponencias hicieron posible iniciar un camino casi desconocido hasta hacía poco.

Pero también nuestro desconocimiento de la literatura chicana es muy grande, y si hablar de la mujer es referirse a la marginalidad, la que ha sufrido hasta ahora la literatura escrita por mujeres cobra particular dimensión cuando se trata de aquella literatura escrita en los márgenes de un país –en su frontera– o en los márgenes a los que orilla el origen mexicano en una nación eminentemente anglosajona. Es así que la propuesta contenida en el título mismo de los tres

---

* Cuyo resultado fue el libro *Mujer y literatura mexicana y chicana: culturas en contacto*, Aralia López, Amelia Malagamba y Elena Urrutia, publicado en 1988 por El Colegio de la Frontera Norte y el Colegio de México, Programa Interdisciplinario de Estudios de la Mujer, con el apoyo del Programa Cultural de las Fronteras, SEP.

[9]

coloquios "culturas en contacto" no podía lograrse sin intentar incluir esos otros espejos constituidos por la visión de la obra de algunas autoras chicanas, es decir, el producto acabado, resultado de dos culturas en contacto, en proceso dinámico de integración.

ELENA URRUTIA
Programa Interdisciplinario
de Estudios de la Mujer,
El Colegio de México

INTRODUCCIÓN

Tres literaturas de minorías: producción y crítica

En este libro se reúnen las ponencias presentadas los días 12, 13 y 14 de mayo de 1988 en el Segundo Coloquio Fronterizo sobre el tema "Mujer y literatura mexicana y chicana: culturas en contacto", que tuvo lugar en la ciudad de Tijuana, Baja California, México. Lo mismo que en el Primer Coloquio de 1987, la realización de esta reunión fue producto de la colaboración interinstitucional. Participaron en este esfuerzo El Colegio de México (COLMEX) a través del Programa Interdisciplinario de Estudios de la Mujer (PIEM); El Colegio de la Frontera Norte (COLEF) a través del Departamento de Estudios Culturales; la Universidad de California en San Diego (UCSD); la Universidad Estatal de San Diego (SDSU); y el Programa Cultural de las Fronteras. La comisión organizadora estuvo constituida por Elena Urrutia (COLMEX-PIEM), Aralia López González (PIEM-UCSD), Amelia Malagamba (COLEF), Pilar Grediaga (COLEF), Marta Sánchez (UCSD), Ernesto Barrera (SDSU) y Juan Bruce-Novoa (TU). Una vez más debe agradecerse el entusiasta apoyo del doctor Jorge A. Bustamante y del licenciado Alberto Hernández, presidente y secretario general respectivamente de El Colegio de la Frontera Norte, sede del encuentro.

Lo primero que salta a la vista en este Segundo Coloquio, comparativa y cuantitativamente, es la mayor cantidad de trabajos presentados. Si fueron veintiséis en el primero, ahora contamos con cuarenta y cinco. En este volumen sólo aparecen cuarenta y uno porque los demás no fueron entregados para su publicación. Pero lo más significativo en este caso es que dicho aumento se debió a la mayor participación de estudiosos de la literatura chicana y fronteriza (norte de México). Es muy grato advertir que "culturas en contacto" ha dejado de ser la designación de un buen deseo para hacerse una experiencia real de intercambio y conocimiento. Gracias a esto, ya es posible plantear algunos resultados que aun siendo generales y tentativos, permiten perfilar ciertos rasgos afines y también diferenciar entre producciones literarias que teniendo raíces comunes se han conformado en procesos históricos diferentes; y, asimismo, partiendo del hecho de que se trata de una producción escrita por mujeres, sin renunciar a la posible caracterización de una poética femenina, revelan la necesidad de contextualizar el género como categoría de análisis si se quiere evitar las muchas veces estériles totalizaciones abstractas.

Sin duda, la tarea del conocimiento supone un incesante esfuerzo de discriminación en búsqueda del matiz, la fisura, el detalle, la ligera variación que transforma lo aparentemente igual en algo nuevo y diferente. La literatura, disciplina de lo particular, se enfrenta no obstante a la igualmente continua necesidad de ordenar y, por tanto, de generalizar por épocas, géneros, culturas, naciones y, por ahora, también por sexos. Por muy "individual" que sea el sujeto de la obra literaria, no deja de participar de la especie humana y su diferenciación sexual; por muy original que sea, no deja tampoco de participar de un grupo familiar, comunal, nacional, etc., que lo modela dentro de pautas sociales, incluidas las atribuciones genéricas, y que le confiere determinados rasgos de identidad individual y colectiva. Por eso es posible hablar de literaturas nacionales, regionales, incluso barriales: el "barrio" en el caso chicano; la tepitense en el caso del Distrito Federal. Por las mismas razones, es posible también indagar las huellas que en la producción literaria dejan las diferencias sexuales transformadas socialmente en diferencias genéricas de valorización desigual. Tomando en consideración que esta desigualdad ha sido y sigue siendo causa de vínculos de opresión y servidumbre entre hombres y mujeres, se aprecia el aporte que puede significar el análisis literario en términos genéricos, para comprender y explicar ciertas representaciones simbólicas y distorsiones sociales que ayuden a transformar los vínculos de servidumbre en vínculos de solidaridad. La literatura, como práctica social que es, tiene su parte de responsabilidad como hacedora de la conciencia y del juicio crítico.

En la "Introducción" elaborada para la publicación de las ponencias del Primer Coloquio se dijo: "Deseamos que esta compilación resulte útil [...] para iniciar el diálogo y el estudio de la literatura de dos pueblos hermanos..." El diálogo se ha iniciado y no sólo es rico sino también polémico. Sin embargo, no se trata ya únicamente de *dos* pueblos hermanos, mexicanos y chicanos, como se planteó en el Primer Coloquio. Ahora, la mayor presencia de la entidad cultural fronteriza del norte de México, cuya singularidad la distingue en muchos aspectos de la cultura central y *dominante* caracterizada por ello como "nacional", hace necesario considerar las diversidades geográficas e históricas que suponen desarrollos diferentes, no obstante la filiación mexicana en general. Por eso, a los efectos de organización y claridad, y pensando en facilitar el manejo de estos materiales para fines de enseñanza e investigación, este libro aparece dividido en tres partes: 1) las escritoras en la capital mexicana; 2) las escritoras en la frontera norte de México; y 3) las escritoras chicanas. De este modo se hace posible apreciar tres formas de literatura que aun partiendo de la común condición de la mujer en cuanto marginal y minoritaria en el marco de la cultura hegemónica patriarcal y masculina, muestran sin embargo diferentes representaciones de la realidad y de sus relaciones con la misma de acuerdo con las especificaciones concretas de sus contextos sociales de producción. En las tres partes aparece el género como factor de malestar y opresión, pero sus formas de vivirlo, enfrentarlo, así como los intentos de superarlo y reinterpretarlo varían notablemente según la presencia de otros factores de desigualdad como la raza, la clase social, la nacionalidad, la pertenencia regional, etc. Asimismo, todo esto se hace más o menos complejo en la medida en que las conflictivas relaciones históricas y aun actuales entre Estados Unidos y México permean el contexto social; o, igualmente, en el caso de la frontera norte, se mantienen las causas de resentimientos y antagonismos entre lo regional y lo central. El género, entonces, no puede entenderse como una razón única o totalizadora para estudiar hechos históricos, sociales y culturales, sino como un eje de análisis importantísimo dentro de la reflexión crítica feminista que, sin embargo, debe articularse orgánicamente con otros ejes de análisis para definir, precisar y distinguir la práctica literaria de la mujer.

Para entrar al comentario de los trabajos reunidos en este libro, es bueno recordar que si en el Primer Coloquio se publicaron sólo cinco ponencias sobre literatura chicana y dos sobre literatura mexicana fronteriza, en contraste con dieciséis sobre la literatura mexicana central (los tres restantes correspondieron a trabajos teóricos en general), ahora la literatura chicana cuenta con quince, la fronteriza con cinco y la central con veintiuna. En cuanto a esta última, agrupada en la Primera Parte, dieciocho trabajos versan sobre autoras determinadas y tres sobre radionovela, la revista femenina del siglo XIX y la influencia del inglés en el español de México. En general faltaron en esta ocasión, lo que es de lamentar, trabajos que plantearan problemas teóricos dirigidos a la posible caracterización de una poética femenina o precisiones metodológicas para la crítica literaria feminista. No obstante, las ponencias de Sergio Montero, Aralia López y Gloria Prado hacen algunos señalamientos en esa dirección. Ahora bien, conviene aclarar que en todos los trabajos, si media una lectura cuidadosa, se revelan valiosas sugerencias teóricas y metodológicas.

En la Primera Parte, la mayoría de los trabajos tratan de autoras cuyas obras comienzan a publicarse a partir de 1950 aproximadamente. Es justamente en esa década que la presencia de la mujer en el escenario literario comienza a manifestarse y a tomar fuerza en México. Coincide también con la publicación de *Sobre cultura femenina*, de Rosario Castellanos, texto en el cual la autora reflexiona abiertamente sobre la marginación tradicional de la mujer en la cultura. La contemporaneidad de la mayor producción literaria femenina, hace comprensible que la preocupación crítica recaiga sobre obras relativamente recientes, pero es importante insistir en la necesidad de ir al encuentro de textos que, guardados en algún cajón, en bibliotecas o incluso en archivos familiares, permitirán trazar la tan deseable tradición y evolución de la mujer en las letras mexicanas. Las autoras más estudiadas en este Segundo Coloquio fueron Rosario Castellanos, Julieta Campos, Aline Pettersson, Silvia Molina, Bárbara Jacobs —analizada con gran sensibilidad crítica por Yvette Jiménez de Báez—, Benita Galeana, cuyo testimonio de vida publicado por los años cuarenta dio pie a Edith Negrín a reflexionar sobre el tema de la escritura como liberación. Pero las escritoras más atendidas por los(as) críticos(as) fueron en este orden, Elena Poniatowska, Inés Arredondo y Josefina Vicens. El espectro temático de estas autoras es muy amplio, aunque con afán ordenador puede decirse que sus preocupaciones se agrupan dentro de dos grandes tendencias: lo específicamente histórico y social, como Castellanos, Poniatowska y Molina; y lo específicamente existencial y psicológico como Arredondo, Campos y Pettersson. Esto no excluye, desde luego, la interpenetración de ambas en algunas autoras, que es la tendencia más reciente y cuyo modelo ya está particularmente sugerido por Castellanos a lo largo de su vida y de su obra. Por otra parte, Julian Palley fue el encargado de recordar la poesía y analizar la producción de Ulalume

González de León y Patricia Medina. Asimismo trazó la línea de parentesco de esta última con Rosario Castellanos.

Con referencia a Castellanos vale destacar el trabajo de Mónica Szurmuk por su rigor crítico desde la perspectiva teórica feminista y, a propósito, conviene mencionar que la mayoría de las ponencias, si bien apunta algunos rasgos "femeninos" de la producción literaria escrita por mujeres, más bien lo hace desde una visión descriptiva o reivindicativa sin comprometerse o cuestionar posiciones teóricas de la crítica literaria feminista, discurso que sustenta básicamente y justifica la literatura escrita por mujeres como objeto particular de estudio. Esto vale para todos los trabajos en general, pero debe señalarse que entre los(as) críticos(as) chicanos, fronterizos, norteamericanos o residentes en Estados Unidos, se aprecia un interés mayor por acercarse a un marco conceptual feminista aunque no en todos los casos su aplicación resulte lograda. Obsérvense para advertir esta preocupación algunas citas y notas bibliográficas. Señalo esto porque creo, personalmente, que el estudio de la mujer en la literatura requiere de herramientas críticas diferentes a las tradicionales o usuales. La lectura crítica de una obra que todavía puede considerarse de minorías, como es el caso de la mujer en la cultura occidental, no puede ser realizada desde la perspectiva de los modelos consagrados predominantemente masculinos. Esta posición personal puede prestarse, claro está, a controversia, pero no quiero dejar de consignar mis propias inquietudes ya que compruebo con mucha frecuencia que aun los estudiosos de la mujer eluden la reflexión teórica feminista, reflexión que es justamente la aportación más importante de la mujer a una nueva comprensión de la historia, la cultura y la sociedad.

En la mayoría de los trabajos de esta Primera Parte, está presente todavía la duda sobre la existencia o no de rasgos específicos femeninos en la escritura de la mujer. Gloria Prado, en su trabajo "La lucha sin tregua en la escritura de algunas mujeres", trata aun de desmentir la supuesta incapacidad creativa de la mujer aunque cree aventurado, por el momento, afirmar la existencia de una expresión exclusivamente femenina. En general, parece desprenderse del género de esta ponencia que el sexismo no se detecta ni se denuncia claramente como factor social de opresión femenina. Sigue siendo pues Rosario Castellanos, a quince años de su muerte, la escritora mexicana que, desde la capital, mayor comprensión tuvo de este fenómeno. Quizás, y a manera de un intento parcial de explicación, la existencia de una literatura nacional, cuya consistente tradición patriarcal se organiza a lo largo de dos siglos, sea la causa de que la mujer escritora inscrita en este horizonte esté más preocupada por incorporarse a esta tradición y emular al varón que por separarse o definirse diferencialmente. Por eso el sexismo como consideración determinante de una diferencia cultural y literaria no aparece claramente perfilado en su producción literaria. En cambio, esto sí ocurre en las escritoras fronterizas y chicanas, como veremos más adelante, en las cuales este horizonte tradicional se adelgaza tanto que se pierde en la novedad misma de estas literaturas que parten ya de una consciente problemática de convivencia entre los sexos.

En cuanto a la Segunda Parte de este libro, sorprende el gran número de autoras y obras que Sergio Montero y Gabriel Trujillo Muñoz dan a conocer en sus trabajos. Ellos ofrecen una visión histórica y una valoración de conjunto de la producción literaria femenina regional. Montero esboza un marco teórico conceptual para explicar la escritura femenina partiendo de la división social del trabajo de origen patriarcal y capitalista, así como de los grados de especialización del lenguaje en la práctica escrita de la literatura. Según Montero, lo que singulariza a la mujer como sujeto de la escritura dentro de una literatura que como la fronteriza está en formación, es su cotidianidad negativa y su estado social de discriminación. La desgarradura como experiencia de vida, es su sello; y el manejo literario de la oralidad, su mayor recurso. El crítico opina que en el caso de las mujeres que escriben, la organización de la conciencia individual y social se literaturiza. Y apoyándolo, Humberto Félix Berumen declara que la recuperación del "ser" femenino pasa por la apropiación del lenguaje y del descubrimiento de formas propias para expresarse.

Por otra parte, Trujillo Muñoz subraya que dentro de una cultura regional sitiada entre dos mundos culturales dominantes, el México del centro y el norteamericano, la mujer es una insularidad dentro de otra insularidad —la regional—, y representa una tendencia contracultural y defensiva que desmitifica críticamente los estereotipos de género tanto masculinos como femeninos, especialmente en el ámbito de las relaciones familiares. Asimismo, indaga nuevas opciones de relación entre la pareja. Frente al nacionalismo cerrado, opone la visión plural y heterogénea que surge de su realidad social, cultural y económica en el espacio fronterizo. Por eso mismo, la mujer en general rechaza el concepto de pureza en cuanto a las construcciones literarias, mezclando géneros y usos diversos de lenguaje. El registro oral es también, para este crítico, un recurso expresivo muy específico de la escritura femenina actual. Trujillo Muñoz estima que la mujer escritora de la frontera norte de México, aporta nuevas formas de entender y asumir la vida y sus contradicciones desde una posición crítica que no pretende justificar ni encubrir, sino comprender y denunciar para participar en la construcción de sí misma y de su sociedad.

Leobardo Saravia, en un interesante trabajo que también ofrece una visión general del desarrollo de las letras fronterizas, y en el cual toma en cuenta por igual a mujeres y hombres, destaca el fragmentarismo cultural y la marginalidad de esta literatura en cuanto al contexto nacional. Expone las causas históricas, geográficas y sociales que hacen de la frontera norte un espacio de tránsito, caracterizado por el fluir migratorio ininterrumpido y las urgentes necesidades de supervivencia. En general, la vivencia de inestabilidad y la ausencia de planificación son un campo excelente para la experimentación creativa, pero no para la continuidad y la consolidación del trabajo generacional. No obstante, el espacio fronterizo mismo es la experiencia maestra que, al desencadenar la reflexión personal, trasciende a lo colectivo y va estructurando una singularidad literaria y cultural que, como lo demanda la escritora Julieta González Irigoyen, necesita medios de difusión y recursos editoriales consistentes para poder desarrollarse. La frontera norte como espacio cultural, tal como se muestra en este trabajo, constituye una potencialidad riquísima de realización difícil. Aquí, la fuerza testimonial y creativa de la mujer pone la nota de independencia innovadora, consciente de sí misma y de sus diferencias no sólo con el hombre —los hombres—, sino también en lo regional con respecto al resto de la nación y, en lo mexicano, con respecto a la mujer chicana y norteamericana.

Saravia define a la frontera norte como un espacio de modernidad y cambio. Lugar de encuentro entre migrantes de todo el país, estación temporal de chicanos y norteamericanos, conforma una entidad cultural que desde los lenguajes fronterizos, la base protestante de una religiosidad heterogénea en contraste con el México central y el sureño, el enorme desarrollo del comercio y la maquiladora como economía dependiente de Estados Unidos, y su ya también leyenda negra que la identifica como lugar de paso donde peligra la soberanía nacional, se establece como ese "otro" México alguna vez definido por José Revueltas y Fernando Jordá, donde lo imprevisto fermenta la autonomía cultural. Es en este aliento de resistencia y supervivencia frente a las culturas dominantes —nacional y extranjera— que surge la producción literaria de mujeres que se diferencian de las escritoras del centro de México, que se saben "otras" en la medida que no se inscriben en la estabilidad de un medio cultural sólidamente patriarcal que, para bien o para mal, se apoya en una tradición cultural consistente. De esta manera, entre la escritora de la capital mexicana y la escritora de la frontera norte —lo mismo que con la escritora chicana—, se establecen vínculos ambivalentes de simpatía y rechazo, de extrañeza, que plantean relaciones confusas y a veces conflictivas, tal y como se han manifestado en estos Coloquios dificultando en ocasiones la comunicación e incluso la recepción adecuada de los trabajos críticos. Por lo pronto, como se desprende de la ponencia de Julieta González Irigoyen, es necesario crear nuevas y alternativas formas de comunicación para alcanzar el contacto entre realidades literarias todavía tan aisladas.

La escritora de la frontera norte, sin desconocer sus particularidades, tiene mayores puntos de contacto con la escritora chicana, que la escritora de la capital mexicana. Más familiarizada con el idioma inglés y en ese espacio de "cambio y modernidad" del que habla Saravia, se permite una mayor libertad de exploración expresiva y una actitud más cuestionadora en ausencia de los rigurosos límites que marcan las tradiciones culturales más establecidas. Sin embargo, la escritora chicana tiene sus propios problemas y se conforma dentro de un contexto social muy particular que si también coincide con una intensa "modernidad", requiere al mismo tiempo para su supervivencia cultural de la recuperación y organización de sus raíces tradicionales. La escritora chicana no intenta deshacerse de una tradición, sino reconocerla, resignificarla y constituirla como un legado del pueblo chicano. No es difícil entender que la experiencia bicultural y bilingüe de dicho pueblo, dentro de un asedio colonizador o asimilador en el contexto anglosajón y blanco, así como del machismo tradicional del patriarcado mexicano, son especificidades que se manifiestan en una joven literatura que, como dice Norma Alarcón, es una búsqueda consciente de los rastros históricos, un proceso de autodefinición y "autoinvención" en los intersticios de varias culturas; o como lo señala Tita Valencia: se trata de una literatura que "no la grava ni para bien ni para mal la herencia ancestral de la literatura iberoamericana. Tampoco la anglosajona [...] No hablemos ya de otros *mainstreams* milenarios [...] No que no los conozcan: simplemente los adquieren simultáneamente a su propia novedad".

En efecto, la cultura chicana plantea una novedad y la producción femenina aún más. Como se sabe, los perfiles culturales chicanos comienzan a delinearse desde el siglo pasado, pero no adquieren su consistencia y dinamismo sino a partir de la década de los sesenta. Por eso es difícil todavía definir una tradición, pero sí es posible trazar una evolución y sus rasgos característicos. En este sentido, las escritoras han aportado marcas muy precisas en cuanto a la recuperación y afirmación de una genealogía de mujeres cuya significación para la identidad chicana resulta relevante. La tendencia combativa, comprometida y crítica de estas escritoras se resume en palabras de la misma Norma Alarcón: "Las escritoras chicanas no son personajes en busca de autor, sino mujeres que tratan de deshacerse de sus autores." Y tal como lo expone Federico Campbell, esos autores son "un barrio machista y una Norteamérica racista".

Para muchos de los asistentes y participantes, este Coloquio fue la oportunidad de asomarse a las obras de autoras como Estela Portillo-Trambley, Berenice Zamora, Cherrie Moraga, Gloria Anzaldúa, Ana Castillo, Gina Valdez y muchísimas más, tratadas en conjunto desde una perspectiva evolutiva en los trabajos de Alarcón y Campbell. Asimismo fueron dadas a conocer dos mujeres chicanas, una como rescate de figura histórica: Dionisia Villarino, "La Coronela", por José Villarino; y otra, como rescate literario, Eva Wilbur Cruce, en un excelente análisis literario de Juan Bruce-Novoa en el que se destacan la visión y los rasgos andróginos de la escritura de esta autora. Otros trabajos de gran interés subrayan la marca mágica y femenina de la tradición oral en la cultura chicana, como el análisis de la curandera en la novela *Bendíceme, Última* de Rudolfo Anaya, realizado por Edith Jonsson-Devillers; o en la escritura de Gloria Anzaldúa, en la cual Debra D. Andrist revela la significación simbólica de los motivos de la serpiente y la cadena generacional femenina; o la importancia de la mujer como factor de identidad y sentido de pertenencia en el "barrio", estudiada por Martín Rodríguez en *The House on Mango Street*, de Sandra Cisneros, novela que este crítico considera como un desafío a la literatura canónica.

Otros estudiosos analizan los elementos de ruptura con la tradicional subordinación femenina en las voces poéticas de Carmen Tafolla, Ángela Hoyos, Lucha Corpi, Lorna de Cervantes, Evangelina Vigil y otras. Asimismo Lupe Cárdenas hace un análisis del drama de Estela Portillo-Trambley, *The Day of the Swallows*, y desentraña psicológicamente el conflicto femenino entre la realidad y la apariencia en el personaje central de doña Josefa. Por último, Yareli Arizmendi caracteriza la producción chicana como producto alterno y señala la necesidad de buscar nuevos espacios y opciones de recepción para alcanzar a los verdaderos destinatarios capaces de provocar transformaciones. La literatura y el drama chicanos no son productos de arte por el arte, subraya. Y al final, Tita Valencia, en un hermoso y poético texto, plantea los desencuentros entre las chicanas y las mexicanas (vale recordar que las del centro), y destaca como características de la literatura de la mujer chicana la fuerza y el sentido de responsabilidad histórica que las mueve a hablar por aquellas que nunca lo hicieron o por las que todavía no pueden hacerlo.

La cultura chicana, sitiada y a la defensiva, es una cultura de resistencia que pone en juego el valor de la supervivencia como motor de una estética y de un sentimiento, digamos que religioso, pero fincado no en lo divino, sino en lo material y humano de la lucha por la existencia y su mejoramiento. En cuanto a las escritoras en sí, es sumamente valioso el rescate y la afirmación que casi todas ellas hacen de la genealogía femenina: tatarabuelas, abuelas, madres, hermanas, recobran su significación vital en contraste con la borradura o "asesinato" de la madre —mujeres en general—, que ha realizado el orden de la familia y la sociedad patriarcales. Así, las chicanas responden transgrediendo la ley y la norma del padre para recuperar el signo positivo de la mujer como primera sustancia y habitación de los seres humanos; rectifican de ese modo un crimen ancestral, quizás anterior y más reprimido que el supuesto asesinato del padre, fundador de la organización social, según Freud. En general, los rasgos caracterizadores que se desprenden de todos estos trabajos hacen hincapié, como tendencia de desarrollo de la literatura chicana escrita por mujeres, en la tensión entre la necesidad de individuación y la necesidad de pertenencia a la familia y cultura de origen dentro de la sociedad nacional estadunidense. Esta tensión da lugar a rasgos tales como: oralidad e historicidad, politización y preocupación existencial, radicalismo feminista y combatividad.

Para concluir, lo importante de este volumen, además de los aportes individuales de cada uno de los ponentes, es la posibilidad que representa de comparar tres literaturas de minorías —considerando que están escritas por mujeres—, así como la posibilidad de caracterizarlas en sus rasgos pertinentes. Pero también, y no es lo menos importante, este libro desmiente el mutismo de la mujer en la cultura y recupera su palabra como fuente de reflexión y conocimiento en la literatura.

ARALIA LÓPEZ GONZÁLEZ
México, D.F., 23 de agosto de 1989

PRIMERA PARTE

LAS ESCRITORAS EN LA CAPITAL MEXICANA: APROPIACIÓN CONSISTENTE DE LA HERENCIA CULTURAL EN LA PRÁCTICA LITERARIA, MIENTRAS SE ANUNCIA DISCRETAMENTE UNA DIFERENCIA

DOS TENDENCIAS EN LA EVOLUCIÓN DE LA NARRATIVA CONTEMPORÁNEA DE ESCRITORAS MEXICANAS

Aralia López González
PIEM-UCSD

Los textos literarios, como hechos sociales y fenómenos de comunicación humana, perpetúan el orden establecido o lo impugnan total o relativamente. Dicho orden, en la cultura occidental, supone una concepción logocéntrica, construcción masculina de una tiranía de la "ratio", por lo que, desde una perspectiva crítica feminista, puede hablarse de un orden falologocéntrico. Los textos impugnadores muchas veces tienden a la parodia, la magia, el carnaval, lo sensorial, lo poético y lo erótico como forma de desconstruir el orden de lo exacto, lo formal, lo sagrado, lo racional o lo simbólico. De ese modo cuestionan e historian la visión occidental dominante; subvierten, por decirlo así, el discurso monológico institucional.

Recordemos ahora una lejanas palabras de San Pablo, aunque no lejana ideología sexista y patriarcal: "La mujer aprenda en silencio con toda sumisión, dado que no permito que enseñe ni que tenga autoridad sobre el hombre." La mujer, seducida y por ello culpable, fue suprimida por la razón patriarcal y privada de subjetividad y autonomía, es decir, también del rango de persona.[1] Borrada así como sujeto histórico, individual y social, cuando la mujer cuenta su historia una vez transgredido el silencio, inicia el cuestionamiento de esa supresión. Consecuentemente, muchos textos de mujeres operan contradiscursivamente tomando como referencia el discurso falologocéntrico de la visión dominante. En los últimos veinte años, cuatro novelas mexicanas escritas por mujeres permiten reflexionar sobre ese contradiscurso. Para esta reflexión, utilizo dos parejas de mujeres-personajes, protagonistas de las siguientes obras: Jesusa Palancares y Susana, sin apellido, en *Hasta no verte Jesús mío* (1969) y *Pánico o peligro* (1983) de Elena Poniatowska

---

[1] Entiendo por subjetividad el conjunto de rasgos que constituyen y definen a un individuo de la especie humana como sujeto. Entiendo aquí, como condición del sujeto, la conciencia y autoconciencia de carácter existencialmente históricas, como fundamento de la capacidad autónoma de relaciones e iniciativas del hombre en el mundo. La categoría de sujeto, tal como la uso en este trabajo, no supone homogeneidad y estatismo, sino un irse constituyendo, lo cual supone la noción dinámica y en mucho heterogénea, de proceso. Distingo entre sujeto y persona, ya que el sujeto puede constituirse independientemente de su consideración social como persona. Específicamente, en este trabajo, la constitución de la mujer como sujeto en cuanto ente social suprimido por la razón patriarcal, supone la adquisición de independencia y autodeterminación, siempre relativas históricamente, que le permitan tomar distancia crítica de la visión dominante que la subordina y asumir su responsabilidad individual y social en la transformación de sus condiciones objetivas. Esto implica, lógicamente, tener conciencia de una significación y asumir su participación en la actividad dialogante de las interrelaciones sociales.

y María Luisa Puga, respectivamente. Ausencia Bautista y Catalina Guzmán de Ascencio, en *De Ausencia* (1974) y *Arráncame la vida* (1985) de María Luisa Mendoza y Ángeles Mastretta, también respectivamente.[2]

En México, uno de los personajes fundadores de la ruptura con el estereotipo genérico femenino fabricado por la racionalidad masculina, y quizás el más radical, es Jesusa. Aunque debo mencionar como antecedente el de *Benita* (1940), testimonio de vida de su autora, Benita Galeana. Jesusa, huérfana y desposeída, impulsada por el estallido de la Revolución Mexicana, pasa de campesina a soldadera y de soldadera al subproletariado urbano de la ciudad de México. En este tránsito, que vive como azar, se orienta exclusivamente por la necesidad de sobrevivencia; y aunque con muy pobres posibilidades de elección, desde sus urgencias elementalmente vitales, va constituyéndose sujeto al interactuar directamente con la realidad en su lucha por la existencia. No obstante, sus actos no afectarán las circunstancias sociales ni se planteará conscientemente el debate entre la soledad y la solidaridad a nivel histórico-social, pero ejercerá una relativa autonomía personal desde su marginalidad. Y, precisamente, por la asunción de esa marginalidad determinada por su sexo y su clase social, mostrará otro modo de ser mujer alterando los esquemas femeninos tradicionales. Ella no es pasiva, dulce ni dependiente; sino agresiva y rechaza los vínculos de dominación, por lo menos inmediatos, del matrimonio y la maternidad. Esta forma de ser mujer no es la más deseable, pero sólo destaco que impelida por su experiencia de opresión sexual y social, aunque a un altísimo costo, Jesusa elige la soledad porque no se siente reflejada en los papeles tradicionales, afirmando su subjetividad y su autonomía. Así, Jesusa, gracias a la mediación literaria de Poniatowska, descubre las determinaciones sexistas y clasistas de lo "universal-femenino", y su discurso testimonial opera contradiscursivamente al revelar la diversidad de la supuesta "esencia" femenina. Jesusa no es un modelo de plenitud, pero su lucha, en contraste con valores interesadamente ideales y eternos, da constancia del ser material y concreto de la mujer en la realidad mexicana.

En cuanto a Susana, protagonista de ficción, a diferencia de Jesusa está planteada como sujeto y objeto de su discurso literario. Pero como Jesusa, huérfana y desposeída, su único bien es la vida y el motor de su existencia es la necesidad de sobrevivencia. Sus amigos la definen como "pasmada" y su vida se reduce a recorrer la calle de Insurgentes a pie, en camión o en pesero para llegar al trabajo. Así va llenándose de percepciones y sensaciones que no sabe organizar, pero que están llenas de cosa humana. Su pasmo es en realidad pánico frente a una realidad en la que no se reconoce. Realidad que incluye la retórica discursiva de sus amigos, las interpelaciones ideológicas dominantes en sus versiones conservadoras, reformistas o izquierdistas, las palabras abstractas que ocultan la vida concreta de los seres humanos. Por la escritura y hacia el final de la novela, toma conciencia de su diferencia y marginalidad genérica y de clase, pero también personal en cuanto al desarrollo de su conciencia en términos existenciales e históricos, en comparación con los otros hombres y mujeres que se mantienen en el pánico, es decir, en la

---

[2] Elena Poniatowska, *Hasta no verte Jesús mío*, México, Era, 1969. María Luisa Puga, *Pánico o peligro*, México, Siglo XXI, 1983. María Luisa Mendoza, *De Ausencia*, México, Joaquín Mortiz, 1974. Ángeles Mastretta, *Arráncame la vida*, México, Océano, 1985.

enajenación. Su visión alternativa a la razón patriarcal enajenadora, plantea la necesidad de *sentir* antes de que la conciencia se exprese como pensamiento y palabra. Rechaza las grandes abstracciones que borran la presencia real de las personas y las grandes misiones a futuro que ignoran la importancia de la cotidianidad. Partiendo de necesidades inmediatas, Susana toma conciencia de su significación temporal y humana, y asume la de los otros. De este modo se constituye, históricamente, sujeto individual y social que al recuperar los sentimientos y la importancia de la cotidianidad, subvierte la racionalidad dominante responsabilizándose con la transformación de su propia vida y la de la sociedad. El texto destaca la enajenación que conlleva la razón patriarcal.

Ambos personajes se constituyen como sujetos en diferentes formas y grados, enfrentando la realidad por sobrevivir. En ellas, el discernimiento del principio de realidad es el motor de la organización de la conciencia que estructura sus subjetividades y autonomías relativas, en contraste con una supuesta e idealista conciencia trascendental.

Contrariamente, Ausencia y Catalina intentan expresarse como subjetividades a partir de lo que puede llamarse un principio de placer. Son la sexualidad y el erotismo los fundamentos de sus decisiones sin lograr, por ello, un espacio propio. Ambas, sin el desarrollo de la conciencia histórica que sustente sus juicios sobre la realidad, ignoran que el ejercicio de la sexualidad está articulado a las relaciones de poder que determinan, entre otras muchas cosas, la represión sexual de la mujer y el control de su cuerpo. Para las dos, pero especialmente para Ausencia, el hombre como fuente de placer y seguridad sigue siendo el único contacto con el mundo. Es más, es el mundo. El cuerpo es el único bien de estas mujeres y su placer el único objetivo. Este cuerpo opera también como metáfora del país. En el caso de Ausencia, por el vínculo aparentemente no político ni económico del placer, quedará sujeto al de su amante, D. H. Haller, empresario árabe-norteamericano que explota minas mexicanas junto con el cuerpo de Ausencia, a fines del Porfiriato y principios de la Revolución Mexicana. En el caso de Catalina, la única no huérfana y casada de estos personajes, su cuerpo es expropiado por Andrés de la misma manera que este supermacho feudal y generalísimo emanado de la Revolución, aliado con los norteamericanos, se apropia del país y ejerce el poder con fines personales y arbitrarios. Consume a México como consume a Catalina desde un individualismo feroz. Pero estas mujeres, no obstante, compiten con el agresor y se miden con sus mismas armas. Creyendo ganar el espacio de la sexualidad, sucumben en la dependencia, la frustración y el crimen real o supuesto. Ninguna comprende los límites construidos cultural e históricamente, impuestos a su género. Creyendo expresar una subjetividad y una autonomía más fantaseada que real, por la vía del gozo del cuerpo y el dominio del cuerpo del hombre, desafían la irracional omnipotencia patriarcal con otra irracionalidad. Ambas, de alguna manera, aparecen como una caricatura que muestra el fracaso de la emancipación femenina, aunque debe destacarse que Catalina logra aprender duramente los límites de su género, y desarrolla la solidaridad social y especialmente femenina, lo que es un fundamento consistente hacia el final de la novela para asumir el principio de realidad que puede sustentarla como un sujeto capaz de autodeterminación.

Cuando Ausencia asesina a Haller, no inaugura ni su autonomía ni su independencia del hombre, sino su ausencia de sí misma, su vaciamiento, su cuerpo ocupado por un fantasma cada vez más omnipotente en su irrealidad. En cambio, la muerte natural de Andrés, que cumple el deseo fantaseado del asesinato que tiene Catalina, sí inaugura su autonomía y le permite constituirse sujeto de sí misma.

Es importante destacar que en estas dos novelas, a pesar de la escandalosa pero sólo aparente ruptura con el papel tradicional femenino en el contexto social mexicano —total en Ausencia, parcial en Catalina que permanece como esposa y madre—, la estructura de dominación patriarcal no sólo *no* se quiebra sino que se refuerza. Se trata de mujeres que sin mundo propio, intentan expresar una subjetividad con base en el ejercicio libre de su sexualidad y en el dominio sexual del hombre que es, en definitiva, horizonte y límite del mundo. Pero esta sexualidad se carga de una cualidad amenazante. Ausencia asesina al amante que quiere abandonarla; Catalina, en su inconsciencia y en su desmesura, es el cebo que utiliza inescrupulosamente Andrés para asesinar al amante de acuerdo con sus fines económicos y políticos. Por consiguiente, ellas confirman la racionalización masculina que justifica su antigua servidumbre. La mujer sin represión sexual se comporta típicamente como naturaleza y su sexualidad libre, peligrosa, constituye una amenaza de destrucción para el varón. Más que establecer una función contradiscursiva, estas novelas y las visiones de mundo que las organizan, no logran rebasar las estructuras histórico-sociales e ideológicas dominantes, no obstante el cuestionamiento implícito de la ironía y el humor en sus construcciones.

En estas cuatro obras que novelan, entre otras cosas, la historia heterogénea de subjetividades y sujetos en proceso, se destaca una encrucijada entre los caminos para constituirse sujeto individual y social históricamente conformado: uno es el del principio de la realidad orientado por las necesidades humanamente concretas: físicas y psicológicas; otro es el del principio del placer orientado por el deseo disociado de las circunstancias reales. Como en los cuentos, uno es el bueno y otro es el malo. Sin embargo, independientemente de la elección, no hay premios, pues no existen espacios cómodos para la mujer que al definirse sujeto y responsabilizarse históricamente tiene que descubrir y asumir, dolorosamente, que el intercambio sexual y la participación social se inscriben dentro de relaciones desiguales e infamantes de poder. Así, constituirse sujeto sólo quiere decir adquirir conciencia de la necesidad de luchar por un mundo mejor donde las diferencias naturales no se conviertan en explotación y servidumbre. Entre estas diferencias, la sexual, construida culturalmente como género, no es un eje explicativo totalizador, pero sí importantísimo en su articulación con otros factores de desigualdad. Por lo pronto, falta mucho para que la realización del placer, fuera de la noción de pecado, alcance la categoría de supremo logro de la especie, porque en palabras de la escritora nicaragüense Gioconda Belli, no se trata "sólo de nuevas relaciones de producción / sino de nuevas relaciones de amor".

LA LUCHA SIN TREGUA EN LA ESCRITURA DE ALGUNAS MUJERES

Gloria Prado

> Hablar de lo que no tengo, de lo que no sé cómo
> decir, y que al decir obtengo y aprendo y toco,
> pudorosa, hablar de estos mis senos que se alzan
> hacia ti sorprendidos aún y anhelosos de vida, de
> verde, de mar...
>
> ESTHER SELIGSON, *Sed de mar*

Cuando nos preguntamos con insistencia sobre la posibilidad de que haya una escritura específica femenina, lo hacemos profundamente preocupadas por la búsqueda de una expresión propia, diferenciadora de la mujer.

Mucho se ha dicho, y en esto estoy de acuerdo, que la gran literatura existe independientemente de que sea un hombre o una mujer quien escriba. Ya Virginia Woolf en su *Habitación propia* sostenía que sólo en un estado de "incandescencia", como el que Shakespeare había alcanzado prescindiendo de pasiones y excesos, se podría lograr dicha calidad literaria, esencialmente estética, a la que todo escritor aspira, sea mujer u hombre. Pero también mucho se ha dicho y se sigue diciendo que esa gran literatura no puede ser alcanzada por la mujer, debido a ciertas particularidades que la diferencian totalmente del hombre; entre otras, su incapacidad para teorizar y conceptualizar al no poder prescindir de su "excesivo" sentimentalismo. Este punto de vista exhibe a la mujer, por tanto, carente de formación literaria, de oficio, para generar un discurso profundo y trascendente que contenga, además, la anhelada especificidad estética, y la invalida para participar en el gran concierto de las letras universales.

Sin embargo, a pesar de todas esas afirmaciones, la mujer se ha plantado frente al mundo que la niega como escritora por el hecho mismo de su género. Y más allá de la selección y abordamiento de los temas, más allá de las denuncias de marginación social, política, económica, religiosa o de cualquier otra índole, de la rebeldía frente a una organización de la vida impuesta por el régimen patriarcal; más allá, en fin, de tantos otros aspectos y registros en los que se ha inscrito el debate de y sobre la mujer en la literatura, ella ha asumido una enorme tarea: la de proponer, dentro del texto literario mismo, una teoría, una práctica y una crítica de escritura así como de lectura entretejidas con la fábula.

Desde su sensibilidad, experiencia, visión de mundo y toma de conciencia, las mujeres escritoras realizan dicha propuesta. Escritoras que no necesariamente se perfilan como feministas o que incluso se han pronunciado en contra del feminis-

[25]

mo. Parecería, entonces, ésta una actitud negadora de aquella que afirma su impotencia para crear auténticas obras de arte literario.

Por todo lo anterior, mi interés aquí se centra en el enfoque de la lucha que libran algunas mujeres que escriben en este momento en México por plasmar la palabra que las exprese —esto es, su cuerpo, sus vivencias, su sentir—, que exprese, al mismo tiempo, al mundo y que les permita, además, dar testimonio de su propio proceso y conciencia de escritoras.

Son ellas, mujeres "peregrinas" que confluyen en los caminos arduos que van creando, en "esta errancia de la escritura", porque "hay palabras que estorban, que se han desgastado, que ya no suenan", mientras que hay otras que todavía significan, pero que "no es posible escribir" a pesar de que todos las sabemos penetrar.[1]

Luisa Josefina Hernández, Esther Seligson, Angelina Muñiz, Martha Robles, entre muchas otras, profieren su palabra en esa lucha sin tregua por reafirmarse y decir de este su ser en el mundo, en sinfonía de voces y silencios, de misterios y desciframientos, de prosas poéticas y logros líricos, desgarramientos existenciales, enfrentamientos con la muerte, deseo insaciable, indagación de sentido, sentimientos oceánicos y surtidores inagotables de sueños, mitos y profecías.

La plasmación estética es propuesta desde una inconmensurable nostalgia por la reinvención de los discursos literarios de las culturas judeocristiana y helénica, en las que sus textos abrevan, de las cuales emanan y en las que se encuentran inmersos. Pero también a partir de la búsqueda en el propio interior, a través de la retrospección, de la autoescucha. Y en un rebelarse "ante la forma", para estrellar "el cristal que la contiene" y atravesar "la pared mediadora"; un volver a tomar la palabra "no en lo oído, ni en lo visto", sino en lo "táctil", para así colocarla "en la palma de la mano" y "sentirla como un ser viviente", para que "pueda tener las mismas cualidades prismáticas del espíritu huidizo del hombre",[2] subraya Angelina Muñiz.

Búsqueda de sentido a la existencia y de *forma* acorde con el propio sentir, con la manera de percibir y de vivir el mundo de mujer, desde su cuerpo: los senos, el útero, la preñez, el parto, el deseo... Donde pareciera que la referencialidad al mundo real estuviera dada sólo a partir de ese cuerpo —"huerto cerrado, huerto sellado". Espacios y tiempos internos donde la música, la pintura, la escritura, la contemplación y la vivencia estética se revelan, y sin embargo, espacios y tiempos siempre añorados porque: "El tiempo se nos escapa en preguntas y en buscar almas afines, deseos idénticos, soledades compañeras. Y la añoranza sigue ahí, con mayor o menor fuerza recordatoria, pero hurgando una que recidiva y nos hiere. Porque añoramos, añoramos."[3]

No obstante, sólo la añoranza, esto es, la fuerza que impele a la creación literaria, provee la posibilidad de contrarrestar esa vivencia del absurdo, de la nada, del sinsentido de la existencia, del deseo imposible de ser satisfecho, pero pujante e incansable, frente a la certeza de la muerte, de la finitud, de la inmanencia. Sed

---

[1] Angelina Muñiz, *Huerto cerrado, huerto sellado*, México, Oasis, 1985, p. 79.

[2] Angelina Muñiz, "La cábala en los tiempos", *La presencia judía en México. Las Jornadas Culturales*, México, UNAM, 1987, p. 63.

[3] Angelina Muñiz, *Huerto cerrado, huerto sellado*, op. cit., p. 84.

insaciable de trascendencia expresada y mitigada —aun cuando sea sólo añoranza— por la misma escritura. Porque

> una imagen, persigo una imagen cuyo nombre no encuentro, persigo un nombre cuyas letras no conozco, letras impronunciables y necesito hablar contigo Ulises, hablar para saber si este tiempo que me invento es real, si de verdad ya no existe la espera o únicamente he caído en un paréntesis desesperanzado, si no me estoy enredando en las palabras a fuerza de no poder oírmelas, a fuerza de escucharlas sólo en mis adentros, sin encarnarlas, deshuesadas, remolinos de vapor que mi propio aliento dispersa...[4]

dice Penélope en *Sed de mar*, al igual que en *La morada del tiempo*, Raquel asegura que mientras para Lea es "el cuerpo, esa sacudida de jadeo" de Jacob, "la adquisición de la descendencia", para ella, "la voz, el brillo de la palabra y la bóveda de los sueños que tejían cuando guardaban los rebaños y mortificaban su apasionamiento". Con ella "engendraría al hijo del espíritu y en ella fundaría los sostenes de la morada, morada en el tiempo".

Entonces, lo vivido, lo soñado y lo imaginado copulan sin límites, abrazados por la memoria, en un afán enorme de creatividad. Y de la misma manera como el mundo y el hombre en el *Génesis* se van creando a la vez que el relato, aquí, el texto se conforma lentamente a base de la palabra escrita en una suerte de sonambulismo entre la luz y la oscuridad, a medida que se van nombrando las cosas, en el tiempo y el espacio del mito. Tiempo y espacios simbólicos, metafóricos, logrados por la confluencia de lo cósmico, lo onírico y lo poético en un discurso cuya búsqueda afanosa es la recreación, el nuevo ordenamiento: "Y éste es también el principio de cómo las cosas empezaron a ser dichas, el lugar de origen que dio nombre a la palabra y asiento a la escritura; en el desierto, contra la roca, cinceladas a fuego y agua."[5]

Palabra escuchada, cifrada, dicha y escrita desde el cuerpo, desde el propio ser de mujer, como única posibilidad de trascendencia, señal del espíritu. De ahí que se requiera de un "descifrador de enigmas", esto es, de un "artífice" que la descifre:

> Por la falta de luz y por voltear hacia la explanada, ha quedado un relato indescifrable en el que se entrecruzaron los renglones, el relato de la adolescencia, de mi infancia y de todo lo que pasó después. No fue un escrito largo, simplemente un papel misterioso que he dejado en la mesa de cristal para algún descifrador de herejías...[6]

Relato espiral, abierto al infinito, que da vueltas sobre sí mismo, progresivamente; confluencia de números, de cifras, de formas, de símbolos, alegorías e imágenes vibrantes de pasión, coronadas por el discurso inagotable del amor. Un amor no cumplido y, por ello, no aniquilado; un apuntar hacia el centro, quintaesencia de lo sagrado, una presencia-ausencia constante del Absoluto al que no se ve, ni se oye, ni se toca jamás del todo. Del deseo de la palabra y de la escritura,

---

[4] Esther Seligson, *Sed de mar*, México, Artífice Ediciones, 1987, p. 11.

[5] Esther Seligson, *La morada en el tiempo*, México, Artífice Ediciones, 1981, p. 27.

[6] Luisa Josefina Hernández, *El lugar donde crece la hierba*, México, Universidad Veracruzana, 1959, p. 151.

que se erigen en esa gran interrogante, cuerpo y carne de la "morada en el tiempo", que "funda sus cimientos en los polvos de roca del espíritu".

La tarea, la ambición, pues, son las del demiurgo, más el ordenamiento que se realiza sobre algo previamente ordenado, y que ahora será dicho de otra manera, partiendo de un distinto sentir y de una postulación diferente: "...habrá que reordenarlo todo. Y no por desterrar memoria de la añoranza, las tardes de lluvia, el té de rosas, o esto y aquello. No. Simplemente reordenar. La soledad, el silencio, algún recuerdo tenaz. Ovillarlo, que no flote al desgaire, que no se enrede entre los dedos, y corte filoso..."[7]

De esta manera, *Edipo rey* es recontado desde "Yocasta" que "confiesa", el *Génesis* desde Caín a quien mata su hermano, vemos a Penélope escribiendo la *Odisea*, o a una mujer dialogando con Eutifrón, todas ellas dando a luz de nuevo al mito, al *logos*.

"No sé que manía es esta que practico de devanarme el alma en busca de palabras. De una sola. Asquerosa manía",[8] dice la protagonista del *Lugar donde crece la hierba*. Y en este devanarse el alma en busca de palabras, escritura y vida se hacen un solo quehacer, de igual manera que implican ambas un proceso de lectura y desciframiento.

A la vez que se va narrando, se va gestando y pariendo la historia, en un proceso dificultoso y terriblemente angustiante que experimenta una mujer. Historia que es la dificultad frente a la vida o frente a la creación literaria, ya que ambas son lo mismo. El proceso de la escritura es su propio proceso físico, fisiológico, ético, intelectual, en una palabra, vital. La historia se da a luz desde la escritura. Y la escritura conlleva a una poética o propuesta teórico-práctica de diversos enfoques discursivos: el del relato autobiográfico, el de la evocación, el de la sugerencia y el del silencio.

Pero aún más. El lector es concebido y gestado también en y por el discurso de la narradora, y asiste y participa en el dolorosísimo trabajo de alumbramiento. Ante sus ojos surge, como un prodigio, el relato donde él, la historia y todo aquello que la conforma son revelados. No obstante, la escritura se le presenta como un enigma a interpretar. Se exige entonces otro trabajo correlativo al de la escritura: el de la lectura, que tendrá que hacer "un descifrador de herejías". La narradora protagonista fungirá así como oráculo y el lector como el descifrador de las profecías. Se trata de un auténtico lector implícito, quien "peregrinará" por el texto, llenando los silencios, completando las sugerencias, actualizando las evocaciones, interpretando sueños, encontrando intertextualidades, descifrando jeroglíficos, descubriendo palimpsestos. Un compañero que tratará de cumplir con las expectativas de la protagonista: "...hubiera querido escuchar una palabra aunque fuera dicha por mi boca pero, oída, registrada y apuntada por alguien, aunque alguien la tomara como clave y yo pudiera ser descubierta y comprendida..."[9]

La escritura será, así, no sólo código, sino también espejo, anhelo de diálogo, que se otorga al encontrar el final o el comienzo de la madeja e ir tirando del hilo conductor hasta vislumbrar su misterio.

[7] Esther Seligson, *Sed de mar, op. cit.*, p. 43.
[8] Luisa Josefina Hernández, *El lugar donde crece la hierba, op. cit.*, p. 151.
[9] *Ibid.*, p. 38.

La mujer protagonista, al igual que Sócrates, ha de sumergirse en un difícil e intrincado diálogo con Eutifrón acerca de lo santo y de lo impío. El Eutifrón de la novela, como el platónico, se ve impelido a actuar en calidad de adivino con respecto a la culpabilidad o inocencia de la mujer que aloja en su casa, y de la que, por tanto, se ha hecho cómplice. La ironía que caracteriza a los parlamentos de Sócrates se traspasa a los de la protagonista con su anfitrión. El diálogo se establece de manera paralela, y al final es castigada, como Sócrates, al decir la verdad. Su pregunta acerca del ser, del ser existiendo, siendo ahí, el *Dasein*, es uno que ambos Eutifrones jamás se plantean. Viven una vida rígida, cautiva en el "orden" y en la supuesta justicia, son "santos" y actúan conforme a su "conciencia" moral. No obstante, ellos jamás lograrán obtener la libertad interna ni externa, demasiado preocupados como están, por ser justos y justicieros.

Sólo en una lucha sin tregua por construir la propia existencia, en ese andar "peregrino", traspasado por el dolor, por el esfuerzo, por el delirio —siempre levantándose en el campo de batalla— se puede encontrar el sentido de la palabra, y los signos e indicios escritos que habrán de revelarla. Porque como dice Martha Robles:[10]

> Al nombrarla, la palabra se reconcilia con su origen. Las cosas aparecen en la nueva forma del sonido para recrearse desde el mundo del recuerdo. Al decirlas, las palabras son eco del sueño desprendido de lo real. Algo misterioso ocurre por medio de la voz: lo que no era forma alguna brota en el sonido inasible, armónico, de una evocación.
>
> Los nombres van hilando la trama de los universos que se tocan, que se sienten o se perciben a través de los sentidos. Y más: la voz transmite lo inefable, aviva la intuición y vincula la totalidad que permanece más allá de quien la emite con lo absoluto de su vida, íntima y secreta. Es la voz el todo, la Presencia. Su materia es de la índole del espejo y de los sueños. En ella caben el silencio, el cero o la balanza. Puede repetirse al infinito y contener la reducción de una experiencia.

Y así vamos en los *Círculos del tiempo* al *Huerto cerrado, huerto sellado* por los *Diálogos del cuerpo*, buscando *La morada del tiempo*, en una insaciable *Sed de mar*, anhelando encontrar *El lugar donde crece la hierba*, desde *La morada interior*, luchando en *La guerra del Unicornio*, bajo la *Luz de dos*, en el *Apocalipsis cum figuris*, *Tierra adentro* en este peregrinar de *Magias y prodigios*, guiadas por la *Carta de navegaciones submarinas*. Para encontrar que:

> La mirada, al estallar, se hace palabra y la palabra, entonces pide respuesta, se convierte en diálogo, diálogo de caricias que retornan la mirada como una espiral de voces mudamente articuladas, trenzadas en los dedos, en los labios, en el aliento que recorre los círculos de la espiral, burbujas de placer, de gozoso estar así, entrelazadas al mirar y al callar, el vaivén de murmullos que ensanchan el espacio donde los ojos se aman con la palabra y la palabra se ama con la caricia.[11]

Y entonces se desmiente aquello de la incapacidad de la mujer para crear y escribir un discurso trascendente, más acá de las emociones y de la sensiblería. Nos

---

[10] Martha Robles, *Inscripción de su presencia*, México, Robles Hnos. y Asoc., 1985.
[11] Esther Seligson, *Diálogos del cuerpo*, México, Artífice Ediciones, 1981, p. 9.

hemos encontrado ante una expresión filosófica pero ardiente, arraigada en el cuerpo de mujer; intelectual mas sensible y amante del mito, recontado a partir de una nueva voz, la de la recreación, que ahora se desvela desde su ser femenino, al rebelarse ante el profundo silencio al que se la había condenado.

Así, el planteamiento de una teoría, una crítica y una práctica literarias mediante la palabra de estas mujeres, que parte de sus entrañas, su intelecto, su formación, su oficio y su pasado, constituye el testimonio de una lucha incansable, que las coloca en el mismo nivel que el hombre y las destaca en el registro de la narrativa mexicana como escritoras cabales, aun cuando resultaría aventurado afirmar que es la suya una expresión exclusivamente femenina.

BENITA GALEANA O LA ESCRITURA COMO LIBERACIÓN

Edith Negrín
PIEM-UNAM

Mi tema va a ser un libro poco conocido en la narrativa mexicana contemporánea. Se trata de una narración autobiográfica, considerada novel por algunos; se llama *Benita*, fue escrita por Benita Galeana y publicada en México en 1940.[1]

La coincidencia entre el título del libro y el nombre de pila de la autora define, de inicio, la tónica de la narración: una escritura que se proclama transparente; que no encubre el material biográfico o histórico, antes bien lo descubre, lo ordena, le confiere coherencia y significación. En ésta, como en otras autobiografías, se produce un doble proceso: el narrador construye a su personaje pero a la vez va siendo él mismo conformado, reconstruido. En este caso, se desdibujan los límites entre la protagonista de la narración y la persona Benita Galeana, al menos en lo que a su imagen pública se refiere.

Benita está a cargo de una sola voz, la de la narradora-personaje, un único punto de vista, una misma conciencia. La primera persona es, pues, inevitable y constante, como lo son también los tiempos verbales que remiten al pasado.

El desarrollo de la acción es, si no estrictamente, sí en términos generales cronológico. Principia con la niñez y finaliza en la edad madura de la protagonista; precisamente en una etapa en la cual ella afirma estar escribiendo "su libro".

La narración está dividida en dos partes, tituladas "La infancia" y "En la lucha", respectivamente. La primera está compuesta por nueve relatos, más o menos autónomos, con títulos como los siguientes: "Mi padre" —que es el primero—, "Una desgracia a cualquiera le pasa", "La cucha", "¡Ya tengo zapatos!". La segunda parte consta de 21 relatos, entre ellos "El cabaret", "Mi chivo bencho", "Jornada de ocho horas", "Errores del partido".

La primera parte muestra el crecimiento de Benita, en medio de la penuria, en un pueblo del estado de Guerrero. No hay indicios explícitos del momento histórico —como sí los hay en la segunda parte—, pero se infiere que son los últimos años de la lucha armada de la Revolución Mexicana y los primeros de paz. Se relatan anécdotas que permiten conocer la cotidianidad familiar de la protagonista; sus primeras experiencias sexuales, en la adolescencia; y más adelante, el nacimiento de su hija. Esta parte termina cuando Benita Galeana se desplaza a la capital del país.

La segunda parte describe el paso de Benita del ámbito campesino a la vida urbana; su trabajo, ya en la ciudad, como fichera en un cabaret; un matrimonio y,

---

[1] Benita Galeana, *Benita*, México, Extemporáneos, 1940.

lo más importante, su no deliberado ingreso al Partido Comunista Mexicano, la militancia que desde entonces vertebraría su vida y le daría un nuevo sentido.

La ingenuidad, la carencia de oficio, la limitación de vocabulario de la autora —quien se alfabetizó en la edad adulta— no entorpecen la precisión narrativa, la frescura y el dinamismo del relato. La lectura de este texto es atractiva por esta frescura y vitalidad. Cito como ejemplo el pasaje en el que Benita se vincula al Partido Comunista. Su esposo había sido detenido por repartir propaganda subversiva para el Primero de Mayo:

Salgo a buscarlo. Le pregunté al agente de guardia, en la Jefatura, que si está Manuel Rodríguez preso.
—Sí —me contestó—, lo cogieron anoche por insultar al Primer Magistrado.
—Y ¿quién es ése?
—¡Cómo que quién es ése! Pues el Presidente de la República. Todos los que lo insultan y tienen esas ideas como las del hombre que usted busca, van a la cárcel.
Me dio miedo. Pensé: ¿Y qué haré para sacarlo?
—Oiga, señor, ¿y qué haré para sacarlo?
—Nada, señora. ¡Al que insulta al presidente nadie lo puede sacar!
Salí llorando. ¿Qué haré? ¡Nada! Pues ese señor me dijo que no se puede hacer nada. Llegué a mi casa. Al rato se presenta un señor del Partido Comunista y me dijo:
—Señora, en representación del Partido Comunista de México le traigo un saludo por lo que le pasa a su marido...
—¡Ah!, ¿entonces por causa de ustedes está preso mi marido? ¡Ya verá lo que le va a pasar!
Tenía ganas de pegarle. Lo insulté; le eché la viga; le dije un montón de cosas; lo corrí, pero él se aguantó. Luego me dijo:
—¡Mire, señora, cálmese! Nosotros necesitamos su ayuda para sacar a Manuel. Usted debe ayudarnos.
—Pero cómo, ¡si me dijo el policía que no se podía hacer nada!
—Usted vendrá con nosotros a un mitin y le hablará a la gente.
—¿Y qué le digo a la gente?
—Les dirá que su marido está preso por decir la verdad y defender a los trabajadores.
Nos fuimos al mitin. Por el camino me fueron explicando qué cosa era el Partido Comunista; por qué luchaba Manuel; por qué lo habían aprehendido; por qué teníamos que hablarle a la gente y lo que teníamos que decirle. Llegamos a la plaza Hidalgo. Allí hicimos un mitin. Hablaron varios oradores y luego yo. Casi ni sé lo que dije. Era la primera vez que hablaba en público. Cuando estaba hablando yo, llegó la "julia" y armó el lío. Me agarraron y me llevaron al bote, dizque por alterar el orden público (pp. 98-100).

El destino de Benita parece estar signado por la negación. Nace hembra en un país en el que el machismo permea todos los ámbitos, las organizaciones de izquierda incluidas. Nace pobre y crece sin contacto con la educación formal, en un país cuyo sistema político, al institucionalizarse, empieza a cancelar los espacios prometidos en el movimiento revolucionario a las clases desposeídas.

El encuentro de Benita con el Partido Comunista por una parte modifica radicalmente su existencia, al hacerla pasar del "no se puede hacer nada" a comprender el uso de su voz como práctica política; pero por otra parte la incorpora en la órbita de una nueva negación. El comunismo no tenía cabida en un México que, tras el caos revolucionario, consolidaba su estabilidad y sus instituciones. En 1929 —bajo el gobierno provisional de Emilio Portes Gil— el Partido había sido declarado ilegal, y sus miembros comenzaron a ser perseguidos y a sufrir diversas formas de represión. La proscripción duraría lo que el Maximato: en 1935 Lázaro Cárdenas inscribe de nuevo la acción del Partido Comunista dentro de la vida política nacional. Sin embargo, puede también hablarse de negación en un sentido más amplio, en el sentido en que un historiador de los orígenes del Partido Comunista ha escrito: "ésta es la historia de un grupo de militantes que pretendieron ser la vanguardia de una clase trabajadora, y no lo lograron".[2] Una negación no definitiva, pero sí definitoria de una época.

De la articulación enredosa de las negaciones resulta en la narración uno de sus grandes aciertos: el entrelazamiento entre el texto histórico-político —captado desde luego desde la limitada perspectiva de la narradora— y lo que podríamos considerar el texto del cuerpo. La explotación, la violencia cotidiana, las privaciones fundamentales que sufren los marginados están presentes en el relato no tanto en una forma discursiva, que aluda a generalizaciones, sino a través de las experiencias de Benita. Ella vive la opresión que el poder ejerce sobre las clases dominadas en el espacio sensitivo de su propio cuerpo.

Así, en la primera parte, se reiteran las escenas en que Benita es golpeada. Primero en el ámbito familiar, por el padre y las hermanas. Luego por algunos de los hombres con los que convivió. Sufre el acoso sexual, por parte de uno de sus cuñados, como luego lo sufriría muchas veces fuera de la casa.

Es también dentro del cerco de la familia donde conoce, desde muy pequeña, la explotación de su fuerza de trabajo. Es obligada a realizar todo tipo de labores domésticas y campesinas: a cuidar ganado, a vender. En sus palabras:

> Aprendí a matar puercos, a ordeñar vacas, a hacer jabón, queso; a sembrar toda clase de semillas y a levantar la cosecha.
> Cada año íbamos a sembrar arroz a una isla que queda como a un día de camino. Allí me levantaba a las cinco de la mañana, para pelar el arroz y darles de comer a los peones que eran como cien o más (p. 14).

Y en otro pasaje: "Te voy a decir lo que me enseñaron: sé hacer jabón, amasar, sembrar milpa, rajar leña y vender de todo" (p. 38).

En una ocasión, Benita decide irse "de maromera" con un circo que llegó al pueblo; cuenta ella:

> El día que se fue el circo, yo me fugué, pero alguien me vio y corrió a decírselo a mi hermana.
> —¡Qué barbaridad! —decía— ¡se me fue el hombre de la casa!
> Buscó quien le prestara remuda y fue a alcanzarme. Me regresó a la casa. Pero esta vez no me dio ninguna paliza. Al contrario, me trataba muy bien, pero yo sabía que lo hacía no porque me quisiera sino porque yo sostenía la casa con mi trabajo y le convenía tenerme allí. ¡Yo la odiaba! (p. 29).

[2] Paco Ignacio Taibo II, *Bolshevikis. Historia narrativa de los orígenes del comunismo en México (1919-1925)*, México, Joaquín Mortiz, 1986, p. 7.

En la edad adulta Benita padece la represión ampliada, por parte del poder estatal, a causa de su militancia política; ella habla de 58 encarcelamientos, de privaciones y persecuciones (p. 148).

Es impactante y conmovedora la evolución de Benita, la forma en que a la acumulación de negatividades opone continuas respuestas de afirmación. Ella relata con distancia, con ecuanimidad los atroces acontecimientos que fueron parte de su vida cotidiana en la infancia. Así sabemos de su padre dando un hachazo a una de las hermanas; de las dos hermanas mayores peleando a machetazos por la custodia de la niña; de un niño de un año muerto después de haber caído a un estero de lagartos; de los vecinos y familiares quemando los pies a la propia Benita tras un frustrado intento de escapar del pueblo. Ecuanimidad, frialdad necesaria para la supervivencia en un medio tan hostil.

A la brutalidad del medio la protagonista opone su talento natural, su intuición, su amor a la vida, su humorismo, su valentía. Por ejemplo, cuando en su etapa en el cabaret, se ve obligada a probar que es virgen para que el dueño pudiera ganar una apuesta, ella, que ya tenía una hija, decide conseguir un certificado médico y lo hace sin dificultad.

O bien, ya casada con un comunista, le exige que sea consecuente con sus prédicas. Dice la narradora:

Él seguía en la lucha con entusiasmo. Una noche se me presenta y me dice:
—Benita, tengo que salir luego; pégame este botón que se me cayó.
—¡No te pego nada!
—¡Cómo que no!
—¡Claro!, porque yo ya trabajé mis ocho horas y tú me has dicho que nadie debe trabajar más de ocho horas al día...
Él se rió mucho y me abrazó:
—Eres muy linda —me dijo.
Pero a las pocas semanas se volvió a enamorar de otra mujer y me abandonó (p. 102).

Benita es una mujer fuerte que aprende a enfrentar la violencia. No responde en absoluto a los estereotipos femeninos; no es pasiva, ni nostálgica, ni dependiente, ni sumisa. En este sentido ella emparienta, como personaje, con la Jesusa Palancares de Elena Poniatowska.

Una inquietud que recorre la trayectoria de la protagonista es la de la comunicación. Benita alude una y otra vez a la problemática de la expresión oral. Así, su primer desplazamiento geográfico, de su pueblo a Acapulco, que coincide con una importante mejoría vital, la posibilidad de usar zapatos (p. 35), señala también otro avance importante, ya sabe conversar: "En esta familia había un muchacho. Estuvimos platicando y como yo ya había aprendido a sostener una conversación y a hablar mejor que cuando vine de mi pueblo, platicamos mucho rato" (p. 47).

Y uno de los momentos cruciales de su desarrollo es el ya citado en que descubre su capacidad oratoria.

La adolescente Benita sufre también por su analfabetismo. Como desconfía de que le lean con veracidad lo que un novio le escribe, empieza a aprender, ayudada por una amiga:

me compré un silabario y pude aprender a deletrear, pero como no tenía mucha voluntad y no me llamaba mucho la atención, pues lo dejé por la paz. Después de unos días volvía a coger el silabario y a leer más y así supe juntar las letras. Escribía en la arena. Ponía mi nombre y otros que fueran sencillos y no me dieran trabajo (p. 39).

Ya adulta, Benita habla de "la desgracia de no saber leer" (p. 147) y, cuando hace un balance de su participación, si bien reitera su fe en el Partido Comunista, también critica, dolida, que no recibió ayuda alguna para desarrollarse. Dice: "he sentido que me han dejado sola con mi ignorancia" (p. 148).

Es significativo que casi al final de la narración ella hable de estar escribiendo su libro; el personaje Benita y la autora Benita Galeana tienen mucho en común. La protagonista dice estar escribiendo en la etapa del gobierno cardenista; el libro se publica en 1940, el último año de la presidencia de Lázaro Cárdenas.

La escritura del libro parece ser la culminación de todos los actos afirmativos de Benita, la posibilidad de comunicación, la conjunción de sus experiencias, un proceso liberador.

Benita tiene, es evidente, un gran valor testimonial. Las fechas mencionadas en el relato y muchos de los personajes —José Revueltas, Juan de la Cabada, Diego Rivera, Hernán Laborde— son rigurosamente históricos. Es un libro fundamental como testimonio de un militante de base del Partido Comunista que es, además, mujer. Carlos Monsiváis ha afirmado que en los hombres y las mujeres como Benita Galeana se funda la mejor tradición moral de la izquierda mexicana.[3] Pero su importancia va más allá de la que pueda tener para los interesados en la trayectoria de la izquierda. Se trata de un texto necesario para quienes deseen revisar la historia de este país desde la perspectiva de "los de abajo". Algunos comentaristas del texto han coincidido en que Benita es hija de la Revolución Mexicana.[4] En efecto, no se explica el desarrollo del personaje, sus avances y contradicciones, la evolución de su conciencia, sin la conmoción social aparejada por el movimiento de 1910.

---

[3] Carlos Monsiváis, "Benita, el feminismo anterior al patrocinio oficial", "La Cultura en México", Suplemento de *Siempre!*, núm. 698, junio 23 de 1975.

[4] Cf. José Revueltas en la tercera de forros de *Benita*; y Martha Robles, "Benita Galeana", *La sombra fugitiva*, México, UNAM, 1985, tomo I, p. 235.

LO FEMENINO EN *EL ETERNO FEMENINO* DE ROSARIO CASTELLANOS

> Y lo mismo que en el teatro, ninguno de los roles
> que se nos confía es definitivo.
> ROSARIO CASTELLANOS, *Mujer que sabe latín*

El eterno femenino (*EEF*, a partir de aquí) representa la culminación del tema femenino/feminista en la obra de Rosario Castellanos. La preocupación de RC por el tema de la mujer en general y de la mujer en la cultura en particular aparece en la obra de la autora desde su tesis, *Sobre cultura femenina* (1950), y va tomando diferentes formas. RC dedica sus obras femeninas/feministas a plantearse preguntas como: ¿existe la cultura femenina?; ¿es compatible la producción de cultura con la reproducción?, y quizás la más metafísica y concreta al mismo tiempo: ¿qué es ser mujer para mí?

Podemos dividir la obra narrativa de RC en dos vertientes principales. En ambas RC se dedica a explorar las dificultades y las humillaciones de "lo otro", lo diferente al hombre blanco dominante en la sociedad mexicana que conoció RC: el indígena y la mujer. En *Balún Canán* (1957), *Ciudad real* (1960) y *Oficio de tinieblas* (1962), las llamadas obras "indigenistas" de la autora, vemos insinuarse los perfiles femeninos que tomarán formas más definidas en *Los convidados de agosto* (1964) y *Álbum de familia* (1971). El tema de la mujer aparece desarrollado extensamente también en la obra ensayística y lírica de la autora, y en sus malogradas obras de teatro anteriores a *EEF*. Cronológica e ideológicamente, *EEF* es una conclusión al tema. Pocos meses después de terminar el manuscrito de *EEF*, en 1974, RC falleció. Nunca sabremos si con los años RC, aún joven al morir, hubiera tomado actitudes más radicales y definidas con respecto al problema de la mujer. Nos queda analizar detalladamente su última obra e intentar leer el discurso que contiene dentro del marco del momento histórico en el que fue producido. Me acerco a este análisis con el propósito de evitar encasillar la obra. Trataré la obra teatral como un texto que, más allá de ser de difícil puesta en escena, abre interrogantes y presenta situaciones a resolver.

En *EEF*, RC hace eco a la tesis de Simone de Beauvoir en *El segundo sexo* (1949). Beauvoir propone que la mujer ha sido construida como "el otro" del hombre y que consecuentemente le han sido negadas su propia subjetividad y la responsabilidad sobre sus actos. En *EEF*, RC explora las posibilidades de la mujer burguesa de convertirse en sujeto histórico, a la par del hombre. Aun si creemos con Louis Althusser en *Lenin and Philosophy* que el sujeto es "la categoría constitutiva de toda ideología" (p. 171) y que es la ideología dominante la que interpela a los individuos como sujetos, debemos reconocer que gran parte de los atributos de libertad y libre determinación que le son ficticiamente otorgados al hombre, le son, dentro de la misma ficción, negados a la mujer. En *EEF,* RC logra que la mujer se transforme en sujeto del discurso, sacándola así de su papel de receptora pasiva del discurso masculino falologocéntrico. "Como la creatividad se define como masculina, de ahí se desprende que las imágenes literarias dominantes de mujer son masculinas. Se les niega a las mujeres el derecho de crear sus propias imágenes de femineidad, y en lugar de hacerlo, deben tratar de estar de acuerdo con los parámetros patriarcales que se les imponen" (Moi, 1985, p. 56).* Escuchemos a RC en sus corridos planteando el desafío a la autoridad descriptiva del hombre:

> Voy a ponerme a cantar
> el muy famoso corrido
> de un asunto que se llama
> el eterno femenino,
> y del que escriben los sabios
> en libros y pergaminos.

(RC, EEF, p. 197.)

En un tono jocoso, RC presenta la magnitud de su desafío al orden patriarcal: es escritora y escribe sobre temas serios y comprometidos, sobre temas reservados a los "sabios", a los "padres blancos" de los que habla Showalter (Showalter, 1981). RC es también la primera escritora profesional en México y combina esta actividad con una vasta tarea como funcionaria y docente. Marcadora de nuevos rumbos, creadora de nuevas posibilidades para la mujer, no nos debe asombrar la convivencia de un orden caduco al lado del nuevo orden que ella propone. RC carece de modelos a imitar, y por eso en las contradicciones de sus obras no es difícil percibir la búsqueda desesperada de un orden en el caos, de un camino nuevo y abierto. Y asombra que, aun en *EEF,* RC se cuestione el derecho a producir literatura. No es casual que las mujeres aspirantes a intelectuales del tercer acto no sólo desconozcan a RC, sino que también necesiten la información pertinente sobre su vida privada para determinar si la obra es tan cínica y desvergonzada como pretende la profesora. Cynthia Ozick contrasta la mujer-musa, signo creado por el hombre, con la mujer productora y productiva. Las mujeres que RC crea para enjuiciarlas dentro de su propia obra, hacen eco a los modos de construcción patriarcales que han interiorizado y necesitan ubicar a la RC que ellas han construido en uno de los polos posibles dentro de la categoría de mujer: "buena, visible, decente" o "mala, indecente, puta".

EEF es una declaración de principios. A lo largo del texto, RC nos va presentando una vodevilesca sucesión de personajes y situaciones que, como ella misma nos advierte, no son realistas sino que tratan de captar "la esencia, el rasgo

---

* La traducción es mía.

definitivo de una persona, de una época" (*EEF*, p. 22). *EEF* es también un entretenimiento durante el cual RC juega con las diferentes imágenes de mujer estereotipadas por la sociedad patriarcal. La obra se mueve en diferentes niveles de imágenes y contraimágenes, de espejos que reflejan, dibujan y desdibujan hasta lo grotesco a todas las mujeres representadas en la obra. *EEF* es un paseo por "las falsas imágenes que los falsos espejos ofrecen a la mujer en las cerradas galerías donde su vida transcurre" (*Mujer que sabe latín*, p. 21). Y aunque RC nos avisa que "ni están todas las que son / ni son todas las que están" (*EEF*, p. 204), podemos suponer que la autora quiso incluir en el desfile a todas las mujeres de clase media urbana mexicana. La amplia gama de personajes presentes en la obra nos permite suponer un intento totalizador y ampliamente incluyente.

Dentro de este proyecto totalizador, RC buscó acercarse a un público más amplio: el público que puede ver una representación y que no leería su prosa. RC usó el teatro como medio de concientización en el periodo en el que trabajó en el Instituto Indigenista de Chiapas. Podemos suponer que la autora tuvo en mente esa experiencia cuando aceptó el pedido de Emma Teresa Armendáriz y de Rafael López Miarnau de escribir una obra teatral que planteara los problemas de la mujer. Recuérdese lo que dijo RC de aquella primera experiencia: "¡Si supiéramos cómo tener acceso hasta ellos para romper la costra de su abyección y hacerles recuperar su dignidad y erguirlos e inquietarlos y hacerlos mover con soltura en un terreno desconocido: el de la igualdad!" RC, "Teatro Petul", en *Revista de la Universidad* (citado por Franco, p. 134).

Cambiemos el "ellos" por "ellas" —indígenas por mujeres— y tendremos un indicio del objetivo de RC al escribir *EEF*. RC textualiza en un discurso paródico las prácticas culturales que determinan los papeles de la mujer dentro de la clase media mexicana. Estos papeles y las mujeres que los dramatizan están vacíos de esencia y contenido. Todas las mujeres contemporáneas que desfilan por la obra están acanaladas, cómplices y víctimas de una sociedad patriarcal y subdesarrollada, mediadora de la colonización, basamento del imperialismo en turno. Si la autora en la obra puede contestar su propia pregunta y encuentra un camino hacia estas mujeres, y si en última instancia, les ofrece una alternativa válida, es una pregunta que debemos responder nosotros, sus lectores.

Una de las principales dificultades que encontramos al trabajar con literatura escrita por mujeres en general y por mujeres latinoamericanas en particular, es la de determinar cómo la evaluaremos. Gran parte de la crítica feminista no hace más que reproducir modelos de crítica patriarcales, reivindicando a la mujer superficialmente pero dejando igual la estructura jerárquica y formalista falocéntrica. Debemos buscar, como RC, "otro modo de ser" (*Poesía no eres tú*, p. 316), un modo de ser críticas que reconozca la existencia de otro tipo de discurso no lineal y que lea el discurso femenino como parte del discurso marginal, hermanándolo así a los otros discursos marginales que con su oposición subvierten el discurso dominante. Debemos ver a RC como una pionera en Latinoamérica de una corriente que sitúa a la mujer como ser oprimido dentro de un marco de opresión mayor que incluye, en el caso de Castellanos, a los indígenas. En un momento en que gran parte de la crítica literaria feminista primermundista se concentra en crear nuevos cánones literarios que incluyan a mujeres escritoras (también del primer mundo), y en el que se subrayan formas de escritura experimental "cerca del cuerpo" (formas disponibles y disfrutables para la mujer burguesa), el tercer mundo debe surgir con una nueva voz que informe de otras formas de explotación, de otras formas de ser mujer. La obra de RC ofrece un ejemplo interesante de interacción entre lo microcósmico del hogar y la familia burguesa y lo macrocósmico de un país dominado dentro de un continente oprimido.

Ahora bien: ¿cuáles son las preguntas que quiero responderme con respecto a *EEF*? Revisando los cuestionamientos más comunes en la crítica feminista, he elegido algunas herramientas que me permiten acercarme a la obra para ubicarla dentro de una tradición de literatura femenina, y que me ayude a trascender el halo de fascinación que me produce. Aunque no prometeré se objetiva —ya que cuestiono la supuesta objetividad propugnada por la tradición falologocéntrica—, intentaré respetar el texto como referencia final. He decidido concentrarme en la voz o en las voces narrativas. "¿Está hablando el lenguaje de los hombres o es el silencio de las mujeres?" (Felman, p. 36).* ¿Nos está presentando nuevos papeles o modelos de ser mujer? Esta obra, ¿abre un foro de discusión a las ideas cerradas y acabadas del "deber ser" de la mujer? ¿Cuál es la connotación política de *EEF*? ¿Promueve una lucha fraterna y solidaria de las mujeres por sus derechos o favorece las soluciones individuales? ¿Desarrolla una conciencia feminista? Y por último, tomando los estadios de lucha feminista propugnados por Kristeva en "Women's Time", ¿en qué estadio se ubica la obra? ¿Reclama el ingreso al orden simbólico y a la igualdad (primer estadio)? ¿Rechaza el orden simbólico masculino y exalta la femineidad de la diferencia (segundo estadio)? ¿O rechaza la dicotomía femenino-masculino como metafísica y brega por un "nuevo espacio teórico y científico donde la propia noción de identidad es desafiada?" (pp. 33-34).** Dentro de este espacio, la lucha de la mujer toma trascendencia dentro de un contexto más amplio de la lucha de lo marginal, lo subversivo y lo disidente (tercer estadio).

Comenzar a leer *EEF* es como cruzar el espejo de Alicia del "país de las maravillas" e internarse en un orden diferente donde reina una aparente anarquía. Este mundo refleja y caricaturiza a la vez el mundo exterior al que pertenecen Lupita —la protagonista— y probablemente los espectadores y lectores a los que RC pretendía llegar. Los gestos cotidianos se repiten hasta el hartazgo, las figuras idealizadas se exponen en toda su vacuidad, así como su falta de vida y de propósito. RC nos va a hablar del "eterno femenino". Este término, tomado de Goethe, según la Lupita profesora del tercer acto, es todo un desafío. Lo femenino, en el orden patriarcal, es inmodificable y estático. La mujer es la maldita, la que "no debe entrar / al santuario del Señor / ni a la cátedra del maestro / ni al taller del obrador" (*EEF*, p. 201). Pero RC muestra que lo femenino también es lo vital y lo susceptible de mejorar y cambiar. En los corridos, RC revierte la historia tradicional y muestra a un Adán "nacido para obedecer" y a una Eva dinámica y energética que "pensaba en la historia / que acababa de empezar" (*EEF*, p. 200).

Al levantarse el telón, RC nos sitúa con su lenguaje y su selección de ambiente en un mundo realista y cotidiano. Estamos en un salón de belleza en una colonia

* La traducción es mía.
** La traducción es mía.

residencial de la clase media en el Distrito Federal de México. Hay una dueña, varias clientas, una peinadora y un agente que pretende vender un aparatito procedente de Estados Unidos que hará que las clientas tengan ensoñaciones que les eviten pensar. El agente presenta las variantes oníricas ofrecidas a las clientas de la peluquería, variantes que son harto parecidas a las variantes que la vida real ofrece a la mujer como posibilidades de felicidad y realización en su relegado segundo plano:

> Hay un catálogo completo de variantes: sueña que es la mujer más bonita del mundo; que todos los hombres se enamoran de ella; que todas las mujeres la envidian; que a su marido le suben el sueldo; que no hay alza de precios en los artículos de primera necesidad; que consigue una criada eficiente y barata; que este mes queda embarazada; que este mes no queda embarazada; que sus hijos sacan diez de promedio en la escuela; que sus hijas necesitan brassière; que se muere su suegra; que se queda viuda... (*EEF*, pp. 29-30).

Lupita es la candidata ideal para probar el producto: joven, fuerte y virgen; a punto de traspasar el umbral del matrimonio; con "nervios de estreno". Durante el primer acto, Lupita transita en sueños por el futuro que le ha sido diseñado de acuerdo con su sexo y su clase. En cinco cuadros, Lupita ve pasar su futuro. RC juega con las situaciones obvias, los guiños pícaros a la audiencia y con una ironía que a menudo se acerca a las convenciones del teatro del absurdo. Las mujeres del primer acto son hipócritas, pero su hipocresía es "la respuesta que a sus opresores da el oprimido, que a los fuertes contestan los débiles, que los subordinados devuelven al amo" (*Mujer que sabe latín*, p. 25). La mujer es la hija que se casa y premia al marido con la sábana manchada de su desfloramiento; la madre obligada a reproducirse biológicamente y a reproducir la ideología dominante en la formación de sus hijos; la esposa infeliz insatisfecha con lo intrascendente de su vida cotidiana; la viuda "cabecita blanca", idealizada como ejemplo parangónico del amor y de la generosidad, pero que en realidad es cínica y egoísta. Así, RC nos presenta una mujer burguesa que es instrumento de su propia opresión, de la opresión de sus hermanas de sexo y portavoz incondicional del mismo régimen que la domina. Esta mujer trasmite la ideología dominante a sus hijos y es la acérrima defensora del *statu quo* político y social. Remitámonos al texto:

> Lupita II: ...Yo lo que quiero es que las cosas cambien, que algo cambie.
> Lupita (Sentenciosa): Siempre que algo cambia es para empeorar.
> Lupita II: ¿Cómo lo sabes?
> Lupita: ¿No he lidiado con criadas toda la vida?

(EEF, pp. 59-60)

En el segundo acto, el aparatito mágico transportará a Lupita a una feria donde asistirá a una representación teatral por lo cual desfilarán las mujeres más famosas de la historia mexicana. RC se vale de esta excusa para entregar el escenario a las muy mitificadas: Eva misma, la Malinche, Sor Juana, Josefa Ortiz de Domínguez, la emperatriz Carlota, Rosario de la Peña y Adelita. La intención principal de RC parece ser la de desmitificar la vida de estas mujeres y devolverles la potencia vital de la que las despojó "la historia oficial patriarcal" al encasillarlas. Quizá el mayor hallazgo sea el de reescribir la historia de Eva. RC arremete contra una de las anécdotas centrales de las sociedades occidentales y la despedaza con un increíble humor y una destreza lingüística admirable. La Eva de RC es una mujer ambiciosa, cansada de su papel de metanomia de Adán y dispuesta a sacrificar el supuesto bienestar de la inmanencia y la ociosidad por la plenitud y la "conquista de la categoría humana" (*EEF*, p. 84). Esta Eva tiene todo el idealismo y la fuerza de lucha de los cuales su esposo carece. RC reescribe el mito bíblico y, al hacerlo, ingresa a las filas de la llamada "literatura comprometida". "Literatura comprometida que echa por tierra normas de conducta consideradas inamovibles, desplegando ante los ojos de la mujer un mundo rico en oportunidades de crecimiento, que la aguarda una vez que ella se decida a emprender el camino de la libertad, de una vida responsable y fecunda" (Fiscal, p. 96).

Escuchemos a Eva desafiando la autoridad de Adán dentro del tono fársico de la obra:

Adán: ...¿Cómo te llamas?
Eva: ¿Cómo me llamas tú?
Adán: Eva.
Eva: Bueno. Ése es el seudónimo con el que pasaré a la historia. Pero mi nombre verdadero, con el que *yo* me llamo, ése no se lo diré a nadie. Y mucho menos a ti.

(*EEF*, p. 77)

Y más adelante, Eva le dice a la serpiente: "Tampoco quiero depender de él. Quiero bastarme a mí misma. Ya bastante me echa en cara lo de la costilla" (*EEF*, p. 80). La escena termina con Adán arrodillándose frente a Dios y suplicándole sea piadoso con ellos, mientras que Eva agigantada por su osadía avanza hacia el futuro que le traerá dolor con plenitud, muerte como prueba de vida y perspectivas de progreso y cambio. A diferencia de las mujeres del primer acto, Eva es agente de cambio. A diferencia de la Eva bíblica, esta Eva no se pierde por vanidad y debilidad, sino que elige romper con las limitaciones que le impone su esposo y un dios viejo, tiránico y masculino.

El desfile de mujeres que sigue no hace más que resaltar lo marginal de la situación de la mujer mexicana dentro de la historia y la cultura. Estas mujeres muestran "la posibilidad pero no la costumbre establecida, la golondrina, no el verano" (*Mujer que sabe latín*, p. 36). Estas mujeres fueron pasadas "bajo las horcas caudinas de una versión estereotipada y oficial" y ahora se proponen, en la ficción de Castellanos, "presentarnos como lo que fuimos. O, por lo menos, como lo que creemos que fuimos" (*EEF*, p. 87). A través de estas mujeres, RC nos pasea por la historia mexicana: vemos la conquista a través de la Malinche, el virreinato a través de Sor Juana, la guerra de Independencia a través de Josefa Ortiz de Domínguez, la ocupación francesa a través de Carlota, la Revolución Mexicana a través de Adelita. Este *racconto* histórico nos alerta sobre las conexiones que ve RC entre la situación nacional como un todo y la situación de la mujer en particular. El *show* termina con una Adelita desilusionada por los resultados de la Revolución:

> Adelita: Hubo un papel, muchos papeles. Con el precio módico de diez millones de muertos logramos convertir a México en un gran archivero.
> Sor Juana: Pero los libros de historia dicen que la Revolución triunfó.
> Adelita (señalando a Lupita): Si hubiera triunfado ¿estaría esta muchacha aquí? ¿Existirían aún muchachas como ella, con padres como los de ella, con vida como la de ella?

(EEF, p. 136)

Lupita contesta horrorizada. Hija del "milagro mexicano" y de la ideología del progreso, Lupita se considera afortunada por ser diferente a estas mujeres; en comparación, ella "se sacó la lotería". Las mujeres que pasaron a la historia no son vistas como modelos por las que podrían considerarse sus herederas. Lupita no es solamente el producto de una sociedad desigual e injusta, sino su apasionada defensora. Y como defensora del orden patriarcal, se considera superior a estas mujeres que se enfrentaron de alguna u otra manera a este orden. "Una vez hecho el balance, se advertirá que si la mujer mexicana ha aparecido como víctima, se debe, como lo afirma Bernanos, a que ha sido cómplice de su verdugo. Y es a partir de este sitio de víctima en que la mujer se sitúa para el aniquilamiento, desde donde tiene que hablarse de regeneración" (RC en un reportaje en *Revista de Revistas*, citado por Franco, p. 148).

En el tercer acto, RC presenta mujeres en los nuevos papeles que se han abierto en los últimos años a la mujer burguesa urbana. Lupita cambia de personalidad con cada cambio de peluca y se transforma en periodista, política oficialista, profesora y señora burguesa que estudia para superarse. A través de estas mujeres, RC expresa su opinión sobre el "milagro mexicano". RC caricaturiza la sociedad de consumo, la cultura extranjerizante, el neocolonialismo. Estas mujeres, bajo una pátina de brillo superficial, tienen el mismo tipo de relación con el mundo mediada por el hombre que las mujeres del primer acto. Desde sus supuestos papeles de mujeres liberadas, estas mujeres repiten el rito del respeto y la admiración del varón, el que "guarda, para tus ansias placer; para tus vacíos, fecundidad" (*Oficio de tinieblas*, p. 287). El hombre es el dueño, el que transforma a la mujer en mercancía; y aquí podemos incluir tanto al Cinturita-rufián como al casado infiel que le pone un piso a su secretaria porque no es feliz con la esposa que ató "¡...la libertad de quien siempre había volado, ligero como el ave!" (*EEF*, p. 160). El hombre funciona en este acto como el primer significante, el que rescata a la mujer del fantasma de la soledad y de la soltería. Pero el hombre también ha dado significado a esta sociedad de dudosa libertad de prensa, de funcionarios corruptos, de cultura europeizada; una sociedad moralina y pacata cuyo lenguaje se ha transformado en una retórica vacía, llena de frases altisonantes y de clichés usados hasta el cansancio. Escuchemos a las mujeres de este acto:

> Lupita: ¿Tiene usted hijos?
> Marido: ...Lo que pasa es que Dios no ha querido bendecir nuestra unión.

Lucrecia (la pianista famosa) (al marido): Pero tú me prometiste que al terminar esta gira podríamos...

(*EEF*, p. 173)

Funcionaria: Mi único afán ha sido siempre servir a mi patria. En la trinchera en que se me indique. Ningún puesto es insignificante cuando se tiene vocación de ayudar.
....
Lupita: ¿Usted cree que su condición de mujer ha sido un obstáculo para su carrera?
Funcionaria: ¿Por qué habría de serlo? La Constitución nos garantiza, a todos los mexicanos, sin distinción de sexo, credo, raza ni edad, una igualdad cívica...

(*EEF*, p. 174)

Nos acercamos casi al final de la obra. La galería de hombres y mujeres representados parecen "personajes de una comedia ya irrepresentable y además han olvidado sus diálogos y los sustituyen por parlamentos sin sentido" (*Mujer que sabe latín*, p. 39). Queda aún insatisfecho nuestro deseo de encontrar un modelo femenino. Todas las mujeres contemporáneas que se nos han presentado están condenadas, mutiladas en su fuerza vital, creadora y productiva. Pero el silencio y la mutilación de estas mujeres también se extiende a sus opresores. En la anulación de la mujer, el hombre ha perdido su propia identidad. Hélène Cixous sostiene que el hombre se ha definido, hasta ahora, en términos de la oposición actividad/pasividad "en la relación de poder con una virilidad obligatoria y fantasiosa que significaba invadir, colonizar... La manera en la que el hombre sale de sí mismo y entra a ella, a quien no considera no otra sino él mismo, lo priva, y él lo sabe, de su propio territorio corporal" (p. 247).* En la búsqueda de una redefinición de la femineidad, RC espera hallar un camino hacia una redefinición de los papeles sexuales y hace un replanteo de las relaciones de dominación.

La probabilidad de encontrar una figura femenina digna y ejemplificadora surge sorpresivamente en medio de un debate caricaturesco y caótico en el que participan una Lupita profesora que trabaja mientras busca marido, y un grupo de señoras burguesas que acuden a clases de información general para mejorar su roce social. Que el debate haya sido generado por *El eterno femenino* y su autora en algo así como una autoparodia de Rosario, indica que RC tenía confianza en *EEF* como apertura de un foro de discusión. En medio de una histeria generalizada, durante la cual las mujeres sueñan con posibilidades disparatadas y factibles, una de ellas propone:

La tercera vía tiene que llegar hasta el fondo último del problema. No basta adaptarnos a una sociedad que cambia en la superficie y permanece idéntica en la raíz. No basta imitar los modelos que se nos proponen y que son la respuesta a otras circunstancia que las nuestras. No basta siquiera descubrir lo que somos. Hay que inventarnos.

(*EEF*, p. 194)

* La traducción es mía.

Pero la obra no culmina aquí. Esta declaración es la desencadenante final de una gran catarsis de gritos y llantos. El momento de ventura propuesto está ubicado en un futuro no demasiado próximo. Por ahora, Lupita se casará, la dueña de la peluquería seguirá hablando de "mujeres decentes", y las mujeres "decentes y visibles" seguirán asistiendo a la peluquería para, entre charlas de modas y de niños, preservar "el eterno femenino".

Podría considerarse a Lupita —el personaje hilo conductor de la obra— como la protagonista de una historia arquetípica de iniciación. Esta iniciación no tiene lugar en la vida real, sino en diferentes ensoñaciones. Lupita, sin moverse del salón de belleza —el lógico ámbito donde la sociedad patriarcal ha ubicado a la mujer— tiene la posibilidad de espiar otras realidades, de enfrentarse a lo desconocido. Lupita es un personaje vacío de sustancia, una muchacha modelada de manera esquemática por una clase, una sociedad, un país. Lupita es una mujer encasillada en la rigidez del bronce. Mientras los héroes arquetípicos masculinos usan la sabiduría adquirida para cambiar el rumbo de su vida, Lupita decide desechar el nuevo conocimiento, renunciar a la posibilidad de cambiar y seguir el consejo de la Lupita-madre del primer acto y así ser igual a su madre y a su abuela. Ella tiene un papel asignado en la vida y no dejará de actuarlo.

¿Podemos culpar a Lupita por seguir decidida a llevar adelante su proyecto de casarse? Todas las posibilidades que se le presenten, parece decirnos RC, son igualmente denigrantes y deprimentes. Lupita decide ocupar los únicos intersticios donde se le ofrecerá seguridad, respeto y reconocimiento:

> Dueña: Toda esa serie de contratiempos, ¿no será una especie de advertencia?
> Lupita: ¿Advertencia de qué?
> Dueña: De que ese novio no le conviene.
> Lupita: Pero si no tengo otro. Y aun éste me costó un trabajo encontrarlo, enamorarlo, convencerlo de que se casara... Para que ahora me salgan ustedes con que no sirve.·
> *(EEF*, p. 139)

Enredada como está en la telaraña de la sociedad patriarcal, Lupita no ve otro camino, otra posibilidad. Parte de la peluquería despeinada y dirige una mirada final al público, mientras pregunta pataleando y jalándose las mechas "¿mi problema?" (*EEF*, p. 296). ¿Cuál es el problema de Lupita? ¿Tener que ir despeinada y desarreglada a su boda? ¿O estar condenada a repetir *ad aeternum* los ritos de la abyección y la intrascendencia?

EEF es un gran debate. Y si es cierto que provoca risas, también provoca malestar y escozor. Indudablemente, RC se planteó rescatar lo sencillo del lenguaje diario para acercarse a un público amplio que la pudiera comprender y que pudiera establecer conversaciones con su texto. *EEF* es un intento "para encontrar un modo de producción dramática que conserve los valores de la tradición, pero que simultáneamente sea viable para manifestar la realidad presente: el mundo de lo profano, los adelantos de la técnica, la revolución económica, el peso de las masas, la lucha por liquidar el colonialismo caduco" (*Juicios supremos*, p. 350). El humor y el tono fársico no hacen más que servir al propósito de exponer clichés y estereotipos. "La risa ha cavado siempre más túneles que las lágrimas", dice la autora en la introducción. Leer la intratextualidad entre la ensayística de Castellanos y su obra nos alerta sobre lo cuidadoso del trabajo de composición creativa de RC y sobre su constante preocupación por la función social de la literatura. Detrás de cada detalle de *EEF*, entrevemos la voluntad y la determinación de una autora que no está riendo como nosotros, sino problematizando la realidad a través de la risa.

En este amplio foro de discusión que ha abierto RC, las dueñas de la palabra son las mujeres. RC les ha entregado el escenario, el discurso y la posibilidad de hablar. El valor de su obra como generadora de respuestas y contrarrespuestas es incalculable. Si se ha argüido repetidamente que RC no presentaba una alternativa política viable para la mujer, es quizá porque no se ha valorado su osadía al romper la brecha del silencio. Hélène Cixous escribía varios años más tarde un texto que se sigue considerando revolucionario: "Es a través de la escritura, de y para las mujeres, y a través de tomar el desafío del habla que ha sido gobernado por el falo, que la mujer confirmará a otras mujeres en un lugar diferente al que le está reservado en y por lo simbólico; eso es, en otro lugar que no sea el del silencio"* (p. 251).

Si regresamos a las categorías de lucha feminista de Kristeva, expuestas a principio de este trabajo, vemos que las propuestas de *EEF* oscilan entre el primer y el tercer estadio —la lucha de la mujer por acceder al orden simbólico y el desafío al concepto de identidad y la equiparación de la lucha feminista con otras luchas de grupos marginales. Lo ausente en *EEF* es, pues, la propuesta de una lucha por defender a las mujeres como mujeres para contrarrestar la opresión patriarcal. RC se adhiere a una tradición liberal que reconoce al sujeto como actor de la historia, un actor-protagonista, dueño de su futuro y de las decisiones que determinarán su vida. Esta ideología la hace rechazar soluciones globales y cooperativas y elegir soluciones individuales. RC llega al grito y al enojo pero no a la formulación de proyectos de cambio. Según Castellanos, "no es muy práctico pensar en la mujer como en un género, una clase, sino como lo que yo creo que es y quisiera que siempre fuese: como una persona cuya única obligación es la de descubrirse a sí misma y la de realizarse" (Dolores Cordero, "La mujer mexicana, cómplice de su verdugo", en *Revista de Revistas*, núm. 22, 1972, p. 26; citado por Franco, p. 150).

RC dentro de sus limitaciones históricas e individuales no pudo ir más allá y sugerir soluciones para los problemas que ella misma planteaba. Pero en su extensísima obra nos dejó un poderoso mensaje de poder y esperanza. Nos queda a nosotras el explorar en profundidad las numerosas puertas que RC dejó entreabiertas.

> Porque me voy despidiendo
> y no quisiera olvidar
> a ninguna, aunque bien sé
> que en un corrido vulgar
> ni están todas las que son
> ni son todas las que están

(*EEF*, p. 204)

* La traducción es mía.

BIBLIOGRAFÍA

Althusser, Louis, *Lenin and Philosophy and Other Essays*, Londres, New Left Books, 1971.

Castellanos, Rosario, *Álbum de familia*, México, Joaquín Mortiz, 1979.

————, *Balún Canán*, México, FCE, 1957.

————, *Ciudad real*, Xalapa, Universidad Veracruzana, 1960.

————, *El eterno femenino*, México, FCE, 1975.

————, *Los convidados de agosto*, México, Era, 1964.

————, *Juicios sumarios*, Xalapa, Universidad Veracruzana, 1966.

————, *Mujer que sabe latín*, México, Secretaría de Educación Pública, 1972.

————, *Poesía no eres tú (Obra poética: 1948-1971)*, México, FCE, 1972.

Cixous, Hélène, "The Laugh of the Medusa", traducción de Keith Cohen y Paula Cohen, *Signs 1* (1976), citado en *The New French Feminisms: An Anthology*, ed. Elaine Marks e Isabelle de Courtivron, Amherst, University of Massachussets Press, 1980.

Beauvoir, Simone, de *Le deuxième sexe*, París, Gallimard, 1949.

Eagleton, Mary, *Feminist Literary Theory*, Norwich, Page Bros., 1986.

Felman, Shoshana, "The Critical Phallacy", en *Diacritics*, invierno de 1975.

Fiscal, María Rosa, *La imagen de la mujer en la narrativa de Rosario Castellanos*, México, UNAM, 1980.

Franco, María Estela, *Rosario Castellanos: Semblanza psicoanalítica*, México, Plaza y Janés, 1985.

Kristeva, Julia, "Women's Time", traducción de Alice Jardine y Harry Blake, en *Signs 7*, 1981.

Irigaray, Luce, *Ce sexe qui n'est pas un*, París, Minuit, 1977.

López González, Aralia, *De la intimidad a la acción. La narrativa de escritoras latinoamericanas y su desarrollo*, México, UNAM, 1985 (Cuadernos Universitarios 23).

Moi, Toril, *Sexual/Textual Politics*, Nueva York, Methuen, 1985.

Ozik, Cynthia, "Women and Creativity: The Demise of the Dancing Dog", en *Feminist Literary Theory*, editado por Mary Eagleton, Norwich, Page Bros., 1986.

Showalter, Elaine, "Towards a Feminist Poetics", edición de Mary Jacobus, en *Women Writing and Writing About Women*, Londres, Cromm Helm, 1979.

————, "Feminist Criticism in the Wilderness", en *Critical Inquiry 8*, 1981.

LA ESQUIZIA OJO-MIRADA EN *RÍO SUBTERRÁNEO*

Ana Bundgård
Universidad de Århus
Dinamarca

> Yo pensaba, por ejemplo, que en la Biblia tenía que
> haber pasajes en que el ojo diera buena suerte.
> Vacilé en uno que otro lugar —definitivamente, no.
> El ojo puede ser profiláctico, pero en todo caso no
> es benéfico, es maléfico. En la Biblia, y aun en el
> Nuevo Testamento, no hay ojo bueno, pero malos,
> por doquier.
>   J. LACAN, "De la mirada como objeto *a* minúscula"

La serie de relatos cortos recogidos por Inés Arredondo en *Río subterráneo** hacen honor al título. Bajo una superficie textual en apariencia transparente, fluye en ellos un *río* caudaloso de pasiones e instintos ocultos. Lo fantástico incursiona en la dimensión ficcional y desvía los acontecimientos hacia lo imprevisible y *heterogéneo*. El deseo, fantasmáticamente reencarnado, el mal, el incesto, la locura, el poder maléfico del ojo, la seducción de una mirada, son, desde el punto de vista temático, algunos de los *sedimentos* que deja el *río subterráneo* al aflorar a la superficie de unos textos estructurados dialécticamente según la esquizia ojo-mirada, esquizia que se resuelve finalmente en un gesto onírico: la mirada remite siempre a un más allá, que el ojo no ve, pero desde donde es mirado. En los relatos de *Río subterráneo*, que son objeto de análisis de este trabajo,[1] se describen, se atrapan y se da forma a múltiples miradas, las cuales, como en infinito juego de espejos, apuntan a un vacío abismal, donde todo movimiento se detiene. El análisis que aquí se sugiere ha sido, teóricamente hablando, elaborado en diálogo simultáneo con el psicoanálisis estructural de inspiración lacaniana y con la teoría del texto de orientación semiótica greimasiana.[2] Diálogo que mantenemos con el fin de evitar una lectura referencial o contenidista. Nuestra intención es demostrar que la *pulsión escópica* de un *querer ver* y un *querer-darse-a-ver* estructuran la mayor parte de los textos de *Río subterráneo* a todos los niveles: temático, diegético[3] y discursivo. La referencia

---

* Todas las citas relativas a *Río subterráneo* proceden de la edición Lecturas Mexicanas, Segunda Serie, México, 1986.

[1] Los relatos que han sido tomados en cuenta de forma especial son los siguientes: "2 de la tarde", "Orfandad", "Apunte gótico", "Año Nuevo", "En Londres" y "Las mariposas nocturnas".

[2] y [3] El modelo narratológico utilizado en el análisis de este trabajo ha sido elaborado por el semiótico danés Per Åge Brandt. En su *análisis diegético* desarrolla de forma crítica el análisis propuesto por la

teórica al psicoanálisis se impone en forma casi inevitable, siendo así que la mayor parte de los relatos que aquí analizamos —unos en mayor medida que otros, tal es el caso de "Orfandad", "Mariposas nocturnas" y "Apunte gótico"— escenifican protofantasías como la de la escena originaria, la de la seducción del adulto y la de castración, que configuradas en torno al complejo de Edipo, son estudiadas en el psicoanálisis como procesos de simbolización mediante los cuales el sujeto resuelve los enigmas relativos a su origen. Los relatos de *Río subterráneo* no son historias triviales sobre la diferencia de los sexos desde un punto de vista biológico o social, no son tampoco historias de amor o desamor, el conflicto que en ellos se simboliza es el del desvanecimiento o desintegración de la ilusión narcisista, lo que se escenifica en ellos es la desestabilización del objeto mítico designado en la teoría psicoanalítica mediante el concepto de *falo*, objeto mítico e inexistente, pues "se trata de un objeto imposible desde que ningún objeto puede satisfacer todas las exigencias libidinales en simultáneo; el único objeto que puede cumplir con esta tarea es la muerte por ser la gran supresora, la supresora radical de todas las exigencias estimulares del sujeto".[4] Recuérdese a este respecto la reincidencia del tema de la locura en conexión con el de la muerte en varios textos escritos por Inés Arredondo. La muerte como supresora de todos los estímulos y pulsiones, la muerte como presencia de un vacío que paradójicamente llena todos los vacíos, tal como lo expresa la protagonista del relato "En Londres", la cual vive la muerte del amado como un estado de plenitud gozoso: "Mis hermanos están inquietos, se exasperan mucho conmigo, igual que todos los demás, pero eso no importa: soy muy hermosa, *estoy colmada*, sumergida en este éxtasis del que nada me hará salir. Sigo y seguiré viva dentro de él, no importa cuánto tiempo, porque la única mirada de amor imperecedera sólo puede ser la última."[5]

Un diálogo con la teoría del psicoanálisis estructural permite una lectura de la obra de Inés Arredondo distinta de la que es habitual y que se limita a constatar empíricamente que los relatos de dicha autora son siempre variaciones sobre un mismo tema, recorridos de un mismo camino en direcciones distintas. Ahora bien, aunque desde el punto de vista de una interpretación crítica pueda ser relevante hacer mención a la recurrencia del tema de la mirada en los textos de Inés Arredondo, y a las variaciones del tema —mirada abismal, de amor, mirada bálsamo, mirada compasiva, de ternura, mirada podrida, etc.— esa mención, o recuento empírico, no explica cuál es la fantasmática subyacente al tema, ni tampoco el porqué de la recurrencia. Todavía en menor medida permite un recuento temático analizar la esquizia mirada-ojo, cuya dialéctica es el principio estructurante de los textos a todos los niveles. La estrategia de interpretación que se ofrece en estas páginas se apoya en el siguiente postulado: el *ojo* da movimiento y

semántica estructural. El modelo diegético propuesto por P. Å. Brandt supera el binarismo de la semántica estructural incorporando dos posiciones *heteronómicas* que dirigen desde un nivel discursivo el proceso narratológico textual. Per Åge Brandt cuenta con una vasta producción científica en el campo de la semiótica. Su artículo "La diégesis: estructura y proceso de la ficción. Esbozo de una semiótica social" ha sido publicado en una antología por él elaborada y que lleva el título *Poetica et Analytica. Recherches Sémiotiques (1971-1984)*, Romansk Institut, Århus Universitet, ISA, enero de 1985, núm. 2.

[4] Godino Cabas, "Curso y discurso en la obra de Lacan", Buenos Aires, Helguero, 1976, p. 147.

[5] "En Londres", *Río subterráneo*, p. 68.

dinámica al texto; la *mirada*, independientemente de sus variaciones temáticas, lo detiene en un gesto final significativo, gesto que implícitamente, es decir, de forma tácita, remite al discurso.

Intentaremos deslizarnos analíticamente, y con progresión, por los distintos niveles del texto. *Temáticamente* y desde el punto de vista de la composición, *Río subterráneo* agrupa una serie de relatos escritos para ser vistos, relatos-cuadro, relatos a modo de retablo, relatos, en ocasiones concebidos como un esbozo, hechos a "pinceladas". Un ojo-teleobjetivo registra desde un ángulo geometral los acontecimientos que narra el sujeto de la enunciación, y este ojo se desdobla y multiplica en el espacio o escenario en el que discurre la narración en forma de "ojos escrutadores", "expertos", ojos que "arden", se "inflaman", "parpadean", "se entornan", etcétera.

El ojo en dialéctica con la mirada estructura y dirige la *enunciación*. Los textos que aquí se han seleccionado para análisis se configuran como el relato de un narrador que a su vez es también personaje de los acontecimientos narrados. Este actor, representado gramaticalmente por un *yo* funciona como lente u *objetivo* de una cámara fotográfica, que enfoca los acontecimientos siempre a cierta distancia. El narrador presenta los hechos desde su punto de vista y es, en consecuencia, el focalizador. El *yo* narra, percibe y actúa, pero este *yo* de la enunciación está, temporalmente hablando, lo suficientemente distanciado del *yo* que percibió o fue testigo de los hechos, como para poder presentarlos con objetividad, con visión olímpica, a vuelo de pájaro. El *yo* narra desde la perspectiva de un ojo totalizador, capaz de sorprender al ojo-espía que observa desde los intersticios de ventanas y puertas o desde el ojo de una cerradura. En ocasiones, y el caso más ilustrativo lo hallamos en el relato "Orfandad", el *yo* de la enunciación, focalizador de los acontecimientos, parece hablar desde la perspectiva de una mirada que ya no es visura, sino más bien, envés de una conciencia. Conciencia que *ve ver-se*.

Hay además algo de metáfora teatral o de técnica cinematográfica en el método utilizado para organizar el discurso narrativo de los textos aquí tratados. El relato "Año Nuevo" recuerda un drama en un acto y con una única escena. "Orfandad" se desarrolla en un acto con tres escenas, marcadas por la entrada y salida de diversos personajes. "Mariposas nocturnas" recuerda un esbozo, un apunte. El viaje de Lía por Europa y Oriente, viaje que abarca un lapso temporal de dos años, es presentado por el *yo* de la enunciación, desde cuyo enfoque visual se narra la historia, en una serie de instantáneas fotográficas, apuntes por decirlo así, tomados a un ritmo vertiginoso: Suiza, Bruselas, París, Florencia, Asís, Pisa, Roma, Venecia, Viena, Berlín. Europa, Oriente, Indochina, Australia, Japón, China, desfilan ante los ojos de Lía y del lector con el ritmo acelerado que marca el *yo* de la enunciación. Las secuencias visuales se yuxtaponen y el hilo conductor que las enlaza entre sí surge de las transformaciones sufridas por el actante sujeto, transformaciones reveladas en los siguientes sintagmas verbales: *querer ver, querer ser visto, verse, ser mirado* y *verse* desde una mirada que conjura al ojo.

Los relatos reunidos en *Río subterráneo* despliegan —como consecuencia del carácter visual y pictórico que los configura— una *narratividad* escasa, aunque no por esta razón sean textos estáticos. La dinámica *diegética procesual* que les es inherente surge como efecto textual y es resultado del cambio de posiciones, más bien de permutaciones, por las que atraviesa el personaje central, que casi siempre es el narrador de la historia, tal y como hemos afirmado. Dichos cambios van determinados por la pulsión escópica del sujeto de la narración.

Concretemos. La fábula, es decir, la anécdota central del relato, discurre en torno a un único acontecimiento: el intercambio de miradas entre dos actantes, pertenecientes el uno —casi siempre representado por el actor de género másculino— al polo de la *percepción* o *visura*, y el otro —casi siempre representado por un actor del género femenino— perteneciente al polo de la *mirada*, lugar, punto o mancha que conjura el ojo, haciéndole "deponer sus armas", lugar de castración.

El acontecimiento central del relato, el encuentro o coincidencia de miradas, es en la mayoría de los casos registrado por un ojo vigilante, ojo que espía como desde el hueco de una cerradura, ojo que *ve* y que más tarde, en otra temporalidad, en el tiempo de la enunciación, *dice*, porque ha visto. Apenas existen proyectos narrativos en estos textos que aquí analizamos. Más pertinente sería analizar la diégesis que se perfila en ellos como un proceso de seducción. En el campo espacial escópico del relato, el sujeto dilemático es desviado de una posición inicial y termina sorpresivamente en un lugar inesperado, donde el ojo "voraz" e insaciable encuentra sosiego por unos instantes. Al final del proceso, o desarrollo diegético, surge la perplejidad ante la presencia de lo inasible, y el *yo* del relato, casi siempre idéntico al *yo* de la enunciación, se confronta con su propia verdad, verdad que atañe a sus deseos reprimidos. En algunos casos, de la confluencia entre lo deseado secretamente por el sujeto y la realización fantasmática de dicho deseo, deviene en el texto un *efecto siniestro*. El yo-personaje del relato "Apunte gótico" oscila, como la luz de la vela que ilumina el escenario fantasmático donde sucede un posible incesto, y la duda, la vacilación, se transfiere al lector: "Ahora sí creo que mi padre está muerto. Pero no, en este preciso instante, dulcemente sonríe: complacido. *O me lo ha hecho creer la oscilación de la vela*."[6]

En otros relatos, lo temido, pero secretamente deseado, se hace súbitamente realidad y lo *fantástico* "encarna", por decirlo así. La culpabilidad y el mal son asumidos por el sujeto. En el relato "En la sombra", por ejemplo, el personaje, consciente de su deseo reprimido, ser carne prostituida, lo reconoce y se reconoce: "Impura y con un dolor nuevo, pude levantarme al fin cuando el sol hizo posible otra vez el movimiento, y ante la mirada despiadada y sabia de los pepenadores caminé lentamente, segura de que esta *experiencia del mal, este acomodarme a él como algo propio y necesario, había cambiado algo en mí...*"[7]

El momento o punto de la revelación no va siempre de forma necesaria acompañado de un efecto siniestro. En algunos relatos la revelación se estructura como *catástrofe* o punto de no retorno, donde el sujeto se enfrenta con la desarticulación de su identificación fálica. La dialéctica entre *ojo* y *mirada* organiza, pues, diegéticamente los relatos. El sujeto dilemático, objeto de transporte en el proceso narrativo, se desliza por el espacio textual, desde una posición inicial, caracterizada por la actividad vertiginosa de un ojo que desea ver, hasta una posición terminal en la que acontece la irrupción de una mirada que le remite a la falta constitutiva

---

6 "Apunte gótico", *Río subterráneo*, p. 38.
7 "En la sombra", *Río subterráneo*, p. 80.

y originaria de todo sujeto. La mirada es ese objeto que le falta al sujeto, y que por faltarle, es causa de su deseo. La mirada es ese objeto *a* de la teoría lacaniana, objeto, causa de deseo y que se inscribe en la dialéctica del registro de lo imaginario. De la mirada dice Lacan:

> En la medida en que la mirada, en tanto objeto *a*, puede llegar a simbolizar la falta central expresada en el fenómeno de la castración, y en que, por su índole propia, es un objeto reducido a una función puntiforme, evanescente, deja al sujeto en la ignorancia de lo que está más allá de la apariencia —esa ignorancia tan característica de todo el progreso del pensamiento en esa vía constituida por la investigación filosófica.[8]

En los textos de Inés Arredondo, la mirada, como objeto del deseo, articula el registro de lo imaginario —sede de los fenómenos de la ilusión, registro en el que el sujeto se constituye en relación especular, es decir narcisísticamente— con el registro simbólico —sede de las relaciones objetales, registro que presupone la renuncia del sujeto a la ilusión narcisista. La mirada como corte o sutura al remitir a un más allá de la apariencia, remite a la *falta* como condición ineludible del sujeto.

El proceso diegético, recorrido por el personaje central de la historia narrada, a un nivel profundo, es decir, no manifiesto en el texto, se corresponde con otro proceso lógico, aquel en el cual la *visura* es integrada en el campo del deseo. Este punto de pasaje de la actividad o función de la visura hacia el choque con la *mirada*, que atrapa, fascina, "desarma" al ojo, se marca en el texto, a nivel superficial, mediante la transformación de la *acción* en descripción de un *cuadro* o "gesto". El objeto perseguido por el ojo, repentinamente, *se-da-a-ver*. Se le da algo al ojo. Sobre este efecto, y refiriéndose a la pintura, dice Lacan en su artículo "La línea y la luz" lo siguiente:

> A quien va a ver su cuadro, el pintor da algo que, al menos en gran parte de la pintura, podríamos resumir así —¿Quieres mirar? ¡Pues aquí tienes, ve esto! Le da su pitanza al ojo, pero invita a quien está ante el cuadro a deponer su mirada, como se deponen las armas. Éste es el efecto pacificador, apolíneo de la pintura. Se le da al ojo, no a la mirada algo que entraña un abandono, un deponer la mirada.[9]

En los textos de *Río subterráneo* el lector tropieza con un triunfo reincidente de la mirada sobre el ojo. En secuencias del tipo que hemos denominado *cuadro*, el objeto de la visura se ofrece al ojo observador como apariencia vacía que remite más allá de la mirada y el ojo llega a ver lo invisible.

En el relato "2 de la tarde", Silvio, el protagonista de "ojos expertos", es desarmado ante la inmovilidad de un cuadro:

> Estaba un poco atrás, en el parquecillo pisoteado y sucio. Se había parado debajo de un arbolito recién plantado, un tabachín que apenas cubría su cabeza con dos ramas raquíticas que casi le rozaban la frente. Hubiera debido ser un cuadro ridículo, tal vez lo

[8] El Seminario de Jacques Lacan, Libro II, "Los cuatro conceptos fundamentales del psicoanálisis", 1964. Texto establecido por Jacques Alain Miller, Barcelona, Paidós, 1987, p. 87.
[9] *Idem*, p. 108.

era, pero Silvio se quedó quieto, mirándolo: la muchacha estaba erguida, imperceptiblemente echado el tronco hacia adelante, resistiendo un viento fresco y dulce que nadie
más sentía; entrecerraba los ojos al respirar con delicia un aire evidentemente marino, se
le sentía consciente y feliz de que su pelo flotara al viento, de que la ropa se pegara a su
cuerpo. Ardía en una llama sensual y pura en mitad del *tiempo detenido,* de un espacio
increíble y hermoso.[10]

La muchacha, con su exposición, su *darse-a-ver,* "sacia" el ojo ávido de Silvio,
quien al ser seducido por el "cuadro ridículo", es trasladado a un lugar utópico,
espacio "marino", lugar de frescura que nadie más siente.

En el relato "Mariposas nocturnas", nos encontramos ante una situación paralela. Lía, personaje principal del texto, interrumpe en un momento dado su
vertiginosa actividad-*visura* ante una mirada, la del autorretrato de Rembrandt; Lía
es atrapada por una mirada-cuadro, que remite a lo oculto, a un algo no visible: "En
todos los años que la conocí sólo una vez la vi llorar: frente al autorretrato de
Rembrandt que está en la Galería de los Uffici. Las lágrimas resbalaban por su cara,
clavados los ojos en los del autorretrato".[11] La mirada opera como instante terminal
en relación con el ver. La mirada congela el movimiento, lo petrifica, y los sujetos
se vuelven cuadros.

Los relatos aquí seleccionados para análisis se detienen en un gesto final, se
interrumpen bruscamente, dejan al lector en suspenso. La mirada se impone al ojo.
Lía, por ejemplo, es toda ojos, insaciable "devoradora" de imágenes e impresiones
visuales. A "trote acelerado" recorre ciudades y museos hasta el instante en que,
atrapada por la mirada de Rembrandt autorretratado, descubre el poder separador
de la misma. Marcada por la experiencia provocada por la mirada-cuadro, cambia de
posición en relación con don Hernán, rompiendo con la estructura preestablecida
en el rito secreto que los enlaza eróticamente:

> Esta vez, como las otras, Lía, desnuda, parecía una estatua. Él le abrochó al cuello un
> collar de esmeraldas de las compradas en el viaje. Comenzaba el rito acostumbrado. Pero
> cuando, con otro collar en las manos, se acercó a ella de frente, para colocárselo, la estatua
> se movió intempestivamente y sus brazos rodearon a don Hernán atrayéndolo hacia sí.
> Hubo un momento infinito en el que no se movieron, luego él la rechazó con violencia
> haciéndola caer hacia atrás. Ya firme sobre sus pies, ella lo miró con una *mirada seca,*
> despreciativa, se arrancó el collar y se lo arrojó a la cara. El golpe lo encegueció y se tapó
> los ojos con las manos. Se repuso casi de inmediato y rápidamente fue al lugar donde
> dejaba el fuete al acostarse, y corriendo con él en alto atravesó la habitación lleno de ira.
> Ella seguía ahí, como una estatua resplandeciente. El fuete en alto estaba a la altura de
> su cara. Luego el brazo que lo empuñaba cayó desgoznado.
> Se quedaron otra vez *inmóviles, petrificados.* Mucho tiempo después él dijo, con la
> voz autoritaria de siempre:
> —Vete a dormir.[12]

El gesto de amenaza de don Hernán se detiene ante el corte de una mirada, la
de Lía, que introduce la dimensión simbólica en el escenario imaginario del rito

---

[10] "2 de la tarde", *Río subterráneo,* p. 22.
[11] "Las mariposas nocturnas", *Río subterráneo,* p. 104.
[12] *Idem,* p. 114.

perverso de don Hernán. El fuete "queda en alto" frente a la "mirada seca". Lía, al enceguecer a don Hernán, expresa su voluntad de cambio, sustituyendo su *querer-ser-como* por un *querer ser*; la identificación es transformada en identidad.

Caracterizamos, pues, la función de la mirada en los textos de Inés Arredondo como de *castración*. Castración significa en este contexto la relación o relaciones en las que se ve implicado el sujeto y que condicionan la desestabilización de su narcisismo. En el *discurso* de Inés Arredondo, tal y como se estructura en *Río subterráneo*, la mirada no es un "bálsamo", por el contrario, es un peligro, una amenaza para el sujeto, ya que supone corte, separación, vacío. Lo que en los relatos analizados en este trabajo está en juego es la muerte; la mirada arrastra a lo profundo, a lo abismal. El sujeto que se deja seducir por la mirada, sin oponer resistencia, experimenta la anulación instantánea del deseo —instante infinita. En la versión más extrema, la seducción de la mirada conduce a la locura; "la mirada última" del relato titulado "En Londres" funciona como supresora radical o nirvanática de las exigencias libidinales del sujeto. Esa última mirada hiere mortalmente, desde un lugar donde la esquizia entre amor y deseo se borra, sin dejar fisuras. La ausencia irreversible del amado se transforma en experiencia mística de plenitud: presencia de todas las ausencias: "Soy muy hermosa, estoy colmada, sumergida en este éxtasis del que nada me hará salir. Sigo y seguiré viva dentro de él, no importa cuánto tiempo, porque *la única mirada de amor imperecedera sólo puede ser la última*."[13]

Las miradas que están en juego en los textos de Inés Arredondo son, pues, miradas maléficas, poderosas. No son miradas en las que se comuniquen ilusiones, fascinaciones, ni son tampoco respuestas a una demanda de amor. Son miradas *límite*, causa de antivida. Despiertan en el sujeto que las registra gozo, a veces placer. Es el gozo que le acontece al sujeto cuando se sustrae a la ley, el gozo que emerge de la transgresión de la ley simbólica. Transgresión que despierta sentimiento de culpabilidad en el sujeto, culpabilidad gozosa porque emerge del deseo. Así lo expresa la protagonista del relato "Atrapada":

> Mírame ahora. La plenitud del deseo y del placer me ha dado una realidad que no he tenido nunca, pero por eso precisamente soy dueña en este momento de toda mi historia. He llegado a una realización y eso es como llegar a una cima desde la que se ve mejor y se ve todo. No soy la niña que conociste, y ahora, aunque sea feliz, *soy culpable*. Somos amantes y cómplices... y *me gusta que sea así*".[14]

La mirada, en el caso precedente, proporciona culpabilidad gozosa, en otras ocasiones una mirada despierta ternura y solidaridad. La ternura es la experiencia de los protagonistas del relato "Año Nuevo". Aquí el sentimiento de soledad se transforma en sensación de solidaridad y ternura en un espacio o lapso temporal sumamente breve: el espacio de tiempo que media entre dos estaciones de metro; en una sube el hombre, en la otra se baja. El sujeto diegético, el personaje que ve y que narra, pasa de un *estaba sola* a un *me quedé sola* y entre estos dos estados se despliega la vivencia de la ternura como intercambio comunicativo simbólico —los

[13] "En Londres", *Río subterráneo*, p. 68.
[14] "Atrapada", *Río subterráneo*, p. 156.

dos personajes se hablan tácitamente, desde la falta, más allá de todo narcisismo. El choque entre las miradas congela en movimiento detenido todos los movimientos esbozados temáticamente en el minirrelato: el movimiento horizontal del metro por las vías a su paso por las estaciones, el circular de las agujas del reloj, el vertical de las lágrimas al resbalar por la mejilla de la narradora. Detrás del ojo, de su envés: la mirada, surge una conciencia, que con perspectiva olímpica y con una voz que trasciende a la narración dice: *"La mirada es lo más profundo"*.

La mirada, concluimos, lanza al abismo, anula diferencias, diluye al sujeto. En los relatos de *Río subterráneo* seleccionados para este trabajo, la mirada surge del polo de la feminidad que arrastra mediante un proceso de seducción al sujeto de visura, situado en el polo de la masculinidad, arrastrándolo hasta la confrontación con una mirada, no real, mirada que testifica la presencia del campo del "otro". Los textos de Inés Arredondo nos "miran" desde un espacio que trasciende la superficie del discurso narrativo, testificando su *discurso*, que detrás de la mirada real hay siempre una mirada imaginada.

INÉS ARREDONDO: LA DIALÉCTICA DE LO SAGRADO*

Rose Corral
Colmex

Los dos libros de cuentos publicados hasta la fecha por Inés Arredondo, *La señal* en 1965 y *Río subterráneo* en 1979,[1] la han colocado entre las mejores escritoras mexicanas contemporáneas y le han merecido el reconocimiento unánime de la crítica, reconocimiento que procede en efecto tanto de los integrantes de su propia generación como de los críticos y lectores más jóvenes. En una nota dedicada a *La señal*, Juan García Ponce advertía en estos cuentos "la espléndida unidad interior de todos los verdaderos escritores", aquellos, precisaba, "que persiguen en verdad sus temas".[2] Entre los más jóvenes, podríamos citar a Roberto Vallarino que afirma, en una reseña a la reedición de *La señal* por la UNAM en 1980, que Inés Arredondo "crea una obra única en la tradición cuentística de nuestro siglo y, acéptese o no, es una de las autoras más significativas y auténticas de los últimos años". Más adelante, añade: "eligió la soledad y la obra escueta en lugar de la producción prolífica y la algarabía de la *socialité* literaria de nuestro país".[3] Obra escueta pero densa, escrita, como lo ha dicho en repetidas ocasiones la autora, no "por oficio" sino "por necesidad", a la que se sumó en 1983 una *nouvelle, Opus 123* y, en 1984, un cuento largo, "Sombra entre sombras", que apareció en la revista *Diálogos*.[4] Para Inés Arredondo, la literatura –y volveremos más adelante sobre su concepción de la literatura porque tiene que ver con el tema que aquí nos ocupa– es un ejercicio vital, una búsqueda intensa en la que el escritor "se juega el alma".[5] Por su peculiar compromiso con la literatura, no nos parece exagerado afirmar que Inés Arredondo pertenece a un tipo de escritor para quien (y lo diremos con palabras ajenas) "la literatura es lo esencial o no es nada".[6]

Además de su nombre –se llama en realidad Inés Camelo Arredondo–, Inés Arredondo ha elegido también su infancia y su mundo literario. De la primera, dice, en una charla pública en Bellas Artes en 1966: "Como todo el mundo, tengo varias

---

* El presente trabajo forma parte de un estudio más amplio sobre la escritora sinaloense que llevo a cabo en colaboración con Carolina Rivera en el Programa Interdisciplinario de Estudios de la Mujer en El Colegio de México.

[1] Las citas que haremos de estos dos libros proceden de las ediciones siguientes: *La señal*, México, UNAM, 1980; *Río subterráneo*, México, Joaquín Mortiz, 1979.

[2] "Inés Arredondo: *La señal* la revela como una espléndida escritora", en *La Cultura en México* (Supl. cult. de la revista *Siempre!*), núm. 207, 2 de febrero de 1966, p. xiv.

[3] *Sábado* (Supl. cult. de *Uno más Uno*), núm. 149, 13 de septiembre de 1980, p. 21.

[4] *Diálogos*, núm. 115, enero-febrero de 1984, pp. 14-25.

[5] Inés Arredondo entrevistada por Elena Urrutia en *Uno más Uno*, 19 de diciembre de 1979, p. 19.

[6] Georges Bataille, *La littérature et le mal*, París, Gallimard, 1972, p. 8.

infancias de donde escoger, y hace mucho tiempo elegí la que tuve en casa de mis abuelos, en una hacienda azucarera cercana a Culiacán, llamada Eldorado."[7] Este nombre, de por sí mítico, evoca un microcosmos sagrado, un mundo armonioso de huertas, un "orden" básico dentro del cual cobra sentido el pasado, la historia personal de la escritora. Eldorado se convertirá en el escenario predilecto de algunos de sus cuentos. Pero no hay en la evocación o en la recreación literaria de Eldorado ningún color local, ningún pintoresquismo. Se trata de una realidad trascendida, mitificada. Inés Arredondo rescata los elementos esenciales de esta realidad –las huertas, el río, la presencia luminosa y obsesiva del sol, el calor a la vez sensual y opresivo, el mar cercano– y los une y funde con sus personajes en la trama misma de las historias que narra. En sus mejores cuentos, el ritmo natural que entrañan estos elementos se acopla al ritmo secreto, íntimo de los personajes. Existe un estrecho paralelismo entre la actitud que asume Inés Arredondo frente a su pasado por una parte y, por otra, frente a la escritura: en un caso, la elección de una determinada infancia entre el conglomerado informe de sucesos y vivencias que constituyen cualquier vida, equivale a la búsqueda de un orden o de una "verdad" personal, y en el otro, al escribir o al "ordenar unos hechos en el terreno literario", Inés Arredondo busca también la *trascendencia* de una historia, su momento central o, con una terminología religiosa a la cual se ha prestado poca atención, la "señal" que la ilumine y le dé sentido. Ese momento privilegiado puede revelarse a través de un simple gesto o de una mirada, realidades de naturaleza fugaz, evanescente, que sin embargo logran imponerse, modificar el rumbo de una existencia, de una relación, e incluso invalidar o desmentir los hechos, estos datos "inconexos y desquiciados" en los que, afirma una de las narradoras de *La señal* no se encuentra la "verdad".[8] La propia autora ha dicho: "Lo que trato de revelar en mis cuentos es del género de cosas que, fríamente racionalizadas, se pierden o no son nada."[9] No obstante, en estas fronteras imperceptibles pero en el fondo terminantes, es donde Inés Arredondo sitúa la trama de la mayoría de sus cuentos. En una cotidianidad anodina, sin relieve, surge el signo o la "señal" que nos coloca en otra dimensión de la anécdota, convirtiéndola a veces en una situación o experiencia límite. La unidad de su obra, las profundas y secretas correspondencias entre sus relatos, se originan sin duda en esta actitud fundamental que ha asumido frente al arte, frente a la literatura. Por otra parte, es necesario subrayar la cercanía existente entre esta concepción de la literatura y la concepción religiosa del mundo. El hombre religioso cree siempre, dice Eliade, que "existe una realidad absoluta, lo sagrado, que trasciende este mundo pero que se manifiesta en él".[10] La irrupción de lo sagrado proyecta un "centro" o "un punto fijo" en la homogeneidad del espacio profano y significa en todos los casos "el tránsito de orden ontológico de un modo de ser a otro".[11]

Si el sentido global de la narrativa de Inés Arredondo, su idea de ficción, apunta

---

[7] *Cf. Los narradores ante el público*, México, J. Mortiz, 1966, p. 121.

[8] *Cf.* "Mariana" en *La señal*, p. 147.

[9] *Cf.* "Tres entrevistas: Elizondo, Arredondo y Sainz", en *La Cultura en México*, núm. 214, 23 de marzo de 1966, pp. v-vii.

[10] *Lo sagrado y lo profano*, Madrid, Guadarrama, 1967, p. 170.

[11] *Ibid.*, pp. 25-26, 60.

hacia lo sagrado entendido como una forma de aprehender el mundo y de revelarlo, nada más difícil en cambio que precisar y articular sus distintas manifestaciones en los cuentos de *La señal* y *Río subterráneo*. Desde el estudio clásico de Rudolf Otto sobre lo sagrado hasta el texto de Caillois en torno a *El hombre y lo sagrado*,[12] se ha insistido en la ambigüedad de la noción de lo sagrado, en su naturaleza equívoca. Puede encarnar simultáneamente lo puro y lo impuro, lo que atrae y lo que causa repulsión, lo prohibido y la transgresión de lo prohibido, la plenitud y el vacío, el ser y el no ser, la vida y la muerte. Estos extremos configuran lo que Caillois llama la "dialéctica de lo sagrado".[13] La polaridad propia de lo sagrado aparece de manera nítida en algunos cuentos de *La señal*: "La Sunamita", "La señal" y "Estío". Por el contrario, en "Olga" y sobre todo en "Mariana", los términos de esta dialéctica adquieren mayor complejidad, se vuelven intercambiables y anuncian, creemos, sus cuentos posteriores en donde las transgresiones, en particular la transgresión por el mal, ocupan un lugar central. En el marco del presente trabajo, nos dedicaremos únicamente a *La señal*.

"La señal", el cuento que otorga el título a todo el volumen, es el cuento fundador, en buena medida, de su postura estética. Se trata de un relato, dice la propia autora, "profundamente religioso".[14] La dura caminata de Pedro bajo el sol, el encuentro central en la iglesia con un obrero que le pide que se descalce para poder besarle los pies y, por último, la metamorfosis interior de Pedro, son los hitos principales de este cuento breve, conciso. Aquí, lo sagrado no es sólo una dimensión de la conciencia o, como para la Sunamita, "una manera de sentir el mundo",[15] sino que puede tener una manifestación concreta, corpórea, exterior al personaje. "No es lo mismo, dice con razón Otto, tener idea de lo sagrado que percibirlo y aun descubrirlo como algo operante, eficiente, que se presenta actuando en fenómenos."[16] Conocer de manera pormenorizada los hechos no aclara sin embargo el enigma, el significado de la "señal". Lo único seguro es que la marca o la huella que recibe Pedro con el beso –en la que se combinan repulsión o asco y a la vez respeto y amor– metamorfosean radicalmente su existencia: pasa de un no ser o un ser entre muchos a una suerte de plenitud inexplicable.

"La Sunamita" es un cuento perfecto, redondo, en donde nada parece sobrar. En la distancia que media entre dos imágenes clave, la que inaugura el cuento y la que lo clausura, se inscribe la historia de la protagonista y narradora, Luisa. La experiencia que vive Luisa es la de la mancha, del mal, experiencia que rompe, profana, un orden sagrado anterior, orden hecho de pureza, altivez, respeto, y que la convierte de un modo definitivo en un ser impuro, degradado, "abyecto". Ésa es su señal, la marca indeleble e invisible que transforma radicalmente su ser y su percepción del mundo: ha perdido su integridad y su fuerza anteriores. En cierto sentido, presenciamos el camino inverso al que sigue Pedro, el protagonista de "La señal". Este cambio o salto cualitativo de un orden a otro encuentra su más acabada

---

[12] Rudolf Otto, *Lo santo. Lo racional y lo irracional en la idea de Dios*, Madrid, Alianza, 1980; Roger Caillois, *L'homme et le sacré*, París, Gallimard, 1970.

[13] *Op. cit.*, pp. 41-46.

[14] Entrevista con Ambra Polidori, en *Sábado*, núm. 38, 5 de agosto de 1978, p. 10.

[15] *La señal*, p. 125.

[16] *Op. cit.*, p. 182.

formulación en las imágenes aludidas, probablemente porque no existe un lenguaje directo, no simbólico, del "mal padecido o perpetrado".[17] Vale la pena, pues, citar íntegramente el fragmento inicial del cuento:

> Aquél fue un verano abrasador. El último de mi juventud. Tensa, concentrada en el desafío que precede a la combustión, la ciudad ardía en una sola llama reseca, deslumbrante. En el centro estaba yo, vestida de negro, orgullosa, alimentando el fuego con mis cabellos rubios, sola. Las miradas de los hombres resbalaban por mi cuerpo sin mancharlo y mi altivo recato obligaba al saludo deferente. Estaba segura de tener el poder de domeñar las pasiones, de purificarlo todo en el aire encendido que me cercaba y no me consumía (p. 125).

Este principio que revela la indudable maestría literaria de Inés Arredondo aparece dominado por la imagen central del fuego, imagen ambivalente por excelencia que evoca el bien y el mal, el fuego purificador por una parte y, por otra, el "fuego sexualizado".[18] En el centro de la llama, convertido el personaje en un ser aparte, en una diosa o una joven vestal, Luisa, como ella, alimenta el fuego sagrado. El "altivo recato", el "saludo deferente" y más adelante la alusión al "centro intocable" confirman la imagen de la diosa y virgen, respetada y venerada. Pero frente al fuego sagrado y purificador, se insinúa la vertiente opuesta: el mal, el pecado, lo prohibido y temido, e incluso el castigo apocalíptico (la ciudad consumida por el fuego). La historia o la anécdota puede resumirse brevemente: Luisa, huérfana, es llamada por su tío moribundo, Apolonio. Regresa al pueblo donde creció y a la casa que le sirvió de hogar en la infancia. Poco antes de morir, presionada por el cura, parientes y amigos, Luisa acepta casarse con el viejo en artículo de muerte porque éste desea heredarle sus bienes. Profundamente religiosa, Luisa acepta por caridad. Pero el viejo no muere y reclama ante la joven sus derechos de marido. El calor humano que le proporciona Luisa y la lujuria reaniman al moribundo mientras que Luisa, vencida, desea la muerte. Desterrada del centro, Luisa pierde su cosmos privado en cuyo eje gravita la pureza y, sobre todo, su ser o identidad anterior. La imagen final no deja lugar a dudas: "Pero yo no pude volver a la que fui (...) Sola, pecadora, consumida totalmente por la llama implacable que nos envuelve a todos los que, como hormigas, habitamos este verano cruel que no termina nunca" (p. 138).

En "Estío", por fin, volvemos a encontrar, en una historia de incesto, la misma polaridad de sentimientos característica de lo sagrado, que se resuelve también de manera nítida, como en "La señal" y en "La Sunamita", en la ruptura de un orden anterior, en el tránsito de un modo de ser a otro. En este cuento, el escenario mitificado al que aludimos en un principio, se integra y funde admirablemente con la historia. El incesto, o mejor dicho, la revelación del deseo por el hijo (pues no se consuma el incesto), no puede existir, es obvio, en un plano consciente. Lo que leemos entonces en "Estío" es el lento surgir en la conciencia de la narradora y, paralelamente en la escritura, del deseo inconsciente por el hijo. Éste no se explica sin el largo rito en que la protagonista se acopla al ritmo ciego y primigenio, ajeno

---

[17] Paul Ricoeur, *Le conflict des interprétations*, París, Seuil, 1969, p. 285.
[18] Gaston Bachelard, *La psychanalyse du feu*, París, Gallimard, 1971, pp. 73 y ss.

a lo moral, de la naturaleza: "Aquella noche el aire era mucho más cargado y completamente diferente a todos los que había conocido antes (...) me quedé desnuda sobre la cama, mirando por la ventana un punto fijo en el cielo, tal vez una estrella entre las ramas. No me quejaba, únicamente estaba echada ahí, igual que un animal enfermo se abandona a la naturaleza" y, más adelante, "lo único que subsistía era mi propio deseo sobre la tierra o sobre el agua: eso era lo que centraba todo aquella noche" (pp. 19-20). El ritmo culmina cuando la madre pronuncia involuntariamente el "nombre sagrado", o sea el nombre del hijo, en el inicio de un encuentro erótico con el amigo de éste, Julio. El deseo culpable surge como otra identidad de la protagonista, oculta hasta el momento de la revelación, y significa una vez más una rotura, una escisión entre dos modos de ser antagónicos.

En "Olga" y "Mariana" hacen su aparición las transgresiones, la violación de lo prohibido. La obsesión de Fernando por adueñarse de la mirada "sin fondo" o "vacía" de Mariana conduce al personaje a la locura y al crimen. La mirada (de Mariana), abierta a lo sagrado, se convierte en un "abismo" en el que se pierde Fernando y todos los que se acercan a ella. Tratar de penetrarla equivale a violar un recinto sagrado. En cuentos posteriores del libro *Río subterráneo* ("En la sombra", "Las mariposas nocturnas"), o en el que Arredondo publicó hace poco, "Sombras entre sombras", el binomio puro-impuro resulta más complejo y, como dijimos en un principio, sus términos se vuelven intercambiables: asistimos a una suerte de sacralización del mal porque también puede otorgar el ser o regenerarlo. La pureza se encuentra extrañamente presente en el seno mismo de la perversión. Los polos de lo que llama Caillois "la dialéctica de lo sagrado" se tocan ahora, coexisten. No de otra manera deben entenderse por ejemplo las primeras líneas de "Sombras entre sombras": "Antes de conocer a Samuel yo era una mujer inocente, pero ¿pura? No lo sé. He pensado muchas veces en ello. Quizá de haberlo sabido nunca hubiera brotado en mí esta pasión insensata por Samuel que sólo ha de morir cuando yo muera. También podría ser que por esa pasión, precisamente me haya purificado. Si él vino y desperté al demonio que todos llevamos dentro, no es culpa suya" (p. 14). También la locura, presente en algunos cuentos de *Río subterráneo*, representa desde luego otra forma de transgresión: traspasar el umbral de lo que se llama "razón" o "cordura" equivale a dejar brotar otras fuerzas que nos habitan pero que preferimos ignorar. Con esa economía de medios expresivos que caracteriza la mejor poesía de Inés Arredondo, la narradora de "Río subterráneo", "guardiana de lo prohibido", define en una simple frase la vertiente oscura y caótica de nuestra identidad, "lo que está al otro lado del límite" (p. 53): "El grito, el aullido, el alarido que está oculto en todos, en todo, sin que lo sepamos" (p. 55). Como bien dice Caillois: "Deux vertiges attirent l'homme, quand l'aisance et la securité ne le satisfont plus, quand lui pèse la sûre et prudente soumission à la règle. Il comprend alors que celle-ci n'est là que comme une barrière, que ce n'est pas elle qui est sacrée, mais ce qu'elle met hors d'atteinte et que connaîtra et possèdera seul celui qui l'aura dépassée ou brisée."[19] A medida que avanzamos en la lectura del cuento, empezamos a sospechar que la locura es quizás también un camino de verdad, de autenticidad.

[19] *Op. cit.*, p. 70.

La búsqueda de lo sagrado, esencial en la obra de Inés Arredondo, permite sin duda revelar otras dimensiones de la experiencia humana, explorar territorios prohibidos. Esta noción es también decisiva para comprender la obra de varios escritores de su generación, en particular la de Juan García Ponce y Juan Vicente Melo. Cabría entonces preguntarse, en una reflexión posterior, qué significa esta coincidencia generacional, ese intento colectivo por crear "un nuevo sagrado"[20] en una época particularmente desacralizada y en el contexto histórico-cultural mexicano de los años sesenta.

---

[20] Octavio Paz, *El arco y la lira*, México, FCE, 1970, p. 118.

LOS CUENTOS DE INÉS ARREDONDO EN LA *REVISTA MEXICANA DE LITERATURA*

Rogelio Arenas
UABC

Al parecer no ha sido suficientemente valorada por la crítica la importancia que en el proceso de producción cultural en México tuvo durante la década de los años cincuenta y la de los años sesenta la *Revista Mexicana de Literatura*. Fundada en 1955, en ella se pueden distinguir dos épocas. En la primera fue dirigida por Carlos Fuentes y Emmanuel Carballo y se extiende hasta 1958. En la segunda, llamada también "Nueva época", es dirigida, durante un periodo muy corto, por Antonio Alatorre y Tomás Segovia, en 1959, y por Juan García Ponce y Tomás Segovia, juntos primero y alternándose después, hasta el último número que apareció en 1965.

Es difícil rastrear en ella la presencia de mujeres escritoras, aunque ciertamente se les encuentra de manera menos frecuente en la primera época y de una manera relativamente más destacada después. En este sentido, en la primera época se encuentran textos de Carmen Rosenzweig, María Amparo Dávila, Enriqueta Ochoa, Elena Poniatowska, Guadalupe Dueñas y Amparo Dávila, ya sin el María. Los escritos que de ellas se publican, salvo en algún caso excepcional, son textos menores. Sin embargo, no sucede lo mismo con los que aparecen durante la "Nueva época", en la que se publican por primera vez importantes obras de Elena Garro ("El árbol" y "La culpa es de los tlaxcaltecas"), Esther Seligson ("Entre sauces"), Isabel Fraire y algún ensayo musiliano de Rosario Castellanos. El balance con todo no es muy favorable, excepto por el caso de Inés Arredondo. ¿Influyó que ella hubiera estado presente haciendo la revista de manera subterránea primero, al lado de Tomás Segovia, y más abiertamente después con Juan García Ponce? Es probable, aunque eso por el momento no importa. Lo que interesa destacar es que proporcionalmente hablando es quizás la única escritora que ocupa un importante lugar en las páginas de la *Revista Mexicana de Literatura*, pues en ella publica valiosas y sugerentes reseñas de libros y de espectáculos y cinco de los más sobresalientes cuentos que reúne después entre los de *La señal*. De "Mariana", último cuento con el que se cierra este volumen y que de manera coincidente apareció en el último número de la *Revista*, me ocupé ya en el Primer Coloquio, por lo que en esta ocasión haré solamente un esbozo general de los otros cuatro y de tres más que publicó en la *Revista de la Universidad*. Es precisamente en ésta donde aparece su primer cuento publicado, "El membrillo" (1957). En él, la escritora apunta ya un tópico que será constante en su escritura: la exploración de las relaciones humanas en situaciones de conflicto al lado de una visión estética planteada a partir del texto mismo. Cuatro años más tarde, en 1961, publica ahí mismo un segundo cuento, "Estar vivo", en el que pienso que se muestra una decidida influencia del existencialismo; y justamente cuatro años después también, en 1965, aparece "Olga", cuento en el que se muestra la compleja relación de la pareja. Se ofrece aquí un triángulo amoroso en el que la mujer ejerce un poder absoluto sobre su cuerpo. Si optó equivocadamente por el hombre que no amaba, frente a los dos puede erigirse como dueña soberana. "Él (Manuel, el amado desde siempre) o Flavio (escogido como esposo, pero no amado) podían asesinarla, pero no seducirla, no violarla."[1]

En cuanto a la *Revista Mexicana de Literatura*, precisamente en el primer número con que se inaugura la "Nueva época", Inés Arredondo publicó "La señal" (1959). Este cuento contiene la esencia de la materia narrativa en sí: un hombre, Pedro, es tocado en los pies por los labios de otro hombre, un obrero anónimo, y ese solo hecho hace que se purifiquen la mirada de uno y que se estigmaticen los pies del otro:

> El hombre se levantó y dijo "Gracias", lo miró con sus ojos limpios y se marchó. Pedro se quedó ahí, solo ya con sus pies desnudos, tan suyos y tan ajenos ahora. Pies con estigma. *Para siempre en mí esta señal, que no sé si es la del mundo y su pecado o la de una desolada redención.*[2]

Se insiste en la marca como signo de un lenguaje del cuerpo y mediante un gesto se comunican situaciones y estados de la vida interior. Aparece la angustia como elemento constitutivo de la narración y en ella la culpa y la redención de una relación indisoluble. Resulta difícil probar la importancia estética del cuerpo estigmatizado en la narrativa de Inés Arredondo, pues para ello se necesitaría un análisis de fondo y un deslinde de los personajes en la narración. Intuyo, sin embargo, que en todos los cuentos mencionados aparece el problema del cuerpo como valor negado, utilizado como medio no como fin. En él "resulta de extrema importancia el único lugar que ocupa el cuerpo en el único mundo concreto respecto al sujeto".[3] El cuerpo de Elisa en "El membrillo", el de Leonardo, Luisa y Ángela, en "Estar vivo", el de Olga, Manuel y Flavio en "Olga" y el de Pedro y el obrero en "La señal", se instauran en sí mismos y el uno con respecto al otro de manera autónoma. Su cuerpo para ellos mismos "es, básicamente, un cuerpo interior, el cuerpo del otro es básicamente un cuerpo exterior".[4]

La conciencia de un lenguaje que toma como objeto al cuerpo, no siempre negado sino más bien trascendido, parece estar presente en la narrativa de esta escritora sinaloense formada en un ambiente de familia liberal, donde el padre ocupa un lugar importante. Su abuelo materno, Francisco Arredondo, a quien

---

[1] Inés Arredondo, "Olga", *Revista Mexicana de Literatura*, 12 de agosto de 1965, p. 24.

[2] Inés Arredondo, "La señal", *Revista Mexicana de Literatura* (Nueva época), núm. 1, enero-mayo de 1959, p. 5.

[3] M. M. Bajtín, "Autor y personaje en la actividad estética", *Estética de la creación verbal*, tr. del ruso por Tatiana Bubnova, México, Siglo XXI, 1982, p. 49.

[4] *Loc. cit.*

dedica el libro *La señal*, fue para Inés niña una influencia decisiva. Él fue quien la inició en el gusto por la literatura leyéndole romances tradicionales españoles y presentándole una imagen graciosa de Ruy Díaz de Vivar, el Cid Campeador. De Eldorado, la casa hacienda del abuelo, toma Inés Arredondo su universo mítico narrativo. El encuentro con republicanos españoles fue otra influencia decisiva en su vida. El clima intelectual que se comenzó a respirar en México, desde que ellos llegaron, fue el que Inés encontró en la Facultad de Filosofía y Letras. Su caso no está aislado, se inserta en el ambiente cultural que propició la guerra civil española, cuyo benéfico efecto repercutió en la cultura mexicana, "ya que muchos intelectuales republicanos se instalaron en el país y contribuyeron a la fundación de casas editoriales y grupos de teatro, así como a fortalecer los cuerpos de investigadores en escuelas y universidades".[5]

La conjunción de fantasía y realidad, de creación e inteligencia es lo que Inés Arredondo encuentra en el espacio de Eldorado donde se desarrollan algunos de sus cuentos. Las razones de su elección ella misma las ha expresado:

> Elegí esa realidad para situar mis cuentos y contar mi historia personal porque es una realidad artística, y en ella se cumplen la elaboración y el contacto, el momento perfecto de la fantasía y la inteligencia, del querer y el hacer: es la tierra del hombre, el suelo perfecto para el mito, es mito ya, y sólo espera la palabra que la nombre. Mi esperanza es poder decirla.[6]

Inés Arredondo procede pues de una estirpe de locos geniales. Su padre y su abuelo inventaron en Eldorado una forma de vivir, no el lujo de tener, dice ella misma, sino el lujo de hacer, de hacer una manera de vivir.[7] De ahí que, con todo lo que ello implica, haya sido el mundo artístico del abuelo el que ella escogió para ver y vivir la literatura.

> Puede ser que en el fondo de mí estén esos problemas, dolores y paisajes, y hasta que sean muy importantes en mi historia, pero es la forma, el estilo, lo que aprendí en Eldorado. Y no solamente quiero *tener* para *hacer*, sino que quisiera llevar el hacer, el hacer literatura, a un punto en el que aquello de lo que hablo no fuera historia sino existencia, que tuviera la inexpresable ambigüedad de la existencia.[8]

"La casa de los espejos"[9] es el segundo cuento que se publicó en la *Revista Mexicana de Literatura*. Este cuento, si bien no trata directamente de la pareja, ofrece constantes referencias e innovaciones sobre el asunto. La relación profundamente edípica de un hombre con su madre le impide escoger a la pareja adecuada. Ante el cadáver del padre, en la misma casa en que se ha velado a la madre, Roberto

[5] Jean Franco, "El escritor y la situación nacional", *La cultura moderna en América Latina*, tr. del inglés por Sergio Pitol, México, Grijalbo, 1985, p. 298.
[6] Inés Arredondo, "Autobiografía", *Sábado*, suplemento cultural de *Uno más Uno*, 17 de julio de 1986, p. 9.
[7] *Los narradores ante el público*, México, Joaquín Mortiz, 1966, p. 122.
[8] *Loc. cit.*
[9] Inés Arredondo, "La casa de los espejos", *Revista Mexicana de Literatura* (Nueva época), 12-15 de julio-septiembre de 1960, pp. 17-26.

Uribe, abogado e importante notario, mira en los espejos de la casa que su abuela le heredó la historia de su pasado y la imagen de la mujer que había venido a dar por terminada "ahora sí, para siempre aquella relación que yo corté sin consultarla, hacía dieciocho años".[10] El reconocimiento ocurre por la palabra nombrada y el escenario contribuye a la educación simbólica entre el mundo externo y el mundo interno: "Pronunció mi nombre con intención, al mismo tiempo que se despedía de él, de todo su significado. Roberto Uribe *Rojo*. Ahí estaba toda la historia, muerta, terminada. Ese hombre, esa historia yo los había llevado sobre mí, a eso se reducía toda mi vida, y no eran más que un cadáver: mi propio cadáver."[11]

El tercer cuento de Inés Arredondo que publicó la *Revista Mexicana de Literatura* fue "La Sunamita" (1961), el mismo año que apareció "Estar vivo". La maestría técnica y narrativa de este cuento merecería un estudio especial. En él nuevamente aparece, con mayor fuerza, el problema de la pareja humana, con un planteamiento ético y estético. Juan García Ponce, miembro destacado de un grupo de escritores nacidos hacia los años treinta y cuya presencia al frente de la *Revista Mexicana de Literatura* fue fundamental, se ha expresado en torno a su grupo generacional definiéndolo como un grupo de forajidos en busca de una nueva ley: la de transgredir el orden establecido enfrentándolo a una moral dictada por principios estéticos, y esto es lo que se encuentra en "La Sunamita". No sorprende entonces que Inés se sienta íntimamente ligada a ese grupo y que restrinja su generación literaria a un reducido número de escritores, tres narradores: Juan García Ponce, Juan Vicente Melo y José de la Colina; y a un ensayista y promotor periodístico de la cultura literaria, Huberto Batis. Este grupo de escritores, al hacer suya esa definición, recogen la herencia de los Contemporáneos por quienes han manifestado siempre una profunda admiración. Por merecer una investigación más amplia, sería aventurado afirmar que ellos los reivindican en un momento en que la literatura mexicana había caído en una situación letárgica, puesto que los impulsos y tendencias que la habían animado en los años anteriores a 1940 se habían agotado y su vigencia había concluido.[12] Sin embargo, lo que se puede asegurar es que en el ambiente de la cultura en México de finales de los años cincuenta y durante la década de los años sesenta, estos escritores, como parte de un conjunto más amplio de lo que se ha llamado "generación de medio siglo",[13] comienzan a participar activamente como colaboradores e impulsores de importantes revistas y suplementos culturales.[14] Se ha llegado a afirmar incluso, exagerando desde mi punto de vista, que sobre ellos recayó un importante peso de la difusión cultural durante parte de las décadas arriba mencionadas, y que aún ahora

---

[10] *Ibid.*, p. 25.

[11] *Ibid*, p. 26.

[12] José Luis Martínez, "Situación de la literatura mexicana contemporánea", *Cuadernos Americanos*, 1948, núm. 6, p. 229.

[13] Éste es un concepto creado por el historiador Wigberto Jiménez Moreno a partir de la revista *Medio Siglo* fundada por Max Aub, según la información de Enrique Krauze. *Cf.* "Cuatro estaciones de la cultura mexicana", *Caras de la historia*, cuadernos de Joaquín Mortiz, México, 1983, p. 145.

[14] *Cf.* Huberto Batis, *Lo que "Cuadernos del Viento" nos dejó. Memorias de la revista literaria publicada en México de agosto de 1960 a enero de 1967*, México, Diógenes, 1984; y Sergio González Levet, "La Revista Mexicana de Literatura (1956-1965)", [*sic*] en *Letras y opiniones*, Jalapa, Ediciones Punto y Aparte, 1980, pp. 13-87.

siguen ocupando un lugar destacado en el quehacer cultural y literario de nuestro país.[15]

Al restringir su generación a cuatro escritores, Inés Arredondo ha considerado una cierta comunidad de interés y de trabajo en la *Revista Mexicana de Literatura* y en la Universidad Nacional Autónoma de México.[16] Ha reconocido, además, que la revista ejerció un papel destacado en su formación puesto que: "La revista no era solamente juntarnos a decir vamos a publicar esto o lo otro, sino que lo leíamos y discutíamos apasionadamente. Por eso digo que para nosotros la revista fue formativa; porque no era una revista de difusión solamente, era una revista de pasiones."[17]

Inés Arredondo y el poeta Tomás Segovia se casaron en 1953. Esta circunstancia es posible que haya acercado más a Inés a la *RML*. El matrimonio duró aproximadamente diez años, tiempo de intensa actividad en que ambos participaron en proyectos de difusión cultural. El trabajo realizado al lado de Tomás Segovia en la *RML*, Inés lo ha destacado, aunque con sus afirmaciones la imagen masculina no salga bien librada, es un buen testimonio de lo que se cocina en casa, así dice: "Curiosamente ya la había hecho, incluso a mano y no figurando, durante todo el tiempo que estuve casada con Tomás Segovia; cuando me separé de él, ingresé a la revista con mi nombre y ya siendo formalmente miembro."[18] La separación se da en Uruguay adonde habían viajado con toda su familia en 1962 con un compromiso de trabajo.

En Uruguay Inés escribe dos cuentos, "Canción de cuna" y "La extranjera".[19] "Canción de cuna" es el cuarto de sus cuentos que aparece publicado en la *RML*.[20] En el primero, la protagonista, una mujer de más de cincuenta años, reúne a toda su familia —cuatro hijos que la han hecho abuela de doce nietos— para comunicarles que va a tener un hijo. El juego de fantasía y realidad queda al descubierto en la historia de un aborto imaginado, ideado para recuperar la identidad a través de recuperar el pasado por medio del lenguaje. Una tierna canción infantil le permite recordar y armar el cuadro de su núcleo familiar y descubrir que a quien había dicho madre no era su madre, sino su abuela y a quien había dicho hermana no era su hermana sino su madre.

> Se lo dijo el día que murió. Le dijo que no era su hermana, sino su madre, y fue eso un reconocimiento fugitivo, de adiós tan precario que no bastó. Aunque ella lo supiera desde mucho tiempo atrás, desde antes de entender lo que los mayores decían en su idioma, el

[15] Sergio González Levet (*op. cit.,* pp. 11-12) acierta cuando afirma que la *Revista Mexicana de Literatura* "sirvió como formación para un sinnúmero de jóvenes escritores mexicanos" (p. 11). Exagera cuando dice: "Los miembros de lo que llamo el Grupo de la *Revista Mexicana de Literatura* llevaron sobre sus hombros el peso de la cultura durante gran parte de los sesentas. Aún hoy, a casi veinte años de distancia, aquellos jóvenes siguen ocupando un lugar preponderante en la cultura nacional."

[16] *Ibid.,* p. 49.

[17] *Loc. cit.*

[18] *Idem.*

[19] Datos tomados del trabajo que Rose Corral está elaborando sobre la escritora. Ella me permitió consultar parte del borrador.

[20] Inés Arredondo, "Canción de cuna", *Revista Mexicana de Literatura* (Nueva época), núms. 9-10 de septiembre-octubre de 1964, pp. 17-28.

día que su madre no se le entregó más que en unas relaciones secretas, casi pecaminosas, la mantuvo informe, fetal, sin luz.[21]

Por eso para saldar cuentas con su proceso de reconocimiento y la entrega sin límites del amor de la abuela-madre ante el amor no negado pero clandestino de la madre:

Tomó partido por la falsa, la segura, la que no necesitó de un hombre para tenerla por hija. Cantó su canción, pero abajo siguió sonando la otra, la escondida, y su embarazo para ser abuela-madre era doloroso y solitario, quería tal vez reproducir su propia gestación, para darse a luz a sí misma a los ojos de todos, aun de los hijos que podía desconocer sin dejar de amar porque ella había sido desconocida y amada. El hijo verdadero sería el sin padre, pero rumiado, pescado en las aguas amargas y sacado a la luz por ella, con sus manos: nacido, reconocido.[22]

La canción cantada en alemán, su lengua materna, sirve a la protagonista como recurso terapéutico y como principio de realidad que facilita su curación por la palabra nombrada.

Como se habrá podido observar a través de este rápido y panorámico recorrido en la narrativa de Inés Arredondo, no sólo en los cuentos que publicó en la *Revista Mexicana de Literatura* existe un vasto campo sobre la problemática de la mujer en el complejo mundo de sus relaciones con los otros y en el que ella puede ser ella misma en la medida en que se recupera para sí como sujeto por el poder de la palabra.

---

21 *Ibid.*, p. 27.
22 *Loc. cit.*

MUERTE POR AGUA DE JULIETA CAMPOS

Enid Álvarez
PIEM

Dice Bachelard que cada escritor encarna en su estilo uno de los elementos. El simbolismo de Julieta Campos es acuático y según la propia autora,[1] la explicación a este hecho habría que buscarla en su biografía. Tiene que ver con las imágenes que empezaron a constituir su memoria más remota: su familia vivía a una cuadra del mar y todos los días la paseaban por el malecón. Así fue como el mar y la presencia de su madre quedaron estrechamente ligadas. Dentro del sistema simbólico de *Muerte por agua*, el agua tiene carácter femenino y connota tanto a la muerte como al origen;[2] en otras palabras, alude a la temporalidad, al transcurso de las horas y los años; a la toma de conciencia de los desgastes, de la decrepitud y finalmente de la muerte.

A nivel composicional, el problema del tiempo se resuelve mediante el recurso de la expansión. Es la misma estrategia a la que recurre la narradora en *Tiene los cabellos rojizos y se llama Sabina*[3] al plantearse "¿cuánto deberá durar su novela?", decide que "bien puede durar un instante. Un instante ficticiamente abultado sin relación alguna con el verdadero transcurrir del tiempo" (p. 19). En *Muerte por agua* dos días y medio se amplían, creando un *tempo* lento y monótono.

Esta monotonía se rompe gracias a la oscilación entre el tiempo subjetivo y el objetivo. En el subjetivo bordeamos casi la intemporalidad. Hay una voluntad de abolir el tiempo objetivo de la cotidianidad, con sus desgastes, que conducen inevitablemente hacia la destrucción. De la relación dialéctica objetividad/subjetividad, temporalidad/eternidad, surge la tensión dramática de la novela. Lo que justifica este juego, según Campos, es el hecho de que en realidad "el único suceder es el de la subjetividad del hombre, para quien pasado y futuro son siempre presente". También Freud alegó que en el sistema inconsciente no hay nada que corresponda a la idea del tiempo.

A pesar de la monotonía y de la aparente quietud, los personajes de *Muerte por agua* intuyen que su sistema de referencias está en crisis y que en cualquier

---

[1] "Escribir es revivir el pasado", entrevista a Julieta Campos realizada por Lucelena Gutiérrez de Velasco, *Tiempo*, 13 de noviembre de 1978, vol. 74, núm. 1906.

[2] "Cuando hayamos comprendido que, para el inconsciente, toda combinación de elementos materiales es un matrimonio, podremos darnos cuenta del carácter casi siempre femenino atribuido al agua [...] Veremos también la profunda maternidad de las aguas" (p. 27). "El ser consagrado al agua es un ser en el vértigo. Muere a cada minuto, sin cesar algo de su sustancia se derrumba. La muerte cotidiana es la muerte del agua", Gastón Bachelard, *El agua y los sueños*, México, FCE, 1978.

[3] Julieta Campos, *Tiene los cabellos rojizos y se llama Sabina*, México, Joaquín Mortiz, 1974, p. 19.

momento puede ocurrir cualquier cosa. Habitan en un mundo en el que "las cosas están sucediendo sin acabar de suceder". Todo está "a punto de, sin acabar de, en suspenso..." (Campos, *La imagen en el espejo*, México, UNAM, 1965, p. 79).

La crisis que puede alterar el universo novelesco es percibida como una amenaza temible. Primero se plantea como "algo" difuso. Conforme avanza la novela, este "algo" indefinido se va concretando y adquiriendo complejidad en la medida en que el lector se va dando cuenta de que se trata de distintos peligros que se irán articulando en distintos niveles. De manera que puede decirse que, en un registro, la naturaleza desbordada que va socavando los cimientos de la casa es la contingencia que pone en peligro el orden establecido. La lluvia que va diluyéndolo todo, la conciencia que trata de aflorar, el tiempo que transcurre dejando a su paso la aniquilación y finalmente, los cambios sociales, son todos elementos perturbadores que producen temor porque ponen en cuestión ese presente que se querría invariable.

La lluvia marca el ritmo del tiempo que pasa: "el ritmo interior de las cosas que se van consumiendo, aproximándose a la vez a su fin y a sus orígenes" (*ibid.*, p. 73). La lluvia es la expresión más sensible de la descomposición.

El tiempo y los elementos de la naturaleza son agentes de la decadencia tanto de los objetos como de los seres humanos. Eloísa y Laura están conscientes de este proceso que viven desde el temor y la angustia. Su respuesta a esta situación es una especie de heroísmo inútil, tratan de vencer al tiempo manteniendo el orden en el interior de la casa: se puede conjurar el caos mediante la limpieza y el orden.[4] No obstante, las fuerzas del desorden se les oponen con mayor pujanza. Tanto Eloísa como Laura se visualizan a sí mismas como las llamadas a resguardar la tradición y la familia, son las únicas capaces de impedir el deterioro de la casa y la forma de vida que ella representa.[5] Trabajan todo el día para que todo esté "limpio, impecable, cada cosa en su lugar, y el conjunto perfecto, inobjetable" (Campos, *Muerte por agua*, p. 58). Parecería lógico concluir que, en este caso, el orden es la única garantía de la vida. La tranquilidad se consigue disimulando, allí donde no se pueda impedir, la presencia de una huella que delate el paso del tiempo.

"A veces, la realidad se percibe como algo dócil, armonioso y ordenado, donde todo está en su lugar, donde cada cosa tiene un valor de conjuro del abismo" (Campos, *La imagen...*, p. 47). De ahí la importancia que adquieren los objetos que funcionan al mismo tiempo como indicios de opulencia y "buen gusto", de vinculación con una clase social en el nivel más inmediato, mientras que en un nivel más abstracto, son retazos rescatados del pasado. Su cuidado y conservación se convierten en un acto generador de seguridad.

Hay un momento en que Laura juega con la posibilidad de cambiar los objetos de lugar. Este cambio significaría una renovación de signo ambivalente: deseada y temida al mismo tiempo. Su impulso conservador es más fuerte que el deseo de transformación y logra imponerse: "De repente todo podría ser muy fácil. Cambiarse de casa, por ejemplo, mudarse a otra parte. Los muebles se pondrían distintos, ajenos. No parecerían nuevos. Estarían fuera de su lugar, amontonados

---

[4] Este comentario lo hace Campos a propósito de Natalie Sarraute, pero es válido para *Muerte por agua*. Hay una gran influencia del *noveau roman* en esta novela y sobre todo de Sarraute. Véase *La imagen en el espejo*.

[5] Véase Julieta Campos, *Muerte por agua*, México, FCE, 1965, pp. 30, 31 y 68.

en el camión de la mudanza. Serían muebles impersonales, casi indiferentes. Todas las cosas estarían ligeras, como inocentes. Así pasa cuando uno las quita de donde están y las lleva a otra parte" (Campos, *Muerte por agua*, p. 17). La debilidad de su impulso renovador sumado a sus temores al cambio, le impiden romper con ese orden opresivo por rutinario y monótono.

Su madre ni siquiera llega a jugar con la posibilidad de la mudanza, tiene una clara conciencia de que su seguridad personal depende en gran medida de su capacidad para mantenerlo todo intacto. Agradece a los muebles su fidelidad, el "estar ahí todavía, no haberse escapado sigilosamente por la noche, dejándole otros iguales, pero falsos" (Campos, *Muerte por agua*, p. 31).

El deseo de fijar el presente y de convertir el pasado en una imagen más está expresado en el proyecto de decoración del cuarto de los recuerdos familiares. Mediante la organización, la limpieza y el reacomodo de las fotografías de antepasados y de los diversos objetos decorativos, Eloísa y Laura pretenden anular la muerte. Es significativo el hecho de que por medio del contacto y la manipulación de estos residuos de otros tiempos, Laura consigue "la experiencia mágica de transformar su tiempo en otro tiempo" (Campos, *Muerte por agua*, p. 47). Alcanza a dar "el salto, la transición, la condensación de esas imágenes en una sola [...] Es a la vez el tiempo puro, todos los tiempos reunidos, sin ningún pasado, sin ningún futuro [...] un tiempo fuera del tiempo" (Campos, *Muerte por agua*, p. 56).

Esta lucha por abolir el tiempo está abocada al fracaso y ambas mujeres tienen algún grado de conciencia de esto: Laura, por ejemplo, intuye la fragilidad de ese orden y esa estabilidad precaria. Tiene la "sensación de tener a la mano una copa de cristal finísimo que no resistiría a la nota ligeramente más aguda de una soprano y mucho menos al trino de una flauta" (Campos, *Muerte por agua*, p. 35).

Andrés es ajeno a las preocupaciones de las mujeres de su casa. No participa ni de la angustia por el desgaste de la vida ni de las actividades de resistencia que ellas llevan a cabo. Asume una actitud condescendiente. Desde su óptica masculina, el decorado del cuarto es un entretenimiento intrascendente, una forma de sobrellevar el tedio por la falta de actividades de más envergadura. No comprende el verdadero significado de este acto ni todos los sentimientos que están en juego. La caracterización de Andrés está mediatizada por Laura y es su punto de vista el que predomina. Ella lo considera un hombre objetivo y racional que maneja datos y analiza las cosas lógicamente sin aludir jamás al plano de lo afectivo. Hay una insatisfacción muy profunda cuando Laura comenta que Andrés es capaz de darle "una fecha, un año, un mes, y con eso se quedaría contento". Según él, esto sería suficiente para quitarle "las dudas" y poner "todo en su lugar" (Campos, *Muerte por agua*, p. 17). Es evidente que para ella esto está lejos de ser lo idóneo.

En el texto hay dos mundos claramente diferenciados: el privado y el público. No hay interacción entre ellos. A la mujer se le asigna el ámbito de lo privado y al hombre el de lo público. En este punto Campos concuerda con las ideas de Virginia Woolf, para quien la realidad exterior no es esencial, "sino más bien un marco donde se mueve el hombre. En la vida humana hay, como si dijéramos, dos círculos: un círculo exterior —una periferia— donde funcionan la política, las finanzas, lo práctico y lo útil, y un círculo interior —el centro mismo de la existencia del hombre— donde se desenvuelve la naturaleza humana verdadera" (Campos, *La imagen...*, p. 11). La narradora margina a la mujer de la vida pública y la recompensa exaltando los méritos de lo privado: la intimidad, la familia y lo doméstico. El mundo externo, dominado por la razón, es el espacio natural del hombre, allí es donde encontraremos a Andrés. Mientras que los asuntos prácticos de la vida le incumben al hombre, a la mujer se le reservan las intuiciones y la creatividad. Laura y Eloísa, mujeres al fin, asumen dócilmente el papel social que les es asignado. Esta oposición público/privado con su respectiva adscripción genérica sirve para marcar la oposición dentro/fuera.

La casa aparece como una especie de útero protector; el exterior, en cambio, es amenazante. Las acciones de las dos mujeres están encaminadas a proteger la zona de seguridad, el interior, de los efectos devastadores del exterior.

Andrés es un hombre seguro, racional, con una esfera de acción amplia. Representa el principio de autoridad. Laura es su antítesis, bordea el abismo todo el tiempo. Experimenta a menudo la sensación de una inminente caída al vacío. Le aterra "eso que puede abrirse y desencadenarse en cualquier momento" (Campos, *Muerte por agua*, p. 38). Lucha por dominar las imágenes y sensaciones que podrían desprenderse con la fuerza de un alud. Vive en la cuerda floja, manteniendo un equilibrio precario. Se autoimpone el encierro. Rechaza todo lo que venga de fuera. Su gesto básico es sujetar. Se trata de una mujer reprimida y represora.

La madre contrapone la imagen de Laura cuando era niña a la mujer actual. De niña era juguetona, alegre, amistosa. Ahora se ha convertido en una mujer retraída y distante. El tópico del cuarto propio aparece en *Muerte por agua* expresado por Eloísa. Es ella la que desea que Laura rompa su encierro, que salga a pasear para de esta manera poder recobrar su espacio propio.

Para Andrés, Laura es un "pajarito asustado". Esta comparación es interesante: pájaro-mujer; jaula-casa; encierro-libertad son asociaciones sugeridas por esta metáfora. Según Gilbert y Gubar, "flying is woman's gesture".[6] En este caso el vuelo hacia la liberación no se produce porque se trata de "un pajarito asustado". Sin embargo, es significativo que el único elemento externo que aparece en el texto con valor positivo sea justamente un avión (pájaro) que sobrevuela la casa. El avión, curiosamente, no es asimilado como disrupción, como lo son los demás elementos de fuera. Incluso Eloísa llega a manifestar su deseo de que ese mismo avión vuelva a pasar. Esto pareciera darles la razón a Gilbert y Gubar: al no poder escapar del encierro por inseguridades y ambivalencias, queda la opción del escape imaginario. A través de la fantasía del vuelo, se subliman los impulsos de liberación.

Según Andrés, además de ser un pajarito asustado, Laura es una persona frágil y vulnerable, cosa que por lo demás le fastidia bastante. Frente a su esposo, Laura adopta actitudes pasivas. Ella misma considera que proyecta una imagen falsa de sí misma, pero se niega a mostrarse con autenticidad frente a él:

> Andrés podría mirarla de otra manera. Pero nunca la han mirado de otra manera. Con menos prisa. Sin dar por supuesto que es tan frágil. Que hay que protegerla. Que cualquier cosa la podría quebrar. Entonces ya no cuidaría ese pudor y les mostraría eso duro,

---

[6] Véase Gilbert y Gubar, "On Female Identity and Writing by Women", en Elizabeth Abel (ed.), *Writing and Sexual Difference*, The University of Chicago Press, 1982, pp. 177-191.

inquebrantable, se exhibiría y los dejaría sorprenderse, preguntarse cómo hasta ese momento siempre se habían sentido obligados a tratarla como si fuese a romperse. Pero no ahora. Al contrario. Hasta prefiere dejarse manejar así, no hacer resistencia. Entregarse (Campos, *Muerte por agua*, p. 87).

En el texto se problematiza la identidad tanto de Laura como de Eloísa; Andrés queda fuera de este problema. Hay múltiples referencias a espejos y a la imposibilidad de dar con la imagen propia. Algunos espejos tienen manchas negras de modo que "uno se quiere mirar pero lo que ve es otra cosa" (Campos, *Muerte por agua*, p. 77). Laura busca su reflejo inútilmente, ya que todos los espejos "chicos y grandes estaban situados fuera del alcance de los ojos, un poco más arriba, por descuido, o no, como sabiendo que no servirían nunca para mirarse" (Campos, *Muerte por agua*, p. 61). Cuando se llega a producir el reflejo buscado, se rechaza la imagen proyectada. Es significativo el hecho de que la única vez que Laura consigue verse reflejada y acepta esa imagen, la satisface, es justamente en el momento que logra integrarse de manera armónica con los objetos, con el cuarto mismo como totalidad:

Era un cuarto del que también ella formaba parte, que la contenía y la envolvía, formando a su alrededor un círculo cálido y completo y fue en un instante imprevisto, sin que lo buscara ni se lo propusiera, cuando la cara se compuso de repente y dejó de verse con un ojo más grande y la boca demasiado chica. Había dado por casualidad con el único ángulo donde el espejo podía reflejar, sin alterarlo, lo que tuviera delante (Campos, *Muerte por agua*, p. 63).

Es pertinente destacar el hecho de que estos espejos fuera del alcance de la mirada fueron colocados así por Andrés. El hombre aparece de este modo como un obstáculo que le impide a Laura asumirse como sujeto autónomo. A las preguntas fundamentales que se plantea una como lectora tales como: ¿por qué se mira?, ¿contra quién se mira?, ¿toma conciencia de su belleza o de su fuerza?, puede una responder que se mira porque está buscándose a sí misma, toma conciencia de su fuerza contra su madre y contra su marido.

Además de los espejos convencionales aparecen en el texto espejos de agua, en este caso el estanque y el acuario. Se alude claramente al mito de Narciso. Laura sueña que trata de reconocerse en el reflejo del estanque. Descubre que tampoco en el estanque puede encontrarse porque el agua es un agente distorsionador.

Si bien Eloísa es menos conflictiva que su hija, no deja de problematizar su existencia. Se siente atrapada dentro de un papel que le ha sido asignado, el de madre. El hecho de ser madre la enajena de su propio ser en tanto que su existencia está siempre en función de los demás. Es por esto que Laura la llama por su nombre propio, Eloísa "[...] y no mamá, ni ella, ni mi madre es dejarla ser, no quitarle nada de ella misma, devolverle su identidad después de tantos años de no ser sino la madre de sus hermanos y de ella" (Campos, *Muerte por agua*, p. 86).

Los personajes de *Muerte por agua* desean y al mismo tiempo temen al diálogo como si todos quisieran conservarse intactos, mostrarse invulnerables. Los diálogos son todos triviales y llenos de reticencias, de puntos suspensivos. Todos tienen algo que decir pero no se animan a hacerlo: "Yo te digo, tú me dices, él nos dice, y no nos decimos nada" (Campos, *Muerte por agua*, p. 20). Las conversaciones tienen una doble direccionalidad: hacia el exterior, es decir, un enunciado dirigido hacia un receptor en el contexto de la conversación; y hacia el interior, pensamientos que llegan a exteriorizarse, pero que no obstante los lectores tienen noticia de ellos. Es paradójico que la verdadera comunicación se produzca en este registro de lo pensado, sea una comunicación intersubjetiva de la cual, por supuesto, los personajes no tienen conciencia pero el lector sí. A propósito de lo cual dice Campos que: "Las palabras que se dicen suelen decir muy poco, pero por debajo de ese diálogo que disfraza más de lo que descubre hay otro diálogo, el verdadero, la conversación subterránea, la única que permite un encuentro entre los seres humanos" (Campos, *La imagen...*, p. 86). Esta doble direccionalidad de la palabra tiene que ver también con la concepción del diálogo como una continuación "de la afluencia interior de palabras e imágenes; una prolongación, una saturación, una cristalización de los movimientos de la conciencia" (*ibid.*, p. 43). Es importante notar que estos señalamientos los hace Campos en relación con el *nouveau roman*, concretamente a Natalie Sarraute. Como puede apreciarse, la poética que Campos moviliza en este texto se inscribe en esta tendencia.

Quizá el registro más difícil de localizar en el texto sea el social. Incluso pienso que a un lector distraído podría pasarle inadvertido. Esto se debe, por una parte, a que lo social aparece muy esporádicamente y diluido. Ya había señalado que el texto se estructura a partir de oposiciones y que una de éstas es dentro/fuera. Hemos visto lo que ocurre dentro; habría que ver ahora qué pasa fuera. Laura reprime muchas cosas

> pero más que nada, el golpe incesante de un martillo sobre un trozo compacto de hierro que intuye allá fuera, donde la vida tiene otro ritmo, sin ningún paréntesis, el ritmo de quienes disponen de horas fijas para hacer todos los días lo mismo [...] de los que van y vienen sin saber que contribuyen a integrar algo, y menos aún que es algo precario que puede interrumpirse con una alteración de las luces de tránsito o un pequeño accidente o el *estallido de una revolución* o la declaración de guerra (*Muerte por agua*, p. 50).

Es evidente que aquí hay una toma de posición ante los acontecimientos exteriores capaces de alterar los acontecimientos del ámbito interno. Las resonancias de estos cambios sociales logran introducirse en la casa y crear temor además de rechazo: "se insinúa *el nuevo pulular de las cosas*, la presencia reptante de gusanillos resbalosos, y sabe que tendrá que dejarse llevar, que formar parte *de esa extraña animalidad vegetal que se aproxima*".

Es necesario "trazar fronteras", "impedir que se borren las distancias". En otras palabras, *no* al cambio social, *no* a la irrupción de la conciencia histórica, *no* a cualquier cambio sea en el nivel que sea. No obstante esta voluntad que se niega a adaptarse a situaciones nuevas, la fuerza de estos elementos pugna por destruirlo todo. La casa no puede resistir el efecto de los insectos ávidos de devorar, de socavar los cimientos de ese universo. La casa es después de todo una construcción sostenida en el vacío. Se desmorona, como la clase que la erigió, como la familia y como la vida misma. Así, la temporalidad histórica se impone.

JOSEFINA VICENS Y *EL LIBRO VACÍO*: SEXO BIOGRÁFICO FEMENINO Y GÉNERO MASCULINO

Ana Rosa Domenella
PIEM-UNAM

En este segundo "Coloquio fronterizo sobre mujer y literatura mexicana y chicana. Culturas en contacto", me referiré a la obra de la escritora mexicana Josefina Vicens (1911-1988) autora de dos espléndidas novelas: *El libro vacío* (1958) y *Los años falsos* (1982). Ambos escritos en un estilo "sordo y apagado, recatado y escueto, deliberadamente contenido", al decir de Elena Urrutia.

Como las voces masculinas y femeninas no se perciben del mismo modo, las distinciones basadas en el sexo del autor han influido no sólo en la lectura sino también en la escritura y persisten en los análisis prejuicios androcéntricos para los cuales lo femenino —como afirma Antonieta Verwey— significa "menos que ignorante o aficionado". Lo hemos comprobado revisando artículos y reseñas sobre escritoras en el Taller de Narrativa Femenina Mexicana del PIEM, donde también tomamos en cuenta el registro biográfico (mal que le pese a las corrientes críticas formalistas). También hacemos hincapié en el tratamiento de los personajes femeninos, la función de la voz narrativa y la visión del mundo que propone cada obra; visión del mundo que coincide, necesariamente, con la del autor y que en el caso de muchas escritoras suele reflejar los valores propagados por la ideología dominante, patriarcal y burguesa.

Sobre este particular es importante recordar que el historiador de la literatura Arnold Hauser afirmaba que "lo significativo de la mentalidad de un escritor no es tanto por quién toma partido, como a través de quién mira al mundo".[1]

En el caso de *El libro vacío* y *Los años falsos*, los narradores y protagonistas son hombres: el oscuro aspirante a escritor, José García, y el atormentado y esquizoide huérfano, Luis Alfonso Fernández. Ambos en lucha permanente contra la pobreza y la mediocridad que los cerca y también angustiados por los papeles que les impone representar una sociedad de férreos patrones machistas y competitivos.

En relación con el tema de los papeles asignados a hombres y mujeres en una sociedad sexista, es interesante tener en cuenta un trabajo de Marta Lamas sobre la categoría antropológica de "género";[2] ella afirma que la biología *per se* no garantiza las características del género... se trata más bien de "una construcción

---

[1] Arnold Hauser, *Historia social de la literatura y el arte*, t. II, Guadarrama, Madrid, 1964 (3a. ed. en español), p. 384.
[2] Marta Lamas, "La antropología feminista y la categoría de 'género'", en *Nueva Antropología*, vol. VIII, núm. 30, México, 1986, p. 186.

social, una interpretación social de lo biológico". Por lo tanto, las características llamadas "femeninas" o "masculinas" se vinculan a valores, deseos y comportamientos y se asumen mediante complejos procesos tanto individuales como sociales.

En el caso de los protagonistas masculinos de las novelas de Josefina Vicens, los rasgos que los denotan son aún más complejos por tratarse de hombres de papel, de personajes literarios, para cuya creación ha intervenido un gran número de mediaciones a partir de ciertos registros de la realidad histórica y vivencias de la propia autora.

Existen algunas pistas para rastrear esta aparente oposición entre el sexo femenino de la escritora y el género masculino de su escritura.

El nombre del narrador protagonista de *El libro vacío*, José García, está tomado de dos seudónimos utilizados por Vicens en su trabajo periodístico: el nombre, del cronista taurino *Pepe Faroles*; el apellido, de *Diógenes García*, comentarista político.

Josefina Vicens conoce a fondo los ambientes que recrea en sus relatos; además de su experiencia como periodista de secciones tradicionalmente "masculinas", trabajó en oficinas estatales y privadas desde los 14 años y más tarde tuvo una larga y fructífera actuación en el campo sindical (sector campesino y cinematográfico).

Si toda novela es un tanto autobiográfica porque parte de experiencias personales, como afirma Alejo Carpentier, o es la "autobiografía de lo posible" como sostenía Thibaudet, ¿dónde encontramos proyectada y transformada a la escritora en *El libro vacío*? Sin lugar a dudas en la encarnizada pelea de José García consigo mismo; los dos "yos" del protagonista que persiguen propósitos distintos (escribir y no hacerlo), pero que se encuentran fatalmente en un mismo espacio, el de la escritura. Veinte años se resistió el personaje antes de comprar los dos cuadernos y comenzar a "llenar" el primero y continúa debatiéndose en su aventura clandestina de escribir. Josefina Vicens confiesa que nunca se siente satisfecha por exceso de autocrítica; por eso corrigió una y otra vez las pruebas de su primera novela hasta que el editor se lo prohibió (por el costo del plomo) y el corrector de pruebas le aconsejó: "Mire, su libro me gusta, no lo siga corrigiendo porque se le va a secar".[3]

Como ejemplo de los "vasos comunicantes" entre el plano biográfico y textual, entre autor y personaje, citaré la respuesta de Josefina al cuestionario de Emmanuel Carballo sobre por qué y para qué escribir y cómo lo hacía: "¿Cómo escribo? Pues como trata de explicarlo mi José García"

> Mi mano no termina en los dedos: la vida, la circulación, la sangre se prolongan hasta el punto de mi pluma. En la frente siento un golpe caliente y acompasado. Por todo el cuerpo, desde que me preparo para escribir, se me esparce una alegría urgente. Me pertenezco todo, me uso todo; no hay un átomo de mí que no esté conmigo, sabiendo, sintiendo la inminencia de la primera palabra. En el trazo de esa primera palabra pongo una especie de sensualidad [...] pero el placer de ese instante total, lleno de júbilo, de posibilidades y de fe en mí mismo, no logra enturbiarlo ni la desesperanza que me invade después.[4]

---

[3] Josefina Vicens, "El infierno blanco", *Uno más Uno*, 24 de noviembre de 1986.
[4] Contraportada de *El libro vacío*, México, Transición, 1978. De esta edición están tomadas las citas.

Y como la respuesta al amigo crítico es por escrito, Josefina acaba confesando también que ha sufrido mucho al contestarle.

Escribir como necesidad vital, como doloroso deleite que José García no puede compartir con nadie y que Josefina Vicens, afortunadamente, comparte con sus lectores agradecidos.

Fabienne Bradu en su análisis sobre las voces narrativas en *El libro vacío*, parafrasea la conocida frase de Flaubert, *Mme. Bovary c'est moi*, y titula su trabajo: "José García ¡soy yo!". La investigadora encuentra en Josefina Vicens y Gustave Flaubert "una misma distancia con respecto a sus personajes: el otro sexo como realización y lugar de la identidad del escritor. Una distancia que evita coincidencias biográficas, los accidentes particulares de la vida del escritor, los sentimientos personales en la construcción de los personajes".[5]

Sin embargo, como surge de las propias relaciones de la autora, las correspondencias no son anecdóticas sino subterráneas.

Josefina Vicens elige la primera persona para narrar su novela y con esta decisión subraya la convención literaria, el "artificio", y también aumenta la verosimilitud del texto a través del tono confesional; por otra parte produce un juego irónico entre el narrador protagonista y el metanarrador (o autor implícito): "Y creo que así continuaré, sin tener nada qué decir, porque lo primero que anoté con grandes letras, como una flecha que anunciara el peligro, fue: *no hablar en primera persona*" (p. 30).

Fracasados los proyectos de escribir historias sobre realidades externas o ajenas, el protagonista José García recurre a sus propios recuerdos. La memoria es, pues, la fuente de su escritura; memoria que puede ser "el castigo mayor", o "el más tibio refugio, la más suntuosa riqueza del hombre". Y en ese moroso y fragmentario proceso de escanciar recuerdos se va perfilando el mundo de los afectos y las figuras femeninas.

Los primeros recuerdos que rescata José García son de su temprana infancia, con la abuela como centro; la abuela "de acá" que lo llama "rosita de Castilla" o "mi botón de rosa". El tierno lenguaje de la abuela es ambiguo y atenta contra la incipiente masculinidad del narrador. La otra abuela, la de España, es negada por el niño y por tal razón le produce "un extraño remordimiento" cuando muere.

A los once años la dualidad se repite cuando tiene que elegir la primera novia: duda entre las dos hijas del vecino alemán. Es Elsa, por rivalidad fraterna con Gerda, quien decide por él ya que su hermana ya había recibido una declaración de amor. La duda sistemática le produce angustia y lo orilla una y otra vez a ser objeto de decisiones ajenas más que sujeto de las propias. A los catorce años se inicia sexualmente con una mujer de cuarenta que lo recibe apasionada en las noches y lo rechaza, brutal, al amanecer. El adolescente es seducido por esta especie de ogra que adquiere rasgos de madre terrible y omnipotente, ante quien no valen ruegos ni tímidas amenazas; luego de ser el elegido será sustituido por un marinero holandés.

La madre biológica es una figura débil, desdibujada en la memoria del narrador,

---

[5] Fabienne Bradu, *Señas particulares: escritora*. Ensayos sobre escritoras mexicanas del siglo XX, México, FCE, 1987, pp. 50-68.

al igual que sus hermanas. Sin embargo, con su previsible llanto (y el apoyo de un padre tradicional) logra frustrarlo en su primer proyecto: convertirse en marino (probablemente para competir con el holandés usurpador, aunque no lo registre en su cuaderno memorioso).

En varias entrevistas Josefina Vicens se defiende de una supuesta acusación de no darle importancia a la mujer en su novela, pues la esposa de José García no tiene siquiera nombre. La autora afirma —con justa razón— que el reproche "es mentira" porque no está bien observado. Aunque carezca de nombre, la esposa de José García "es la sabia, la que dirige, la que sabe vivir, la que sabe qué tiene que hacerse en la vida".[6]

¿Qué ocurre en definitiva con este personaje anónimo que llama "hijo" a su marido y a sus hijos los llama por su nombre, José y Lorenzo?

El narrador tampoco da información sobre su edad o aspecto físico, pero sí comenta su forma de ser y actitudes: "La severidad, la razón, la eficacia están con ella siempre. Todo lo limpio y claro le pertenece. Es, ha sido toda su vida, un bello lago sin el pudor de su fondo. Se asoma uno a él y lo ve todo [...] No queda nunca zozobra ni duda; sólo remordimiento" (p. 24).

José García la observa en su diario trajinar con sorpresa, admiración o rabia y anota en su primer cuaderno (que ella nunca leerá) todas las emociones contradictorias que le produce ese ser tan conocido y tan extraño. Escribe, por ejemplo, "te trato mal porque detesto a las gentes que no son enemigas de sí mismas" (*ibid.*); aunque no le ocurre lo mismo con su amigo y tocayo, Pepe Varela, que tampoco tiene recovecos ni puede comprenderlo en su obsesión por escribir porque es incapaz de padecerla. Por lo tanto, siempre se espera más de la mujer que del amigo, porque detrás está flotando la sombra de Yocasta, como sugeriría Christianne Olivier.

Pero la de José García no es la única esposa del relato, los demás empleados tienen la suya, al igual que su propia rutina. Por ejemplo, la mujer de Reyes es responsable involuntaria del desfalco y posterior despido de su marido. Esto se debe a que los dueños (señalados como "ellos") se negaron a anticiparle un préstamo para internarla, pues Reyes desconfía de los servicios sociales "por demasiado grande, por excesivamente poblado, se le convertía en un sitio abstracto incapaz de acogerla con la exclusividad que él deseaba para ella" (p. 170). José García admite, con culpa, que todo el incidente le sirve de material para su cuaderno y solidarizándose con el compañero en desgracia escribe "que esa mujer gorda, envejecida, desaliñada, era a quien él más quería y necesitaba en el mundo" (p. 171).

Éstas son las esposas en *El libro vacío*, hacendosas, magas, sabias, gastadas pero también refinadamente crueles en su abnegación sobreprotectora.

Esta faceta se consigna y analiza cuando José García, a pesar de sus años (51), su pobreza y debilidad, consigue una amante. La esposa presumiblemente lo sabe pero no se queja ni llora ni lo injuria y José García escribe: "No sé si la silenciosa

---

[6] Josefina Vicens, "Yo no puedo soñar ir a la luna". Homenaje al 75 aniversario de la escritora, *La Jornada*, 24 de noviembre de 1986.

actitud de mi mujer era correcta. Sin duda lo era para nuestro matrimonio, para nuestros hijos. Para mí, para mi desesperación y mi impotencia, era despiadada. Yo así lo sentía" (p. 150).

En los momentos en que a las mentiras del marido ella responde con atenciones y cuidados, José García confiesa sus ganas de matarla y su odio, proyectando en la mujer lo que siente por sí mismo, sin saberlo.

¿Y cómo es la amante de José García?

Se llama Lupe Robles y el narrador cuenta de ella que "es una señora bastante joven, guapa, alegre y estrepitosa" (p. 42); es viuda de un militar y vive, modestamente, de su pensión y con la ayuda de amantes sucesivos. La relación dura dos años y concluye —ahora sí por decisión del protagonista— tres años antes del "presente de la historia". La deja pero no la olvida porque afianzó su hombría y narcisismo, porque fue "su fugaz y último erotismo". Al recuperar de su memoria a Lupe Robles la vincula con interminables visitas a compadres y fiestas de cumpleaños, a "jovialidad estúpida", "cabarets estridentes" y "aquel terrible camisón rojo transparente", que él detestaba y ella prefería. La aventura se inicia porque ella lo busca. El narrador cuando evoca la experiencia revive su excitación, se ve actuando y escribe: "¡Me había buscado una mujer! No iba a encontrarme con ella sino conmigo mismo. No me interesaba como mujer, en su aspecto natural, erótico, sino como personaje que me había buscado, me había elegido" (p. 145). Luego, el narrador José García puede tomar distancia —temporal y afectiva— y reflexiona: "Me enamoré de ella como un adolescente. ¿Por qué digo esto? Me enamoré como un hombre de cincuenta y un años, deficiente, temeroso, atormentado por los remordimientos, por los celos, por la pobreza, por la falta de tiempo para estar siempre a su lado, por el temor a que me abandonara y sobre todo, por la absoluta imposibilidad de dejarla" (p. 147).

La amante es también lo "otro", el riesgo y la transgresión y por eso la desea aunque amenace su precaria estabilidad emocional. Romper ese "amarre", como finalmente lo hace, es caer otra vez en "la rutina asfixiante", o poder reflexionar sobre "el milagro de la convivencia" que le permite no darse cuenta del paso de los años en su pareja estable.

El deseo, dice Paul Ricoeur, es "sede de la batalla entre la fantasía y la realidad", por eso José García siente que "el mediocre puede ser también un triunfador" y por tal razón le gusta "jugar al héroe" (pp. 219-220). Le gusta imaginarse viviendo libre en una playa solitaria con doce y no dos cuadernos a su disposición; con "el bello juego del artista incomprendido", o con la "proeza en el campo de batalla".

El tema de las fantasías diurnas se vincula con la literatura y con aspectos infantiles del narrador: sueña que acaba de fugarse de una cárcel y salva a dos niños de las llamas y la mujer se ríe, le recuerda a sus propios hijos y le pregunta si no le da vergüenza a su edad imaginar tales tonterías. Ella, por su parte, sólo sueña con "cosas que puedan convertirse en realidad" (p. 224).

Freud analizó el vínculo entre fantasía y literatura en un interesante ensayo traducido como "El poeta y los sueños diurnos". Propone una equivalencia entre el "jugar" del niño y el "fantasear" del poeta y afirma: "El poeta hace lo mismo que el niño que juega: crea un modo fantástico y lo toma muy en serio, porque se siente íntimamente ligado a él, aunque sin dejar de diferenciarlo resueltamente de la realidad."[7]

Para Freud, el placer estético entraña ese carácter de placer preliminar y contribuye a tal resultado el hecho de que el escritor "nos pone en situación de gozar en adelante, sin avergonzarnos ni hacernos reproche alguno de nuestras propias fantasía" (*op. cit.*, p. 1 348).

El placer estético que se obtiene de la lectura de un libro tan logrado como *El libro vacío*, donde se juegan —como en un escenario— las fantasías de la autora y la de los lectores que pueden ser, a su vez, masculinos o femeninos, acepta a ambos sexos y todos los géneros.

Es importante subrayar entonces, una vez más, lo que la crítica literaria feminista ha venido destacando en los últimos años: la distinción entre "género" y "sexo",[8] entre lo que es del orden biológico (en este caso el sexo de mujer de la escritora Josefina Vicens) y lo que corresponde al orden de lo adquirido, a lo que Marta Lamas llama "una interpretación social de lo biológico" (el carácter masculino de los protagonistas de *El libro vacío* y *Los años falsos*).

También se ha propuesto la posibilidad de considerar escrituras de género masculino y femenino, independientemente del sexo del autor; y esta perspectiva crítica es productiva con una escritora como Josefina Vicens, que "mira al mundo" desde la óptica masculina de sus narradores protagonistas. En el caso específico de José García, el personaje, como se ha visto a lo largo del análisis, es verosímilmente "masculino"; sin embargo, presenta facetas "femeninas", como la ternura por los hijos y su asombro frente al milagro de crear vida, junto a otros detalles domésticos. Por lo tanto, en este caso literario, como ocurre con los sujetos reales, los rasgos masculinos y femeninos están presentes en hombres y mujeres, con predominio de unos sobre otros según el sexo biológico y el asumido socialmente, aunque éstos no sean igualmente valorados en la sociedad patriarcal.

Sobre este tema Freud decía que "todos los individuos humanos, a consecuencia de su disposición (constitucional) bisexual, y de la herencia cruzada, reúnen en sí caracteres masculinos y femeninos, de suerte que la masculinidad y femineidad puras siguen siendo construcciones teóricas de contenido incierto".[9]

Por lo tanto, el hecho de que Josefina Vicens fue mujer no asegura el carácter "femenino" de su obra; como tampoco son totalmente "masculinos" los personajes hombres que ella crea. Tener en cuenta estas distinciones y percibir los matices en los textos es más productivo que afirmar —como lo han hecho muchos críticos y escritoras— que la literatura no tiene sexo.

---

[7] Sigmund Freud, "El poeta y los sueños diurnos", en *Obras completas*, vol. II, Madrid, Biblioteca Nueva, 1948, pp. 1 343-1 348.

[8] Véase cap. "Gender and Genre" en Mary Eagleton (ed.), *Feminist Literary Theory. A Reader*, Nueva York, Basil Blackwell Inc.,1986, pp. 88-148.

[9] Sigmund Freud, "Algunas consecuencias psíquicas de la diferencia sexual anatómica", en *Obras completas*, vol. III, Madrid, Biblioteca Nueva, 1948, pp. 1 482-1 491.

EL LIBRO VACÍO: UN RELATO DE LA ESCRITURA

Joanne Saltz
St. Cloud State University

La novela *El libro vacío*, escrita en 1958 por la escritora Josefina Vicens, sugiere una problemática de la escritura que es personalizada y vista desde la perspectiva del protagonista central, José García. La lectura de la presente novela expone una cuestión adicional para las mujeres actuales, treinta años después de la primera edición del libro. Ya nos hemos acostumbrado a escritoras que narran desde el punto de vista femenino, por lo menos al nivel de la superficie del texto, al contrario de la perspectiva masculina de *El libro vacío*. Entonces, esta novela plantea la pregunta: ¿Por qué escoge Vicens a un hombre como narrador y protagonista central de *El libro vacío*? ¿Por qué deja de lado la estrategia narrativa de la propia voz femenina dentro de la literatura? La escritora misma, en 1985, en una entrevista con Marco Antonio Campos publicada en *Vuelta*, contesta la primera parte de la pregunta:

> Esa pregunta me disgusta cuando me la hacen. Yo considero que no hay literatura masculina o femenina: hay buena o mala literatura. Para lo que yo quería escribir era mejor que los personajes fueran hombres... Podría añadir –toda proporción guardada– ¿por qué Flaubert escribió *Madame Bovary* (que es su mejor obra) y Tolstoi *Anna Karenina*? (p. 38).

La cita de Vicens presenta un punto de partida importante. Anna Karenina y Emma Bovary, las protagonistas de Flaubert y Tolstoi, están tristes dentro de una problemática de las consecuencias del adulterio, un acto regido por el privilegio patriarcal del código cultural que se acepta para el hombre, pero se prohíbe para la mujer.

El tema central de *El libro vacío*, además del tema secundario del adulterio, es el de la escritura. Como el adulterio, la escritura es también una práctica regida por el privilegio patriarcal. De la misma manera, es aceptable para hombres y prohibida para mujeres. En relación con la condición de autora en el sentido generalizado, Sandra Gilbert y Susan Gubar han discutido que en la cultura patriarcal, la autoría teológica, política y estética se conecta con el hombre, así que la creatividad se asocia profundamente con la masculinidad. La escritora se experimenta como una contradicción, de modo que confronta un trayecto doble: o escribe como hombre o no es nada más que una escritora, femenina e "inferior" (NALW, p. 9). La estrategia de presentar un protagonista escritor en el nivel de la superficie del texto, aparentemente evita el problema de la creatividad femenina como tema dentro de la

[81]

novela, para pasar al problema central de José García: su necesidad como escritor de escribir se pone en conflicto con la seguridad de que es solamente un escritor más, de poca importancia. Dice García: "Sé que no podré escribir. Sé que el libro, si lo termino, será uno más entre los millones de libros que nadie comenta y nadie recuerda" (p. 16). Este conflicto, precisamente, Vicens lo señala como totalmente autobiográfico (Campos, p. 38).

El crítico norteamericano Harold Bloom habla sobre un problema parecido acerca del escritor que confronta la "ansiedad de la influencia", o el pavor de desmoronamiento dentro de una tradición que se extiende hasta Milton y Shakespeare (pp. 6-12). Sin embargo, según Sandra Gilbert y Susan Gubar, para la escritora hay una ansiedad que es anterior a la de la influencia que propone Bloom, y que es una precaución aún más debilitante: el temor de no poder crear sin aislarse de otras mujeres y de lo femenino en sí (NALW, pp. 9-10). Es importante notar que *El libro vacío* presenta el mismo problema delineado por Gilbert y Gubar, cuando dice José García, media página antes de revelar su preocupación de ser un escritor más, que está "resignado mansamente al fracaso", agregando que: "También me sorprende poder escribir la palabra 'mansamente', aplicándola a mí mismo, porque la tenía reservada para mi madre" (p. 16). Con esto, y la mención del nombre masculino del protagonista por primera vez, el texto revela los elementos femeninos encubiertos en un primer plano por el personaje masculino. Luego, el empleo de este personaje se puede ver no como tentativa de Vicens de vencer el temor de ser un escritor más tras el empleo de un personaje escritor masculino, sino la adopción de un modelo aceptado, el del escritor masculino, en vez de otro que es generalmente prohibido: el de la escritora femenina.

Claro está que subsiste el problema de la creatividad femenina, ya mencionado, que Vicens no aborda directamente sino que alcanza por intermedio del personaje masculino. Comentando una cuestión semejante, la escritora chilena Lucía Guerra Cunningham dice:

> La escritura de la mujer es, en muchos sentidos, una proliferación de sombras, la apropiación estratégica de modelos masculinos (que son objetos legitimizados) que se construyen de una manera aparentemente inofensiva pues, en su posición de término subordinado, la experiencia femenina y sus posible modelizaciones estéticas está forzada a ocultar sus zonas disidentes (pp. 1-2).

Lo que Vicens nos presenta en voz masculina son varios indicios de las zonas disidentes de la experiencia femenina delineadas por Gilbert y Gubar, quienes ven el texto de la mujer como palimpsesto, con una superficie decorosa que frecuentemente esconde un subtexto subversivo y codificado (NALW, p. 11). Además, observan una coherencia de tema e imagen encontrada en la obra de escritoras que frecuentemente se apartan geográfica, histórica y psicológicamente. Esta tradición literaria femenina revela las imágenes de encierro y escape, la fantasía en la que los dobles enloquecidos funcionaban como sustitutos asociales del yo dócil, las metáforas de incomodidad física que se manifiestan en paisajes congelados e interiores ardientes, junto con retratos de enfermedades como la anorexia, la agorafobia y la claustrofobia (NWA, p. xi).

Aunque es necesario evitar el peligro de aplicar tales conclusiones como fórmulas, coinciden bastante con las observaciones de algunas críticas latinoamericanas. Sara Sefchovich dice:

> La escritura de las mujeres se ha configurado como una salida, una lucha contra el silencio y contra los patrones que impone la sociedad. Es expresión de frustración, de aburrimiento, del encierro en un ámbito limitado y en una tradición social... que asfixia(n) de la atención concentrada en la familia y de la imposibilidad de salir al mundo y respirar en él a sus anchas... (p. 15).

Una de las imágenes más fuertes que se desprenden de *El libro vacío*, ya señalada por Gilbert y Gubar y Sefchovich como elemento principal en la escritura femenina, es la del encierro en un ámbito limitado. Es más, Marco Antonio Campos ha indicado que *El libro vacío*, matiza un "dibujo de personajes medianos y ambientes grises" (p. 38). Tales personajes y escenas, que aparecen en esta novela escrita en los cincuenta, son compartidos con el *nouveau roman* francés, del mismo periodo, producto de la enajenación posterior a la Segunda Guerra Mundial. Sin embargo, aunque el *nouveau roman* presta atención a los personajes ordinarios y a los ambientes limitados como reacción a los problemas existencialistas, el libro de Vicens se diferencia porque no excluye ni lo político ni lo social como determinante del encierro del personaje que, a pesar de ser hombre, sugiere también la imagen del encierro femenino.

Menos típicamente aplicado a los muchachos que a las muchachas, a quienes el sistema social vigila y limita sus actividades y elecciones, al José García adolescente e hijo mayor dentro de una familia de hermanas, el padre le prohíbe que siga su carrera soñada: la de marinero. Luego, la relación matrimonial con su esposa, que significativamente es el único personaje no nombrado dentro de la novela, se presenta como rutinaria y convencional. En esta relación la mujer no comprende a José pero es trabajadora, frugal, fuerte en el mantenimiento de la casa y de los niños, y abnegada frente a la infidelidad de su esposo. La primera relación adolescente de José con una mujer ya madura, parece ser una reacción y escape a la dominación paterna. Esa relación termina como otro encierro, así como sucede con su única aventura amorosa fuera del matrimonio.

Su trabajo también es una forma más de encierro. Por un lado, atrapado dentro de una oficina y un desempeño burocráticos, aburrido y mal pagado; y, por otro, por las responsabilidades de la familia, su libertad se limita a los pocos momentos de ida y vuelta entre la oficina y la casa, la ocasión angustiada del desvelo, o el poco tiempo en el cual confronta la página blanca de su cuaderno para escribir. Anhela escapar.

> ¡Irme, irme lejos! ¡Si pudiera hacerlo! Una noche cualquiera anuncio que voy a salir un rato y no regreso jamás. O mejor, para que no me busquen, dejo una carta en sitio visible, en la que explico mi absoluta necesidad de aislarme para poderme dedicar por entero a escribir un libro importante... Pasaría las noches en la playa mirando el mar, el cielo, el amplio horizonte; hundiría las manos en la arena húmeda, nadaría desnudo en ese mar agitado y negro de la medianoche... (pp. 206-207).

El deseo de escapar, tener el "cuarto propio" descrito por Virginia Woolf, es tema común para la escritora según Gilbert, Gubar y Sefchovich.

La imagen doble destaca con prominencia en *El libro vacío*. En los dos hijos de José García se aprecian las características que el padre no tiene para poder cumplir su meta de escribir. El hijo mayor, José, estudiante de leyes, es inteligente y aplicado, un muchacho que actúa afirmativamente en oposición al padre que no puede escribir como quiere. El menor, Lorenzo, es un niño enfermizo, quien José García padre describe como "¡un niño tan tenue, tan silencioso, tan imaginativo! Sabe jugar y contar cuentos..." (p. 199). Es exactamente su propia falta de imaginación y de habilidad para contar cuentos lo que lamenta el padre, metido en el trabajo de escribir su "novela". La imaginación de Lorenzo, si se extiende y se exagera, se convierte en el delirio del doble enloquecido que mencionan Gilbert y Gubar, rasgo importante en la escritura femenina. La imagen del doble se extiende y se multiplica para incluir a la autora misma. Ya hemos notado que el problema central del libro es lo autobiográfico que comparten Josefina Vicens autora y José García personaje. Hasta en el nombre del protagonista se ve, en gran parte, el *alter ego* de Vicens, quien, como escritora del periodismo político y la crónica de toros usaba dos seudónimos, "Diógenes García" y "Pepe Faroles". Pepe es José, el masculino de Josefina; y el García asociado a Diógenes, el cínico y crítico desaforado de la época clásica griega, hace pensar que Vicens comparte su actitud rebelde, aunque ella muestra estas características en menor grado.

Finalmente, en el título mismo se sugiere la mitad de los dos cuadernos dentro de la novela, u otro doble. Es el segundo cuaderno, el libro *no* vacío en el cual escribe José García sobre el problema de no poder crear algo meritorio. El problema de no escribir nada de "calidad" junto con el relato hilvanado de su vida ordinaria, forman el contenido del cuaderno que José García dolorosamente escribe mientras espera que surja algo valioso para transcribirlo en el libro del título. El libro vacío es, nostálgicamente, lo soñado; la novela que a la manera de los grandes contenga temas "universales" sobre la trascendencia, la muerte, el poder. Esta novela soñada sigue el formulario del que ya hemos hablado y que proyecta "la ansiedad de la influencia". Además, el libro vacío idealizado toma prestada una forma novelesca comentada por Fredric Jameson, que es la novela naturalista perfeccionada por Zola en Francia, y luego exportada a otras partes de los países del Primer Mundo así como a los países del Tercer Mundo. El significado de estas "máquinas" exportadoras capta la atención dentro del Tercer Mundo, de modo que se alienta la producción de modelos locales para arrebatar a los países centrales su monopolio inicial de la "novela" (p. 2). Tal libro, como lo señala Jameson, no se puede reproducir fuera del ambiente francés sin transformarse para concordar con el contexto social dentro del que se produce. Jameson dice: "El estudio de la novela del Tercer Mundo [...] evoca una historia de apropiación y reinvención [...] de subversión para usos nuevos" [la traducción es mía, pp. 2-3]. Por eso, la novela que quiere escribir Vicens, la autora detrás del personaje central de José García, tiene que alterarse doblemente en forma y propósito para conformase con el ambiente social en la que se crea: *1)* el nivel de la situación nacional en cuanto a la literatura; y *2)* el nivel de la problemática del distanciamiento de las mujeres en cuanto al oficio de escribir, tradicionalmente visto como actividad de los hombres.

Un rasgo más dentro de la tradición literaria femenina, indicado por Gilbert y Gubar y que se aprecia en la obra de Vicens, es la lucha contra el silencio. Destaca el hecho de que la escritora tardó ocho años en escribir *El libro vacío*. Además, hay una laguna de veinticuatro años entre la producción de éste y la de *Los años falsos*, la segunda novela de Vicens que se publicó en 1982. Una explicación parcial se encuentra en el hecho de que Vicens ha sido una persona activa políticamente, que vive más de lo que escribe. Pero, visto desde otra perspectiva, Vicens se puede percibir como una rebelde que, como todo escritor experimental, tiene que confrontar la producción literaria como acto de transgresión de los reglamentos literarios. Roland Barthes ha notado que tales escritores experimentales confrontan un silencio antes de romper con las formas osificadas, anticuadas y tradicionales, en la búsqueda de una nueva forma (pp. 74-78). Esta búsqueda de lo nuevo, de la liberación, en efecto, "feminiza" tanto al escritor como a la escritora en el sentido de que los marginaliza a ambos en relación con el establecimiento literario.

En *El libro vacío*, no solamente se revela una relación con el silencio literario que comenta Barthes, sino que Vicens directamente confronta la problemática del silencio a la manera que las feministas designan como "empowerment", lo cual se relaciona con la acción personal de José García. Después de decirnos que no vale su tema, pero enseñarnos su vida en la escritura, el protagonista se autoriza y valida su propia vida pidiendo con éxito un aumento de sueldo. Este rompimiento del silencio dentro del ambiente de la vida del personaje se ve como un primer paso. Dicho paso vincula la toma de poder en la escritura con el alivio de problemas económicos en el plano de su vida concreta. Se nota que al final del libro hay un retorno al problema de no poder crear nada significativo. Esta vuelta sucede después de la aventura amorosa de José, que está llena de culpabilidad por su parte y de angustia por parte de su esposa, quien sufre silenciosamente; la acción individual de José no cambia el problema de las ramificaciones sociales. Ni tampoco cambia la vida de Fernando Luis Reyes, el socio de García, atrapado por el sistema. Sin fondos para conseguir buena atención médica para su esposa, Reyes comete un desfalco que se perdona con la ayuda de sus socios que devuelven el dinero. Sin embargo, los amigos no pueden protegerlo del despido laboral, de las recomendaciones que le niegan, ni de su falta de habilidad para conseguir otro puesto.

Aunque Vicens escribe con la voz de un protagonista hombre no ha podido evitar los siguientes problemas: *1)* En *El libro vacío* la voz masculina no le ayuda a sintetizar la forma idealizada de la novela naturalista del siglo XIX que comenta Jameson debido a su situación nacional y temporal distinta. *2)* Tampoco previene la voz masculina que la escritora incorpore reacciones e imágenes que marcan la escritura de mujeres, como son el encierro, la indecisión, los dobles y el silencio. Puesto que hemos notado varias imágenes que se destacan en la obra literaria escrita por mujeres, Vicens no se equivoca cuando dice que no hay literatura masculina o femenina. Esto se puede explicar en términos del deseo rebelde que demuestran las mujeres que escriben, quienes se comprometen con un oficio tradicionalmente prohibido: una rebeldía que comparten algunos escritores hombres y mujeres, que se obligan a luchar contra el encierro literario y social tras la redefinición del yo, del arte y de la sociedad. En todo caso, lo que ha hecho Vicens es dejar de lado la forma prestada del libro vacío para crear una novela íntimamente suya, de discurso cotidiano y sensible, que en su sencillez toca el tema universal de la angustia de tratar de vivir humanamente dentro de un mundo social que se va deshumanizando.

Bibliografía

Barthes, Roland, *Writing Degree Zero*, trad. Annette Lavers y Colin Smith, prólogo Susan Sontag, Nueva York, Hill & Wang, 1968.

Bloom, Harold, *The Anxiety of Influence*, Nueva York, Oxford University Press, 1979.

Campos, Marco Antonio, "Pequeñas cosas grandes", *Vuelta*, IX, 105, México, 1985, pp. 38-39.

Gilbert, Sandra M. y Susan Gubar, *The Madwoman in the Attic*, New Haven, Yale UP, 1979.

————, *A Classromm Guide to Accompany the Norton Anthology of Literature by Women: The Tradition in English*, Nueva York, W. W. Norton, 1985.

Guerra Cunningham, Lucía, "Las sombras de la escritura: Hacia una teoría de la producción literaria de la mujer latinoamericana", texto inédito, presentado en el simposio de la teoría feminista, Departamento de Español y Portugués, University of Minnesota, 31 de marzo-2 de abril de 1988.

Jameson, Fredric, "The Concept of Second World Culture", discurso en sesión especial del International Symposium of the Latin American Studies Association, Nueva Orleans, 17 de marzo de 1988.

Ricardou, Jean, *Le nouveau roman*, París, Seuil, 1973.

Sefchovich, Sara, introducción y selección, *Mujeres en el espejo*, t. 2, México, Folios Ediciones, 1985.

Vicens, Josefina, *El libro vacío*, México, Compañía General de Ediciones, 1958.

LA FALSA PERCEPCIÓN DE LA REALIDAD
EN "CINE PRADO"

Maria Zielina
University of California, Santa Barbara

De los escritores más conocidos y leídos actualmente dentro y fuera de México, Elena Poniatowska ocupa una de las primeras posiciones, y su fama de acertada y original novelista facilita la labor del crítico, puesto que en la actualidad no resulta difícil hallar algún artículo enjuiciador de sus novelas. La misma suerte en cuanto a crítica no acompaña a sus cuentos, y no porque éstos resulten desconocidos, sino simplemente, como lo expresa Luis Leal:

> El cuento hispanoamericano... no ha recibido como en el caso de la poesía, el drama y la novela, la debida atención de los críticos. ¿Por qué? Tal vez porque se considera el cuento como género menor, género subyacente al de la novela en cuyas historias se les dedica algún capítulo (Leal, p. 5).[1]

Si la situación es lamentable para el cuento en general, lo es más aún para las cuentistas, cuyos nombres en las antologías dedicadas exclusivamente al cuento no son frecuentes. Una de estas antologías es la escrita por Elsa de Llarena, quien incluye en su libro *14 mujeres escriben cuentos* (1975) a Elena Poniatowska y un cuento de la escritora, titulado "Love Story". Este cuento no es el primero de Poniatowska, quien se dio a conocer como cuentista en 1954 con *Lilus Kikus*, que inició la serie "Los presentes". Más tarde apareció editado por la Universidad Veracruzana en 1967, conjuntamente con otros cuentos, bajo el título de *Los cuentos de Lilus Kikus*, una colección que abarca veinticuatro cuentos entre ellos "Cine Prado", que es el objeto de mi trabajo.

En "Cine Prado", cuento de sólo unas pocas páginas, se vislumbra uno de los elementos que habrá de caracterizar la narrativa de Poniatowska, el elemento social. Este elemento surge del interés que muestra la escritora en indagar en los diferentes niveles de ajuste social a que tiene que someterse el mexicano —léase también latinoamericano— en sus barrios o colonias, y una vez en contacto con este proceso, extraer del mismo la anécdota y convertirla en tópicos narrativos que despierten no sólo el interés del lector mexicano, sino también del lector universal.

Este ajuste del individuo al medio, origina a veces "confusiones". Para empezar sería conveniente recordar que "confusión", término sugerido en el título de este trabajo, está definido como reunión de cosas inconexas y el latinoamericano,

---

[1] La cita es de *Historia del cuento hispanoamericano*, uno de los primeros estudios sobre el cuento y que ha servido de punto de partida para otros estudios y antologías.

después de sufrir las experiencias de la guerra americana contra España, la Revolución Mexicana y la Primera Guerra Mundial, empieza a sentirse "inconexo" con la realidad de los sucesos que van ocurriendo a lo largo de las Américas.

La posición del mexicano pudiera ser simbolizada como la de un ser suspendido y atrapado en la red tendida por una "migala arreoliana", que espera por la "picadura mortal" de los acontecimientos políticos, sociales y económicos a los que él no tiene acceso. Esta situación no crea el terror en el individuo, como en el personaje de "La migala", pero sí la confusión y por serle la realidad ajena, por sentirse a ratos sólo su espectador, resulta propicia para crear en él la alienación. Este ser atrapado, Poniatowska lo presenta en "Cine Prado" como un personaje sometido a una realidad enajenante de la que trata de escapar por medio del cine.

Este erróneo y confuso aferramiento del personaje responde al hecho de que el cine de los años treinta y de otros venideros, admitía *reunidos en un todo* —a pesar de permanecer en la realidad inconexos— a la chica o chico humilde convertido en millonario, al joven millonario y viudo buscando esposa, a la vampiresa generosa, a la madre superiora con un pasado de prostituta, al obrero automatizado y a los "ángeles de la calle". El cine da cabida y amplio margen a la ilusión, pero también contribuye a la alienación del individuo. Paul Coates aclara: "La imagen fílmica es una reflexión alienada, una imitación de la vida que es peligrosamente semejante al original" (p. 11).

El acceso a este mundo de fantasía que es el cine, "modesta felicidad de mis noches de amor, a dos pesos la luneta", según el narrador en "Cine Prado" (p. 74), está limitado sólo por esto último, el precio del boleto por entrada. Este narrador, quien se califica a sí mismo de "crítico enamorado que justificó sus peores actuaciones" (p. 69) —la de la *femme fatale* de quien él se enamora— enfrenta al lector desde las primeras líneas de su relato con el marco de su propia alienación: "Srta: A partir de hoy, usted debe borrar mi nombre de la lista de sus admiradores. Tal vez debiera ocultarle esa deserción" (p. 69).

Para lograr esta atmósfera de alienación y confusión en que vive este individuo, Poniatowska se vale del tema universal de la cacería. El protagonista acosa a través del cine de barrio a la mujer de sus sueños, una vampiresa cinematográfica, y simbólicamente la mata.

El cuento, escrito en forma epistolar, es un largo monólogo mediante el cual el narrador acusa a un auditor, que es la actriz. Los hechos que trae a la mente el narrador son sólo aquellos que dan al cuento mayor expresividad: su "descubrimiento" de la estrella, la alteración de los planes y relaciones que sufren los esposos, la actuación cada vez más pecaminosa de la actriz, hasta llegar a la posdata.

El argumento se reduce a los recuerdos del narrador y sus reflexiones suscitadas por un nuevo escrutinio de los hechos, al escribir la carta. El desenlace sorpresivo, escrito en forma de posdata, presenta la tensión dramática y le sirve para restablecer el equilibrio entre realidad y fantasía que vivió el protagonista.

La selva simbólica donde se da caza a la actriz son todos los cines de barrio con sus carteleras de estrenos semanales, en donde ella aparece, y cuyo último "simple anuncio *Fruto prohibido* [hace] vacilar su decisión" (p. 69) de no continuar como admirador de la misma. El acoso de que es objeto esa víctima artificial de celuloide, creada por los medios, se refleja en las palabras del narrador: "Soy un hombre que depende de una sombra engañosa, un hombre que persigue su imagen en la pantalla de todos los cines de estreno y de barrio" (p. 69).

El ambiente de enajenación en que se desarrolla todo el cuento se crea estilísticamente a través de la enumeración frecuente de términos como: sombra, engañosa, desengaño, apariencia, engañado, sueño, irreal, perdido, viraje y otras. Esta proliferación de vocablos, que crean un ambiente de duda, ayudan a proyectar el estado anímico de turbación mental en que se encuentra el narrador y subrayan su alienación. Coates expresa: "La duplicidad de la realidad hecha por el cine es también Utopía en naturaleza —literalmente hablando, ya que se crea un imposible e ideal del 'no lugar' desde el cual 'el propio yo' es capaz de observarse a sí mismo y además permanecer vivo" (p. 11).

La seudoobservación de sí mismo del narrador a través de la observación de la actriz, Françoise Arnoul, su ideal femenino, abarca una revaloración estética del presente, su entendimiento de lo cotidiano, su percepción del individuo como ente universal aprisionado por la cruda realidad del "todos los días", y quien descubre su íntima relación con ese universo a partir de una agresión física.

Esta revaloración estética del presente la alcanza el protagonista gradualmente, al tomar conciencia de la distancia que existe entre él y la actriz convertida en un ser mítico, con todas las cualidades de belleza y elegancia que se le atribuyen a un ser de fantasía como es ella: "...criatura de delicias, la paloma frágil y tierna... la golondrina de otoñales revuelos, el rostro perdido entre gorgueras de encaje" (p. 71).

Por otra parte, este ser mítico y por tanto inalcanzable para él, oscuro espectador de sus películas, era capaz de: "...tolerar los procaces ademanes y los contoneos de aquel marinero que sale bostezando, después de sumergirse en el lecho revuelto y abandonado como una embarcación que hace agua" (p. 70).

A medida que aumenta el éxito de la actriz crece proporcionalmente la distancia entre fantasía y realidad. Aparece entonces la ruptura. El narrador, quien se consideraba a sí mismo como el centro del mundo, desde una "cómoda butaca" admite que al conceptuar la realidad de esa manera resultaba falsa y que la "sala era indiferente y negra de mugre" (p. 71). Reconoce entonces que él "era uno de tantos. Un ser perdido en la anónima oscuridad, que de pronto se sintió atrapado en una tristeza individual amarga y sin salida" (p. 69).

La percepción del narrador como "uno de tantos" corresponde al concepto de alienación comentado por Erich Fromm cuando escribe:

Por alienación se entiende una forma de experiencia mediante la cual la persona se concibe a sí mismo como un alienado. Pudiera decirse que se convierte en un extraño para sí mismo. No se concibe como el centro del mundo, como el creador de sus propios actos, sino que ellos se han convertido en dueños de su ser y a ellos debe obedecer y rendir tributo (p. 11).

Las coordenadas entre los planos de la realidad y la fantasía son trazadas por el narrador de la mujer, a quien supone conocer, a través de su convivencia con su esposa y la actriz, la mujer del celuloide a la que admira e identifica como un ser de carne y huesos. Para lograr esto justifica a la artista a partir de una identificación con ella: "...la acepté toda opaca y principiante, *cuando nadie la conocía* y le dieron aquel papelito de trotacalles con las medias huecas y los tacones carcomidos, papel que *ninguna mujer decente* habría sido capaz de aceptar...! (las cursivas son mías, p. 71).

En esta cita emerge la falsa percepción que tiene el individuo acerca de la realidad que le rodea, para quien los "zapatos carcomidos" no debieran ser usados por "ninguna mujer decente" (p. 71). Obedece dicha percepción a un mecanismo interno de negar su propia identidad, de permanecer anónimo por ser pobre y ofrece un singular ejemplo del estado de desamparo y angustia que le consume, y que lo conduce a la alienación mental que experimenta: "Entonces fui realmente yo el solitario que sufre y que le escribe. Porque ninguna mano fraternal se ha extendido para estrechar la mía" (p. 70).

Emerge además su representación estética de la mujer que no admite y desaprueba la pobreza, y de ahí que con agrado acepta que su mujer estuviera de acuerdo con él y que ella "hubo de confesarle que sus *deshabillés* son realmente espléndidos" (p. 72).

Esta falsa percepción de la realidad pudiera aceptarse tras la explicación de Fromm cuando escribe: "El hecho es que el hombre moderno exhibe una sorpresiva falta de realismo tocante a todas las materias. Él ha cubierto toda la realidad de la existencia humana y la ha sustituido por una artificial y bonificada pintura de la seudorrealidad" (p. 153).

Los dos planos, cuyas coordenadas son mujer y actriz parecen ajustarse perfectamente, parecen no interferir en su mundo real: "Al fin y al cabo, usted no era más que una sombra indefensa, una silueta de dos dimensiones, sujeta a las deficiencias de la luz. Y mi mujer aceptó buenamente tener como rival a un fantasma cuyas apariciones podían controlarse a voluntad" (p. 73).

Si bien al principio la esposa "no tuvo inconveniente en acompañarme al cine otras seis veces, creyendo de buena fe que la rutina iba a romper el encanto" (p. 72), la realidad interviene y notamos que el cine empieza a romper la comunicación que aparentemente se había creado entre esposa y narrador, por varios motivos. Uno de ellos el económico: "Nuestro presupuesto hogareño tuvo que sufrir importantes modificaciones, a fin de permitirnos frecuentar las pantallas unas tres veces por semana... después de cada sesión cinematográfica nos pasábamos el resto de la noche discutiendo..." (p. 73).

Y el otro motivo, cuando la mujer empieza a constatar la degradación de su imagen a través de su doble de celuloide: "Lo más grave de todo es que mi mujer me está dando inquietantes muestras de mal humor. Las alusiones a usted, y a su conducta en la pantalla, son cada vez más frecuentes y feroces... ha concentrado sus ataques en la ropa interior y dice que estoy hablándole en balde a una mujer sin fondo" (p. 73).

Este despertar a la realidad que se efectúa en la mujer puede basarse en cierta forma de alienación que padece el hombre moderno, estudiado por Erich Kohler, quien afirma que esta alienación ataca a diversos grupos, por ejemplo el de la familia, y el individuo es la suma de varias capas de personalidades distintas debido al papel que juegan las tradiciones: sus personalidades diversas no lo destruyen sino que lo endosan. Kohler llama a esto "alienación de la comunidad".[2]

La mujer entonces consigue su vuelta a la realidad por temor a la alienación social, en tanto que el narrador la consigue dándole muerte a la actriz. La muerte es simbólica, no alcanza a la actriz, pero sirve para dar muerte a la incomunicación del protagonista, ya que a partir de la falsa agresión el narrador se da cuenta de su individualidad como ser humano, escribe para evitar lo que la *fantasía* de los periodistas pueda distorsionar.

El cuento contiene una crítica irónica a las cintas cinematográficas mediocres que suelen a veces asolar los cines de barrios, películas cuyo nivel artístico puede ponerse en duda y que contribuyen muchas veces a profundizar la alienación del individuo. Ofrece también una censura a la degradación de la mujer a partir de una falsa imagen en el cinema, la mujer como objeto de satisfacción sexual, de satisfacción de los sentidos, que se creó con las figuras de Marilyn Monroe, Jane Mansfield, Gina Lollobrigida, Sofia Loren y Brigite Bardot, por sólo mencionar algunas. Con estos "estándares de belleza" diferentes a los que predominaban en los países "consumidores" de este tipo de películas, se contribuía en mayor o menor grado a alinear y degradar aún más a la mujer de tipo no anglosajón.

Para concluir, considero que "Cine Prado" abre la reflexión de si en verdad el narrador habrá escapado o no de su *confusión* por medio de la *realidad* de la cárcel.

BIBLIOGRAFÍA

Coates, Paul, *The Story of the Lost Reflections: The Alienation of the Image in Western and Polish Cinema*, 1a. ed., Gran Bretaña, Verso, 1985.

"Confusión", *Diccionario Internacional Simon and Schuster*, Nueva York, 1973.

Fromm, Erich, *The Same Society*, Nueva York, Fawcet World Library, 1970.

Kohler, Erich, *The Tower and the Abyss: An Inquiry into the Transformation of Man*, Nueva York, Viking Press, 1967.

Leal, Luis, *Historia del cuento hispanoamericano*, México, Ediciones de Andrea, 1966.

Poniatowska, Elena, "Cine Prado", en *Los cuentos de Lilus Kikus*, México, Universidad Veracruzana, 1967.

---

[2] Ver su interesante estudio sobre la alienación en el hombre moderno.

JESUSA PALANCARES, CURANDERA ESPIRITISTA O LA PATOLOGÍA DE LA POBREZA

Teresa González-Lee
UCSD School of Medicine

En esta presentación intentaré analizar el personaje de Jesusa Palancares de *Hasta no verte Jesús mío* con una perspectiva interdisciplinaria que incluye conceptos de crítica literaria, antropología médica, psicología clínica y folclore, todo con una metodología feminista y tercermundista.

El personaje de Elena Poniatowska es interesante desde una perspectiva literaria no sólo por ser ella una heroína al estilo de la novela picaresca, que enfrenta el mundo revolucionario y posrevolucionario de México y que hace crítica de sus múltiples injusticias e instituciones sociales, sino porque Jesusa representa a las mujeres curanderas: mujeres sabias, brujas, comadronas que no tienen un reconocimiento institucional pero que benefician con la medicina tradicional a sus comunidades. Estas mujeres han existido desde el principio de la historia de la humanidad, antes del desarrollo de la medicina científica y han sido invariablemente criticadas, violentadas, reprimidas, castigadas con el aislamiento y la marginalidad por su deseo benefactor de ayudar y curar.

El "desarrollo" de Jesusa está ligado a su gradual conocimiento de la Obra Espiritual, el templo que le permite la comunicación con sus espíritus "protectores" (Mesmer, Luz de Oriente y el padre Elías), el centro espiritista donde conoce a su maestra y guía, Trinidad de Soto, y recinto de donde vendrá toda su fuerza y poder curativo al desarrollar sus dones de "vidente" y de "médium".

Jesusa tiene dones curativos no sólo a nivel espiritual, sino que también cura a nivel material cuando utiliza hierbas, ritos y ceremonias. Observa la práctica de la medicina tradicional a su alrededor y aprende de enfermedades y de curas. Muy joven tiene conocimiento de la muerte, a través de las experiencias de su madre, quien muere de "susto", una de las enfermedades folclóricas que ella verá repetirse en su hermana Petra y en muchos más. El enfrentamiento con la muerte es una experiencia muy importante para los que se dedican a curar. En el caso de Jesusa, la resolución del enigma de "la muerte" está conectado con sus ideas de reencarnación y con sus incursiones en el mundo de los espíritus.

La muerte de los niños: "el niño Ángel" y "el niño Refugio", son momentos clave en el "desarrollo" o entrenamiento de Jesusa como curandera espiritista.

Recogí al niñito y lo tuve tres años. Se llamaba Ángel y tenía nubes en los ojos.
Una noche me avisó su mamá:

Me voy a mi pueblo de vacaciones unos diítas...

Bueno...

Por allá les cayó una granizada. Se habían asoleado todo el día y luego zas viene el granizo tan frío y como les quedaba lejos el lugar a donde iban a tomar el camión, cuando regresaron ya vino el niño muy grave. Yo no lo curé, no. Pues, ¿cómo lo podía curar si todavía no estaban en mí los poderes? Se nos murió de pulmonía fulminante.[1]

Los poderes a que se refiere son aquellos que va adquirir a medida que progrese en su estudio del espiritismo y con los que podrá ayudar a muchos de sus amigos y conocidos.

La muerte del niño Refugio muestra otro ejemplo del conocimiento del curanderismo a nivel material, según lo explica la antropología médica.[2] Jesusa, cuando asiste al velorio del niño Refugio escucha a la madre y piensa:

Mientras oía me puse a pensar que si me avisan, Refugio no se muere porque yo le hubiera hervido un cocimiento para que se le desbaratara el coágulo de sangre y se habría compuesto. La hoja de aguacate con otate y la espiga de maíz son muy buenas para los golpes y disuelven los cuajarones de sangre que uno tiene atorados. Es como si tomaran la árnica. Duele a la hora que se desbaratan pero luego se alivia uno (p. 121).

La postura de la curandera como una luchadora contra la enfermedad y contra la muerte es muy evidente en Jesusa Palancares y su interés en la medicina es amplio. Aprende sobre enfermedades folclóricas como "el aire", el "mal de ojo", "la alferecía", "la tristeza", "la bilis", el "hético", "el aire perplejo", también se instruye sobre "daños" y "trabajos", comparte las creencias populares de salud y enfermedad, y más tarde entra en contacto con la medicina científica a través de sus experiencias con médicos y farmacéuticos. Combina los conocimientos de la medicina científica que logra adquirir con los de la medicina tradicional y así sirve de asistente al doctor Moreno que se especializa en enfermedades venéreas en su trabajo con las prostitutas.

Este sincretismo entre la medicina científica y la medicina tradicional es mejor ilustrado con el caso de la enfermedad de la sífilis que la misma Jesusa sufre en su vejez:

A los pocos días de que desapareció Perico me resultó aquí una bola y se me hinchó todo el lado izquierdo, pierna, brazo, cara y del lomo me colgaba una vejiga de pellejo inflamada. Parecía que las manos las había metido en congo de tan amarillas y entonces fui a un dispensario como a tres cuadras de Balderas, por allá por Bucareli, y un doctor viejecito hizo que me bajara las medias y nomás me tentó las corvas y se me cayeron las escamas. De la misma hinchazón se me resecó la piel y por eso se me pelaron las piernas como víboras.

—Tiene usted que ir a las calles de Tolsá a que le inyecten cada tercer día porque está usted en el cuarto periodo de la sífilis.

—Pues quítese el vestido y quédese en fondo porque la vamos a pasar por un aparato.

---

[1] Elena Poniatowska, *Hasta no verte Jesús mío*, México, Era, 1977, p. 182. Todas las futuras referencias a páginas del texto aparecerán entre paréntesis.

[2] Trotter y Chavira Georgia, University of Georgia Press, 1981, pp. 73-101. Otras referencias aparecerán en el texto entre paréntesis.

Después me contaron que en ese aparato ven todo el cuerpo encuerado, dicen que devisan el esqueleto, dicen que ven hasta el alma. Me pusieron veintidós inyecciones de bismuto allá en Tolsá unas enfermeras...

Hasta que me cansé:

Ya no es hora de que me estén chupando sangre. Si estoy bien, si estoy mal, déjenme morir en paz. Yo ya no vengo.

En mi casa herví romero y me di siete baños de asiento y con el puro vapor del romero se me aminoró la dolencia (p. 294).

Los síntomas de la sífilis descritos por Jesusa corresponden a la fase de la sífilis terciaria que viene después del periodo de la sífilis latente, con hinchazón del cuerpo y resecamiento de la piel. No incluye los síntomas de la neurosífilis, en la que el organismo causante de la sífilis ataca la base del cerebro produciendo falta de coordinación, incapacidad de andar y demencia. Un tratamiento con antibióticos, generalmente penicilina, es recetado por los médicos en una serie de 21 días. A juzgar por el texto, ella busca alivio a su enfermedad con un doctor "viejecito" hasta que se cansa y recurre a las "hierbas" después. De este modo Jesusa combina las formas de tratamiento de la medicina científica con la tradicional en la curación de sus propias enfermedades.

Como típica curandera, Jesusa debe pasar una serie de "pruebas" que ella llama "purificaciones" en el lenguaje del espiritismo y que corresponden a pagos de deudas adquiridas en encarnaciones anteriores según la ley del Karma.

La antropología médica es útil en la revelación del entrenamiento obligado al curandero espiritista. En el espiritualismo hay una concepción de la vida como eterna y continua en que el alma o espíritu nunca muere pues el cuerpo o la materia sólo toma diferentes manifestaciones físicas. El espíritu es eterno, la materia es temporal. Este concepto es importante en los sistemas de creencias religiosas y místicas universales del chamanismo. La curación espiritista mexicana tiene mucho de chamanista y está basada en una concepción animista y mágica del mundo.

Kearny, en su artículo "Spiritualism as an Alternative Medical Tradition in the Border Area",[3] explica el largo proceso a que se someten los curanderos espiritistas. Guiados y protegidos por espíritus de luz (generalmente médicos) los curanderos actúan como "videntes" o como "médiums" siempre en su función de ser vehículos de comunicación entre el mundo de la materia y el mundo de los espíritus.

Trotter y Chavira ahondan en el modo de organización de los templos espiritistas.

There are many positions in these temples besides that of the medium. While the medium is working in trance a clairvoyant (vidente) observes him. The vidente is a person who the curanderos say is capable of seeing into the spiritual world and reporting all that he has observed to the client. Each temple also has a rock, a guide and columns. The rock is supposed to be a guardian of the temple and to protect the medium from supernatural harm... The guide gives the opening invocation and closing prayer for the spiritual session and is responsible for the smooth functioning of the temple... The columns stand in the temple and help the mediums if they have requests (p. 141).

[3] Michael Kearny, "Spiritualism as an Alternative Medical Tradition in the Border Area", en *Modern Medicine and Medical Anthropology in the United States-Mexico Border Population*, Boris Velimirouic (ed.), Washington, D.C., Pan American Health Organization, Publication Cientifica, núm. 359.

Los poderes de Jesusa como "vidente" están presentes en la novela cuando ella habla de sus experiencias visionarias con el Ser Curativo Tomás Ramírez: "El niño Tomás Ramírez, limpiaba con los ramos y yo tenía que dárselos rápido, si no él mismo los cogía... Era un Ser Espiritual pero quien tenía ojos veía a Tomasito y el que no, pues no veía nada" (p. 250).

Al completarse su "desarrollo" y convertirse en médium o curandera espiritista, Jesusa recibe la señal que le indica que ha llegado el momento de curar. Ella puede entrar en trance, protegida por sus espíritus tutelares y ayudada por las revelaciones empieza a cumplir su misión de curandera.

> Un día de cátedra que se acercaba la semana santa, con los ojos abiertos vi que de arriba de la cabeza del Hermano Pedestal se desprendió un silloncito envuelto en una luz roja y caminó hasta donde yo estaba parada. Tres veces llegó ese silloncito hasta donde yo estaba pero yo no lo entendí, a la tercera habló el Señor y dijo: ...el tiempo se ha llegado para que cumplas... Pues cumple con tu misión sobre la tierra. Yo entré en trance. Sólo Dios sabe lo que hablaría. Fue tan fuerte la impresión que cuando volví, no estaba en mis cinco y no sabía donde quedaba mi domicilio (p. 300).

La psicología clínica con las teorías de la ciencia del comportamiento nos ayuda a comprender la "conversión" de Jesusa a la Obra Espiritual no como el fracaso de la heroína, según lo ha indicado el crítico literario Charles Tatum en su artículo "Elena Poniatowska: *Hasta no verte Jesús mío*",[4] sino como cambio en el comportamiento motivado por un mecanismo de defensa psicológico de quien necesita de un sistema de apoyo moral y espiritual al llegar a la edad madura y encontrarse sola. El templo provee a través de sus espíritus "protectores" la seguridad emocional y el afecto de su familia que está muerta. Es en comunicación con los espíritus de sus padres que Jesusa comienza a creer en la obra espiritual. A la luz de la psicología clínica podemos interpretar el gran énfasis de la novela sobre la reencarnación como una manera optimista de "aceptar" la muerte, ya que Jesusa la ve sólo como una etapa de "transición" en la que el espíritu permanece inmutable a la "espera" de una nueva encarnación.

En conclusión podemos decir que hay en Jesusa como curandera un permanente ir y venir entre diferentes niveles de la realidad, yendo de lo material a lo espiritual, en sus estados de trance y de revelaciones. Fluye entre un rito ceremonial como el del bautizo, en que le dan las "marcas espirituales" que la consagran como curandera espiritista, hasta el momento real y concreto en que "receta" yerbas a sus amigas y vecinas. Usa la oración, la meditación, la hipnosis, el sueño y la videncia alternativamente para progresar en su "desarrollo" espiritual que le permitirá el acto máximo de curar con la palabra. Una vez consagrada como curandera sirve de partera a Iselda, a Juanita la cura de "opilación", a Apolinaria de los riñones, etcétera.

Desde una perspectiva feminista y tercermundista, Jesusa es la curandera urbana y marginal que aprovecha sus conocimientos populares sobre la medicina tradicional y folclórica para prestar ayuda a aquellos con quienes entra en contacto. El

---

[4] Charles Tatum, "Elena Poniatowska: *Hasta no verte Jesús mío*", *Latin American Women Writers*, Nuevo México, pp. 49-58.

aislamiento y la marginalidad de Jesusa están agravados por tener una infancia traumatizante, no sólo en lo personal sino por el caos histórico que significó la Revolución Mexicana.

Carente del poder que da el dinero o la educación, la Obra Espiritual le sirve de escuela donde aprende sobre los poderes espirituales a los que se esfuerza aplicadamente por tener acceso. El poder espiritual adquirido gracias a sus espíritus protectores la convierten en mujer "intermediaria" entre el poder terrenal y el poder sobrenatural. Sin embargo, esta posición intermedia la hace servir de "puente" de "comunicación" entre los mundos de los espíritus y el mundo de los humanos. Su fortaleza como mujer y sus verdaderas cualidades de heroína están en su misión de curandera. Al convertirse en médium, Jesusa puede utilizar la palabra como una forma de terapia, prestando su cuerpo como eslabón que facilite el diálogo entre los humanos y sus espíritus amados. Y es que la palabra tiene poder terapéutico. De esta manera la patología de la pobreza con que Jesusa entra constantemente en contacto se sirve del espiritualismo como una forma de alternativa médica, cuando los medios económicos hacen imposible el acceso a los profesionales de la salud y en especial a los de la salud mental, para cuyas enfermedades el curanderismo espiritista ofrece la mejor solución.

LA *"FLOR DE LIS"*, CÓDICE Y HUELLA DE ELENA PONIATOWSKA

Sara Poot Herrera
University of California, Santa Barbara

Al golpe de la memoria y la invención literaria se configura *La "Flor de Lis"*,[1] novela en la que Elena Poniatowska toma la voz y la palabra y habla por Elena Poniatowska.[2] En *La "Flor de Lis"*, texto que abre un mundo de personajes femeninos, el recuerdo explora la intimidad poética de la niñez y escoge el espacio mágico de "La felicidad",[3] uno de los primeros textos de Poniatowska, "casa de oro, así redonda como la esperanza, naranja dulce, limón partido, casa de alegría".[4] El título del libro, que en la portadilla se adorna con el emblema heráldico de los reyes de Francia, encierra otro título, "Flor de Lis", famosa tamalería de la ciudad de México, que este año cumple 70 años, como puede verse en el menú que el texto copia del original y lo anuncia. En *La "Flor de Lis"*, envuelto en hojas de tamales y de lirios, converge lo noble francés y lo popular mexicano; el pasado noble de Poniatowska, el México elegido de Elena.

Un epígrafe y un colofón abren y cierran *La "Flor de Lis"*. El primero alude a una canción que canta la Pequeña Lulú en la tina (Número extraordinario, enero de 1954). Año de *Lilus Kikus*, el primer libro de Elena. El segundo se refiere a los personajes de los cuentos de la Pequeña Lulú y a los personajes de *La "Flor de Lis"*; corresponde a la narradora de la novela, la pequeña Mariana al salir de la tina (Número de otoño, 1955).

Mariana, o pequeña Blanca, como le llama el ángel de la guarda de las mujeres que aparecen en el texto, es la protagonista de esta novela, que desde el presente de la narración se abre al pasado —a la década de los cuarenta y a los primeros años de los cincuenta— para instaurar en el texto el mundo de la infancia. Mariana se convierte a su vez en sujeto que otra voz nombra desde un presente más cercano a la autoría de la escritura y a la delicia de la lectura: "Basta cerrar los ojos —dice

---

[1] Era, México, 1988. Anoto entre paréntesis el número de página que cito.

[2] *La "Flor de Lis"* se adelanta a la publicación del libro sobre la vida de Tina Modotti, que desde hace un tiempo escribe Elena Poniatowska. El planteamiento de Cinthya Steele acerca de la posibilidad de que Poniatowska logre "salir de la sombra" con una biografía novelada de Tina Modotti, encuentra respuesta en *La "Flor de Lis"*. (Cf. C. Steele, "La mediación en las obras documentales de Elena Poniatowska", en A. López González, A. Malagamba y E. Urrutia (eds.), *Mujer y literatura mexicana y chicana. Culturas en contacto. Primer Coloquio Fronterizo. 22, 23 y 24 de abril de 1987*, Tijuana, El Colegio de la Frontera Norte, 1988, pp. 210-219, especialmente p. 219.

[3] Elena Poniatowska, *Los cuentos de Lilus Kikus*, Xalapa, Universidad Veracruzana, 1967, páginas 133-141.

[4] *Ibid.*, p. 137.

esa voz— para encontrar a Mariana en el fondo de la memoria, joven, inconsciente, candorosa. Su sola desazón, su pajareo conmueven; germina en su destanteo la semilla de su soledad futura" (pp. 258-259).

Pareciera que en el proceso de creación de La *"Flor de Lis"* se desempolvara un diario infantil de corazones, lágrimas y mariposas, para recoger las palabras y las imágenes de la "casa de migajón" de la niñez, arrancar secretos al recuerdo y recrear la autobiografía de la escritora, que a veces, como hemos visto, deja oír su voz para referirse desde el presente de su escritura al pasado de la narradora de quien conoce y quien conoce su historia, puesto que es una historia compartida.

La historia de la niñez de Mariana llena y escinde el espacio textual. Las viñetas que se desprenden del título La *"Flor de Lis"* ocupan los espacios vacíos que produce la escritura discontinua de la novela. Estas figuras tamaño miniatura rememoran los juegos de la infancia, llenan los huecos del discurso y sirven de trasfondo de la historia y del espacio textual.[5]

Los espacios en blanco y las viñetas contribuyen en la organización de este discurso, básicamente lineal pero discontinuo, que va armando la historia de Mariana, de la niña que nace en Francia y que, mientras su papá como Mambrú se va a la guerra, es llevada junto con su hermana a México por su mamá, que es mexicana.

Primero vive en un "castillito" y poco a poco va conociendo la ciudad, el país, su historia y su geografía. El paisaje le entra por los ojos de la abuela mexicana; la cultura popular, en los recorridos que hace por las calles de la ciudad, con Magda, su nana creadora de cuentos y fantasías. Mariana, pequeña duquesa, va a la Villa de Guadalupe, a la Alameda, al Zócalo; celebra el día de las mulitas, espera y toma el camión en las esquinas, observa y vive la transformación de su casa, de México y de la clase social a la que pertenece. La novela recrea una época y un sector aristocrático que empieza a perder sus privilegios.

En La *"Flor de Lis"*, Elena Poniatowska pone su escritura al servicio de su vida, su vida al pedido de su escritura; vuelve sobre sus pasos infantiles —Francia, México, Estados Unidos, México, siempre México— y tensa el hilo de la memoria y dibuja el árbol de su genealogía y se mete a un caracol, a un laberinto de recuerdos y se pregunta, fragmenta, selecciona, recrea su historia personal.

La *"Flor de Lis"* son las hojas de un inventario de escritura y de vida. Publicada en 1988, no es nueva totalmente. En 1956, dos años después de haberse iniciado como escritora, Elena escribió el primer capítulo de su novela *Naranja dulce, limón partido*, que permaneció inconclusa. Este capítulo, titulado "El retiro",[6] se incorpora con algunas modificaciones a La *"Flor de Lis"*, en una de sus partes más significativas, aquella donde literalmente aparece el diablo.

Poniatowska vuelve de nuevo al mundo de *Lilus Kikus* y a *Los cuentos de Lilus Kikus*. Los versos de la infancia caracterizan también la casa de Mariana de La *"Flor de Lis"*, en donde juega: "A ver, doña Blanca, a ver Naranja dulce, limón partido, a ver jicotillo, a ver mexicana que fruta vendía, a ver qué oficio le daremos

---

[5] Estas viñetas, y el juego que establecen con el texto, recuerdan las viñetas de *La feria* de Juan José Arreola, publicada en 1963. En ambos libros son de Vicente Rojo.

[6] Se publicó en la revista *Estaciones*. Revista literaria de México, 1960, núm. 17, pp. 25-37.

matarilirilirón" (p. 59), "viviremos días de fiesta siempre, matarilirilirón, ay, ay, ay, ay, mi querido capitán" (p.102).

Estos versos y canciones aluden a los juegos de la niñez de Mariana y al patio de su casa. Este espacio que la memoria creativa rescata, y que se transforma en el nuevo texto, se desplaza hacia afuera, hacia el zócalo de México, "cuna ahuecada", que la narradora elige:

> Amo esta plaza, es mía, es más mía que mi casa, me importa más que mi casa, preferiría perder mi casa. Quisiera bañarla toda entera a grandes cubetadas de agua y escobazos, restregarla con una escobilla y jabón, sacarle espuma, como a un patio viejo, hincarme sobre sus baldosas a puro talle y talle, y cantarle a voz en cuello, como Jorge Negrete... (p. 52).

La gran plaza de la ciudad de México, espacio democrático del país, sustituye al patio cerrado de la casa de Mariana donde se encuentra el árbol de la niñez, recordado con cariño en varios textos de Poniatowska.[7] La *"Flor de Lis"* es la "casa que canta", "casa de oro", "hileras de perlas de la niñez", "la rebanadita de pan", "la ranita verde", Doña Blanca y sus pilares de oro y plata, el mundo de la abuela y sus perros, los eucaliptos y el sabino, el "viejo tronco de la memoria".

Volver a poner la mirada en el gran árbol es volver al origen de la existencia. Ya en "El inventario" de 1967, un personaje le dice a la narradora: "¡Además uno siempre regresa a lo mismo, a lo de antes...! ¿No sabe que uno siempre llama a su mamá a la hora de su muerte? ¿No sabe usted que los círculos se cierran en el punto mismo en que se iniciaron? ¡Se da toda la vuelta y se regresa al punto de partida!"[8]

Y con La *"Flor de Lis"* Elena Poniatowska vuelve al punto de partida de su existencia, a su madre, que es el eje y el centro de la escritura de la novela. Luz, la madre de Mariana, es la figura de agua, de espuma, de viento, de flores, "flor de luz" que atraviesa, rasga y se deshace en el texto: desde la primera línea, "la veo salir de un ropero antiguo" (p. 1), hasta aquellas que lo clausuran, "es entonces cuanto te pregunto, mamá, mi madre, mi corazón, mi madre, mi corazón, mi madre, mamá, la tristeza que siento, ¿esa dónde la pongo? ¿Dónde, mamá?" (p. 261).

La figura materna —de quien Mariana dice, "no es que la extrañe, es que la traigo adentro", "no es que la extrañe, es más que eso", "no es que la extrañe es que la vivo", "mamá es la gran culpable de mi esperanza" (p. 95)— se descubre cuando Mariana tiene nueve años, cuando en medio del océano las raíces flotan y se convierte en el centro del deseo, que se desplaza cada vez que se quiere tocar:

> Esa mujer allá en la punta es mi mamá; el descubrimiento es tan deslumbrante como la superficie lechosa del mar. Es mi mamá. O es una garza. O un pensamiento salobre. O un vaho del agua. O un pañuelo de adiós al viento. Es mi mamá, sí, pero el agua de sal me impide fijarla, se disuelve, ondea, vuelve a alejarse, oh mamá, déjame asirte (p. 29).

---

[7] En un trabajo anterior, *"La 'Flor de Lis', hojas de inventario"*, comento algunos de los escritos que Elena Poniatowska retomó y transformó en La *"Flor de Lis"* (*Third Annual Colloquium on Mexican Literature*, University of California, Santa Barbara, May 6, 1988).

[8] *Los cuentos de Lilus Kikus*, p. 88.

En *La "Flor de Lis"* la constante es la niñez eternizada en la espera de la protagonista, que desde las primeras líneas humedece el texto con "una gota de sal en la mejilla", se entrampa, queda afuera, se posterga, se aguanta, hace esfuerzos, se conforma, se somete y domestica, para que la mirada del otro la descubra y la elija como sujeto amoroso:

> Yo dejo —dice Mariana— que me pasen la mano por el lomo, cosquillas, caricias, a todo me presto. Que me quieran, soy su perra, muevo la cola, que me quieran, que me rasquen la nuca, panza arriba, que me digan, que tornen en torno a mis orejas largas y peludas, la trufa húmeda de mi nariz, mi cuello calientito, encimosa quiero más, panza arriba, acepto hasta la patada en el cosquillar, le saco sentido, todo tiene sentido hasta irme aullando con el mismo aullido de mi antepasado el pitecantropus erectus con su mazo en la mano, que se aleja, su cabeza aplanada, corre por el desierto, lejos de la manada que lo ha rechazado (p. 26).

Entre su ser, que espera dócilmente y que está lleno de esperanza, y su historia, que transita de Francia a México, de la niñez a la adolescencia, de la casa que resguarda el pasado y las calles de México, que abren al futuro, Mariana se sumerge en ella misma y gira en su cotidianidad infantil, va al fondo de su desconcierto y desde ahí, vacío y centro de su existencia, lanza una pregunta con acierto adolorido: "Mamá, ¿de dónde soy?, ¿dónde está mi casa?" (p. 114).

La pregunta que busca el sentido de la existencia en la madre y en el país cuelga en el vacío; en el desarraigo y en la búsqueda de identidad y pertenencia, la figura del personaje se convierte en un espejo en el que se mira la propia autora para recrear sus experiencias de niña, desde la voz y el cuerpo de mujer que perfecciona su oficio de escritora.

La "Flor de Lis" es un homenaje que la narradora, la autora, Elena Poniatowska, hace a su madre. La ausencia de ésta sirve como detonador de la imaginación y la fantasía de Mariana. Luz es el sujeto de la fascinación que, al mismo tiempo que se le nombra con la palabra y se graba en la escritura, se vuelve inalcanzable, se volatiliza y se convierte en el objeto de la espera: "Yo era una niña enamorada como loca. Una niña allí detenida entre dos puertas, sostenida por su amor. Una niña arriba de la escalera, esperando. Una niña junto a la ventana. El sólo verla justificaba todas mis horas de esperanza" (p. 47).

Mariana se paraliza frente a su madre, muñeca metida en sus entrañas infantiles, "la horadaba, le daba vueltas, la vestía, hacía que se hinchara cada vez más dentro de mi cuerpo" (p. 47). Mamá por dentro, "no es que la extrañe, es que la traigo adentro" (p. 95), y mamá por fuera "ella va y viene sin que la oigamos, dejando sus huellas como códices en mi pecho, en mi vientre de niña, en mis muslitos redondos, en mis piernas que saltan la cuerda. ¡Ay mamá!" (p. 40). La imagen del pie y la huella en el vientre cancelan la posibilidad del corte a la relación madre/hija. Mariana quedará atrapada por la imagen de su madre. El padre, figura ennoblecida —primero ausente y después presente—, intenta poner el orden pero finalmente se desvanece.

Sin embargo, Mariana transfiere el amor a su madre a un personaje que irrumpe la cotidianidad y enfrenta a los demás personajes con su historia. Es un hombre, pero no es un hombre cualquiera, es un sacerdote francés con apellido alemán: Teufel, que quiere decir diablo. Teufel sustituye la figura del padre de Mariana y debilita transitoriamente la obsesión de ésta hacia su madre. La presencia del sacerdote, respecto a la historia que se cuenta, ocurre dentro de un retiro espiritual en la cuaresma; en la escritura —que a partir de ese momento cambia de tono, como si dividiera la novela en dos partes— se anuncia subrepticiamente con frases latinas que van cobrando presencia significativa, y también coincide con el uso de las letras góticas que empiezan a aparecer al inicio de cada sección del libro.

Con Teufel, que es transgresión y locura, pero también felicidad, la vigilia cuaresmal corre el riesgo de transformarse en vida licenciosa; lo sagrado se hace sacrílego. Los personajes, como los perros de la abuela de Mariana, "luchan con el ángel, se llenan de demonio" (p. 35). Teufel seduce y embruja, es un ángel prevaricador y burlón, ángel de doble cara que no extermina sino que provoca y concientiza. Es el arcángel que anuncia el fin de una etapa en la vida de los personajes. Teufel, que está al tanto, al servicio y favor de las mujeres, es un padre feminista y encaminador de almas:

> Descastarse, niña Blanca, des-cas-tar-se. Rompa usted escudos y libros de familia, sacuda árboles genealógicos. No guarde álbumes amarillentos. Asesínelo todo. Asesine a sus padres, a sus abuelos. Usted es un hecho aislado, sin procedencia, sin antecedentes. Las únicas capaces de abolir las clases sociales son las mujeres, las mujeres que pueden tener hijos con quien sea y en donde sea (p. 146).

Estas palabras del sacerdote, que proponen la cancelación del pasado y la genealogía de Mariana, y prometen semillas de futuro y liberación trascendente, trazan de nuevo nexos internos con "El inventario" en donde, frente a su pasado de nobleza, la narradora dice:

> Que no me hicieran voltear las hojas de los álbumes de fotos ya viejas, manchadas de humedad, esas fotos café con leche de sus tíos y sus tías yodados, tránsfugas también, añorantes, guardados en formol, enfermos de esperanza, hambrientos de amor, prensados para siempre con su amor, amor-olor a ácido fénico. ¡Que no me hicieran entrar al Amo ato, matarile-rile-ró de los que juegan a no irse![9]

Los dos textos, el de 1967 y el de 1988, entran en un juego de contrapunto, en un diálogo que cruza una historia de escritura y una historia de vida. Si en el inventario de Poniatowska la narradora se responsabiliza de la ruptura ancestral, en La "Flor de Lis" su nacimiento a la alegría y al sufrimiento se apuntala en el sacerdote, figura contradictoria de luz y sombra, que peca, que sufre la caída y al final es reivindicado. Cuando se va, Mariana metaforiza la situación de la casa y los personajes:

> El jardín es un juego de luces y sombras. Del jardín se han ido doña Blanca y sus pilares de oro y plata, Nana Caliche y la pájara pinta, la mexicana que fruta vendía, la víbora de

9 *Ibid.*, pp 89-90.

la mar y la Virgen de la Cueva. No hay abrazos ni naranjas dulces, ni una sandía ni un verde limón. Juan Pirulero nos cambió el juego (p. 237).

Luz, la madre de Mariana, tocada por el diablo y la "locura", cobra conciencia de su condición sumisa, pasiva y dependiente. De ser figura ausente, fija su historia en la escritura de su diario, que Mariana lee en secreto:

> *Las mujeres estamos siempre a la espera, creo, dejamos que la vida nos viva, no nos acostumbran a tomar decisiones, giramos, nos damos vuelta, regresamos al punto de partida, nunca he querido nada para mí, no sé pedir, soy imprecisa y soy privilegiada* (p. 207).

Mariana se contempla en su madre y ésta la devuelve a su espacio y a su ley:

> Me meto en su cama; volver a estar dentro de ella como ella dentro de su cama; su cama es su vientre, toda esa blancura lechosa proviene de sus pechos... es un mar de leche tu cama, estallan las burbujas blancas, es como tú tu cama, vasta y ensimismada y yo me pierdo en ella pero no logro hundirme ni desaparecer (p. 236).

El deseo de Mariana es volver al cuerpo de su madre, a sus pechos y a su vientre, y quedar allí, acurrucadita. Sin embargo, su búsqueda permanente —búsqueda de la madre— representa también la búsqueda de un pasado histórico, de un marco de referencia e identidad. Elegir a la madre es elegir una nacionalidad que no se le da sola, sino que la acompañan un compromiso y una elección de conciencia social.

Si en "El inventario" la narradora se enfrenta al álbum de un pasado noble —"a cada hoja le dejé algo de mi sangre y ahora la tengo espesa, llena de barnices corrosivos, de pétalos marchitos, de remotos abolengos, de cristales apagados, de ancestros que jamás conocí y llevo a todas partes, con tierna cautela, a pesar de mí misma"—,[10] en *La "Flor de Lis"* el personaje vuelve sobre su pasado y se rebela:

> ¿Es ésta la herencia, abuela, bisabuela, tatarabuela, es éste el regalo que me dejaron además de sus imágenes en el espejo, sus gestos inconclusos? No puedo con sus gestos fallidos, su desidia, su frustración. ¡Váyanse al diablo, vuelvan al fondo del espejo y congélense con su cabeza helada! Váyanse hermanas en la desgracia, lárguense con sus peinetas de diamantes y sus cabellos cepillados cien veces, yo no quiero que mis ideas se amansen bajo sus cepillos de marfil y heráldicas incrustadas (p. 260).

El rechazo a la heráldica incrustada —noble flor de lis francesa— da lugar a *La "Flor de Lis"*, novela que revela el amor de la escritora por un país que ella elige y conquista. Mariana opta por la nacionalidad mexicana y por la nacionalidad mexicana de su mamá. Recupera su pasado y se compromete con este país que hace suyo.

En el proceso de arraigo y apropiación —de francesa a mexicana—, Elena Poniatowska elige como centro de su ser el centro del país, el Zócalo, cuna y mortaja

---

[10] *Ibid.*, p. 90.

de México, un México popular al que con su novela Poniatowska también rinde homenaje:

> Mi país es esta banca de piedra desde la cual miro el mediodía, mi país es esta lentitud al sol, mi país es la campana a la hora de la elevación, la fuente de las ranitas frente al Colegio de Niñas, mi país es la emoción violenta, mi país es el grito que ahogo al decir Luz, mi país es Luz, el amor de Luz. "¡Cuidado!", es la tentación que reprimo de Luz. Mi país es el tamal que ahora mismo voy a ir a traer a la calle de Huichapan número 17, a LA FLOR DE LIS (p. 261).

La autoconciencia femenina y la conciencia histórica de Elena Poniatowska —cronista, cuentista y novelista— son cara y cuerpo de esta novela en la que, una vez más, esta escritora aporta un personaje femenino fundamental a la literatura mexicana contemporánea. En la voz y la visión de Mariana —el personaje literario que toca de cerca a su autora— se encuentran el códice y las huellas de una escritura que desde hace un tiempo la crítica esperaba de Poniatowska.

Con La "Flor de Lis", la literatura escrita por mujeres avanza en espiral: con valor, atrevimiento y madurez literaria se desnuda la intimidad femenina y se reafirma una toma de postura crítica frente a la historia.

ELENA PONIATOWSKA: LA CRÍTICA DE UNA MUJER

Susan Dever
Stanford University

En el otoño de 1987 pasé unas semanas con Elena Poniatowska. Al mismo tiempo estaba matriculada en un seminario que trataba de los críticos literarios latinoamericanos. El profesor Jorge Ruffinelli —él mismo un crítico— nos había planteado toda una serie de preguntas importantes: "¿Cómo podría definirse la crítica literaria? ¿Cuál es su función? ¿Hay alguna relación entre el ejercicio crítico y la ideología?[1] Discutíamos estos y otros temas en un esfuerzo por ubicar el ejercicio crítico y a nosotros mismo como lectores de esa crítica. Una y otra vez nos preguntábamos: ¿Cuáles son los propósitos de la crítica y quién está cumpliéndolos? Leímos a algunos de los primeros críticos —Alfonso Reyes, Henríquez Ureña— y continuamos hasta abarcar la obra de los recientes hacedores de la crítica —Ludmer, Rama y Retamar. Pero Elena Poniatowska no figuró entre ellos. ¿Sería acaso porque no se la consideraba una crítica? ¿O sería porque ella misma dudaba que escribía crítica? ¿Cómo se podría definir su obra en general y su obra de crítica —*Ay, vida, no me mereces*— en particular? Una mañana lluviosa de octubre la invité a desayunar para hablar informalmente de estas cosas. Le pregunté, "¿Elena, eres crítica?" Ella dijo, "Susana, ¿qué es la crítica?" Salí con más preguntas que respuestas: ¿qué clase de escritora es Elena Poniatowska?, ¿qué cosas le importan?, ¿cuál es el significado político de su narrativa, su crónica, su ensayo? Finalmente, ¿cómo se puede interrelacionar la totalidad de su producción literaria?

Por hoy, éstas son muchas preguntas. Ahora sólo espero destacar algunas de sus preocupaciones sociopolíticas, primordialmente su compromiso de dar voz a los que no la tienen. Demostrada queda su habilidad de proveer altavoz y plataforma a los que están en el proceso de transformación política. Obvio, también, es su respeto completo por la verdad y por las distintas maneras que la gente tiene de comunicarla. Estas preocupaciones se ven tanto en la forma que Poniatowska usa para documentarlas como en el contenido de su obra. Así es que el lenguaje que emplea refleja a menudo a la gente que entrevista. Es más: si se considera que la crónica y la narrativa de Elena Poniatowska utilizan los recursos de la tradición oral, nos podemos preguntar si este enfoque testimonial no está presente tanto en su crítica como en su narrativa. Dado el compromiso que Poniatowska tiene para el cambio social, y dada su manera de provocar las expresiones personales en sus

---

[1] En 1976, Jorge Ruffinelli, el editor de la revista *Texto Crítico*, formuló estas preguntas para una encuesta dirigida a varios críticos. Las preguntas en su totalidad —y una respuesta interesante de Retamar— se encuentran en "Carta sobre la crítica". Véase Roberto Fernández Retamar, *Teoría de la literatura hispanoamericana*.

entrevistados, existe una fórmula que nos permite entender su trabajo. Su crítica literaria no es una excepción: por haber tomado prestado de la tradición oral y de la literatura testimonial, su crítica se emparienta estilísticamente con su crónica y novela. Tanto la crítica como la crónica muestran una unidad de propósitos y estilos. En ellas no sólo se destaca lo meramente político, sino también lo personal. Estoy de acuerdo con ella cuando dice que ha sido nutrida de los autores cuyas obras y vidas revisa: Elena Poniatowska me ha nutrido a mí de manera semejante. Tomo como mías las palabras que terminan la introducción de *Ay, vida, no me merece*. Yo también "dependo de Rulfo, Fuentes, Castellanos, José Agustín, Parménides y los de la Onda". Y dependo de Poniatowska. Ellos, como ella "me han dado vida y fuerza". ¿Será esto parte de la función crítica? O será, como sugiere ella, "ni ajuste de cuentas... ni crítica, ni ensayo siquiera", sino "sólo un acto de amor hacia hombres y mujeres que me son entrañables". Espero que el ensayo siguiente nos haga considerar que el ejercicio crítico y los actos de amor no tienen que ser tareas de índoles completamente distintas.

Como cronista, Poniatowska acaba de darnos testimonios que evocan el espíritu indómito de un pueblo de sobrevivientes: los damnificados del terremoto que sacudió a la capital el 19 de septiembre de 1985. *Nada, nadie* es un testimonio de la infinita tristeza, la impotencia, la ira, y al mismo tiempo la transformación política de la gente pobre, alejada de los medios de comunicación, subyugada bajo un gobierno de corrupción. Es una crónica no sólo de los actos de asombrosa valentía, sino también una historia de la solidaridad. Es, como Poniatowska misma ha dicho en una conferencia reciente, un compendio de voces que forja *a common memory of the earthquake*, una memoria que recuerda la cara del sufrimiento pasivo tanto como la cara determinada de la acción política. Es la memoria de gente forzada por las circunstancias a apoderarse de su vida, de trasladarse de un dolor paralizante a un amor movilizante. Es la historia de Consuelo Romo, sobreviviente:

> I spent a whole week in front of the Nuevo León building, waiting for my family to be rescued. All around me, people waited. And then a girl came up to me and said, "why not help a little?" So I began giving water to those who waited... just like me... the days passed and hope was no longer possible... I cried to myself... and I served food while I cried, somebody had to do it and I am strong and could carry the pots of rice... Mr. Plácido Domingo saw me... and made me coordinator of volunteers. He gave me a card that said "coordinadora"; I have it folded in my apron. Into that job I put all my love...

Poniatowska detalla los esfuerzos de los voluntarios, "Who turned solidarity into a major instrument for the creation of new civil spaces." Describe el despertar de la conciencia de gente que se pregunta, "¿where have we settled, to whom have we entrusted the safety of our homes?" Documenta la transformación del poder:

> On the morning of September the nineteenth... in response to the victims, Mexico City underwent one of the greatest changes of power in its history, which transcended the limits of mere solidarity: the transformation of people into government and of official disorder into civilian order.

Es el tema de los sobrevivientes, de los que se transforman ellos mismos y a su sociedad lo que le importa a Poniatowska. Su método de investigar los cambios se ha revelado a lo largo de su carrera como escritora. Ya sea novela, crónica o ensayo, su trabajo literario se basa en su vasta experiencia como periodista. "Ante todo soy periodista", afirmó una vez.[2] Entonces, cuando salió a la calle aquella madrugada de septiembre, salió como periodista con el fin de rescatar lo único que le quedaba al pueblo damnificado: las palabras que iban a formar la memoria colectiva de la tragedia. Entre las ruinas de las vidas y los edificios derrumbados, Poniatowska descubrió "intertwined voices that made up the true voice of the anonymous, suffering mass... the voice of those who have no voice... the voice of the voiceless, the voices of those who only survive". Al documentar estas voces en las páginas del periódico *Novedades*, encontró a sobrevivientes resueltos, dispuestos a convertirse en gente capaz de controlar sus propios destinos. Por cincuenta días sus entrevistas aparecieron en el periódico, leídas en silencio y en voz alta en todas partes del país, hasta que el gobierno intervino ordenándole que dejara de escribir. Bajo el pretexto de un regreso a la normalidad, el gobierno trató de silenciar las voces que por fin se podían oír. Pero Poniatowska no permitió que las injusticias se pasaran por alto: recogió las entrevistas y las puso en la crónica *Nada, nadie*.

Al rescatar la voz de los que no tienen acceso a la palabra escrita ni a los medios de comunicación, Poniatowska se negó a participar en los sistemas tradicionales del poder o a usar el lenguaje que mantiene estos sistemas. Entre una transformación del poder y el espíritu de iniciar tal transformación existe la necesidad de decir verdades. Y la verdad no se difunde en el lenguaje de los burócratas que prohíben la publicación periodística, ni en el lenguaje de los anuncios comerciales que remplazan los testimonios expurgados. La verdad se encuentra en lo que José Joaquín Blanco llama "la prosa democrática", ese contrapeso al "español bien habladito, servil y mentecato" que nos manipula a fin de convertirnos en consumidores de productos e ideas. Para efectuar una transformación del *statu quo*, Blanco sugiere que se utilice una prosa que una al público con las realidades cotidianas: "La prosa que buscamos quiere ser horizontal (como a través de una mesa de café o de cantina), entre un periodista que habla a su igual, con el lenguaje cotidiano..."

Hacia esta igualdad va Elena Poniatowska, con su prosa íntima y cotidiana, comprometida con el modo de hablar de sus entrevistados. Rehúsa usar el español "bien habladito" cuando esto no sirve a su propósito de comunicar verdades. Ya sea una valoración crítica como lo que hace en *Ay, vida, no me mereces* ("Cuando escribía sobre Rulfo, quería que sonara como Rulfo", me dijo una vez) o ya sea narrativa o crónica, Poniatowska mantiene firme la veracidad del habla y del pensamiento de la gente a quien dedica su trabajo.

Así pasa con las otras figuras de *Ay, vida, no me mereces*. Poniatowska no sólo comenta la obra de Rulfo, Fuentes y Castellanos, sino que también dedica un ensayo a los jóvenes escritores de la llamada Onda. Nos traza imágenes de escritores —que por cierto tienen acceso a la palabra escrita de manera directa, lo que le falta a una

[2] Véase "Testimonios de una escritora: Elena Poniatowska en micrófono". Estas transcripciones de su participación en un Coloquio de escritoras latinoamericanas (1982) están juntas con otros textos que tratan de la mujer y la literatura: *La sartén por el mango*, eds. Patricia Elena González y Eliana Ortega (Puerto Rico, Ediciones Huracán, 1985) 155 pp.

Consuelo Romo— pero que al mismo tiempo —a causa de sus ideologías o de su clase— sufren igual que los damnificados.

Al evaluar las obras, Poniatowska las coloca en un contexto sociopolítico. Pertenecen a la literatura de protesta, a la literatura de autoafirmación y valorización de la gente por encima de los bienes de consumo. Pertenecen a la literatura que utiliza el lenguaje como ha querido José Joaquín Blanco: en una manera horizontal que no permite mistificación alguna.[3]

Ay, vida, no me mereces es una sintonización de la comunicación de la Onda y los onderos. Poniatowska prueba el poder comunicativo de las novelas como se prueba las frecuencias de las ondas de un radio, y descubre que las obras tienen el suficiente voltaje como para electrificar a todo México. Están cargadas de urgencia, nos sacuden y nos hacen pensar. Otra vez es Poniatowska la que sirve como hilo conductor entre el escritor y lo que Blanco llama el "nuevo público lector". Unidos por nuestra lectura, reflexionamos y analizamos a solas las maneras en que la sociedad puede transformarse. Sólo estamos en el primer paso —de leer, de politizarnos, de enterarnos de la onda— pero de repente no estamos tan solos: el segundo nivel nos lleva a actuar, a manifestar, reflejar, analizar y difundir ideas y estrategias para efectuar la transformación de nuestra sociedad. Es allí, en este segundo proceso donde se da el oficio de crítico.

Al escribir esa frase, todos los críticos latinoamericanos que habíamos estudiado en aquel seminario vienen a sentarse alrededor de mi máquina de escribir para chasquear la lengua y negar que sea así. "¡El oficio del crítico es valorar!" Muy bien. Porque es en el proceso de valorar una obra literaria que el crítico actúa, explica, conceptualiza y da marco al trabajo que analiza. Cuando un lector toma en cuenta tanto la creación novelística como la valoración crítica, un tercer nivel de entendimiento se le abre. Llámesele "praxis" o "estudio", se llega a lo mismo: el lector debe aceptar el reto de responder o no a la invitación de participar en la obra y en el proceso crítico.

Todo esto llega a ser un compromiso cargado de riesgos. Primero, para el autor existe un canon de modelos de "buena literatura": ¿qué le pasa al escritor si no sigue las normas de la tradición literaria establecida? El riesgo para el crítico es doble: no sólo tiene que reaccionar al texto, sino que tiene que comunicar esa reacción, aun en otras palabras, a otros lectores. Se multiplican los riesgos con la práctica de la "metacrítica" —horrorosa palabra que describe el oficio del estudiante. Llegamos hasta el punto en que nadie puede escapar sano y salvo, y ésta es precisamente la meta de los escritores de la Onda y de los que escriben de ellos.

Si —como dice Poniatowska— "los de la Onda... rechazan el estilo y la forma que supuestamente tienen que tener los escritores para ser reconocidos como tal", la mujer que valora —y aprueba— su obra corre el mismo riesgo de no ser reconocida como crítica.

Pero sí lo es. Lo que Poniatowska ha dicho de la obra que critica sirve también para describir su trabajo: "obedece a normas... tan rigurosas... como las de Arreola". Nada más que sus normas —las de Poniatowska y las de los escritores— obedecen a leyes internas que poco tienen que ver con la retórica oficial. Son, como dice ella,

---

[3] Poniatowska, *Ay, vida, no me mereces*, p. 177.

insolentes y divertidas, saben hacer reír". Son las palabras de sobrevivientes, de un pueblo que frente a Estados Unidos y España ha aguantado casi "quinientos años de conquista... de silenciamiento... de aplastamiento de nuestros valores...[4] Son las palabras que conciben una literatura y una visión del mundo que no admite privilegios ganados por el simple accidente de haber nacido de una escuela literaria u otra.

Rescatados al nuevo público escritor y el nuevo público lector, ¿no será posible crear un nuevo público crítico? En términos concretos, "horizontales", cotidianos, personales, pues, puede ser así:

"¿Cuál es la función del crítico, Elena?", mi café se enfría pero quería tener una respuesta. "Ay, no sé, Susana, ¿tú qué crees?" Bueno, tampoco sé yo... leo lo que me prestan los amigos, lo que mis profesores me aconsejan, lo que encuentro en la biblioteca. Leo y pienso, hablo con otros que han leído las mismas obras. Las comentamos, las saboreamos, las analizamos y las discutimos a gritos. Entonces, sale una obra de crítica, y ésa también la devoramos. Volvemos a leer de nuevo... Intento repetir el proceso con mis estudiantes." "Y ¿qué pasa?" me pregunta. "Comentamos, saboreamos, analizamos y discutimos a gritos", le digo, a punto de arrancarme los cabellos, "¿es éste el ejercicio crítico?" Con una serenidad que ha aguantado a miles de lectores apasionados y cantidades de escritores fresas y fonquis, Elena me mira como para ligar ya de una vez el trecho entre la crítica y la lectura y me dice, "Puede que sí, Susana, puede que sí".

¿Hasta dónde llegamos, entonces? Sólo sé que voy a seguir leyendo a esa mujer que tanto me ha nutrido.

[4] Poniatowska, *Ay, vida, no me mereces.*

DE LA MUJER MEXICANA A LA MUJER FEMINISTA: DOS NOVELAS DE ALINE PETTERSSON

Peggy Job
University of NSW
Australia

Aline Pettersson está entre las mejores narradoras que escriben en México actualmente. Se puede considerar entre las "jóvenes" en cuanto a su producción: empezó a publicar en 1977, y hasta la fecha su obra consiste en cinco novelas, producción bastante alta para una escritora en México. Las novelas son: *Círculos* (1977), *Casi en silencio* (1980), *Proyectos de muerte* (1983), *Los colores ocultos* (1986), y *Sombra ella misma* (1986). Una sexta novela ya está con la editorial Grijalbo. En este breve análisis, voy a considerar el desarrollo de la visión del mundo de la mujer mexicana expresada en su primera novela y en una de sus últimas.

Círculos cuenta la historia de un día en la vida de una mujer casada, madre de varios hijos, de la clase media alta, que no trabaja fuera de casa. Narrada en primera persona, desde la perspectiva de la mujer, Ana se va contando los sucesos del día cronológicamente, pero intercalando los recuerdos del pasado en letra distinta. Este pasado rastrea su niñez, adolescencia, enamoramiento, matrimonio y termina cuando está recién nacido su primer bebé. El presente, este día en el que se levanta, desayuna con la familia, va al mercado, prepara la comida, comen, sale a caminar con los pequeños, cena con el marido y va a dormir de nuevo, un día común y corriente —el círculo del título— que se llena también con los pensamientos de la narradora, de sus dudas, de sus conflictos, de su angustia de ser. Esta estructura permite el retrato de una mujer "cualquiera", que ha conseguido "todo" lo que podía esperar de la vida —incluso un amante— pero quien todavía se siente privada, frustrada, anhelando "algo" que ha perdido, a lo que tenía derecho.

Existe cierta ambigüedad en cuanto al "tú", puede ser el amante, el marido de antes, revisto desde la madurez, o aun una fantasía.[1] Los indicios del texto indican que es un nuevo amor-amante (pp. 51, 55, 59-60, por ejemplo), pero en el contexto de la vida de Ana da igual. No se ve como alternativa a su vida actual; acepta esta vida por sus responsabilidades hacia los hijos, al marido, aunque éste sea inconsciente de las alas cortadas de su mujer. Jamás considera al amante como un escape; su relación es parte de la vida que lleva ella: marido, hijos, reuniones con las otras esposas de su clase, el cuidado de la casa, el diario nunca escrito, su tejer y su cocinar. Un amante (o su fantasía) es agradable, aun trascendente, pero *dentro* de

---

[1] Ésta es la implicación de los comentarios de Teichmann, 1987, p. 9.

la vida que ya tiene. El anhelo de Ana no es cambiar de hombre, sino algo mucho más profundo que a la vez que lo busca le da miedo.

Ana es un nombre circular y es el único personaje principal nombrado en la novela en el tiempo del presente. En el recuerdo, aun los caballos tuvieron nombres; son nombrados. En el presente, el marido es "él", o cuando menos distante, "tú", así como el amante es "tú". La criada y los niños no son nombrados. Las amigas, las señoras de la reunión que Ana evita, no son nombradas, ni sus hijos ni sus vacaciones ni sus conversaciones ni su chisme; se nombran como catecismo, lección ya aprendida y aburrida; es un rito de clase y de mujer. Así que no es Ana quien asiste a estas reuniones, sino la Señora de Él, la madre de ellos, la mujer anónima, cualquiera. El hecho de no nombrar a los personajes "principales" da a la narración una voz colectiva, voz de mujer en la situación de Ana: ama de casa, madre de hijos, esposa de buen hombre.

La vida de Ana en su niñez se enfoca en la persona del abuelo aventurero, y las vacaciones en el campo con él fueron aventuras en la magia de la historia, en la seguridad de ser la consentida de él. La muerte del abuelo fue fundamental en la vida de Ana: la pérdida de ese ser querido también fue la pérdida de sus aspiraciones como bailarina, carrera negada por los padres más conservadores. El enamoramiento con el pretendiente que se convirtió en el marido fue también el nacimiento de otras esperanzas, no menos añoradas; a través de este otro hombre querido podría cumplir sus deseos, podría esperar una vida llena. El sentimiento de engaño que ahora tiene no lo puede identificar ni explicar precisamente; no puede culpar al hombre bueno que es ahora el marido —víctima igual que ella, cómplice en los sueños de la juventud ingenua.

Ana es excelente ama de casa, esposa cumplida y madre dedicada. ¿Por qué, entonces, se siente tan angustiada, tan desamparada? ¿Por qué su añoranza?

Los recuerdos del pasado, distinguidos en el texto por una letra distinta, terminan con el nacimiento del primer niño de Ana. El "blanco" en la vida de Ana desde que se convirtió en madre hasta el presente —una ausencia o un silencio en el texto—[2] implica que se apagan las posibilidades, las esperanzas de "otra" vida, la vida de ella como propia. Los niños que ahora están en casa son por lo menos tres, pero jamás especifica el número enfatizando así la importancia del papel de madre, término que la clasifica independientemente de la cantidad de hijos. Estos blancos o silencios en el texto implican la ausencia de vida propia de Ana, los años que pasa en la rutina del deber, las obligaciones hacia los demás en la función de madre-esposa.

A la vez, el espacio físico representado en el texto es la casa de Ana. La salida al mercado en el auto y el temor provocado en ella por el tráfico, por los olores dentro del auto traídos desde el mercado, por los sonidos de otro mundo en el mercado, por los niños necesitados arremolinándose, demuestran un temor casi paranoico de estar fuera de casa. La salida en la tarde con los pequeños es placentera, aparte del insecto que la asusta tanto, pero su alivio al llegar de nuevo

---

[2] Barthes y, en particular, Macherey han enfatizado la importancia ideológica de estos "espacios" en el texto.

a casa no es únicamente simbólico, sino real. A pesar de los conflictos fundamentales de su existencia, de su ser, predomina el miedo de estar fuera de "su lugar".

Círculos es un texto circular que termina con un signo de exclamación (!) al momento de dormir, cerrando así un día que se va a repetir mañana y mañana, porque Ana es una típica mujer-mexicana de clase media alta atrapada por las expectativas de las demás y por su propio miedo de volar.

Los colores ocultos también es un texto circular: empieza en el momento en que Elena Bernal sale de la casa que comparte con su amante, René. Cierra la puerta, como la Nora de Ibsen, pero más discretamente, porque es "tiempo de buscar en mí" (p. 107). La novela termina con la misma frase y el texto es una larga retrospección sobre la vida de Elena y el porqué de esta acción. Elena y Ana comparten la misma clase social y más o menos la misma edad, pero la historia de Elena es una historia alternativa, de elecciones riesgosas, que termina con una elección extraordinariamente valiosa: la de buscar su verdadero ser, cueste lo que cueste.

En *Los colores ocultos*, Pettersson elabora una visión del mundo muy distinta a la de *Círculos*. Las técnicas literarias son muy semejantes; de nuevo es un monólogo interior desde la perspectiva de la protagonista-mujer, aunque en tercera persona. Sin embargo, esta novela es mucho más compleja y rica en cuanto a sus imágenes y a la sensualidad del lenguaje, reflejando así una protagonista más desarrollada respecto a su búsqueda existencial y más problematizada por sus conflictos interiores.

Elena se casa, tradicionalmente, "tan pronto que acabe[a] la tesis" (p. 16) —de él, por supuesto, de Carlos, su marido arquitecto. "Entonces se sentía bien, contenta de haber adquirido un sitio, una posición que le daba seguridad, una vida que recorrerían juntos en las buenas y en las malas" (p. 16). Sin embargo, "Se dedicó a cazar moscas con la aspiradora" (p. 16) desde muy temprano en el matrimonio, "un juego que la entretenía en estas mañanas largas, mientras Carlos regresaba del trabajo" (p. 16). Esta imagen es espantosa, no únicamente por lo que nos dice, en pocas palabras, del vacío de la vida de la joven casada dedicada exclusivamente a su papel de esposa, sino por la imagen en sí. No se puede imaginar muchas moscas en esta casa "brillante de limpia, como espejito" (p. 16), pero se puede imaginar el cazar concentrado, con malicia, y una dosis de "locura", el deleite de captar una, ¡ajá!, y la desaparición de la infeliz en el túnel de la aspiradora para morirse batiendo las alas inútilmente entre el polvo del hogar. ¿Tal y como Elena misma?

De nuevo, la vida se llena de esperanzas con el nacimiento de su hijo Andrés: "...la vida floreció justificada en ese proyecto, que no por común, deja de ser maravilloso" (p. 32). La elección de la palabra "justificada" es significativa; no se trata de una realización de sí misma, sino de una justificación frente a un papel, frente al marido, la familia y su función dentro de la sociedad. Pero, aun así, no sirve: Andrés se enferma y muere. Mientras tanto, Elena todavía es víctima de su búsqueda inconsciente. Las palabras del pretendiente Daniel Montemayor en el oído de ella provocan una reacción escindida "porque una parte suya buscaba con avidez esas palabras, que nacían de nuevo para ella, que la hacían nacer a ella" (p. 33). Daniel representa otra alternativa, un hombre artista más a su altura; representa un renacimiento para ella. Pero no es el renacimiento de su ser, sino de su estar en relación con un hombre. Esta relación también fracasa; el nivel de comunicación y de confianza entre ellos no es suficiente para que el problema sexual de Daniel —es impotente— se discuta con honestidad: "...durante mucho tiempo, Elena se culpó. Se sintió tan torpe, tan incapaz, tan poca cosa. Sí, cosa. Sólo eso, cosa" (p. 73). Se ha hecho cómplice de Daniel por compartir su juicio acerca de que su impotencia es culpa de ella, porque no es suficientemente mujer para provocar la erección, a pesar de las señales de que Daniel ha padecido del "problema" con otras mujeres. En esta relación, tanto como en la relación con Carlos, Elena se comporta dentro de los cánones de la sociedad, haciéndose responsable de la relación, de su mantenimiento, de su éxito. Su sentido de responsabilidad, de culpabilidad, no siempre se hace explícito; textualmente se esconde. La separación de su marido se expresa así: "Podemos empezar de nuevo, le dijo Carlos. Sí, dijo Elena, pero Elena *no* se fue a Guadalajara con su marido" (p. 69). Al hijo no se le reconoce explícitamente como muerto sino hasta la página 88, casi al final del texto. "Pero papá está muerto, Andrés está muerto, ya no tengo a quien contarle cuentos, quien me los cuente a mí." El mundo de la fantasía se está acabando; lo reconoce cuando nombra la muerte en el contexto de los cuentos. Ahora le toca a Elena encontrarse a sí misma, y no a través de los papeles en relación con otros. Como reconoce en la página siguiente: "Es como si caminara a ciegas y en busca de algo que no sé qué es, pero que tengo que buscar mientras huyo" (p. 89).

Pero lo que subraya la visión del mundo de Pettersson es que la autora no deja a su protagonista con un marido mediocre, un amante impotente, un padre querido muerto y un hijo muerto; así sería demasiado fácil asignar a la protagonista un porvenir independiente casi por omisión, por no haber encontrado al príncipe azul. Elena sí encuentra a un príncipe azul, a René, el "inabarcable René, hedonista, sufriente" (p. 60), cuya "vitalidad... su misma fuerza física y una maravillosa dosis de sorpresa, hacían de sus momentos amorosos un encuentro siempre renovado" (p. 21). Aun con este hombre que la quiere, y a quien ella quiere, "es sólo que... la presencia de René hace más clara la soledad. Buscarse siempre y no hallarse en el otro" (p. 80). Más allá aún de la clara indicación de que el *hombre* no es respuesta a la búsqueda de su ser, está Isabel: la amiga desde la adolescencia, la "otra mitad" de Elena, su espejo, su confidente. "Hay instantes que acaso sólo otra mujer comprenda, sin explicaciones, naturalmente" (p. 44); y para Elena, Isabel es esta mujer. A la vez, son amantes: "Nadie puede llenar tu vacío, Elena, o el mío, pero si nos buscamos será porque nos necesitamos para colmar a ratos esa urgencia" (p. 54).

Isabel es uno de los mecanismos por los cuales Elena puede verse como mujer-persona, en vez de mujer-objeto: "... Encontrar la respuesta a lo que no se ha dicho, a lo que no necesita decirse... Elena recogía su reflejo en la otra... así su trato con Isabel despertaba en ella distintas regiones de su alma, de su cuerpo... Isabel era la prolongación de Elena, Elena más Elena... el espejo, en fin, que la confirma, que la afirma" (pp. 96-97). Pero al fin y al cabo, tampoco es suficiente, Elena es "insaciable", palabra que se repite con más frecuencia hacia el final de la novela. Como las muñecas rusas del texto, Elena va deshaciéndose de todas las capas de convención y de apoyo, de todas las máscaras, para descubrirse a sí misma. Escucha las voces interiores y sabe que por fin "es tiempo de buscar en mí", tiempo de explorar los matices de los colores ocultos.

En Elena tenemos una heroína rara en las letras femeninas mexicanas. Aunque no nos olvidamos de Jesusa Palancares ni de la Susana de María Luisa Puga, quienes son modelos de la mujer consciente de sí misma, yo diría que ninguna llega a la visión del mundo que nos propone Pettersson a través de su protagonista. *Los colores ocultos* es una novela desafiante, con una visión radical —diría yo feminista— de la mujer mexicana. Poco a poco, Elena va perdiendo o negando los papeles disponibles: hija, esposa, madre, amante, e incluso amiga-amante, desnudándose hasta que no queda más que su interior, su ser, su propia integridad como persona solitaria. No es que descarte el amor, sino que éste no sirve para realizarse. *El otro que busca es ella misma.*

La diferencia profunda entre las dos novelas se aprecia en la crítica. En el prólogo a *Círculos*, Elizondo se expresa como el patrocinador de la nueva escritora de manera bastante condescendiente: "En realidad debo decirle que si he leído su libro hasta el cabo es porque me parece bueno, porque me gusta como está escrito, porque reconozco en él la posibilidad de otra escritura para las mujeres escritoras que no sea la que siempre nos está conminando a lamentar sus deficiencias —que se supone naturales a la condición femenina— más que a enaltecer las enormes posibilidades que le están reservadas en el terreno del arte por su sensibilidad y por su forma particular de concebir las cosas" (pp. 7-8).

Esta posición cómoda y patriarcal cambia radicalmente cuando llegamos a la crítica sobre *Los colores ocultos*. Varios críticos captan una esencia en la escritura de esta novela que clasifican de femenina. De Luna empieza dignamente con los tiempos de Virginia Woolf: "Sin embargo, el discurso femenino adquiere otras jerarquías cuando de desterritorializa y se coloca en los fragores emotivos de la clase media ilustrada. Peor aún si este grupo social vive y sobrevive en países tercermundistas. El caos sobrevendrá sin tregua." Un anónimo en *El Sol de México* afirma: "La intensidad de esta larga introspección comunica también una renovada trágica y vital conciencia femenina." Rascón, después de resumir brevemente el feminismo con referencias a Anaïs Nin y Marguerite Yourcenar (una selección curiosa), dice: "...la literatura posee algunos personajes donde la feminidad [sic] de los sentimientos ocupa el primer plano y el espacio de la acción. *Los colores ocultos* ... es una muestra excepcional de esa nueva cursilería..."

Lo que distingue a la crítica masculina sobre esta novela es una fuerte incomodidad. Aun Patán, cuya crítica es más reflexiva y admite el oficio literario de la novela, expresa esta incomodidad. Algunos parecen confundir escritora y protagonista en sus comentarios, pero lo que sigue siendo la raíz de la incomodidad es Elena como personaje. No les gusta. Sobre todo no les gusta la expresión sexual de Elena: "Una novela que describe el itinerario amoroso de una mujer", dice De Luna; René es "amante en turno" para Méndez; y Rascón resume la relación entre las amigas como "coqueteos lésbicos con la amiga valemadrista Isabel".

Tampoco le pueden perdonar a Elena su insatisfacción: Patán, más discreto que otros, identifica en Isabel "la otra vida que pudo llevarse, con menos sufrimientos para todos", mientras Rascón describe el sufrimiento de Elena como "lloriqueos en busca de sentido para tan delicada existencia". Boullosa Velázquez termina su reseña con una amenaza: "Lo menos que puede decirse de esta novela, sin embargo, es que por momentos se vuelve poesía y alivia así una lectura que de otra manera sería demasiado pesada. Lo más... dejémoslo para otros lectores, que sin duda lo merece y los merece." Y De Luna finaliza con una prescripción: "En las vocaciones y en los amores es preciso encontrar el momento justo o perderse en el laberinto de las insatisfacciones."

A diferencia de este tono en la crítica masculina, Schwartz piensa que: "A momentos, Aline Pettersson maneja en su novela una bella prosa poética, las imágenes se entrecruzan en esa revisión que hace de sí misma su protagonista, un espejo desolado sobre todo para toda aquella lectora femenina que se identifica profundamente con ella, con su *status* vital, insatisfacción." Hay una curiosa ceguera en la crítica masculina: todos reconocen la naturaleza existencial de la novela, la búsqueda de sí. ¿Para qué, entonces, protestan por la insatisfacción de la protagonista? ¿No es rasgo fundamental de la búsqueda existencial? o ¿es que en su lectura anterior jamás han encontrado una novela existencial en la que el protagonista angustiado sea una mujer? Y si no leen el texto con ojo sartreano bien abierto, mucho menos podemos esperar una lectura lacaniana para explicar el fondo de deseo en la insatisfacción permanente de Elena Bernal.

Me parece que hay aquí una reacción extra-literaria, una reacción de hombre-crítico frente a mujer-protagonista. Más o menos un año después de la publicación de *Los colores ocultos*, Bellinghausen hizo unos comentarios en *La Jornada*:

La impresión de que México es una ciudad de mujeres insatisfechas. No tristes, ni desesperadas, ni vencidas, solamente insatisfechas. ¿Han perdido algo que tenían... o es que ahora quieren cosas que antes no querían y por lo tanto su carencia no podía dejar de satisfacerlas?

De unos años para acá se dejó venir un alud de mujeres múltiplemente dispuestas. Algunas querían ser feministas y no podían, otras lo han sido sin saberlo. Pero se ven insatisfechas, aceleradas, voraces, incomprensibles. ¿Qué les falta? Al parecer... lo mismo que a los varones: ahí está la novedad.

"Eres insaciable, Elena." Por eso la incomodidad de los críticos. Pettersson se ha atrevido a escribir la mujer que Bellinghausen identifica. "Si algún poder tiene la palabra... es éste de dar su nombre a las cosas. El nombre verdadero y exacto...", nos enseñó Castellanos.[3] En vez de los "silencios" del texto de *Círculos* y la insatisfacción no nombrada de su protagonista, en *Los colores ocultos* la protagonista toma conciencia, poco a poco, hasta llegar a la decisión terrible y temible de buscar en sí misma, de *confiar* en sí misma. Fundamentalmente, sospecho que es este aspecto de la novela —su feminismo implícito— el que tanto amenaza a los críticos e influye en sus reacciones. Por eso también, a mi juicio, *Los colores ocultos* es una novela seminal en la narrativa femenina mexicana.

[3] Rosario Castellanos, *El uso de la palabra*, México, Editores Mexicanos Unidos, 1982.

BIBLIOGRAFÍA

Anon, *"Los colores ocultos*, de Aline Pettersson"*, El Sol de México*, 16 de noviembre de 1986, p. 1-D.
Bellinghausen, Hermann, "Ciudad de mujeres insatisfechas", *La Jornada*, México, D. F., 21 de septiembre de 1987, p. 29.
Boullosa Velázquez, Pablo, "La impotencia bajo la superficie: *Los colores ocultos"*, *Novedades*, Supl. Cultural, México, D. F., 12 de octubre de 1986
Elizondo, Salvador, "A manera de prólogo... a *Círculos"*, pp. 7-8.
Fiscal, María Rosa, "Los colores ocultos", *Signore*, 7, 70, México, D. F., febrero de 1987, p. 21.
Luna, Andrés de, "Vida tras un vidrio: *Los colores ocultos*, de Aline Pettersson", *Uno más Uno, Sábado*, México, D. F., 27 de diciembre de 1986, p. 21.
Méndez, Ramón, "Monocromía revelada de colores ocultos", *El Nacional*, Supl., México, D. F., 29 de marzo de 1987, pp. 10-11.
Patán, Federico, "Una novela introspectiva: *Los colores ocultos*, de Aline Pettersson", *Diva*, México, D. F., 23 de octubre de 1986.
Pettersson, Aline, *Círculos*, México, UNAM, 1977.
———, *Los colores ocultos*, México, Grijalbo, 1986. (Todas las citas están tomadas de estas ediciones.)
Rascón, Silvio, "Mujer, casos de la noveleta real. Reseña de *Los colores ocultos"*, *Diva*, México, D. F., noviembre de 1986, pp. 29-30.
Schwartz, Perla, "Aline Pettersson: bordando la soledad", *El Universal*, Supl. Cultural, México, D. F., 30 de septiembre de 1986.
Teichmann, Reinhard, "Aline Pettersson; novelista de la identidad", *Plural*, México, diciembre de 1987, pp. 9-12.
Valdés Medellín, Gonzalo, "El torbellino interno: conversación con Aline Pettersson", *Uno más Uno, Sábado*, México, D. F., 5 de diciembre de 1987, pp. 6-7.

IDENTIDAD E HISTORIA EN SILVIA MOLINA

Reinhard Teichmann
UCSB

Entre los novelistas mexicanos que se han dado a conocer durante las últimas dos décadas se destaca Silvia Molina, no sólo por ser una de las pocas mujeres entre ellos sino también por haber desarrollado una obra muy original. Como en muchos otros autores contemporáneos, y en particular en las mujeres, el tema de la identidad es una de las vertientes principales de su novelística; otra de igual importancia es la historia. Las dos se complementan en medida variada para formar la textura de sus tres novelas y darles su carácter especial.

En *La mañana debe seguir gris* (México, Joaquín Mortiz, 1977), la búsqueda de la identidad es el tema dominante. Se manifiesta en el cuento de una muchacha mexicana y su maduración, con los "ritos de pasaje" típicos de este proceso. Hay un desplazamiento geográfico: la protagonista abandona su tierra natal para viajar a orillas distantes (las de Inglaterra) y para sumergirse en un nuevo ambiente que le pueda proporcionar nuevas experiencias. Hay la ruptura de los lazos familiares —primero con su madre y hermanos en México, y después con una tía en Londres—; al mismo tiempo, hay una nueva vinculación con un amante. Este proceso de independización se extiende a través de varios meses e implica la rebelión de la protagonista contra los valores convencionales tanto como la superación de sus propias aprensiones. Culmina con su decisión de vivir con el amante en permanente unión libre, paso hacia la maduración que queda irónicamente perfilado por la muerte inesperada de éste.

Aunque su anécdota no es muy novedosa, *La mañana debe seguir gris* tiene diversos rasgos que sí le dan frescura. La protagonista es un producto de los sesenta: la acción ocurre en los meses de transición entre 1969 y 1970 cuando ella tiene 21 años. Como tal comparte las inquietudes de esa generación de los sesenta e incorpora el cambio de valores que se efectuó en aquella época, lo cual es especialmente notable en el contexto mexicano. Tener una franca relación amorosa sin compromiso matrimonial, convivir en unión libre, utilizar la "pastilla", buscarse un trabajo para sostenerse, todas éstas son nociones bastante radicales para una muchacha de clase media de aquel entonces y reflejan una visión moderna de la vida.

Aunque se trata de un testimonio en primera persona, la narración nunca desciende al exagerado sentimentalismo ni al barato melodrama. Más bien Molina es una maestra del buen gusto, de la exposición clásica y controlada. A veces, comunica más con el ritmo de su prosa y con lo que omite que con lo que expresa.

Véase su representación de la primera consumación física de la relación amorosa entre la protagonista y su amante, hecho anunciado y eficazmente insinuado por sólo tres frases que forman un capítulo autónomo (el VIII) y que en sí no tienen nada de erótico. Con este estilo económico, Molina logra más impacto que con cualquier intensificación dramática; da credibilidad a las experiencias de la protagonista, a ese proceso de maduración de una adolescente que de otra manera quizás podría tener su lado trivial.

De una forma incipiente, en *La mañana debe seguir gris* también se perfila la inclinación histórica de Molina. La observamos en el esquema cronológico proporcionado antes del comienzo de la novela donde los acontecimientos clave del argumento aparecen enumerados junto a variados hechos políticos o culturales de la misma época, como por ejemplo, manifestaciones políticas en Italia, Francia y España, una batalla en Vietnam, una faena de Manolo Martínez, las actividades de los Beatles, etc. Además observamos la inclinación histórica en la inclusión del poeta José Carlos Becerra, que es el amante. Se trata de una figura de la vida pública de México y, por eso, de un personaje en cierto sentido histórico. Estas circunstancias, además de sugerir la atmósfera moral de la novela le dan un carácter auténtico.

En la segunda novela de Molina, *Ascensión Tun* (México, Martín Casillas, 1981), esta dimensión histórica florece plenamente a través de un episodio traumático en el pasado de México: la guerra de castas en Yucatán a mediados del siglo XIX. Pero no se trata de una novela histórica convencional, es decir, de una novela que se dedica exclusivamente a la recreación de la época. Ya hemos visto en su primera novela que a Molina le gusta trabajar con un marco documental y, de acuerdo con esta preferencia, nos lo presenta, no con la ilusión de la época, sino, por decirlo así, con la ilusión de un documento histórico en el que se proporcionan los hechos, analizándolos, además de recreándolos. *Ascensión Tun* se desarrolla en tres niveles.

Uno de ellos corresponde al tiempo actual y a la narración en primera persona. La autora-narradora, que es también antropóloga, se pone a investigar los orígenes de una leyenda de la ciudad de Campeche: la supuesta ascensión de un muchacho maya a fines del siglo XIX. Visita el sitio donde ocurrió el milagro, una antigua casa de beneficencia ahora convertida en monumento histórico, y entrevista a la veladora, descendiente de dos de los internados en los tiempos del milagro. La vieja le refiere lo que ha oído de sus padres. Después de eso, la narradora se dirige a la biblioteca municipal para examinar los archivos de la casa de beneficencia referentes a aquella época, incluso las memorias de su antiguo director.

El segundo nivel corresponde al pasado y, en particular, a la época de la misma leyenda alrededor del año 1890. Los hechos que ocurrieron en la casa de beneficencia son recreados en tercera persona. Molina retrata la ronda de actividades en aquel lugar, presentándonos a los personajes que lo habitan. Hay un director, una administradora, un capellán y varios internos, entre los cuales destacan Consuelo, una vieja loca, y Juan Bautista Puc, un anciano maya. También está internado en esa casa el joven Ascensión Tun, huérfano a causa de una vasta inundación, y su condición desamparada llega a ser el centro de la anécdota. Esa anécdota es sencilla: desde su llegada a la casa de beneficencia el muchacho trata de escapar de ella para rescatar la libertad de su vida anterior. Pero sus intentos quedan frustrados. Aislado del mundo y de sus amigos, Ascensión Tun cae en una profunda melancolía, aliviada sólo por la comunicación con el viejo Juan Bautista Puc, quien le promete la anhelada liberación por medio de la ascensión al cielo. Después de la muerte de éste, la loca Consuelo asegura que el pronóstico del viejo se haga realidad de manera perversa: matando al muchacho para que se eleve su alma. El supuesto milagro queda reducido a un homicidio chocante que, en lugar de la santidad y nobleza de la fe, pone de relieve la tragedia del hombre indígena representado por el joven Tun, su aislamiento dentro del ambiente mexicano, su privación cultural y social y su abatimiento espiritual.

Molina analiza los procesos históricos que produjeron esta deplorable situación en un tercer nivel, que corresponde a un pasado anterior. Se trata de la guerra de castas a mediados del siglo XIX, transmitida a través de los recuerdos testimoniales de varios habitantes de la casa de beneficencia: de don Mateo, el director (las memorias después consultadas por la autora-investigadora); el del viejo Juan Bautista Puc; y, en forma de pesadillas y alucinaciones, el de la loca Consuelo; relatos que nos proporcionan diferentes perspectivas de esa guerra: la del participante blanco, la del participante indígena y la de una inocente víctima atrapada entre los dos lados. Los recuerdos de don Mateo nos dan una idea del cinismo de los criollos yucatecos que contrataron la ayuda del indígena para desarrollar sus propios fines políticos frente al gobierno central de México, pero que le negaron sus derechos civiles una vez que se resolvieron estos problemas. Las memorias de Juan Bautista Puc nos refieren las traiciones e injusticias que sufrieron los mayas a manos de los criollos y su resultante deseo de venganza. La historia de Consuelo apunta las consecuencias destructivas de este conflicto en términos humanos, las atrocidades físicas y el trauma psicológico a los que fue expuesta la población inocente.

Como en *La mañana debe seguir gris*, el estilo de Molina en esta novela es elegante y sin pretensiones, aunque al mismo tiempo más complejo. Un elemento conmovedor se da en el capítulo VIII, donde el capellán dice una larga oración dirigida a Dios, exponiendo sus ideas y sentimientos referentes al muchacho maya. También resultan notables los variados fragmentos intercalados a lo largo de la novela: citas del *Chilam Balam*, el libro sagrado de los mayas, sueños, visiones y pronósticos de varios personajes, todo lo cual apoya el tema mítico de la novela.

Igual que en *La mañana debe seguir gris*, Molina proporciona un esqueleto de hechos fuera de la propia novela; esta vez se trata de los hechos clave de la guerra de las castas desde su comienzo hasta su fin, con las fechas precisas. También, aparte de la narrativa misma, hay una serie de esbozos biográficos de cada uno de los personajes principales, que aumenta el carácter documental de la obra.

Si en la primera novela de Molina el énfasis está en el presente y en la segunda en el pasado, en la tercera —*La familia vino del norte* (México, Océano, 1987)—, la autora equilibra los dos niveles temporales, fusionando el tema de la identidad personal con el histórico, además de utilizar por entero el repertorio técnico que ha ido desarrollando. Otra vez encontramos el aparato documental, en este caso dos cartas (de la protagonista y de otro personaje) que preceden la novela y que explican la supuesta motivación de la narradora: corregir el relato del otro personaje. La anécdota consiste en una joven mujer que, debido a la muerte del abuelo, experimenta una crisis de identidad. La protagonista se pone a investigar los antecedentes del abuelo, al tiempo que procura definirse como persona, proceso doble que en realidad viene a ser uno solo, el de la autodefinición. El pasado del abuelo, antiguo general revolucionario, es bastante misterioso además de sospechoso, en especial con referencia a la época inmediatamente posterior a la Revolución durante los años veinte. Dorotea, la protagonista, reconstruye su biografía a base de documentos misceláneos de entrevistas con familiares, de recuerdos personales y de conversaciones con un conocedor de la historia mexicana. Como resultado de esta investigación el honor del abuelo queda reivindicado. Aunque el abuelo actuó como conspirador y tuvo que comportarse como un común criminal, fue por una buena causa, la de preservar la pureza de la revolución y prevenir el reeleccionismo mediante un golpe de estado contra Obregón.

Estas conclusiones y aun el mismo proceso de la investigación histórica ayudan a Dorotea a reforzar su propio sentido de la identidad. Al comienzo de la novela su vida no tiene rumbo. A los 24 años Dorotea ha tenido sus experiencias: ha viajado, ha estudiado, ha tenido una relación amorosa, pero no ha encontrado su lugar en la vida. A medida que avanza su investigación ancestral, se consolida su existencia: establece su independencia frente a la familia, madura en su relación con un segundo amante, y lo que es más importante, encuentra su vocación de historiógrafa.

La técnica narrativa de Molina en *La familia vino del norte* es muy reminiscente de la novela detectivesca. Al principio hay una muerte (aunque no homicidio) que sirve como catalizador. Sigue la investigación de los hechos misteriosos alrededor del difunto y, en particular, de la cuestión de por qué vivió el abuelo durante un año escondido en el sótano de la casa familiar en la época posrevolucionaria. Hay una investigadora principal —Dorotea— y un investigador secundario —su amante— que también es reportero. Con base en la evidencia material y los relatos de los testigos, ambos personajes hacen sus deducciones, revelando la cadena de sucesos que explican el misterio. De vez en cuando se desvían y tienen que revisar sus conclusiones. Se intensifican sus esfuerzos y hay confrontaciones violentas con algunos testigos. Por fin llegan a la solución correcta.

El efecto de este procedimiento es el suspenso, que hace fácil y agradable la lectura de esta novela a pesar de sus complejidades en otros aspectos, complejidades que surgen no sólo de la combinación de las anécdotas parciales —la de la vida personal de Dorotea, la de la investigación histórica y la de la vida del abuelo—, sino también del uso casi simultáneo de diversos modos y voces narrativos. En un solo párrafo se pasa, por ejemplo, de la protagonista, que está narrando en primera persona, al abuelo, que también se expresa en primera, y a un narrador omnisciente que lo hace en tercera, secuencia que podría resultar casi ininteligible en otros autores, pero no en Molina.

Los personajes de *La familia vino del norte* están mucho más desarrollados que en las novelas anteriores de la autora. La protagonista, tan evocadora de la muchacha de *La mañana debe seguir gris* en algunos rasgos, nos revela profundidades de carácter que van mucho más allá de su antecesora. Ya no se trata de una adolescente que inicia los pasos normales hacia el estado de adulta, sino de una mujer ya madura que lleva a cabo una lucha existencial con todo el desarraigo emocional y espiritual que esto implica (incluso un legítimo colapso nervioso). Los personajes secundarios, no muy acabados en las otras novelas, en ésta son de carne y hueso, en particular el reportero, el padre de Dorotea y el mismo abuelo, trazados todos ellos con sus idiosincrasias particulares. Además, en esta novela Molina se vale de un tono irónico que estaba ausente en las anteriores y que agrega otra dimensión al relato. Se menciona la crisis, y más importante, se reflejan ciertas preocupaciones sociales de nuestro tiempo, que son fruto de las de los sesenta, destacando entre ellas la lucha de la mujer por definirse como individuo autónomo.

Por lo demás, *La familia vino del norte* está imbuida de un fuerte sentido de la historia y de la historicidad. Como parte incidental del argumento, Molina nos presenta una visión íntima de las actuaciones de varias importantes figuras revolucionarias y de las fuerzas políticas que obraban en los años veinte. Los personajes de Benjamín Hill, Obregón y Calles quedan trazados con vibrante perfil en momentos clave de sus carreras. Hay también un fuerte sentido generacional, es decir, de la continuidad histórica del hombre mexicano y de la nación, tanto como del tiempo como una fuerza palpable en las relaciones humanas. Encontramos también consideraciones filosóficas sobre la naturaleza de la historia y sus vínculos con la identidad del hombre actual.

La familia vino del norte es la novela más acabada de Molina, una obra que sintetiza todo su trabajo anterior, un parteaguas en su desarrollo. Como tal, refleja en gran medida el estado de la actual novelística mexicana, refiriéndome en particular a los jóvenes autores que surgieron durante las últimas dos décadas. Como Molina, muchos de estos autores tuvieron que pasar por un aprendizaje, proceso que ahora está cumpliéndose con su cabal profesionalización. *La familia vino del norte* representa esa profesionalización en la carrera literaria de Silvia Molina.

MARGINALIDAD E HISTORIA O TIEMPO DE MUJER EN LOS RELATOS DE BÁRBARA JACOBS[1]

Yvette Jiménez de Báez
El Colegio de México

> Cuando un autor escribe acerca de su infancia, la
> relee, la recorre con la memoria, mira por primera
> vez al niño que fue, y del que es hijo, y entonces le
> pregunta cuanto ese niño le habría preguntado a él,
> únicamente a él, si él hubiera sido su padre; y ese
> niño, a la hora del recuerdo, resulta con que conoce
> las respuestas y se las dicta, con naturalidad, al autor
> que, de niño, nunca las supo. Eso es el recuerdo.
> BÁRBARA JACOBS, *Escrito en el tiempo*, p. 39

La sonoridad (el canto, la risa...), la luz y el aire, se asocian simbólicamente a un mundo patriarcal pleno que se centra en la relación padre-hijo. Es el mundo de la infancia de Pedro Páramo de Juan Rulfo, o la certeza frágil que hace decir a Mariana, la protagonista de *La "Flor de Lis"* de Elena Poniatowska: "La nuestra es la casa que canta" (p. 165).[2] Después, en uno y otro caso, se pasará a un mundo de transición en el cual la mujer, la madre, va ocupando el centro, no sin antes pasar por un periodo desolado, confuso y decadente, en términos del espacio y el tiempo del padre: "Ahora Sofía no está junto a mí —nos dirá Mariana, al hablar de su hermana—; quizá no compartamos ya jamás; los tiempos felices se han ido, no nos queda más que la risa que se inicia en el preciso instante en que nos miramos cómplices" (p. 174).

Es decir, en el relato de Poniatowska, la risa se salva transitoriamente en el nexo cómplice de mujer a mujer. Más tarde, para olvidar al "padre" caído y a la madre deseada que llega y se le escapa continuamente, la hija declara su filiación al *país materno* (lo masculino y lo femenino conjugados):

> Me gusta sentarme al sol en medio de la gente, esa gente, en mi ciudad, en el centro de
> mi país, en el ombligo del mundo [...] Mi país es esta banca de piedra desde la cual miro

---

[1] En el trabajo utilizo: *Doce cuentos en contra*, México, Martín Casillas Editores, 1982, y la novela *Las hojas muertas*, México, Era, 1987. De ahora en adelante citaré ambos textos indicando sólo las páginas.

[2] Elena Poniatowska, *La "Flor de Lis"*, México, Era, 1987. La novela distribuye la función paterna entre el verdadero padre de la protagonista (ausente en la guerra y de actitud más bien pasiva al regreso) y la del sacerdote que irrumpe transgresoramente en el ámbito de la casa familiar, y descentra el orden y la cotidianidad. No obstante, su efecto es ambiguo, sobre todo en Mariana. La cita se refiere al momento inicial de la llegada del sacerdote a la casa de la narradora.

al mediodía, mi país es esta lentitud al sol [...] mi país es la campana a la hora de la elevación, la fuente de las ranitas frente al Colegio de niñas, mi país es la emoción violenta [...] mi país es Luz, el amor de Luz (p. 261).[3]

Bárbara Jacobs, en cambio, marca el proceso de manera distinta. El tono nostálgico, propio del recuerdo y voluntariamente menor en *Las hojas muertas,* su primera novela, satura la cotidianidad y manifiesta su sentido: "Ésta es la historia de papá, papá de todos nosotros", nos dice al iniciar el texto.

Atinadamente el punto de vista desde donde se narra es un *nosotros* que abarca a la cuarta generación: la de los hijos, reunidos en torno al padre. No se narra el pasaje del nosotros del presente al futuro, porque el centro del interés, la focalización del relato, es el mundo del padre. La perspectiva adulta no juzga; se empeña en el trabajo amoroso de recuperar en el registro de la infancia, de la adolescencia y de la juventud los detalles sensibles que permiten integrar *la memoria del padre,* como un homenaje en vida, a su vida, que implica su objetivación. El relato es claro en ese sentido. Se busca entender al otro en lo que es. La subjetividad del que narra se reduce al mínimo. Sólo tendrá la limitación que toda óptica de la otredad conlleva:

> En Moscú se encontró con la cultura y con el arte y con la historia y hay tantas cosas que hizo ahí por primera vez que a veces nos parece que ahí nació y ahí se educó y ahí se hizo hombre *y en cierto sentido fue así y no es así sólo porque nosotros así lo veamos* (p. 51).[4]

Por eso, al mismo tiempo, se marca la autonomía del nosotros y su filiación al padre. El sujeto plural de primera persona conscientemente asume la filiación como un vínculo amoroso deseado y querido. La escritura revela que el acto de reconocimiento se da espontáneamente en la infancia. El detonador ha sido una experiencia cotidiana (la película de Bette Davis que ven los hijos pequeños mientras el padre espera, p. 28), no un acto intelectual posterior. Por eso el momento se fija como un *ritornello* que aparece significativamente en el proceso del relato;[5] acompaña la vida del padre y cierra la novela:

[3] El país es centro de la persona; luminosidad compartida con la "gente del lugar" en el centro del mundo; es espacio sólido que permite detenerse a contemplar el día; es la sonoridad que acompaña a la comunión; espacio sagrado ("fuente de las ranitas"); padre y madre ("lentitud al sol"; "emoción violenta"); pero sobre todo, la luz y el amor maternos.

[4] Antes ha indicado el momento en que los hijos buscan con curiosidad y avidez *la verdad* oculta del padre: "fue llegando el momento en que a nosotros nos empezó a dar cada vez más curiosidad sobre todo eso de 'antes' en la vida de papá porque ya nos habíamos cansado un poco de imaginar cosas de su vida [...]" (p. 34). Hay una voluntad reiterada de ser veraz y objetivo ("Lo único cierto es [...] Y lo único cierto es [...]", p. 44), que se subraya en pasajes políticamente importantes, como cuando la narradora delata el espionaje a que estuvo sometido el padre cuando estaba en el ejército de Estados Unidos: "Así era y así fue" (p. 71).

[5] El pasado, recuperado por el recuerdo, contribuye en el presente de la enunciación a superar el miedo de la pérdida del padre, como lo indica la novela: "Nadaba muy bien y a las mujeres de nosotros les daba hasta miedo que se alejara tanto [...] y decían Se va a perder papá, y entonces desde la orilla se metían un dedo a la boca y se hacían las más niñas y le cantaban Querido papá te necesitamos, Querido papá te queremos, Querido papá te extrañamos para que volviera y cuando volvía le tendían ellas una toalla y él les decía Gracias, nenas, en inglés, y antes de meterse bajo techo en alguna terraza y ponerse a leer en paz ante las olas y el mar y la arena en la que nosotros enterrábamos el miedo de ver perderse a papá" (p. 35).

con tal de protestar por todo hasta el último momento sencillamente va a dejarse morir
y sí, él siente que de este modo sí va a poder morir en paz y dejar de ser de una vez por
todas indeseable o peligroso o indeseable o peligroso cubierto por las hojas muertas y
aunque entonces sí que no oirá cuando las mujeres de nosotros y los hombres de nosotros
y en una palabra todos nosotros por más infantiles que parezcamos y que sonemos y que
de hecho seamos porque todavía lo busquemos y aunque él no sea nada musical le
cantemos Papá te necesitamos, Papá te queremos, papá te extrañamos y nos haces falta,
aunque esta última frase no exista en la canción de la película que vimos con Bette Davies
[sic] años atrás mientras papá que había pagado boleto de entrada esperaba en el vestíbulo
con un libro abierto en las manos (pp. 102-103).

No hay ruptura con el padre como un hecho individual y afectivo. Pero el relato
muestra, con la vida del padre, la caída de su mundo.

Simbólicamente el modelo de parentesco de la estructura familiar delata el
sentido de la historia en función del hombre, en un periodo que abarca la historia
contemporánea del viejo y el nuevo mundo, alrededor de los años treinta (cambio
en las relaciones de Estados Unidos y Moscú durante el estalinismo; el nazismo y,
sobre todo, la historia de la República Española). La óptica es la de la marginalidad.

A partir de la vida del padre se organiza la denuncia múltiple de carácter
histórico y social: la marginación de las minorías étnicas en Estados Unidos y entre
minorías (por ejemplo, las de Canadá y los libaneses que marginan a los negros);
de los extranjeros dentro de sistemas dominantes y opresores en mayor o menor
medida (el propio Estados Unidos, la época estalinista en la Unión Soviética, el
nazismo, etc.), y la marginación política (por ejemplo, de los grupos comunistas
en los Estados Unidos). Se destaca la defensa de la República Española. Con
fidelidad a los hechos, el texto logra integrar eficazmente el juicio histórico con la
vida particular de Emile Jacobs, el padre.[6] Se denuncia con fuerza la marginación
internacional de la España republicana:

En lo que papá y los otros dos salieron ilesos del ataque levantaban a los heridos y a los
muertos y trataban de juntar y llevarse a la base de las Brigadas de Albacete lo que había
quedado de su equipo pudieron ver en la bahía a los cinco acorazados alemanes que los
habían bombardeado y, camino a su cuartel general con sus muertos y sus heridos, se
enteraron de que la agresión había sido en respuesta a una ofensiva aérea por parte de la
República cuando era de todos sabido que la República no contaba con equipo para nada
semejante y ni siquiera sabían lo que era la defensa antiaérea y mientras tanto el mundo
a su alrededor seguía dormido y sin darse cuenta de esto ni de lo demás que sucedía y
estaba sucediendo y no hacía nada (pp. 64-65).

También se denuncia la pasividad de países como Francia e Inglaterra ante el
avance del nazismo:

se fue a Berlín a ver por sí mismo qué estaba sucediendo en Alemania y en el mundo y
lo que vio fue a los nazis tomando las calles con sus Tropas de Asalto y llenando la ciudad

---

[6] Cuidadosamente el nombre del padre sólo aparece en dos epígrafes que encabezan las partes 2 y 3
de la novela y hablan de su vocación ilusionada de escritor que la historia se encarga de frustrar, como
se deriva de los capítulos respectivos.

y el país de su presencia y poco a poco a toda Europa y el mundo del significado de sus intenciones que horrorizaban a papá y lo entristecían. Y de ahí se fue a Francia y de ahí se fue a Inglaterra y Francia y también Inglaterra le parecieron países dormidos que todavía no se daban cuenta de lo que se estaba formando a su alrededor y de ahí que todavía no se hubieran horrorizado (p. 56).

Como se repite una y otra vez, el padre pasa de la vida feliz (su descubrimiento de la vida cultural artística e histórica en Moscú, p. 51) al silencio que lo caracteriza en el presente de la novela: "cuando papá empezó a ver morir a sus compañeros se fue horrorizando y entristeciendo y nosotros creemos que ahí empezó también a preferir guardar silencio que hablar" (p. 64).

Es clara también la censura a la política del gobierno norteamericano, generadora de contradicciones internas en el propio sistema, que se critica desde dentro, por la marginación y el desplazamiento que ejerce sobre la conciencia crítica de izquierda que emigra del país involuntariamente. Las características del exilio condenan al padre, es decir al hombre, a ser "peregrino... o extranjero en un mundo extraño" (p. 102) en el que estará siempre "de paso" como el lema de su hotel: "El hogar lejos del hogar como si él también fuera un peregrino" (p. 23).

La denuncia al sistema ya se había planteado de manera tajante en el cuento "Volver a empezar", que delata los efectos neutralizadores de la política oficial sobre el movimiento *hippie* en San Francisco, y la historia presente de opresión hacia Centroamérica: "En el museo hippy y está abandonado, con vista a la bahía, al mar, a los buques y aviones que transportan el napalm: a El Salvador, por estas fechas" (p. 46).

No hay margen de duda sobre la identidad norteamericana del padre, quien siempre se define —de palabra y por sus actos— como norteamericano, hecho que reconoce como tal la voz narradora".[7] El texto narra cómo los hijos de la tercera generación ("tío Gustav y papá"), abandonados por el padre, "empezaron a mantener a la familia con empleos de medio tiempo mientras seguían yendo al colegio y estudiando y formándose como jóvenes americanos hijos de emigrantes en Estados Unidos" (*id.*). Ya en el exilio en México, y padre de familia a su vez, el personaje de *Las hojas muertas* se afianza en su lengua (el inglés) y procura educar a sus hijos en ella. Si bien la suya es una conciencia crítica que generó una praxis liberadora en su país de origen (Estados Unidos), al salir a un exilio forzado por las circunstancias, se escinde su personalidad. Se escoge, por amor y necesidad, el mundo de la esposa (hija también de emigrantes libaneses en México), pero queda vinculado a su punto de origen que, sin embargo, lo niega.

Por eso en *Las hojas muertas* la felicidad, asociada a la plenitud, sólo puede darse en el tiempo y el espacio de la familia integrada; es decir, en la infancia de los hijos: "En ese tiempo casi nunca se enojaba papá... Éramos felices" (p. 17). Ambas afirmaciones sugieren un después infeliz. El padre, en diálogo con la madre, está de acuerdo: "En una ocasión uno de nosotros oyó a mamá preguntarle a papá cuándo había sido más feliz en su vida y a papá contestarle: Cuando los niños eran

---

[7] En el cuento "Estimación aproximada", se reafirma la identidad norteamericana del padre: "Mi papá es norteamericano" (p. 74); "mi papá casi no habla español" (p. 75); "—Es norteamericano, decíamos; pero no es gringo mi papá" (p. 77).

chicos, lo que equivalía a decir cuando vivía toda la familia junta en la otra casa..."
(p. 91).

Fuera de esta isla del afecto, México no es un ámbito de liberación. El padre se va encerrando en un espacio cada vez más reducido y en el silencio de la palabra oral y de la escrita. Una vez más la ley propia del mundo patriarcal) parece volverse contra el hombre mismo desde el comienzo:

El papá de mamá había enviado a un Licenciado Palenzuelos a ayudar a papá a cruzar la frontera y el licenciado Palenzuelos estaba esperando a papá y le dio la mano y lo recibió ya en territorio mexicano que fue cuando las autoridades aduanales y de migración también se acercaron a dar la bienvenida a papá sólo que en lugar de darle la mano lo que hicieron fue que rasgaron la manta verde con la que papá había cubierto las maletas sobre el techo del viejo Ford usado y abrieron las maletas y sacaron todo y todo era sólo libros y cacerolas y tapetes persas y lo revisaron y luego lo volvieron a meter sólo que papá ya no logró cerrar las maletas y así tuvo que entrar al país y así fue llegando a la Capital con la manta rota y sus cosas en desorden (p. 73).

Después de esta entrada de carácter simbólico, ya en el territorio mexicano, la vida de la familia adquiere un aire itinerante debido a la situación extranjera del padre. El mundo patriarcal —claramente signado por el coche y el padre ("el Cadillac y papá", p. 16)— corre el riesgo de caer en la ilegalidad "y ser perseguidos por la justicia mexicana", id.

El ejercicio opresor de la ley se concentra en otro símbolo: el puente de la vida que el padre contempla desde su ventana en los últimos tiempos de su mundo, y que en un último gesto "en contra" escogerá para su muerte:

El puente que veía papá desde su ventana era de piedra y muy sencillo sólo subía y bajaba entre dos barandales gruesos tan viejos como el resto del puente y sobre los que por las tardes se sentaban parejas de enamorados y se abrazaban aunque por debajo ya no corriera ningún río sino que hubiera tierra y pasto y desperdicio acumulado entre montones de hojas muertas (p. 86).

La vida se define así como un subir y bajar, coronado por el amor de las parejas. El puente tendido sólida ("de piedra") y sencillamente sobre el río ya seco (símbolo de lo masculino) cubre el nicho materno ("tierra y pasto y desperdicio [...] entre montones de hojas muertas"), prohibido por la ley a pobres y ricos (es decir, el descanso y la paz negados al hombre).

La espera de su muerte (sugerida desde el comienzo de la novela por el carácter ritual de la fiesta de fin de año que el padre celebra como suya con una actitud transgresora) es análoga a la esperanza de la caída del sistema opresor: "relee de Gibbon *The Decline and Fall of the Roman Empire*" (*id.*). Sin palabras, los signos visuales de su espacio reducido alertan la conciencia política del nosotros:

Debajo del vidrio de su mesa de noche papá tiene un recorte de periódico que nosotros vemos cuando lo vamos a ver a él. Se trata de una caricatura en la que aparece el Presidente de la República el día que toma posesión y se le ve como un hombre delgado y sencillo en un primer cuadro entrar por una puerta con un letrero que dice Presidencia del País y en el segundo cuadro se le ve seis años más tarde cuando ha terminado su periodo como un hombre más bien gordo con un atado al hombro que le pesa y que contiene miles y miles de centenarios de oro (p. 87).

¿Y qué de la mujer? En *Las hojas muertas* el nosotros sólo admite llegar a la individuación del género ("los hombres de nosotros"; "las mujeres de nosotros"), óptica que explícita o implícitamente se da en los relatos de Bárbara Jacobs. A diferencia del punto de vista de la novela, desde *Doce cuentos en contra* (1982) y su primer cuadernillo de cuentos, *Un justo acuerdo* (1979),[8] incluido en el libro mencionado, Bárbara denuncia, asumiendo plenamente la voz, la marginalidad de la mujer. Excepcionalmente no lo hace en el primer cuento, "Carol dice" (pp. 11-43), en el cual, de manera similar a como lo hace en la novela, recupera, mediante el recuerdo, la entrada a la adolescencia.

En este cuento largo que inicia el libro, el espacio de la ley lo ocupa el internado de jovencitas. Es el mundo de la formación escolar y religiosa, aunque en el relato este último aspecto sólo contribuye a crear el espacio que reúne y aísla al mismo tiempo, casi podado de todo efecto de espíritu religioso y sentido trascendente. La religiosa es una filiación que apenas deja trazo en la vida adulta. En cambio, se mantiene la pluralidad de las primeras experiencias emotivas y sexuales, y se boceta claramente el mosaico de las personalidades en ciernes femeninas. Del conjunto se privilegia la mirada alerta y madura —para sus años— de Carol. La salvaguarda su vocación incipiente de escritora. Carol mira el mundo un poco a distancia, lo cual se simboliza en el lápiz que lleva continuamente apresado entre los dientes, que la defiende de la práctica precoz del sexo. Sin embargo, su punto de vista no se desvirtúa. Como personaje, no rebasa los límites de su conciencia posible. Su omnisciencia virtual se limita gracias a que la narradora —mentalidad pasiva más bien infantil— mira y repite lo que Carol le dice. Con ello Carol le enseña a mirar y ella es un filtro de su óptica. Nosotros somos lectores y oidores de segunda mano: oímos y leemos lo que la narradora dice que Carol, a su vez, dice.

Desde este mundo así parcializado sabemos de los papeles familiares no asumidos; de las relaciones familiares degradadas y de un ambiente escolar cercano a la experiencia de la orfandad. Marginada de su propia edad y de la próxima, la voz narradora sólo cuenta con un breve punto luminoso que corresponde al mundo de la música: la hermana Clara, quien en su "pequeño cubículo" (signo materno del espacio) le imparte la clase de música. El hecho se revela en el cuento "Notas y clave" (pp. 134-138), que ineludiblemente asociamos al de "Carol dice":

El domingo la paso sola [...] leo los títulos en los lomos de los libros que sólo pueden leer las alumnas que ya se van a graduar. La paso sola, y en la noche, ya a punto de dormir, pienso en mi clase de piano y, no sé, se me crea un vacío cerca del corazón, y por un momento no oigo nada [...] (p. 138).

La dimensión de la angustia se objetiva en el símbolo grotesco de ese mundo, sintetizado en la descripción de Maurine Garland con que se inicia "Carol dice":

[8] Bárbara Jacobs, *Un justo acuerdo*, México, La máquina de escribir, 1979.

Maurine Garland es la más alta de nuestra clase, Freshman o Primero de High School del Convento de Outremont, en Montreal, Canadá. Pero además es gorda y quizá decir que es grandota la describiría mejor. Y fea. Porque tiene el cutis peor que todas, y el pelo se le ve siempre grasoso, y usa frenos dentales arriba y abajo y en la noche también de los que van por fuera y que sí parecen de caballo. Es medio jorobada y come papas fritas con la boca abierta. Pero tiene mucho dinero [...] (p. 11).

Es un mundo ajeno y extraño que no da tregua, lo cual se manifiesta en el "timbaleo de [los] oídos que no se interrumpe nunca", y que delata el cuento "Notas y clave" (p. 138), citado antes, en el que se nos revelan los efectos anímicos de ese mundo sobre la narradora.

El *nosotros* de la novela —indicativo de acuerdo, de algo en común (el padre)— es ahora el *nosotras*, relativo a una cultura del subdesarrollo, de las latinas marginadas en el colegio extranjero, donde se reúnen adolescentes de familias del nuevo y del viejo mundo. Allí, por ejemplo, Fernanda Ramírez, la mexicana —descentrada de su tiempo y de su espacio— se ejercita en el mundo de la apariencia, por oposición al mundo del ser y de la autenticidad, tema frecuente en la escritura de narradores y poetas mexicanos contemporáneos: "no sabe fumar bien, ni ponerse el perfume bien, ni tampoco sonreírles a los muchachos pero se hace la que sí, y por eso le va medio mal, según Carol, porque siempre se hace la que sabe hacer cosas que no sabe hacer" (pp. 23-24). O Nana la puertorriqueña es víctima de incendio tras incendio (¿de la historia?) que la han dejado sin casa propia (pp. 22-23).

En los cuentos se trata de un mundo patriarcal decadente y sin salida donde está ausente la risa plena (signo de un mundo dueño de sí). El *giggling* nervioso de la adolescente no se distingue mucho de la risa torpe de la mujer adulta (p. 14). Y el ser excepcional —la hermana Clara— "da la impresión de que se está controlando continuamente, para no explotar en una audible, inoportuna, revoltosa risa" ("Notas y clave", p. 134). Mundo que no encuentra su lenguaje todavía, y debe continuamente *traducir* sus términos:

Carol dice que Rachel hasta ha necked, que es ir en coche con un muchacho y estacionarse en un mirador de las Laurentians y besarse con lengua y de noche. Y Carol dice que Rachel seguramente pets, que es peor que necking, porque hasta se abrazan y el muchacho le toca los bustos y las rodillas y el estómago.

Rachel blushes, que es ponerse roja, cuando la sister Mary, que es la maestra de Freshman, le pregunta lo que sea, hasta cuando es sólo de álgebra (p. 13).

Este mundo patriarcal sin salida determina un núcleo familiar enajenado, de relaciones opresoras generadoras de miedo, e inclusive de terror, que circunscriben al padre en el autoencierro y en la violencia ejercida contra las mujeres de su mundo con las cuales no se comunica, salvo con la hija y de manera precaria. La madre se cosifica en una actitud servil que no le deja espacio, impotente para realizar las funciones primarias maternas y femeninas: no puede alimentar (no hay ni siquiera muebles en el comedor) ni dar albergue (los hijos deben salir del espacio familiar). La figura patética de la abuela orina sobre el suelo su impotencia regresiva. La palabra, consternada, se llena de ternura para describirla: "Entre sus zapatos, de agujetas, tipo botita, negros, había un charco parecido al que los hijos de mis hermanos dejan sobre la alfombra de la sala" ("La vez que me emborraché", p. 91).

El padre, enajenado de la historia, castra a la mujer; inhibe su educación; teme su sexo ("Susana, abróchate la blusa", *id.*).

Los signos esperanzadores están también presentes como alternativas virtuales de ese mundo. La escritura la consigna como un espacio doble, como una misma raíz. Dos hermanos, dos modelos paternos: uno liberador, otro destructivo. La narradora pasa del espacio paterno opresor al espacio liberado y acogedor del tío y de su familia. Es la familia por sangre y la familia por elección (dentro de la familia extensa):

> La güera y yo nada más somos amigas. Asimismo somos primas. Su papá y mi papá son hermanos y vivimos cerca. Tan cerca que para ir a su casa yo sólo tengo que atravesar el jardín [...]
> Casi siempre me da miedo regresar sola a *mi* casa [...] aunque yo en la suya me paso todo el día los sábados y los domingos y prácticamente todas las tardes entre semana. Su papá me cae mejor que mi papá. Cuando estoy sola me pregunto por qué no habré sido hija de él. ¡Es que son tan diferentes, nuestros papás! Y el mío es un ogro. Todo mundo lo sabe.
> El otro día me emborraché, por culpa de mi papá. Bueno, y de mi mamá. Por culpa de lo que sucede entre ellos y que yo veo (p. 82).

La madre resulta cómplice en el ambiente destructivo:

> mi papá, sin decirlo, le da a entender a mi mamá que él tiene el paso, y mi mamá —y es cuando la odio— se hace la que al fin ni iba a subir, si estaba subiendo, y de espaldas baja lo que llevaba subido. Así, le *da* el paso a mi papá. A mí me gustaría que no se lo diera, pero se lo da (p. 84).

Otra mujer, Rosario Castellanos, ha expresado anteriormente una censura similar, en un discurso autobiográfico que, por serlo, resulta duramente conmovedor.[9]

En "Retrato conjetural" la mujer enfrenta el problema de la autenticidad en términos de la oposición entre lo que se tiene o se es en el presente y lo que se quiso ser. La protagonista ensaya papeles diferentes evocados desde la cotidianidad doméstica de su tiempo presente. Si en Rosario Castellanos el motivo simbólico de parecido efecto fue el horneado de un trozo de carne, y lo que se cuestiona es la relación de pareja (cf. "Lección de cocina",[10] en el relato de Bárbara Jacobs el motivo central es la función materna y sus derivados, sólo que se trata de una mujer sola sin pareja. Precisamente cuando el cuento indica esta situación llegamos como lectores al centro del deseo: "llegar más allá de las apariencias y descubrir el núcleo

---

[9] Cf. Elena Poniatowska, "Rosario Castellanos. 'Vida, nada te debo'", en *¡Ay vida, no me mereces!*, México, Joaquín Mortiz, 1985, pp. 116-117.

[10] Rosario Castellanos, "Lección de cocina" [primer cuento de] *Álbum de familia*, México, Joaquín Mortiz, 1971.

de esta o aquella emoción pasajera, para darle entonces un sitio dentro de una belleza simple" (p. 101).

Es decir, llegar a la sencillez de lo esencial. La voz narrativa asume entonces el discurso como propio y la ficción adquiere fuerza ¿autobiográfica? ("Anita Colina se duerme y podemos suponer, de ahí pasa a imaginar [...]", *id.*). Lo esencial, lo deseado posible en el plano onírico es, como en Borges, ser el objeto de creación de un artista o el sentido de su obra. Una vez más (recuérdese "Carol dice") el sujeto femenino asume una identidad dependiente, que ahora se marca más bien como una realidad de interdependencia en función de la creación artística:

> [...] ser el personaje central de un cuento o, por lo menos, la musa por excelencia de cierto artista que sepa tomar en sus manos alguna pieza de la vida de ella, tomarla y transformarla en algo más bello y más noble que lo que ella, con cualquiera de sus imitaciones, de haberla llevado a sus últimas consecuencias, hubiera podido nunca alcanzar (*id.*).

La escritura, no obstante la universalidad de temas, referencias y modalidades, se adscribe a la tradición de la literatura escrita por mujeres en México al asumir, transformándolo, el modelo rector de Rosario Castellanos. Se muestra la raíz a niveles implícitos de escritura y, por tanto, verazmente auténticos, sin estridencias declarativas.

El tiempo pausado y cíclico asociado, por lo general, al mundo femenino parece ser el discurso omitido, negado para la mujer que "no tiene tiempo" para vivir. Es decir, de acuerdo con las acciones que el texto desglosa, que "no tiene tiempo" para pensar, contemplar el mar, recordar, amar, imaginar, saber y sentir. Es el problema que se plantea explícitamente en "Atardecer en la playa" (pp. 110-111), y que subyace más sutilmente en "Las bailarinas se alejan" (p. 47). En este último relato la mujer vive su pequeña alegría en su espacio y recuerda con "plenitud" su vida amorosa. No obstante, el cuento descubre al lector que lo omitido en el proceso es la historia. La mujer, en su devenir, en función de otros, no se ha dado tiempo para crear una conciencia *para sí*, liberadora. En la medida en que el recuerdo ha querido borrar los "malos momentos", la vida se falsifica y enajena. No hay "desilusión" porque no ha habido una ilusión propia; no hay "vida" porque no se ha enfrentado la verdad de la historia. Si bien en el espacio onírico se muestra el sentido de la vida como: "esperanza, alegría, desilusión", a la protagonista le es negada su comprensión porque ha vivido en tránsito, de paso, sin tiempo para sí, para apropiarse de la historia: "cuando ella intenta acercarse a preguntarles qué le quieren decir con eso, las graciosas bailarinas se alejan, porque la señora Blanco va en un tren, de paso, y no puede detenerse" (p. 49).

Por eso, por el momento, la tercera edad permite una solidaridad entre mujeres, alegre, como en juego, de pequeñas complicidades que facilitan el ejercicio de una independencia y de una seguridad realmente encantadoras. Hay ternura y gozo de parte de la voz narradora en el trazo de esas "Seis damas de calidad" capaces de "la utilización infinita del pronombre yo, con una frecuencia superada sólo en conversaciones masculinas [...] Las une un juego tan equilibrado que, si cualquiera de ellas faltara, el grupo se convertiría en una guitarra de cinco cuerdas" (pp. 61-62).

Se piensan independientes del hombre ("Los hombres, ni falta que nos hacen") porque "entre las mujeres, la mujer cuenta" (p. 63). Pero son ellas mismas las que, en un gesto final en el relato, de coqueteo juvenil, indican la necesidad de romper el cerco autoprotector de mujeres, en función de la vida. La escritura no va más allá; es sólo un ligero sesgo que sugiere *lo que falta* en el proceso liberador (*id.*), en la medida en que apunta a la necesidad de la relación con el otro:

> Se oye la tercera llamada cuando el hombre que recibe los boletos exclama: "¡Las seis damas de calidad!" Ellas, sonrojándose, inclinan apenas la cabeza y entran, con un aire involuntariamente solemne y se hacen saber que mañana, durante el té, lo comentarán y, por supuesto, lo calificarán de atrevimiento, pero, sin entender por qué, acordarán el domingo entrante llegar un poco más temprano, estrenar vestido, quizá (*id.*)

La medida de la verdadera liberación la ha dado Bárbara Jacobs con una fuerza simbólica admirable en el primer relato de su cuadernillo inicial, que en *Doce cuentos en contra* aparece en las pp. 78-79. Todos los niveles de la marginación femenina se aprietan y ajustan en una página ejemplar en "Un justo acuerdo", que comienza: "Por diferentes delitos, la condenaron a cadena perpetua más noventa y seis años de estricta prisión" (p. 3). Y concluye: "Hace poco, debido a razones de espacio, las autoridades decidieron enterrarla; pero con el fin de no transgredir la ley y de no conceder a esa reo ningún privilegio, acordaron que el tiempo que le faltaba purgar fuera distribuido entre dos o tres presas desconocidas que todavía tenían muchos años por vivir" (*id.*)

En la novela, el último relato largo de Bárbara Jacobs, no se plantea de lleno el tiempo de la madre. La mujer, en México, en el tiempo de *Las hojas muertas* —"tercera llamada", tercera generación— está todavía adscrita al mundo patriarcal, aun en sus manifestaciones positivas, como es el caso de la novela. Sin embargo, los signos de la historia le exigen un cambio a la altura del tiempo por venir. Claramente el padre "nada musical" de *Las hojas muertas* intuye y sugiere el nuevo tiempo. Hijo predilecto de mujer (se cría sin padre) de quien hereda la sensibilidad por la lectura (espacio liberador mientras la historia opresora pasa), es él quien a la hora de desposar a la mujer, intuye su esencia, su principio melodioso que se traduce en "sonrisa":

> Comoquiera que sea y en vista de que las autoridades de su país no le habían devuelto su pasaporte, papá cruzó la frontera con una tarjeta de identidad y una licencia de siete días y el ocho de noviembre de 1943 se casó con mamá dos veces, por lo civil para hacerlo ante la ley mexicana y por la Iglesia para caminar por su pasillo central en la ciudad de México vestido con uniforme de soldado raso del ejército de los Estados Unidos y tarareando para sus adentros She walked down the isle, wearing a smile, que era parte de la letra de una canción popular por esos días de otoño y de guerra en el mundo y que a papá le daba la imagen de una novia que caminaba por el pasillo central vestida con una sonrisa y nada más (p. 70).

Recuérdese también la voluntad de morir en un nicho materno y natural, transgresor, como una última afirmación de su espíritu.

Antes, el padre y la madre se han mudado a la casa de "la mamá de mamá" (p. 85). La madre suplica su espacio; se mueve de uno a otro y los hace propios. Su naturaleza es afín al cambio: "mamá iba y venía y la hacía también su casa" (*id.*). Significativamente, este cuarto que se reitera es el espacio materno en que se han criado "las mujeres de nosotros", y que ahora acoge y cobija en los últimos tiempos al padre y a la madre, y sobre todo al padre.

También han sido las hijas mujeres mayores las que han captado en la infancia el sentido del padre en la vida del nosotros. El punto de vista de las mujeres se aniña ante el padre para que la ternura y el amor se manifiesten (cf. pp. 18 y 35).

Sin embargo, al final de la vida de Emile Jacobs la voz narradora predice que el canto infantil que lo busca y añora será propio de todo el *nosotros*: "las mujeres de nosotros y los hombres de nosotros y en una palabra todos nosotros" (pp. 102-103).

ULALUME GONZÁLEZ DE LEÓN, PATRICIA MEDINA Y SUS "MADRES": UNA HIPÓTESIS

Julian Palley
UCI

Hace algunos años descubrí la poesía luminosa de Rosario Castellanos, que me parece la mejor poesía que se ha escrito en México en lo que va del siglo. Como resultado de este deslumbramiento han salido dos antologías mías de su obra poética, una en México y otra, bilingüe, en Estados Unidos. Aunque no soy especialista en poesía mexicana —más bien española—, este descubrimiento me hizo emprender, tentativamente la tarea de conocer a las otras mujeres poetas que han surgido después de Rosario y pensar en una "antología ideal" de mujeres poetas mexicanas de las últimas décadas.

Como otros aspirantes a antólogos, he encontrado el campo demasiado fértil, lleno de flores menores y mayores. Ha habido una explosión de la poesía en México desde los años sesenta, tanto de la masculina como de la femenina. Pero antes las voces femeninas habían sido silenciadas o muy tímidas para salir a la luz del día, y esa represión dio lugar a la explosión, la proliferación de poetas que vemos hoy.

Las antologías anteriores daban escasa noticia de mujeres poetas en México; me parece evidente que había poca inclinación a reconocer que las mujeres podían escribir. Por ejemplo, en la conocida *Poesía en movimiento* (1966), dirigida por Octavio Paz y tres otros (hombres), hay un total de cuatro mujeres: Castellanos, Fraire, Thelma Nava y Margarita Michelena, entre 34 hombres. Sospecho que los compiladores tendían a incluir a sus amigos (excepto los más viejos) y se olvidaron de las mujeres. En *Palabra nueva* (1981), la antología de Sandro Cohen, la situación ha mejorado un poco: once mujeres entre un total de 48 poetas. Francamente, no creo que esto represente un reflejo equilibrado de la presencia de los dos sexos en la poesía mexicana. Es por eso, en parte, que me inclino por una antología de sólo mujeres, para rectificar, un poco, las injusticias pasadas.

Pero, ¿cómo escoger a estas poetas? Una antología "ideal" tendría que incluir, por ejemplo, la poesía tempestuosa y sensual de Coral Bracho: los arabescos delicados y penetrantes de Ulalume González de León; la lírica mítica de Elsa Cross; la prosa poética de Esther Seligson; la obra amorosa y atormentada de Mónica Mansour; los poemas delicados, breves, imaginistas y profundos de Elva Macías; la obra influida por la tradición judía de Gloria Gervitz y Perla Schwartz; los gritos de protesta feminista de Patricia Medina; los pocos pero conmovedores poemas de Kyra Galván. Sin duda conoceré a otras. Aquí hay una riqueza lírica apenas explorada, una múltiple voz femenina sumergida quizá durante siglos en una sociedad altamente androcéntrica.

Una vez, el poeta inglés Robert Southey escribió a Charlotte Brontë las siguientes palabras: "Literature is not the business of a woman's life, and it cannot be" (La literatura no es la ocupación de la mujer, ni puede serlo). Los prejuicios contra las mujeres, expresados en tanta literatura (la mujer es pasiva, inconstante, devoradora, ingrata, etc.), reflejan las estructuras patriarcales de la sociedad. Un crítico contemporáneo, Harold Bloom (de la tendencia llamada "deconstrucción"), empleando la psicología freudiana, ve que en la literatura, en función de la "novela familiar" (Family Romance o *Familienroman* de Freud), los poetas jóvenes luchan contra la influencia de sus "padres", sus precursores, los poetas anteriores: "La verdadera historia de la poesía es la historia de cómo los poetas han sufrido a otros poetas, así como cualquier biografía verdadera es la historia de cómo una persona ha sufrido su propia familia —o su desplazamiento de la familia a amantes o amigos."[1] El autor novel sufre entonces la "angustia de la influencia". Sandra Gilbert y Susan Gubar, autoras de *The Madwoman in the Attic*, se preguntan: ¿y dónde deja todo esto a las mujeres? ¿Cómo es la angustia de la mujer escritora, ya que apenas hay "madres" para influirlas? La lucha de la escritora no es contra su precursor masculino, sino contra *su* lectura de *ella*, contra la imagen de la mujer que se ha forjado en la literatura masculina. Pero muchas veces sólo puede emprender tal lucha al buscar activamente una precursora femenina que pruebe, por ejemplo, que es posible la rebelión contra la autoridad literaria masculina. Creo que para Rosario Castellanos estas precursoras eran sobre todo Gabriela Mistral y Alfonsina Storni, sobre todo la primera, ya que en México no había precursoras femeninas sin remontarse a Sor Juana Inés de la Cruz: las poetas mexicanas anteriores eran más bien, como Guadalupe Amor, "poetisas", es decir, las que escribieron lo que *debían* escribir, como mujeres, o sea, sin desafiar al patriarcado.

Una hipótesis, más que tesis, que quisiera postular de un modo muy provisional es que las poetas jóvenes de México, las que pertenecen a generaciones posteriores a la de Castellanos, consciente o inconscientemente reaccionaron ante la influencia de la poeta de Chiapas, o aceptando las innovaciones que ella había introducido en la escritura femenina, o bien rechazándolas para abrir su propio camino. No creo que hubiera sido posible escapar del todo a esa influencia.

Bloom inventa ciertos términos para describir las varias posturas del poeta nuevo respecto a su precursor: por ejemplo, *tessera*, que es terminación y antítesis, en que el poeta completa la tendencia del precursor, pero llevándola más allá y cambiando el sentido. O *kenosis*, que es un movimiento hacia la discontinuidad o ruptura con el precursor. Volviendo a Castellanos y las poetas nuevas, yo situaría, por ejemplo, a Patricia Medina y Kyra Galván entre las que continúan y completan la escritura feminista de Castellanos, pero logrando su propia voz poética; y a Elsa Cross y Ulalume González de León entre las que buscan la ruptura con la lírica feminista anterior para buscar rumbos completamente nuevos.

Quizá parezca extraño poner el nombre de Ulalume González de León (nacida en Montevideo, 1932) entre una corriente que ha seguido o se ha desviado de

---

[1] Harold Bloom, *The Anxiety of Influence*, Nueva York, Oxford University Press, 1979, p. 94.

Rosario. Ella es poeta temporal, de una fragilidad temblorosa, próxima a caer: "no es océano, sino una arquitectura de líneas y transparencias" en palabras de Octavio Paz. Para precursores se buscaría más bien a poetas como Roberto Juarroz, Jorge Guillén, Marianne Moore, o el mismo Paz. La cualidad lúdica se aproxima a veces al mero juego, pero hay veces en que acierta y el poema queda resonando en el lector:

> Quiero pensarte muerta
> y que tu muerte sea
> un plagio de mi canto[2]

Se trata, quizá, de un conceptismo muy suyo y original. No puede haber desviación más completa de la poesía confesional, conversacional y feminista de Castellanos. Pero hay unos cuantos poemas que nos hablan desde el yo de la poeta, desde su condición de mujer latinoamericana: tres poemas de los *Comentarios* (de *Plagio*): "Inventario", "El maravilloso ejercicio de despertar" y "Cambios de piel". Estos poemas miran atrás a "Economía doméstica", "Autorretrato", y "Valium 10" de Rosario, pero no por eso dejan de ser profundamente originales y escritos en la voz inequívoca de la poeta. En "Ejercicio de despertar" González de León describe así esta práctica diaria:

> No pienso
> me armo sobre mis piernas
>   me doy cuerda
> me visto
>   me peino
> ordeno para el día escasas palabras...

> (p. 49)

O en la voz de Rosario:

> El día se convierte en una sucesión
> de hechos incoherentes, de funciones
> que vas desempeñando por inercia y por hábito.

> "Valium 10"

Cuando en "Inventario" González de León nos habla de las "cosas" olvidadas de su casa:

> Saco mi colección de antigüedades
> Las limpio las pulo
> para que no se les note la muerte:
> Viejos proyectos que nunca realicé pero que
>   todavía hacen tic tac

[2] Ulalume González de León, *Plagio*, México, Joaquín Mortiz, 1973, p. 15. Las citas subsiguientes a González de León remiten a esta edición.

está empleando hábilmente esa técnica de "desfamiliarización" estudiada por la crítica contemporánea: esos viejos proyectos "no realizados" que todavía funcionan, por ejemplo; la yuxtaposición de elementos que chocan por proximidad no acostumbrada. Pero estos objetos no pueden dejar de recordar otros:

> Algunas cosas. Por ejemplo, un llanto
> que no se lloró nunca;
> una nostalgia de que me distraje,
> un dolor, un dolor del que se borró el nombre...

Así Rosario, en su "Economía doméstica" hace otro inventario de las extrañas cosas olvidadas. O el maquillaje de "Cambios de piel" de González de León:

> Cada día
> Cambio de rostro y tiro el anterior que apenas
> tiene un día de uso
> Pero los nuevos rostros son cada vez más viejos
> Escasamente resisten la jornada
> Temo
>   a veces
> que vayan a romperse antes de que anochezca

(p. 50)

Rosario también medita sobre el maquillaje y el hecho inexorable de envejecer: "Soy más o menos fea. Eso depende mucho/ de la mano que aplica el maquillaje."

Lo original de González de León, en este y en otros poemas, es que lleva el motivo femenino a un nivel más abstracto y metafórico ("Pero los nuevos rostros son cada vez más viejos"), en su estilo lúdico que sorprende al lector ante el juego que nos lleva a una experiencia vivida y real.

> nacimos donde tu rostro se quebró;
> vamos por tu constante
> inconstante Rosario...
>
> Patricia Medina, "Inconstante Rosario"

De las poetas que continúan la vena feminista de Rosario Castellanos, la que sobresale, a mi modo de ver, es Patricia Medina, quien publicó su primer libro en 1987.[3] Continuar pero no imitar: ha encontrado su propia voz punzante e idiosincrática, un estilo más complejo que el de su precursora, aún más intimista, que ya no parte de la realidad social, como la obra de Rosario: "No pretendo —y lo evito— expresar ni intimar ni la realidad social, ni la naturaleza, sino reflejar desde dentro lo que [ellas] lograron modificar de mi propia realidad humana y social."[4] La

---

[3] Patricia Medina, *Trayectoria del ser*, Guadalajara, Universidad de Guadalajara, 1987.
[4] Carta de Medina al autor de este ensayo, 13 de octubre de 1987.

sorpresa es una constante de su obra, la ruptura lingüística que choca y hace pensar al lector, la frase verídica y a la vez paradójica:

> Una mujer con piel en clave morse
> cocina un pan de pérdidas[5]

> si me muriera ahora se perderá mi rastro
> y a veces me hago tanta falta
> que me pongo a llorar.

(p. 46)

La vejez, todavía distante, obsesiona a una hablante que ve el futuro en un revoltijo de imágenes contradictorias y que lamenta la falta de comunicación con algún lector posible:

> Cumpliré alguna noche de romance
> un día de comunión
> muchas tragicomedias del engaño
> y seré todavía la madre loca
> la amorosa de piernas desdobladas.
> Cumpliré tristeza,
> la que ya no me deje
> iniciar mis páginas sin destinatario.

(p. 99)

La lucha para seguir levantándonos todos los días para ir a trabajar se plasma en "Informe mensual", poema que despista al lector con un chorro de imágenes ambiguas y sorprendentes:

> Me levantaré cada boca de día
> a ver si el mundo era como mi ventana
> . . . . .
> Que mis zapatos digan de los saltos que
>   daba el corazón
> y cómo lo detuvo ante un semáforo
> . . . . .
> Presté mis dientes al relamido grupo de
>   mujeres astros,
> alguien podó mis alas...
> . . . . .
> lloré una vez al mirarme al espejo,
> fumigué mi casa de novelas rosas.

(pp. 49, 50)

---

[5] *Trayectoria del ser*, p. 44. Las citas subsiguientes a Medina remiten a esta edición.

Mientras que Rosario emplea el humor y la ironía para atacar al mundo opresivo, Patricia Medina se ahonda más en su propia psique que sólo puede plasmarse en un caleidoscopio de paradojas, el correlato objetivo de su estado de ánimo.

Si el manifiesto feminista de Rosario se proyecta sobre todo en su "Meditación en el umbral", Medina declara una ruptura más decisiva con el pasado en su poema "Desde hoy a pesar de mi madre". Vale la pena citar el poema entero:

Desde hoy a pesar de mi madre
para rezar no diré
yo pecador, yo espero, yo castigo,
yo a la vista de todos
espero no matar, mentir lo necesario,
fornicar.
Me propongo ladrona, pero impune
de esa voz que me injuria en el nombre del padre.
He decidido no amar sin látigos,
corroborando el pulso,
santificar al hombre si renuncia a su idioma,
si se parece a mi hijo.
Reniego de mi bautismo
sobre la carne en llamas.
Juro que desde hoy tomo el deseo
como arma y testimonio,
me obstino en la esperanza,
me permito mujer.

(p. 39)

Medina trastorna la moral judeo-cristiana en la que fue criada: "espero no matar, mentir lo necesario, / fornicar". El amor, el eros, ya no será represión ni frases veladas: "Juro que desde hoy tomo el deseo / como arma y testimonio." Amará al hombre que "renuncia a su idioma", es decir, si renuncia al orden simbólico androcéntrico que hace a la mujer el sexo sumiso y secundario. A veces es necesario mentir, o incluso, quizá, ser "ladrona", pero rechaza ese *nom-du-père* de Lacan: el nombre del padre (Dios, juez, sacerdote, marido) que establece las reglas que sujetan a la mujer. Medina lleva más allá la declaración de Rosario. Espera un futuro de igualdad, de apertura al deseo:

Me obstino en la esperanza,
me permito mujer.

PROLEGÓMENO AL ESTUDIO DE LA PRODUCCIÓN FEMENINA DE LITERATURA DE MASAS*

Beatriz Mariscal
El Colegio de México
Pilar Grediaga
El Colegio de la Frontera Norte

El pomposo título de este trabajo pretende, al emparejar el término erudito con esa producción literaria que suele considerarse fuera de los límites de la "verdadera literatura", llamar la atención sobre la necesidad de abrir espacios para los estudios sobre géneros o productos literarios que no responden a los cánones establecidos por los grupos hegemónicos que controlan la definición de lo que es y no es arte, de lo que es y no es literatura.[1]

Es un hecho que la literatura popular y, aún más, la literatura de masas suelen ser despreciadas o en el mejor de los casos ignoradas por la crítica literaria "seria", que considera estas manifestaciones literarias o bien como residuos reaccionarios de culturas inoperantes —el caso de la literatura tradicional, de transmisión oral— o bien, en el caso de la fotonovela, la historieta o la canción popular, como copias derivativas y desvirtuadas de la "verdadera" literatura, aquella que es producida y consumida por la minoría ilustrada.

No pretendemos reivindicar la literatura de masas, que es todo lo que se ha dicho de ella y aún más; lo que nos interesa es proponer la reflexión sobre esta literatura desde un punto de vista que recupere el sentido común de esa "masa" consumidora, su capacidad de resistencia a la total absorción por parte del sistema que busca a la vez explotarla y excluirla.

Por otro lado, creemos que puede ser de especial interés el estudio de la obra de mujeres que producen esa "literatura de la opresión femenina" como la llama Michèle Mattelart.[2]

Nuestras observaciones se refieren brevemente a estos dos temas, tomando como materia de análisis dos historias de la serie "Lágrimas y risas" y a su autora, la mexicana Yolanda Vargas Dulché, fácilmente la escritora mexicana más leída.

---

* Este trabajo fue leído durante el Segundo Coloquio Internacional sobre la Literatura Femenina Mexicana y Chicana: Culturas en Contacto que se llevó a cabo en El Colegio de la Frontera Norte, Tijuana, Baja California, mayo de 1988.

[1] La publicación de este trabajo en una revista del Instituto de Investigaciones Filológicas de la UNAM resulta, huelga decirlo, sumamente alentador.
[2] Michèle Mattelart, *La cultura de la opresión femenina*, México, Era, 1977.

NUESTRA PROTAGONISTA

Ella es Yolanda Vargas Dulché, mujer surgida de las clases populares, que va por la vida de editorial en editorial con sus novelas y sus ilusiones hasta que por azar se topa con el galán de su vida, Guillermo de la Parra, quien al igual que ella lleva sus novelas y sus ilusiones debajo del brazo. Ellos, "como les sucedía a tantos jóvenes de la capital de la provincia, para quienes escribir o dibujar historietas era motivo de desvelos y penurias",[3] se encontraron y la llama del amor los llevó a formar una familia perfecta, con hijos y todo. Ella dice de sí misma que "se hizo a golpes"; él en cambio se refiere a ella en los siguientes términos: "Es una impredecible criatura... puede recordar una flor que yo le diera hace veinticinco años, todos los teléfonos de la larga lista de nuestros amigos y conocidos y olvidar dar las instrucciones más elementales."[4] Una vez cumplida su misión de soltera de encontrar al señor que la desposa y que le permite cumplir con su gran deber, el de la maternidad, nuestra protagonista se encuentra con un dibujante de cierto prestigio, Antonio Gutiérrez, con quien —el destino siempre sabio— formó la mancuerna Yolanda Vargas Dulché-Antonio Gutiérrez y "ambos con su público que cuenta por legiones... llegaron al alma sensitiva, noble y artista del mexicano, sin importar su estrato social o económico ni su estado intelectual".[5] Ahora pasemos a su obra.

MARÍA ISABEL O DE LA COCINA AL PIANO

Ésta es la historia de *María Isabel*, una indita muy pobre que vivía con su papá y con su madrastra, huérfana, cuando menos a medias, al igual que los héroes de los cuentos tradicionales. Por supuesto la madrastra la odia porque es muy, pero muy bonita. Un día conoce a la hija del patrón y su amistad surge naturalmente. El padre de la güerita castiga a su hija por esa osadía y la manda interna a una escuela en la capital. Al regreso de sus estudios, la indita y la güerita ya son unas señoritas. La güerita se enamora de un individuo a quien su papá por supuesto no acepta, ella tiene un desliz y él muere. La indita y la güerita se escapan a la capital en donde la güerita da a luz al producto de su amor prohibido. Al dar a luz, muere, pero antes de morir le suplica a la indita que adopte a su hija y que nunca le diga la verdad. María Isabel va dando tumbos hasta que llega a la casa de *él* como sirvienta. Heroicamente descubre los robos de otros sirvientes y se queda como la única sirvienta de la casa. Se desvive en atenciones con *él*. Pobrecito, viudo y con una hija pequeña. Él, que se dedica a sus negocios —¿cuáles?—, se enamora de una mujer que sólo lo quiere por interés. Esto lo descubre María Isabel, quien ya para este momento aprendió a leer y a escribir porque su hija le enseñó. Recibe el amor y el agradecimiento de él. Hasta este momento ya hemos recorrido tres tomos.

[3] Rosalva Valdés, "Una trayectoria ascendente", *Libro de aniversario de Editorial Argumentos*, México, Ed. EDAR, 1980, p. 3.

[4] Guillermina de la Parra, "Semblanzas", *Libro de aniversario de Editorial Argumentos*, México, Ed. EDAR, 1980, p. 10.

[5] Rosalva Valdés, *op. cit.*, p. 4.

Veamos cómo él descubre su amor por María Isabel: "Pero Ricardo se acercó tras ella, sonriendo feliz, como si hasta en aquel instante sus ojos percibieran el gran amor de María Isabel. —Escucha... ¿quieres casarte conmigo?— "Señor Ricardo... ¿está usted borracho?"[6] Después de una boda a la que no asiste nadie más que el gran amigo de Ricardo, se van a París, en donde él se desempeña en la embajada —¿cuál?— y en donde reencuentra a una gran amiga, pianista, con la que tiene un *affaire* del que María Isabel ni se las huele. Ella solamente piensa en agradar a su esposo y se dedica a aprender a tocar el piano. Nunca llega a ser una gran pianista pero sí a descubrir la infidelidad de su esposo. Justo en ese momento recibe una carta de la hija que no es su hija pero que sí es su hija, pidiéndole perdón. Ella se sube al avión y llega a Nueva York. Él descubre que ella no está y decide ir a Nueva York a encontrarla. Juntos viajan a su país en donde los esperan la hija que no es hija de ella y la hija que sí es hija de él y colorín colorado, la novela termina en el tomo 5 con este mensaje: "Ésta ha sido una historieta dedicada a ellas... a las mujeres de nuestro pueblo, que vienen a la capital con el corazón limpio de maldad y un justo deseo de progreso y de triunfo."[7]

HISTORIA NÚMERO DOS: *VAGABUNDO O TAMBIÉN LOS HOMBRES SUFREN*

En esta historia el protagonista debería ser Gerardo Rojas, pero él, tan caballeroso, le da el estelar a *Velia*. Ella, niña rica, hija de un señor rico, se enamora de él en un yate que pertenece a su papá y en el que *él* viaja como polizón. El papá pone el grito en el cielo cuando la hija se atreve a decirle que está enamorada de ese cazafortunas. Él le escribe una carta en la que le dice que la buscará, pero la carta nunca llega a su destino. Un día en una fiesta ella conoce al doble de Gerardo Rojas. En lo único en lo que no se parecen es en que él tiene una cicatriz en la espalda que el doble no tiene. Javier Duprá sí es un auténtico cazafortunas, pero con mucho *glamour*, por lo que el papá de Velia es muy feliz y se casan. No pasan ni cinco minutos cuando el tipo saca el cobre y Velia que se casó con él porque se parece al que no es él, se desencanta. El glamoroso mata al papá de Velia y sigue en sus negocios, aquí sí perfectamente definidos: robo, chantaje, transa, trampa, etc. Un día Dupré descubre a un gasolinero que es idéntico a él, y ahora sí es *él* y le pide que lo suplante. Él descubre que está casado con ella, que es el amor de su vida y trata de rescatar su amor, pero ella no ve en él a *él* sino al otro. La trama se complica y se complica, pero él hace que maten al que no es él y cuando ya está a punto de consumar su amor, la policía lo confunde y tiene que huir. Llega a una choza que parece que está en un pueblito muy mexicano, pero en el periódico ve su fotografía y la oferta de miles de dólares por su captura. Allí lo acoge una viejita que no lo descubre y un año después se encuentran él y Velia en el paradisíaco lugar en el que se enamoraron y fueron muy, muy remuy felices, porque ella regaló todo su dinero a los niños pobres —"Todo lo cedí a los niños pobres y me vine aquí con lo indispensable" —"Entonces, ¿de qué te has sostenido?" —"Soy una pobre emplea-

[6] Yolanda Vargas Dulché, *María Isabel. Clásicos Lágrimas y Risas*, tomo 4, México, Editorial EDAR, S. A.
[7] *Ibid.*, tomo 5.

dita bancaria que gana un sueldo para mantenerse..." "Mientras llegaba su amado por ella y se hacía cargo de su existencia."[8]

Ahora tenemos ya los elementos necesario para la firma del *Pacto de solidaridad.*

Mucho antes de que nuestros sabios economistas acuñaran esta frase, existía un pacto solidario firmado entre los escritores del género rosa y sus lectoras.¿En qué consistía? Muy sencillo: los escritores pueden inventar todo lo que no es cierto, heroínas extraordinariamente bellas, triunfadoras en el amor y ricas, o bien feas, enfermas, pobres y con mala pata, pero cuya suerte siempre ha de cambiar. Han de colocarlas en un espacio geográfico contradictorio en el que los países se entremezclan sin ton ni son, es igual una isla tropical que una ciudad, el tiempo mismo es de una indefinición inaudita. El caso es que las lectoras se lo creen todo, no importa que se den cuenta de que nada es cierto porque lo único cierto es que la novela las vuelve a ellas la protagonista. Al leer la novela pueden vivir su erotismo sin necesidad de inventar: el único esfuerzo es el de convertirse en *Rosa Isela, María Ramona, Irma Cristina* o *Yesenia* con sólo abrir la historieta.

Con la lectura semanal de la historia para la oficinista, pasan a un segundo plano la tarjeta de crédito cancelada, el marido que no llega a dormir y los hijos que andan en malas compañías, y son sustituidos por la realidad de un galán que al fin comprendió el gran amor que por ella, *Rosa Isela*, siente, y por el que está dispuesto a dejar todo el oro y el prestigio social, porque ella, *Rosa Isela*, no es más que la sirvienta de la casa. Pero el tío lo amenaza con el desprestigio de su carrera, y... continuará. Y entonces ella, la oficinista, retoma la realidad, vuelve a jugar el papel que realmente le corresponde en la vida y a pensar en la tarjeta de crédito, en que el marido no llegó a dormir o que viene borracho y los hijos no estudian, con todo el esfuerzo que ella hace para pagar los libros y los cuadernos. En fin, habrá que esperar hasta la próxima semana para ver si el malvado tío se sale con la suya. Y la lectora lo comenta con su compañera de escritorio o de oficina y especulan sobre el próximo capítulo: "Te lo dije, *Juan Ignacio* no iba a permitir que el tío se saliera con la suya, que lograra imponer su maldad, porque él en realidad la ama."

Y semana tras semana las especulaciones son ciertas o fallan, pero en lo más profundo de su ser ella, *Rosa Isela*, es *ella*, la lectora.

LA PROTAGONISTA SE NOS ESCAPA

En realidad, lo que la creadora de estos argumentos amorosos y su mancuerna, el dibujante, hacen es reproducir lo que les gustaría que fuera. Ella, Yolanda, es su propio personaje, sólo escribe lo que le gustaría que le hubiera pasado a ella misma, igual que a la oficinista que la lee. En esto estriba su éxito, que traducido en términos económicos le permitió fundar una editorial (Editorial Argumentos) que tira aproximadamente 250 000 ejemplares semanales que se distribuyen en todo el país y que le han permitido además incursionar en otro tipo de negocios.

---

[8] Yolanda Vargas Dulché, *Vagabundo. Clásicos Lágrimas y Risas,* tomo 4, México, Editorial EDAR, 1986.

¿ALFABETIZANDO EL AMOR?

El responsable de la exposición de "La historieta en México" en el Museo de Culturas Populares sostiene que la historieta romántica, en especial la elaborada por Yolanda Vargas Dulché, cumple con una función alfabetizadora en cuestiones del amor, que con ella, miles de provincianas han aprendido el arte de la copa de *coptail*, se urbanizan y hasta aprenden a besar. Lo cierto es que desde su aparición hasta la fecha cuentan con innumerables lectoras que apoyan el pacto y que *no* se la creen, pero se la siguen creyendo. Por su parte, es evidente que la autora no hace más que repetir lo que a ella le gustaría que fuera, en su diferentes modalidades.

En su libro *El erotismo*, Francesco Alberoni dice:

En realidad, las múltiples fantasías amorosas de la mujer nos demuestran con claridad que siempre está en busca del elegido. Si elabora fantasías es porque lo que posee no la satisface del todo. Las historias amorosas son tan adúlteras como las masturbaciones solitarias del hombre frente a las fotografías pornográficas. El hombre sueña con muchas mujeres distintas, la mujer con muchos amores apasionados con sólo un hombre absolutamente extraordinario.[9]

Aunque los productores y en general los que han escrito sobre el tema nos dicen que estas historietas amorosas están destinadas exclusivamente a las clases populares y a primera vista podemos pensar que solamente las mujeres que pertenecen a estas clases las leen, las jóvenes acomodadas que tienen o han tenido sirvientas en su casa, y los salones de belleza arrojan datos contradictorios en cuanto al consumo de esta literatura de masas. Las encopetadas señoras de Polanco o del Pedregal en la ciudad de México se pelean por ser las primeras, pero no en que les corten el pelo o les hagan *manicure*, sino en leer el "*Lágrimas y risas* de esta semana". De hecho, estudios sobre las lectoras de novelas de amor en Estados Unidos demuestran que más del 45% de ellas habían hecho estudios universitarios.[10] Tendremos que trabajar más este aspecto.

En todo caso:

¿Qué haríamos los simples mortales sin las ilusiones y desventuras del amor: sin las lágrimas que se derraman en su honor, sin el poder del sentimiento que todo lo puede —sortear los obstáculos del chisme o la posición social— si no sufrieran merecido castigo quienes intentan engañar la limpia y honrada pasión de las almas enamoradas?[11]

Pero así como nuestra autora-protagonista se escapa de sus propias fórmulas de éxito, no podemos pensar que la lectora de sus historietas de amor tenga una idea unidimensional y homogénea del ideal de vida que ha de perseguir. La literatura de masas no es algo aislado de otros fenómenos culturales de los que participa su

[9] Francesco Alberoni, *El erotismo*, México, Ed. Gedisa, 1988 (3a. impresión).

[10] Janice A. Radway, "Women Read the Romance: The Interaction of Text and Context, Feminist Studies", *Feminist Literary Theory*, Mary Eagleton, Ed. Oxford, Basil Blackwell Ltd., 1986, pp. 128-134.

[11] Juan Manuel Durrecoechea, "La historieta en México", Exposición en el Museo de Culturas Populares, México, D. F., 1988.

consumidor;[12] la lectora, ya sea de las clases populares o de las clases medias y aun altas, recibe los mensajes que le transmiten las historietas o fotonovelas mediados, necesariamente, por otros mensajes culturales, algunos de ellos provenientes de la auténtica cultura popular, es decir, de producción popular.

En momentos de crisis económica como el que vive nuestro país, si es que podemos llamar crisis a un fenómeno de tan larga duración, las mujeres de las clases populares, destinatarias de la literatura de masas, optan por el mensaje romántico, de carácter anacrónico, como mecanismo de sobrevivencia, rechazando en cierta forma el sistema de consumo y modernidad propuesto por ese otro medio de transmisión masivo de valores, las revistas de mujeres.

Como nos muestra el relato de Carlos Monsiváis, en *Escenas de pudor y liviandad*, de lo que sucedió cuando por razones políticas se intentó ofrecer un espectáculo gratuito para el pueblo llevando al zócalo a Emmanuel, en contraste con el muy diferente "uso" que las clases medias hicieron del mismo espectáculo cuando se presentó en una lujosa discoteca ultramoderna, el pueblo, la masa, no se limita a absorber experiencias culturales que le imponen desde arriba, sino que busca conciliar, *a su manera*, las contradicciones del sistema que lo explota.[13]

Quisiéramos terminar este tratamiento preliminar al tema de la recepción de la literatura de masas certificando una resistencia consciente y decidida, por parte de sus consumidoras, a la imposición de fórmulas de subordinación y augurando con ella el surgimiento de una cultura popular en la que la autenticidad sea la marca dominante, reflejo legítimo de las inquietudes y la creatividad de las clases populares. La verdad es que semejante proyecto no sólo no está en el aire, sino que todas las fuerzas político-económicas parecen confabularse en su contra. De ahí que nos limitemos a expresar la convicción de que, así como no puede dictarse desde arriba la "identidad nacional", la cultura de las clases dominadas tampoco puede ser una mera imposición por parte de los centros de poder económico nacionales o extranjeros ya que esa cultura, no obstante la manipulación realizada por las clases dominantes que buscan neutralizar su potencial contestatario, no puede más que incluir aspectos contestatarios surgidos de la experiencia familiar y de trabajo de las clases populares, de su propia manera de concebir las relaciones socioeconómicas.

---

[12] Frederick Jameson, "Reification and Utopia in Mass Culture", *Social Text* 1, (invierno de 1979), pp. 130-148.

[13] Carlos Monsiváis, *Escenas de pudor y liviandad*, México, Grijalbo, 1988 (1a. ed., 1981), pp. 343-352.

EL PERIODISMO FEMENINO EN EL SIGLO XIX:
*VIOLETAS DEL ANÁHUAC**

Nora Pasternac
PIEM

Durante el año escolar 1987-1988, el "Taller de Narrativa Mexicana Femenina Diana Morán" decidió estudiar con más detenimiento algunas muestras de literatura femenina del siglo XIX, literatura que en general se suponía escasa y de mediocre calidad. Ambas suposiciones pueden considerarse confirmadas; sin embargo, el trabajo nos reservaba algunas modestas sorpresas.

Una de esas sorpresas fue el encontrar los números de la revista *Violetas del Anáhuac* y su conjunto de mujeres "periodistas" permanentes u ocasionales.

Se trata de una publicación semanal cuyo subtítulo fue: "Periódico literario. Redactado por señoras". Desde el 4 de diciembre de 1887, fecha del primer número, hasta el 24 de junio de 1889, fecha del último, todos los domingos salieron las doce invariables páginas de esta publicación que no fue sólo un simple órgano frívolo y mundano.

Su directora fue doña Laureana Wright de Kleinhans y durante los últimos meses (desde febrero de 1889) se hizo cargo de la dirección la señora Mateana Murguía de Aveleyra.

Las directoras y las colaboradoras pertenecían a la "buena sociedad" del México porfirista y muchas de ellas tuvieron que ver con fundaciones de escuelas para niñas o instituciones de formación para mujeres, algunas ejercieron el periodismo o escribieron versos y prosa en periódicos o revistas, varias se dedicaron directamente a la enseñanza y una de ellas, Fanny Natali, cuyo seudónimo en la revista fue "Titania", se convirtió en cantante de ópera de gran éxito, aunque abandonó una brillante carrera por el matrimonio. Es decir, que todas participan de la empresa de publicación de la revista, se interesan por los acontecimientos de la época y emprenden módicas aventuras intelectuales que las extraen del estrecho ámbito del hogar, los hijos, los padres, la domesticidad.

Hoy sabemos muy poco de ellas,[1] con excepción de las biografiadas con detalle

* Esta ponencia es el resumen de un estudio mucho más extenso y detallado de la revista que forma parte del trabajo colectivo sobre el siglo XIX y su literatura femenina realizado en el marco del PIEM-COLMEX. Remito al lector a la propia revista y a sus artículos, que me veré obligada a citar directamente muy poco en esta presentación, dada la extensión breve que debe tener. La edición que consulté es una recopilación publicada por Tipografía de Aguilar e hijos, México, 1888. El periódico tuvo siempre un director y administrador: el señor Ignacio Pujol. Ésta es la edición que cito entre paréntesis a lo largo del texto.

[1] Nadie las va a recordar, pues sus escrituras no son precisamente perdurables; citemos entonces sus

en diversos números de la propia revista o de las estudiadas por doña Laureana Wright en su libro *Mujeres notables mexicanas* (1910), publicado póstumamente.[2]

La presentación típica de un número, con pocas variantes, era la siguiente: una biografía de algún personaje femenino con su retrato; un artículo de tipo informativo-cultural (sobre la independencia de México, la botánica, la farmacología, la electricidad, las diferentes formas de saludar en el mundo, las maneras de festejar la Navidad en los diferentes países, etc.) o de carácter educativo, de divulgación filosófica, casi siempre teñidos de positivismo; una crónica social muy mundana y refinada llena de expresiones francesas y de nostalgia por las costumbres afrancesadas; poemas, cuentos y una "Miscelánea" en la que se incluyen informaciones diversas.

En conjunto, la revista expone ideas muy moderadas sobre todos los tópicos, hasta se podría decir que plenamente conservadoras.

En general, los modelos que se preconizan son los de la mujer educada e incluso ilustrada, pero al mismo tiempo madre preparada para educar a sus hijos, experta en la administración de la casa y refinada confeccionadora de platillos especiales y dulces.

Las dotes intelectuales que la mujer debe desarrollar, de acuerdo con los artículos de la revista, nunca están referidas a la posibilidad de ejercer un trabajo fuera de la casa para ganarse la vida. La cultura debe ser el ornato de la dama de sociedad, después de realizadas las tareas propias de su sexo.

No obstante, a lo largo de los artículos los "mensajes" oscilan entre una posición que podríamos llamar conservadora y otra que calificaríamos de avanzada: los ejemplos de mujeres que se han distinguido, en el extranjero sobre todo, van mucho más lejos que la cultivada y encantadora reina del hogar que no renuncia a sus "sagrados deberes". Por ejemplo, en una sección llamada "Mujeres de nuestra época", que se publicó en varios números, después de una introducción que festeja las posibilidades de la era moderna y el progreso, además del "derecho democrático" y el cambio de mentalidad en los hombres "más prácticos y más científicos", se consignan los siguientes personajes femeninos:

...la Srita. Matilde Montoya, que ha recibido últimamente el grado de Doctor en la Escuela de Medicina, después de sustentar brillante examen [...] También la Srita. Margarita Chorné recibió en México su título de dentista; y la inolvidable Srita. Micaela Hernández, cuya biografía daremos a conocer en breve, después de haber ejercitado la noble carrera del magisterio, fundó una imprenta en Querétaro para enseñar a sus discípulas el arte tipográfico.[3]

nombres una vez por lo menos: María del Alba, Ignacia Padilla de Piña, Madreselva (seudónimo), María de la Luz Murguía, Concepción Manresa de Pérez, María del Refugio Argumedo, Dolores Correa de Zapata, Fanny Natali, Anémona (seudónimo), Francisca González, Margarita Kleinhans, Emilia Rimbló, Lugarda Quintero, Elvira Lozano Vargas, Catalina Zapata de Puig, Dolores Puig de León, Josefa Espinoza, Rosa Navarrro Rosales, Carolina Morales, Consuelo Mendoza, Micaela Hernández, Ángela Lozano de Begovich, Blanca Valmont, Rita Cetina y Dolores Mijares.

[2] Laureana Wright de Kleinhans falleció en 1896.

[3] Sabemos que en México era muy común el hecho de que el oficio de la tipografía fuera ejercido por mujeres.

Además, están las siguientes mujeres en el extranjero, aunque se nos asegura que no han perdido el "carácter de madres ni de sacerdotisas del hogar":

La Sra. Fanny Dickinson, de Chicago, es la primera Doctora que será admitida como miembro del Congreso Médico Internacional.
Mlle. Talbotier, una joven francesa, ha pasado con éxito sus exámenes para obtener un diploma de la lengua árabe [...]
Doce Señoras naturales de Bombay están estudiando en el Colegio de Medicina de dicha ciudad [...]
Mme. Vinitski y Mme. Rostopschin han llamado la atención en Rusia con sus novelas [...] (núm. 1, 4 de diciembre de 1887, pp. 7-8).

A propósito de la señorita Montoya, que tuvo el mérito de ser la primera doctora recibida en México, recordemos que debía realizar sus prácticas con cadáveres completamente vestidos y la presencia de sus compañeros de clase o de otros colegas masculinos.

En estrecha relación con el tema de las posibilidades de educación de la mujer, como ya lo mencionamos, una profesión que es aceptada con naturalidad es la de maestra, profesora o directora de escuela. La secuencia es lógica: la mujer es la educadora "natural" de sus hijos en el interior del hogar; por lo tanto, puede ejercer con gran virtud el oficio de educadora en las escuelas de niños.

Las numerosas maestras que aparecen consignadas en *Violetas del Anáhuac* corresponden a un movimiento de desarrollo y reforma de la educación primaria, como ocurría paralelamente en muchos países de América Latina. En 1889 y 1890 se realizan los "Congresos Pedagógicos", a los que asiste Enrique Rébsamen, pedagogo suizo que había llegado a México en 1884 y que realizó una tarea fundamental en el desarrollo y la transformación de los métodos de enseñanza.

Hay otros dos o tres temas en los que las *Violetas* son muy militantes: los toros, la pena de muerte y los duelos.

Cuando abominan de las corridas de toros utilizan —casi por única vez en sus textos, que en general son muy solemnes— una buena dosis de ironía y de términos del lenguaje popular. Con los términos populares intentan ser más eficaces en su campaña de oposición a las corridas. Esos artículos advierten sobre el peligro de recaída en la "barbarie" que significa el espectáculo de los toros, pero por sobre todas las cosas el atentado que representan para la mujer, "sensible, digna y respetada", que se arriesga al libertinaje y a la falta de respeto que lastiman su "dignidad y pudor".

Se transparenta además el temor a la contaminación social por la mezcla de las distintas clases en la plaza, la indistinción insolente que imponen los trajes llamativos que cualquiera puede procurarse y vestir, etc. Ya veremos cómo este tema reaparece con frecuencia en la revista, explícita o implícitamente.

En cuanto a la pena de muerte y los duelos, también los argumentos insisten en la barbarie que representan frente a los luminosos principios de la civilización y el progreso:

¡El duelo a muerte! ¡Qué lúgubres reflexiones asaltan nuestra mente, al considerar cómo el orgullo ofusca á los hombres, hasta el punto de incapacitarlos para oír la poderosa voz de la razón! [...]

Si la pena de muerte es abominable porque no lleva en sí la expiación, el arrepentimiento, la enmienda —cualidades que debe tener toda pena para que sea justa, moral y equitativa— imponerla como castigo, denota impotencia social, respecto á la moral y está condenado por el Evangelio, pues diente por diente y ojo por ojo no es más que la continuación de la bárbara é inicua ley del Talión, incompatible con la cultura moderna y con las ideas y principios que los acontecimientos del siglo pasado han esparcido por el mundo (núm. 1, *op. cit.*, p. 15).

Es interesante señalar cómo en este pasaje, donde justamente se establece la relación entre la pena de muerte (de la que en otros textos se pide su eliminación del Código Civil mexicano) y el duelo, la argumentación recurre al vocabulario religioso y al ideario de la razón y la modernidad.

A lo largo de todos los números, encontramos en las colaboradoras de la revista esta tensión entre la adhesión a los principios del racionalismo y el progreso y un cierto apego a la religión. Los párrafos en los que se recomiendan los preceptos cristianos, la asistencia a misa, los ejemplos evangélicos están acompañados de abundantes elogios a las religiosas y a las hermanas de la caridad. Esta conjunción entre ideología positivista y religión, que por otra parte reflejaría la existencia de dos corrientes en el interior de la revista, se presenta de una manera bastante conservadora.

Este conservadurismo tiene también su expresión en lo que podríamos llamar la "filosofía social" o la ideología de las colaboradoras de la publicación. La sociedad mexicana de la época es percibida como armoniosa, o por lo menos tendiendo a una armonía deseable y posible y, sobre todo, como una sociedad donde la miseria puede ser paliada por la filantropía. Así, las sociedades de beneficencia, las fundaciones de las "casas de la obrera", actividades todas patrocinadas por doña Carmen Romero Rubio de Díaz, son otras tantas acciones civiles en las que las mujeres pueden participar y constituyen el modelo de la posibilidad de salida de las mujeres de "sociedad" hacia la sociedad.

Aunque declaran considerar un "misterio" fuera de su alcance el análisis de las "desigualdades de la fortuna", son sin embargo sensibles a la mujer del pueblo, "dotada en lo general de exquisita sensibilidad y grandes virtudes", y muchas veces evocan y discuten el problema de la madre de familia trabajadora y las posibilidades filantrópicas, es cierto, de ayudarla.

Como es de suponer, las cuestiones directamente sexuales no son nunca abordadas en la revista. Sin embargo, la maternidad, el noviazgo y el matrimonio son temas recurrentes. A pesar del tono elevado, idealizante y extremadamente pudoroso de los artículos, surgen algunos elementos conflictivos: los celos (tanto de las novias y esposas como de los novios y maridos) son duramente criticados, así como los maridos y los padres "despóticos", los jefes de familia disipados y desinteresados de sus responsabilidades, el poco conocimiento previo a la boda que los jóvenes se pueden permitir, que ocasiona los fracasos en las uniones y denota un claro atraso de México con respecto a los países europeos, donde se permite a los jóvenes conversar y verse a solas antes de casarse.

En los consejos de higiene, que es una sección que aparece muy a menudo, se alienta a todas las madres, de todos los niveles sociales, a amamantar a sus hijos y a observar ciertos principios y precauciones para evitar las enfermedades y muertes de los niños. Hay que señalar que los consejos de higiene no se refieren nunca al cuerpo o a la intimidad material de las mujeres y sólo se menciona el "aseo personal".

La celebración de las mujeres recatadas y modestas en el vestido y el arreglo contradice vivamente el tono de la "Crónica de la Semana" a cargo de "Titania", sección que no falta prácticamente en ningún número. En esas crónicas, los módicos acontecimientos mundanos de la sociabilidad de un México todavía bastante aldeano son ensalzados con deleite, y al mismo tiempo rebajados inconscientemente al compararlos con "lo que se usa" en Europa o Estados Unidos, que son los modelos prestigiosos y esclarecidos:

> Se están poniendo de moda en México las reuniones familiares, y muchas damas tienen *su día*, notándose gran predilección para el Lunes. La familia del Señor Francisco Prida recibe los Lunes en la noche; la Señorita Concepción Silva tiene reuniones semanales el mismo día y la Señora de Osorno está también *chez elle* los Lunes [...]En Europa las recepciones familiares son encantadoras. Las más amenas recepciones á que asistimos en París... [...] y las mejores modistas europeas inventan primorosos trajes, que se llaman trajes de *thé*, como aquella deliciosa *toilette* que lució Julie en *Divorçons* en la escena en que *Cyprienne* recibe a sus amigos [...] Pero hablemos de los sucesos de la semana. El Domingo en la noche se verificó en la Alameda la distribución de premios á los expositores de plantas y flores, concurriendo gran número de personas, y luciendo las damas primorosas *toilettes* y lindos sombreros.
> A las nueve y media la Señora Carmen Romero Rubio de Díaz, elegantemente ataviada y acompañada por las Señoras Amada Díaz de la Torre, Elena Mariscal de Limantour, María Luisa Romero Rubio de Teresa, Catalina Cuevas de Escandón y Refugio Terreros de Rincón entró por el pabellón morisco mientras resonaron en el aire los valientes acordes del Himno Nacional, que fue ejecutado por las bandas militares [...] Ocupó la tribuna un orador que leyó un elegante discurso, encerrando poéticas frases, llamando mucho la atención la en [sic] que describió a la ciudad de México recostada en un valle de flores que esmaltan lagos de cristal, á la falta de las montañas que coronan eternas nieves... (núm. 24, 20 de mayo de 1888, p. 284).

Este recuerdo de la esposa del general Díaz, que es uno entre miles de la revista, nos permite enlazar con la posición política que sostiene a través de todos los números de las *Violetas*: la adhesión al régimen es total y completamente celebratoria.

Esta adhesión se combina con un sorprendente atraso estético. La poesía que aparece en la revista no ha resistido el paso del tiempo. Rara vez asoma alguna frase o un mínimo aliento que pudiéramos llamar poético. Las composiciones padecen de pobreza en la construcción o en las imágenes y la versificación, y en general, pueden calificarse como irremediablemente cursis. Tal vez la mayor limitación provenga de la voluntad estrechamente moralizante y, en consecuencia, de lo forzado de la temática: "Hogar", "Mi esposo", "El suicidio", "Madre", etc., y los consabidos versos al paisaje, de inspiración romántica rezagada y rutinaria.

Además, abominan especialmente del naturalismo, movimiento literario contra el cual llevan adelante una campaña persistente y atemorizada:

> Yo condeno la escuela *naturalista* porque no educa ni moraliza [...]
> Estas consideraciones referidas a mi tío, á quien no quise escuchar la defensa de causa tan odiosa, terminaron con mi solemne condenación á esas obras desastrosas e impúdicas.
> —No hay archivo que no contenga dichos libros, repuso él.
> Pues entonces dividid las bibliotecas y el lado que guarde dichas producciones, debe contener el siguiente letrero: *Se prohibe la entrada á la mujer"* (núm. 8, 22 de enero de 1888, pp. 87-88, cursivas en el original).

Para terminar, sólo nos quedaría decir algunas palabras sobre la literatura narrativa aparecida en la revista y que constituye una muestra muy particular.

En primer lugar, casi todos los cuentos publicados parecen escritos, como la poesía, por encargo y con la intención de apuntalar y reafirmar lo que se dice en los artículos; en segundo lugar, pero no menos importante, el proyecto de estas "ficciones" es pedagógico y moralizante. En estos textos es donde más se nota el engolamiento del lenguaje y de las ideas.

Nos limitaremos a un solo ejemplo porque es muy característico y típico de estas obritas.

Se trata de "Pasión y extravío", cuyo título, a pesar de la condena al naturalismo, lo evoca irresistiblemente. La autora es doña Ignacia Padilla de Piña y fue publicado en dos partes, en los números 6 y 7, del 8 y del 15 de enero de 1888 respectivamente.

En un movimiento de negación de la ficción que se repite a menudo en los cuentos de la revista, la autora nos asegura que el caso es verdadero y que no debe ser leído como una invención. Además, la historia está escrita "con el laudable objeto de que las jóvenes puedan ver en él una lección, no dejándose llevar de los impulsos de sus pasiones" (núm. 6, p. 63).

El argumento nos describe el repetido caso del seductor perverso y la inocente joven que se entrega, creyendo en los "juramentos y falsas promesas" del malvado.

María, joven de "familia decente" pero venida a menos a causa de la muerte de su padre y un vago litigio que termina con sus rentas, inocente de 16 años, se deja seducir por Enrique, quien "a juzgar por el exterior" debía pertenecer a "la aristocracia del dinero". María escapa del hogar materno y respetable con Enrique, engañada por su promesa de matrimonio. El seductor la instala en un pueblecito alejado de la capital y la separa "de toda comunicación". Como era de esperarse, Enrique, una vez conseguidos sus propósitos, se convierte "en tirano, sin ocultar el desprecio, la insolencia y el descaro con que le manifestaba [a María] el más irritante abandono". Al percibir el engaño, María pierde repentinamente el amor por su amante y decide recuperar su decencia, conquistando para el matrimonio a un "joven hacendado medianamente acomodado", que ignora las relaciones que la unen a Enrique. Cuando la protagonista está a punto de lograr su objetivo, reaparece Enrique celoso. El relato termina trágicamente: Enrique apuñala a María y luego se suicida, en una imitación grotesca pero anunciada ("No, pronto, muy pronto sabréis de Romeo y Julieta. Una carcajada general [de los amigos de Enrique] selló aquel infame pacto" del final shakespeariano.

Una moraleja cierra, contundente, el cuento: "Ved en la presente historia los desastrosos efectos de la ligereza juvenil y los peligros á que estáis expuestas; desconfiad del amor, y preferid al sentirlo que sea bajo la égida de vuestros padres, pues solamente ellos sabrán conduciros por el camino del honor y la virtud."

Los personajes están descritos de una manera estereotipada y sin profundidad, pero a través de la oposición María-familia decente, Enrique-joven arribista (presentado sin relaciones familiares, sólo en medio de sus amigos), percibimos el miedo a la contaminación social y al matrimonio "desigual" como un serio peligro de decadencia. Éste es un tema que aparece con mucha frecuencia en los "cuentos morales" publicados por la revista: hay que tener mucho cuidado en la elección de la esposa o el esposo, ante la posibilidad de que las "buenas familias" sean invadidas por miembros de orígenes genealógicos dudosos. Cuando es la protagonista femenina la que pertenece a un estrato inferior, el personaje no se salva, es decir, no logra el matrimonio, ni aun pasando por el martirologio de la falsa acusación de robo, la cárcel inmerecida o la maternidad clandestina y sacrificada.

Para terminar esta presentación, constatemos que existen en la revista dos corrientes en una tensión no resuelta: la mujer adscrita al ámbito privado y doméstico junto a las proposiciones para su instrucción y educación.

Lo que nos queda de estas mujeres no es su escritura, poco memorable, ni su conservadurismo social, ni mucho menos el moralismo y las admoniciones o censuras. Podemos considerarlas simplemente como un eslabón en la historia de las expresiones femeninas y, como tal, situarlas, no en la ruptura, sino en un continuo que rescatamos como documentos. El modelo límite al que se atrevieron a llegar es el de la mujer educada para ser mejor hija, mejor esposa, mejor madre y maestra en una sociedad patriarcal que no atacaban porque les parecía inconmovible, y cuyos signos de disolución percibieron como un peligro.

EL ESPAÑOL ES NUESTRO... Y EL INGLÉS TAMBIÉN*

Raúl Ávila
El Colegio de México

El lado sur de la frontera norte

de México es un lugar desde el cual un observador puede advertir fácilmente el flujo de palabras que viene del otro lado. Y a falta de otro asunto del cual preocuparse, quizá decida dedicar su tiempo a angustiarse por la influencia del inglés sobre el español. Ese observador debería tomar en cuenta que las palabras del inglés —como las de cualquier lengua—, además de no necesitar pasaporte ni visa para viajar, se transmiten no sólo a través del contacto directo que puede ocurrir en la frontera, sino también mediante su difusión por los medios masivos como la televisión, la radio, los periódicos, los libros y las revistas (sobre todo las de computación). Por eso se puede encontrar tal vez más influencia del inglés en la ciudad de México que en Tijuana, más en Zamora que en Reinosa.

Ubicado como uno de los oprimidos por el inglés, el observador se olvida de que, si mira hacia el sur, él resulta uno de los opresores en relación con los hablantes de lenguas indígenas de México. Como no le interesan esas lenguas, supone que el nuestro es un país monolingüe, y que lo único que nos han dejado las culturas prehispánicas es una extensa colección de piezas de museo y una buena cantidad de nombres de lugar como Tzintzunzan, Atzcapotzalco, Chichén Itzá, y otros muchos que le suenan bien y que, como se acostumbró desde pequeño a escucharlos, puede pronunciar sin dificultad. Ese observador no se ha interesado en descubrir los sonidos del otomí que se oyen a unos pocos kilómetros de la ciudad de México cuando el paseante de fin de semana se detiene en algún puesto a la orilla de la carretera a comer tacos de barbacoa o quesadillas de flor de calabaza. Y mucho menos se tomará la molestia de aprender siquiera los fundamentos del náhuatl, del maya o del tarasco. Situado en esa doble dimensión de oprimido y opresor —la cual, por supuesto, no se limita al lenguaje— el observador se preocupa, como es natural, por dejar de ser oprimido —allí le aprieta el zapato— y, en cambio, no se interesa más allá del folclore por el otro aspecto en el cual es su zapato el que aprieta.

Para confirmar las predicciones que se pueden hacer a partir del título de este

---

* Ponencia leída en el Segundo Coloquio Fronterizo "Mujer y literatura mexicana y chicana: culturas en contacto", organizado por el Programa Interdisciplinario de Estudios de la Mujer de El Colegio de México, El Colegio de la Frontera Norte, la University of California en San Diego, la San Diego State University y por el Programa Cultural de las Fronteras en la ciudad de Tijuana, Baja California, los días 12, 13 y 14 de mayo de 1988.

trabajo, tras señalar esta doble vertiente en la que se ubica el mexicano hispanoha-
blante —y sin perderla como punto de referencia—, será necesario que me limite
a la problemática del contacto lingüístico entre el inglés y el español.

Quisiera empezar señalando que

The New English Empire

es el título de un artículo que apareció en *The Economist*.[1] Allí se dice que el inglés
"is the first truly universal language wider in its scope than Latin was or Arabic
and Spanish are". Es verdad —como lo pude constatar personalmente— que
incluso en Pekín los taxistas aprenden inglés a través de la radio, y con sus
respectivos *First Course of English* en las manos (cuando estacionan sus automóviles). También pude escuchar por la televisión en Nueva Delhi que el primer
ministro Rajiv Gandhi hablaba en inglés —y no en hindi— al señor Gorbachov
—quien contestaba en ruso— durante la visita que éste hizo a la India a fines de
1986: si hubiera utilizado el hindi, su lengua materna, Gandhi habría causado el
enojo político de algunos estados del sur de su país, que no están dispuestos a
aceptar el predominio de esa lengua sobre las suyas.

Las razones de la expansión del inglés —para decirlo en forma resumida— son,
más que de tipo lingüístico, de tipo económico. Se decía antes, a propósito de los
dialectos —variantes de un idioma no oficializadas— y la lengua —variante oficial
y de prestigio— que "una lengua es un dialecto con ejército y armada". Y atrás del
ejército y la armada, como causa y motor, está de nuevo el poder económico.[2] Ése
es uno de los motivos que se destacan en el artículo citado *The Economist*: el inglés
"is a world language [...] thanks to the power of Britain in the nineteenth century
and America in the twentieth" (p. 127).

Los otros motivos, de tipo lingüístico, resultan, en cambio bastante discutibles:
el inglés se ha expandido "thanks to the structure of the language" y también gracias
al hecho de que "the Roman alphabet is supple and economical" (*ibid.*). Además,
dice *The Economist*, "English is easy to speak badly —and that is all that is required
of a world language" (p. 128), y añade —como un hecho negativo— el aparente
problema del extenso vocabulario: "its vast vocabulary does begin to prove a
formidable obstacle".

Para empezar, no veo cómo se puede demostrar que la estructura de una lengua
es más fácil o más eficiente para la expresión del pensamiento. Esta falacia
—ampliamente discutida por los lingüistas— ha llevado a creer a algunas personas,
por ejemplo, que los idiomas germánicos son el motivo principal para el desarrollo
económico de los países escandinavos. Se les olvida que en otras épocas fueron los
países de lenguas romances los que tenían no sólo el poder sino también la cultura.
Y se les olvida asimismo que el japonés —con una estructura comparable a la del

---

[1] Vol. 301, núms. 7477-7478 (diciembre 20 de 1986), pp. 127-131.
[2] Ésta es la razón que, de acuerdo con Renée Balibar y Dominique Laporte (*Burguesía y lengua
nacional*, Barcelona, Avance, 1976), explica la expansión e imposición del francés de París a toda Francia
a partir de la "Revolución democrático-burguesa" de 1789. Y debe haber un motivo semejante para la
expansión del castellano en España que culmina en 1492 con la toma de Granada.

náhuatl— es el vehículo de comunicación de una de las economías más eficientes del mundo.[3]

En lo que respecta al empleo del alfabeto latino ("Roman", as they say) para la escritura del inglés, habría que decir que el uso que le dan en esa lengua —y en el francés— es de los menos recomendables: el *spelling* del inglés prácticamente ha roto el principio de la escritura alfabética —un sonido para cada letra— y ha derivado en una transcripción que sólo se justifica para los ojos —para diferenciar lo que se escribe y lo que se lee—, pero no para los oídos —para distinguir únicamente lo que es distinto al hablar y al escuchar—, como sucede con idiomas cuya ortografía, menos conservadora, es de tipo fonográfico, como la del finlandés, el italiano y, en un grado un poco menor, la del español.[4] Por culpa de la escritura del inglés, a medio camino entre la alfabética y la ideográfica, en Estados Unidos han tenido que hacerse concursos de ortografía —*spelling bees*— que incluso se promueven por televisión, se han originado un buen número de dislexias y analfabetos funcionales, y se han tenido que desarrollar *spellers* para programas de procesamiento de textos por computadoras. Por la forma en que se emplea el alfabeto latino en esa lengua, en la India la gente piensa que *nuestro* alfabeto es silábico, como la mayoría de los que allí se usan.

Frente a lo anterior, en cambio, no considero que, como se aduce, el "vast vocabulary" del inglés sea un problema, ya que esto es una característica común a "las lenguas de las grandes culturas de hoy", como el español, el ruso, el árabe, el chino o el japonés.[5] Además, habría que preguntarse cómo se delimitaron las palabras que se incluyen en los diccionarios del inglés. Puede suceder que abarquen las que se usaban desde fines del Medioevo hasta la actualidad; las de Inglaterra (vieja y nueva), las de Australia y las de Canadá; y las estándar y subestándar. En todo caso, esta riqueza lingüística equivale a un capital ocioso, como el medieval, pues nadie puede hacer uso de él: un hablante, si es muy culto, no emplea más de unos seis mil vocablos. Así pues, ésta es una característica positiva que no debería ser motivo de preocupación más allá del posible exceso de variedades regionales que los migrantes necesitarán aprender.[6]

[3] Para decirlo con Mauricio Swadesh (*El lenguaje y la vida humana*, México, Fondo de Cultura Económica, 1966), "ante las diferencias que existen entre lengua y lengua, algunos se preguntan cuál de ellas es la mejor y, por lo general, concluyen que es la suya, lo que es natural, puesto que están acostumbrados a sus modalidades y formas, que les parecen más lógicas. Otros tratan de definir campos de supremacía y dicen, por ejemplo, que para la filosofía es superior el francés, el alemán para la ciencia; el inglés para el comercio, y el español para el amor. Esto, desde luego, no puede tomarse en serio, porque la filosofía, la ciencia, el comercio y el amor se hacen en todas las lenguas y los éxitos o fracasos no dependen del idioma. Sería imposible comprobar la superioridad de una lengua con hechos realmente consecuentes e indudables" (p. 167).

[4] Para una discusión más amplia sobre estos aspectos en relación con el inglés y el español, cf. R. Ávila, "Sólo para tus oídos: ejercicio de lectura en voz alta a propósito de una reforma de la ortografía española", en L. F. Lara y F. Garrido (eds.), *Escritura y alfabetización* (México, Ediciones del Ermitaño, 1986), pp. 11-38; e *idem*, "Un alfabeto fonológico práctico para el español: pros y contras", ponencia presentada en el I Coloquio Mauricio Swadesh, Instituto de Investigaciones Antropológicas, México, octubre de 1987 (se publicará en el *Anuario de Letras*, México, Instituto de Investigaciones Filológicas, UNAM).

[5] Cf. Swadesh, *op. cit.*, p. 19.

[6] Así, por ejemplo, en la India parece desarrollarse una modalidad específica del inglés que, no

En cuanto a lo que sucede con

el imperio del idioma español,

habría que recordar que tiene más de diez siglos de tradición, se extiende por tres continentes y es hablado por alrededor de trescientos millones de personas. La lengua española en la actualidad se habla desde Asturias hasta la Patagonia y pasa por Nueva York, Florida, California, Texas y otros estados del otro lado gracias —entre otras— a las plumas de Cortázar, García Márquez, Fuentes, Paz y Cela; así como también a las de los autores de *Kalimán, Lágrimas y risas* y *¡Alerta!*; gracias a los satélites de comunicación internacional, a las telenovelas y a los micrófonos de Jacobo Zabludowsky y Raúl Velasco; y gracias, sobre todo, a los millones de hispanohablantes que con su trabajo y sus palabras han hecho posible que un mexicano pueda pasearse por muchas regiones de Estados Unidos sin necesidad de hablar inglés.

El idioma español se difunde sin necesidad de ayuda oficial ni de academias y tiene la fuerza suficiente como para llegar al último de los recién nacidos a través de las palabras de la madre. En este punto límite del territorio nacional puedo decir que, aunque no conociera a nadie, conocería a todos y todos me conocerían por las palabras que compartimos; por los sonidos y las letras que han ido recogiendo nuestros oídos y nuestros ojos a lo largo de la vida y que nos identifican y nos unen. Esas palabras son más que suficientes para que hablemos con ellas filosofía, ciencia y literatura, tecnología y comercio; para que discutamos e incluso para que nos pongamos de acuerdo. Además, en lo que toca a nuestro alfabeto latino, lo hemos empleado, desde Alfonso el Sabio, para transcribir los cantos de los juglares. Nuestra ortografía es fundamentalmente para el oído y no para la vista: la relación de sonidos y letras que existe en ella apenas da para que los maestros justifiquen parte de su tiempo enseñando ortografía.

Lo anterior sustenta, si no la hipótesis, los indicios suficientes para pensar que, en general, la influencia del inglés en nuestro idioma es limitada. Ya en particular es posible formular, ahora sí, una hipótesis: el inglés influye sobre todo en los estratos sociales más favorecidos de nuestro país, lo cual he podido constatar en tres investigaciones.

Para la primera, imaginemos el siguiente escenario: viajamos por todas las regiones de México —la montaña, el desierto, el valle, la costa, desde Baja California hasta Yucatán— y conversamos con mexicanos hispanohablantes, hombres y mujeres, de 18 a 70 años de edad y de todos los estratos sociales. Si hacemos grabaciones de todas esas entrevistas y las analizamos, encontraremos que, si tenemos suerte, aparecerá un extranjerismo por cada mil palabras que dijeron los informantes.[7] Y además, de esos muy pocos extranjerismos, casi todos los angli-

---

obstante, no ofrece mayores problemas para su comprensión: "Indian English shows how one variety of the language can take on a life of its own while still remaining comprehensible to speakers of standard English" ("The New English Empire", p. 129). De acuerdo con mi experiencia personal, me resultó más fácil comprender esa modalidad que algunas de Inglaterra o de Texas.

[7] Para mayores detalles sobre las encuestas y la confiabilidad de la muestra, cf. R. Ávila, "Lengua hablada y estrato social: un acercamiento lexicoestadístico" (en prensa). Para los resultados sobre

cismos más frecuentes son de uso internacional. Si, por otra parte, agrupamos esos extranjerismos en vocablos (v. n. 7), su porcentaje aumenta, pero la subida no es espectacular: apenas pasan de diez por cada mil.[8] Cabe señalar, en relación con la hipótesis, que los extranjerismos, aunque bajos en frecuencia, fueron más abundantes en el habla de las personas de estratos medios y altos.[9]

Imaginemos ahora que leemos durante una semana todos los ejemplares de cuatro de los periódicos de mayor antigüedad (25 o más años) y mayor circulación (100 000 o más ejemplares diarios). En esa lectura acuciosa de *Novedades, El Universal, Excélsior* y *La Prensa* se encontró —tras hacer un muestreo estadístico— menos de un extranjerismo por cada mil palabras. Una vez más —ahora conforme al criterio del nivel social del público lector—, aparecieron más extranjerismos en el periódico dirigido a los estratos más altos —*Novedades*— y menos en el que leen los estratos más bajos —*La Prensa*.[10] Incluso si uno lee diarios deportivos —donde se supone que abundan más— los extranjerismos no llegan a más de cuatro por cada mil palabras gráficas.[11]

Para cambiar de escenario, vayamos de compras a la ciudad de México. Si

extranjerismos, indigenismos, tecnicismos, mexicanismos y otros tipos de vocablos, cf. *idem*, "Las palabras de todos y las de cada uno: un análisis estadístico del español hablado en México", ponencia presentada en el Primer Encuentro de Lingüistas y Filólogos de España y México, ciudad de México y Oaxaca, diciembre de 1987 (en prensa). La muestra de lengua hablada de la República Mexicana abarcó un total de 428 899 palabras (= frecuencias). Los datos que ofrezco ahora sobre frecuencias son nuevos: en los arts. cit. presenté estadísticas basadas en las frecuencias totales (sin delimitar los extranjerismos) y en el número de vocablos (equivalen a entradas de diccionario, como *cantar* o *gato*, y agrupan familias de palabras). Porcentualmente, los extranjerismos —no sólo anglicismos, aunque hayan predominado— fueron, en cuanto a frecuencias u ocurrencias de palabras, de 0.06% (es decir, menos de uno por mil). Para las frecuencias por número de vocablos, v. n. siguiente.

[8] A continuación aparecen los vocablos de origen extranjero que tuvieron cuatro o más ocurrencias (entre paréntesis se incluyen las frecuencias respectivas): kinder (27), basquetbol (23), door (9), volibol (9), a go gó (8), karate (8), sandwich (7), crawl (5), blow (4), chance (4), here (4), hobby (4), in (4), récord (4), rock (4). Este tipo de vocablos tuvo una frecuencia de 1.2% en relación con el número total de vocablos que se obtuvieron en la muestra. Se consideraron extranjerismos las voces no registradas en el *Diccionario de la lengua española* de la Real Academia Española, 20ª ed., (Madrid, Espasa-Calpe, 1984); en el *Diccionario básico del español de México* (México, El Colegio de México, 1986) y en otros diccionarios del español general. Para las referencias bibliográficas, cf. n. 7.

[9] Para tener un punto de comparación, los indigenismos que encontré en la muestra tuvieron una frecuencia de 0.04%, frente al 0.06% de extranjerismos (v. n. 7), lo que muestra que el empleo de palabras que provienen de las lenguas indígenas —sobre todo del náhuatl— es comparable con el de las lenguas extranjeras. En cambio, en lo que respecta al número de vocablos, los de lenguas indígenas tuvieron una frecuencia de 0.5%; y los extranjerismos, de 1.2% (v. n. 8).

[10] Presenté estos datos en R. Ávila y G. Gardner, "Extranjerismos en periódicos de la ciudad de México", ponencia leída en el Coloquio sobre la Lengua Española, que organizó la Comisión para la Defensa del Idioma Español, ciudad de México, septiembre de 1982. Los porcentajes de extranjerismos fueron los siguientes: *Novedades*, 107 561 frecuencias de palabras, 243 extranjerismos (0.097%); *Excélsior*, 196 512 frec., 181 extranjerismos (0.092%); *El Universal*, 186 339 frec., 143 extranjerismos (0.077%); y *La Prensa*, 78 997 frec., 40 extranjerismos (0.051%). El perfil y el nivel socioeconómico de los lectores fueron proporcionados por "Publicidad Ferrer" de la ciudad de México.

[11] En el diario *Esto*, sobre un total de 64 682 palabras apenas se recogieron 229 extranjerismos, lo que equivale al 0.35%; y en *Ovaciones*, de un total de 56 153 palabras muestreadas, sólo se recogieron 243 extranjerismos (0.43%). En resumen, en los diarios de tipo general se obtuvieron, de una frecuencia de 569 411 palabras sólo 468 extranjerismos (0.082%); y en los periódicos deportivos, de un total de 120 835 palabras, 472 extranjerismos (0.39%). Para el conjunto de los dos tipos de publicaciones los resultados fueron, sobre un total de 690 246 frecuencias, 940 extranjerismos (0.136 por ciento).

recorremos los sitios donde venden caro —Perisur, Insurgentes Sur y la Zona Rosa—; los que venden no tan caro —el centro de la ciudad— y los baratos —La Lagunilla— encontraremos que los establecimientos de venta y servicio en esos lugares utilizan nombres "extranjeros"[12] en una proporción que parece estar en relación directa con el precio de sus productos o con las posibilidades económicas de su clientela. En este caso sí hay un salto porcentual notable en relación con lo que encontramos en la lengua hablada y en la escrita: en las zonas de nivel alto los establecimientos con nombre de base no hispánica (v. n. 12) llegaban casi al 50%; mientras que en los del nivel bajo rondaban el 20 por ciento.

Lo anterior nos muestra que, salvo si vamos de compras, los extranjerismos no deberían preocuparnos: en muchos casos se requiere ser especialista para detectar algunos de ellos. Además un buen número de los mismos debería estar incluido en los diccionarios del español general, dado lo extenso de su uso en esa y en otras lenguas.[13] Esto me lleva a considerar la posibilidad de cambiar de actitud con respecto a la lengua inglesa. Los préstamos lingüísticos, aunque pueden ser superfluos y no sólo obligatorios y necesarios,[14] no tienen más límite que el consenso o la sanción de la comunidad que los recibe. En este sentido, resulta pertinente conocer

las actitudes

que se presentan en los hablantes de las dos lenguas. En lo que respecta a los anglohablantes, los préstamos de otros idiomas no parecen preocuparles. Como

---

[12] En realidad, no todos lo son: algunos de ellos no existen en lengua alguna, como *D'Disco* (tienda de Perisur ya desaparecida) y *Chic'quita* (tienda de ropa de La Lagunilla). Por eso decidí clasificarlos como nombres de base no hispánica y no como extranjerismos. La investigación en la que recogí todos esos datos ("Extranjerismos en establecimientos de venta y servicio en la ciudad de México") fue presentada como ponencia en el Coloquio citado en la nota anterior.

[13] Cabe señalar que los porcentajes que he ofrecido de la lengua hablada —basados en 205 entrevistas grabadas con informantes de diferentes estratos sociales— y de la lengua escrita difieren de los que obtuvo J. M. Lope Blanch a través de un cuestionario de 4 452 preguntas aplicado a hablantes de nivel cultural alto de la ciudad de México. En esa investigación él obtuvo un 4% de anglicismos (179 = 3.8%), que se reduce a un 3.5% si se consideran los lexemas (155), que pueden considerarse equivalente a mis vocablos. Cf. su art. "Anglicismos en la norma lingüística culta de México", en *Voces extranjeras en el español de México*, México, Comisión para la Defensa del Idioma Español, 1982, p. 33. Las diferencias pueden explicarse por la forma en que Lope obtuvo sus resultados. Como él mismo explica, "los préstamos léxicos suelen pertenecer, en su inmensa mayoría a la clase morfológica del sustantivo. De allí que sean muchos más, en proporción, los anglicismos que pueden aparecer en un cuestionario que los que aparecerían en la cadena hablada" (art. cit., p. 34). Además, como puede verse en el art. cit., muchos de los anglicismos alternaban con otros términos hispánicos en las respuestas al cuestionario, y no se advierte si esto lo consideró el autor en los porcentajes. Por otra parte, Lope no indica el criterio que usó para considerar un término como anglicismo: varios de los que incluye en su lista no lo son si, de acuerdo con el criterio que he seguido, se encuentran en el¹ diccionario académico y en los otros citados en la n. 8. Por ej., *bate, bateador, batear, boxeador, boxear* y *boxeo* —que incluye Lope y yo excluyo— aparecen desde la 19ᵃ ed. (1970) del diccionario de la Real Academia. El criterio de inclusión en determinadas fuentes de la lengua es necesario para evitar, pongamos por caso, que muchos galicismos del siglo pasado o —en una situación extrema— que los arabismos medievales del español se consideren hoy extranjerismos.

[14] Utiliza estos términos I. Guzmán Betancourt en su art. "Extranjerismos lingüísticos: su origen y efecto en los idiomas", en *Voces extranjeras en el español de México*, México, Comisión para la Defensa del Idioma Español, 1982 (Col. *Nuestro idioma*, 3), p. 22.

dice Foster, "a lo largo de su historia la lengua inglesa ha recibido hospitalariamente las palabras de otras lenguas [...] El inglés es más abierto de lo que se esperaría normalmente a la influencia extranjera en comparación con otras lenguas de importancia". Y continúa señalando, en contraste con los hablantes de francés, los cuales cierran las puertas lo mejor que pueden a los extranjerismos, que los anglohablantes, por su parte, "parecen creer en una especie de libre comercio lingüístico y argumentan que si un término extranjero es necesario, debe ser empleado inmediatamente sin preocuparse por su origen".[15]

Como los franceses, los hispanohablantes parecen asumir una posición claramente defensiva, de inseguridad en cuanto al futuro de su idioma. Una muestra de eso ha sido la creación de la Comisión para la Defensa del Idioma Español, ya desaparecida,[16] y la fundación, recientemente, de una nueva comisión, ahora en la Cámara de Diputados, con fines semejantes. Sería conveniente que recordáramos que la lengua española, a lo largo de su historia, se ha nutrido de un sustrato ibérico, filtro a través del cual recibió el latín y el griego y, más adelante, el árabe y que, ya en América, se ha enriquecido con indigenismos y extranjerismos. Gracias a esa historia tan rica, quienes tenemos el español como lengua materna no necesitamos estudiar tan a fondo el latín y el griego para entender la terminología técnica internacional, como sucede con quienes hablan lenguas germánicas. Y tampoco requerimos profundizar demasiado en el conocimiento del náhuatl para entender la mayoría de nuestros topónimos. Quizá lo mejor sería adaptar las voces extranjeras —las necesarias, no las superfluas— a nuestra pronunciación y a nuestra ortografía, para que respondan al espíritu de nuestro idioma. En el caso del inglés, habría que verlo como una puerta de entrada hacia las palabras de origen germánico y hacia otro extenso universo conceptual.

La identidad cultural de un pueblo es importante, y uno de los factores básicos de esa identidad es la lengua. Pero ningún pueblo puede vivir aislado, y de allí se desprende la necesidad de aprender un idioma internacional como el inglés. Ojalá todos pudiéramos ser bilingües, pero eficientes y flexibles, para no mezclar las lenguas sin un propósito o para hacerlo cuando así lo requiera la situación comunicativa en la que nos ubiquemos; para no utilizar extranjerismos sólo con el fin de buscar *status* e impresionar a los amigos. Y si el inglés es una *lingua franca*, nada nos impide hacerlo nuestro, como es nuestro el español —también internacional, por cierto. De esta manera, desde adentro, como usuarios del inglés y del

---

[15] "Throughout its history the English language has always been hospitable to words from other tongues and while it is doubtless true to say that all forms of human speech have to some extent borrowed from outside models there are grounds for thinking that English is more than usually open to foreign influence as compared with other great languages. The French, indeed, have set up an organization whereby they hope to stem or at all events regulate the influx of foreign words into their vocabulary, but this would probably seem a strange idea to most English speakers, who seem to believe in a species of linguistic free trade and argue that if a term of foreign origin is useful it should be put to work forthwith regardless of its parentage", Brian Foster, *The Changing English Language*, Middlesex, Pelican, 1970, p. 76.

[16] V. algunas de sus publicaciones en las referencias bibliográficas de las nn. 13 y 14. La Comisión, fundada a fines del sexenio del presidente López Portillo, dejó de tener apoyo y desapareció a principios del mandato de Miguel de la Madrid, cuando era secretario de Educación Pública Jesús Reyes Heroles, de quien dependía directamente.

español, podremos compartir y comprender las dos visiones del mundo y, sobre todo, podremos discutir las palabras de unos y de otros para darles nuevos contenidos y tonos. Así también nos será posible revalorar las diferentes modalidades de los dos idiomas para descubrir la lógica, la riqueza y la expresividad del *non-standard English* y del español que se habla en más de veinte países y que en América se adquiere, como lengua materna, a los dos lados de la frontera.

SEGUNDA PARTE

LAS ESCRITORAS DE LA FRONTERA NORTE DE MÉXICO: FIN DE UNA INSULARIDAD DENTRO DE OTRA INSULARIDAD CULTURAL, EN VÍAS DE UN SINCRETISMO PRIMER Y TERCERMUNDISTA

FEMINIDAD: DESGARRADURA Y OTREDAD. LA NARRATIVA ESCRITA POR MUJERES EN LA BAJA CALIFORNIA DE HOY

Sergio Gómez Montero
Universidad Pedagógica Nacional de Mexicali

Para Norma:
La otra parte del ser otro

> Todo pueblo primitivo tiene el mismo principio, según vemos en los viajes. El hombre caza y combate; la mujer se ingenia, imagina, crea sueños y dioses. Es vidente en su ocasión; tiene dos alas infinitas, las alas del deseo y de la soñadora fantasía. Para contar mejor el tiempo, observa al cielo; mas no por eso está menos ligado a la tierra su corazón. Con los ojos puestos en las amorosas flores, flor ella también, hace con las flores conocimiento personal y como mujer les pide virtud para curar a los que ama.
>
> JULES MICHELET, *La bruja*

Esclavos del tiempo y del espacio, cuando uno acepta participar en este tipo de coloquios sabe bien, o al menos intuye, que su trabajo no irá más allá de la formulación de algunas hipótesis resultado de la experiencia, o bien supuestos que algún día trabajará con mayor rigor. Tiempo y espacio, así, son en principio razones que explican por qué hoy, particularmente en el caso de esta intervención, la hipótesis es base de los planteos y de un enfoque generalizador y no necesariamente particularizante.

Intentaré aquí, en lo básico, preguntarme lo mismo que lo hacen Bradu,[1] Agosín[2] o Ferré:[3] en qué consiste la singularidad, hoy, de la narrativa escrita por mujeres, en mi caso por mujeres de la frontera norte del país, partiendo del supuesto de que esa singularidad existe. Puede, al igual que le sucede a las autoras mencionadas, que no llegue en efecto a conclusiones definitivas, y, que es más, al igual que ellas, termine afirmando que "...todo debate sobre literatura femenina me parece tocar,

---

[1] Fuera de la ortodoxia, estas referencias cumplen también el papel de bibliografía.
F. Bradu, *Señas particulares: escritora*, México, FCE, 1987, 135 pp.
[2] M. Agosín, *Silencio e imaginación*, México, Katún, 1986, 103 pp.
[3] R. Ferré, *Sitio a Eros*, México, Joaquín Mortiz, 1980, 164 pp.

en un momento u otro, un fondo pantanoso del cual sólo se despega con la ayuda de las muletas ideológicas".[4]

Puede, sí; pero puede también que como hoy me pasó, la investigación bibliográfica —que no fue exhaustiva pero sí amplia— me conduzca a un punto de interés: no sólo la investigación literaria hoy ha puesto énfasis en el estudio de la mujer escritora, en sus temáticas más relevantes en diferentes etapas históricas y diferentes países, sino que, es más, ya se ha planteado el estudio de la singularidad regional como factor que influye en lo que escriben las mujeres: en el libro *Women and Western American Literature*[5] hay ejemplos patentes de lo anterior referidos a una región específica, que en parte corresponde a lo aquí tratado. En otros libros de referencias, como en *Women in Literature: Criticism of the Seventies,*[6] uno puede tener una visión muy aleccionadora sobre las temáticas predominantes en términos de literatura escrita por mujeres. En México, los estudios sobre literatura femenina se multiplican. De hecho, pues, es necesario establecer límites para no perderse en un territorio de extensión vastísima.

Reconocida en general la dificultad que implica caracterizar a la literatura escrita por mujeres a partir de su feminidad, no le queda a uno, en un intento por construir un marco teórico referencial coherente, sino formular, insisto, hipótesis y supuestos que en la práctica se validan o se derrumban. En este sentido, el análisis de la literatura escrita por mujeres tiene dos puntos referenciales ineludibles: la división natural del trabajo y los diferentes grados de especialización alcanzados por el lenguaje. No hay que olvidar, al respecto, que poco realmente se investiga y se concluye sobre la singularidad del fenómeno tratado; singularidad que casi siempre se diluye —y no sin cierta dosis de razón— en el reconocimiento de la habilidad escritural al margen del antecedente sexo.

Mas, sin duda, los puntos mencionados —división natural del trabajo y especialización del lenguaje, a los que se incorpora la historicidad— se deben ubicar en sus respectivas dimensiones sincrónica y diacrónica, e interrelacionarlos, para a partir de ello ir construyendo el andamiaje teórico conceptual que permita analizar con el máximo rigor posible la obra en concreto de la mujer escritora. Piénsese así, más allá de la sobreideologización que menciona Bradu,[7] que el estudio de la mujer como sujeto social atraviesa, necesariamente, por la situación discriminante en que ella se mueve, y se ha movido, desde tiempo atrás en la historia. Pero más que verificar la existencia constante y oprobiosa de la discriminación, los estudios de diacronía aplicados a la obra literaria de escritoras deben poner énfasis en la manera en que esa discriminación influye o no en la obra de creación; y no sólo, claro, como un obvio contenido anecdótico, sino más a profundidad, como pudiera ser

---

[4] Bradu, *op. cit.*, p. 9

[5] H. W. Stanffer y S. J., Rosowski, *Women Western American Literature*, The Whitston Publishing Company, Estados Unidos, 1982, 331 pp.

[6] Cito de nuevo a Bradu: "...hablar de literatura femenina implica trabajar en un campo simbólico que no conserva sino lejanos nexos con la realidad social de la emancipación femenina". *Op. cit.*, p. 9. Más a fondo, vinculado a una visión genérica de la literatura en español escrita por mujeres, Beth Miller en la introducción del libro *Women in Hispanic Literature, Icons and Fallen Idols* (University of California Press, Estados Unidos, 1983, pp. 1-25) señala argumentos dignos de ser tomados en consideración.

[7] Bradu, *ibid.*

en términos de selección de la anécdota, tratamiento de ella y, lo que a veces se presenta con más fuerza, uso y manejo del lenguaje.

Sigo aquí, entonces, el otro punto de referencia básico relacionado con la literatura femenina: la especialización del lenguaje. Parte de una investigación más amplia, quisiera decir que hoy los estudios que realizo al respecto me han llevado a formular una hipótesis de trabajo en donde, a partir de reconocer la existencia de códigos simples de comunicación, y por tanto de lenguajes básicos (o naturales), el desarrollo social del hombre ha creado códigos complejos, y por ende lenguajes complejos o especializados,[8] en donde se da la existencia, entre otros múltiples, de lenguajes específicamente literarios, y dentro de ellos de uno específicamente narrativo.[9] Esto, desarrollado con mayor precisión y amplitud en otros de mis escritos, me ha conducido hoy a una indagación paralela: dentro de ese lenguaje específicamente narrativo —o poético o reflexivo—, ¿no hay un campo propio, singular, que corresponda exclusivamente a la mujer? De ser ello positivo, ¿cuáles serían las características que, a partir del sexo tendría ese lenguaje, al margen de haberse validado previamente o paralelamente como técnicamente acabado?

Las notas que desarrollo a continuación se destinan a contestar esa interrogación.

¿Cómo se carga de sentido la creación literaria? Más en concreto aún, ¿cómo se carga de sentido la narrativa? Dígase, por un lado, que la teoría aristotélica —la desarrollada en particular en la *Poética*—,[10] establece algunos principios hasta hoy no superados —ésa, su preclara visión de síntesis entre realidad, memoria y fantasía, su tratamiento de lo dramático—, en tanto que otros aún hoy se mantienen insuficientemente estudiados: ¿quién, en realidad, en el terreno de las investigaciones literarias, le ha llegado a fondo al significado profundo de la catarsis? Junto a esa teoría, yo en lo particular pienso en Propp,[11] en sus análisis antropológico-literarios, como base válida —elementos invaluables— para descubrir el sentido profundo de lo narrativo. Una mezcla de los elementos que aportan ambas fuentes, enriquecidos por ejemplo con los estudios de Lukács,[12] algunas cuestiones de Bataille[13] y, en fin, en general las enseñanzas de Kristeva[14] y Derrida[15] permitirían

---

[8] Mis tesis las desarrollo someramente en mi ensayo "Variaciones sobre lenguaje y literatura", en *Los caminos venturosos*, México, UABC, 1987, pp. 21-27. En la actualidad, a partir de ese y de otros escritos he continuado investigando al respecto.

[9] *Ibid.*

[10] Aristóteles, *El arte poética*, México, Espasa-Calpe, 1981, 144 pp.

[11] Específicamente V.Propp, *Morfología del cuento*, España, Fundamentos, 1971, 234 pp.

[12] G. Lukács, *El alma y sus formas* y *Teoría de la novela*, España, Grijalbo, 1970, 420 pp.

[13] G. Bataille, "Fragmentos inéditos", en *El culpable*, España, Taurus, 1974, pp. 197-204. De allí no me puedo resistir a la tentación —espero iluminadora— de citar este párrafo: "El ser arde de ser en ser a través de la noche y arde tanto más cuanto el amor ha sabido derribar los muros carcelarios que encierran a cada persona: pero qué puede haber de mayor que la brecha a través de la cual dos seres se reconocen el uno al otro, escapando a la vulgaridad y la irrelevancia que introduce lo infinito", en la p. 198.

[14] Cito de Kristeva un libro que considero clave para entender el problema de la feminidad, *Historias de amor*, México, Siglo XXI, 1987, 340 pp. De ella, además, habría que leer sus textos sobre teoría literaria.

[15] Para el caso de este ensayo consulté, en particular, "Freud et la scene de l'écriture", en *L'écriture et la différence*", Francia, Editions du Seuil, 1968, pp. 49-52.

el irse acercando a la formulación de una teoría que, a la vez que ubica el sentido de lo literario en general y luego de lo narrativo, ayudaría también, utilizando a lo hipotético-deductivo como método, saber de la existencia y consistencia de la narrativa escrita por mujeres.

Apelo de nuevo a su benevolencia para, en síntesis apretada, mencionar algunos puntos que considero relevantes a la hora ecléctica de, a partir de los autores mencionados, concluir sobre el sentido y contenido de una narrativa escrita por mujeres. Es decir, de una narrativa que históricamente se dispara de un estado social de discriminación y que a partir de ello comienza a construir su discurso. De esta manera, en el interior de la narrativa escrita por mujeres conviven hoy, ineludible-mente, algunos principios originarios: por un lado, su sexualidad, asumida básica-mente como diferencia, y que hace de la mujer un sujeto otro frente al hombre, un sujeto otro que, históricamente, socialmente, se ve sometido, violenta o volunta-riamente, a un proceso de discriminación, lo que le impide acceder en igualdad de condiciones a la cotidianidad. Así, esa cotidianidad negativa para la mujer se hará presente —en forma consciente o no— en el discurso narrativo, dejándose sentir tanto en la anécdota como en el lenguaje.

De esta manera, nuestra hipótesis aquí establecería que aquello que en la narrativa de los hombres aparece como abierto, en el caso de las mujeres se torna mundo cerrado, oscurecido, hermético. Que aquello que en los hombres es mun-dano, en la mujer se torna divino, que lo sacro en ella es profano para el hombre. Que, en términos de lenguaje, el juego es aún más complejo: que el "ser del lenguaje"[16] no se reducirá a la hora de equiparar narrativa de hombre y narrativa de mujer a correlacionar significante y significado, denotación y connotación, sino a ver, en el interior de cada precepto, qué de él es propio, específicamente, del sujeto otro, que, además, diacrónicamente es un sujeto no sólo dominado por el hombre, sino, asimismo, ubicado —pudiera ser, aunque la verdad casi nunca lo es— en franca desventaja social. Allí, la literatura iría de la oralidad —tradición popular, que en buena medida es hoy fundamentalmente femenina— a la elabora-ción de discursos de complejidad creciente como lo son las novelas de Woolf o de Stein; el mundo cerrado, oscurecido, de Josefina Vicens, de Inés Arredondo, Guadalupe Dueñas o Amparo Dávila.

La otredad como base y principio de identificación:[17] la literatura femenina es distinta porque es otra; porque es otro sujeto, estructuralmente diferente desde el punto de vista social e histórico, el que la escribe. Así, si bien válida la afirmación de Propp[18] de que en el caso del cuento, y por extensión del relato o de la narración, la única pregunta importante a contestar es aquella que plantea el *qué* hacen los personajes, y no tanto *quién y cómo* lo hacen, ubica con claridad el problema de la anécdota a partir del reconocimiento de que ese *qué* permite, si se contesta

[16] M. Foucault, *Las palabras y las cosas*, México, Siglo XXI, 1968, pp. 49-52.

[17] Cito tres libros básicos para abordar el problema de la otredad en los términos aquí planteados: T. Todorov, *La conquista de América*, México, Siglo XXI, 1987, 277 pp. "Dedico este libro a la memoria de una mujer maya devorada por los perros", que mucho dice del porqué de la lectura de este libro. Varios: *Teoría crítica del sujeto*, México, Siglo XXI, 1986, 202 pp. H. Dahmer, *Libido y sociedad*, México, Siglo XXI, 1983, 321 pp.

[18] Propp, *op. cit.*, p. 32.

adecuadamente teniendo como base la otredad, conocer y diferenciar la escritura de la mujer. Hipótesis, sin duda; hipótesis que aquí tratará de validarse a partir del análisis de algunos ejemplos concretos de narrativa escrita por mujeres en la Baja California de hoy.

Conciencia desgarrada, la otredad, la feminidad escritural, para el caso de la literatura escrita en español se concreta hasta hoy, mayoritariamente, en la poesía:[19] allí, figuras tales como Sor Juana, Mistral, Storni, predominan en el panorama. No olvido, claro, a Bombal, a Alegría, o a tantas y tantas magníficas narradoras mexicanas. Más hacia acá, más en el terruño, en la poesía de Concha Urquiza la desgarradura alcanza su culminación en el momento en que la angustia existencial conduce a la escritora al suicidio. Múltiples vertientes se derraman en esa vida compleja; allí aparece, por ejemplo, el misticismo como tendencia que expresa, en el fondo, enfrentamiento al mundo, a la cotidianidad. Etapa que Urquiza vive, por diferentes razones, en Ensenada. ¿Qué si no desgarradura hay en los poemas de Vargas o de Castro, para quienes la realidad —una ciudad que agrede y nulifica— sólo merece la crítica y es sólo amargura y desencanto?

Si bien, en efecto, no se puede negar lo que Bradu dice —la ideologización de la escritura femenina—, no es posible tampoco negar la desgarradura como sello de agua que predomina en toda la literatura escrita por mujeres y que mayoritariamente, insisto, se expresa en la poesía. Mas tampoco es válido simplificar el análisis al correlacionar, sin matices, feminismo (otredad, resistencia, desgarradura) y literatura. Habría, por necesidad, que analizar el *qué* de Propp (para el caso de la narrativa), el cómo, el qué singularidad alcanza allí lo literario.

La escritura, dice Ong,[20] reestructura la conciencia, para luego, más adelante, hablar también de la relación que se establece entre memoria oral y línea narrativa. Ambas premisas van a servir aquí para ilustrar de qué manera, en el caso de las mujeres que hoy escriben narrativa en Baja California, se concreta la feminidad, desde su raíz trimembre: división natural del trabajo, historicidad y especialización del lenguaje.

Así, de hecho, se parte de principios reconocidos por compañeros diversos: Trujillo,[21] Rivemar,[22] Bolívar:[23] literatura en formación, la bajacaliforniana actual es aún, en buena medida, campo minado para las mujeres: pocas son, relativamente, las que escriben, más pocas aún las que han llegado a publicar. Pero, al margen de esa que se pudiera considerar una situación natural, valdría la pena acercarse —formulando algunas hipótesis— al panorama que presenta en la actualidad la narrativa escrita por mujeres en la Baja California de hoy.

Inicio por la oralidad. En ella, la narrativa se convierte básicamente en permanencia de la memoria; en obstinación por conservar lo que, aparentemente, está

---

[19] Miller, *op. cit.*
[20] W. J. Ong, *Oralidad y escritura*, México, FCE, 1987, 190 pp.
[21] Trujillo, G., "Mujer, literatura y frontera", en *El Oficio*, núm. 3, DAC, B.C., México,1986, pp. 50-57.
[22] G. Rivemar, "El despunte: mujeres en la literatura de Tijuana", inédito (fotocopia).
[23] M. D. Bolívar, "El fenómeno de la transculturación en la literatura más reciente de Baja California Norte", en *Memoria del IX Coloquio de análisis de la literatura regional*, Hermosillo, Universidad de Sonora, 1986, pp. 34-43.

fuera de orden. La oralidad, en la narrativa, es más que nada disrupción en la medida en que, como lo afirma Carr,[24] es una extensión de los rasgos primarios de una estructura de sucesos, bien sean estrictamente históricos (verídicos) o literarios (ficción). La oralidad permite, pues, encontrar uno de los hilos básicos de la narrativa contemporánea escrita por mujeres en Baja California: allí, indistintamente, se ubica lo mismo la tradición oral de los pueblos indios de la región que la narración de hechos del pasado que pervive en las comunidades rurales (San Vicente es un ejemplo patente de ello), a la vez que explica la fuerza que adquieren las historias de vida recopiladas por Norma Iglesias *(La flor más bella de la maquila)*, Yolanda Sánchez Ogaz (sus trabajos de recopilación realizados en el Valle de Mexicali) o de Norma Carvajal (con trabajos en comunidades indígenas y hoy en el Valle de San Quintín). Pero ese testimonio se desdobla y aparece embravecido por lo literario en los relatos de Virginia González Corona (coautora de *Fuera del Cardumen)*, que a veces utiliza el romance tradicional (Delgadina), o bien, en sus textos más recientes, no publicados, a lo político como coloquio, como gozo verbal, como imagen irónica de una realidad que se derrumba porque está irremisiblemente corrompida: de ello, la oralidad como disrupción, da testimonio en la medida en que allí la realidad conserva —evidentemente maquillados— los rasgos primarios de la realidad.

Otros ejemplos de la misma línea lo son Martha Rodarte *(La gran familia)* y Rosario Gorosave. En la primera de ellas, la literatura recupera la oralidad característica de las regiones centrales del país y por eso, quizá, su escritura pudiera no cuajar, ser el intento de un proyecto imposible. Gorosave no; con ella, lo oral tiene una presencia más diluida, pero, en buena parte de sus textos, eso, lo oral, sirve para recuperar la realidad más inmediata e igualmente cotidiana; en ocasiones, porque así lo reclama la anécdota, el diálogo se da en inglés o en una mezcla, característica para estas regiones, de inglés y español. Los textos de Gorosave (publicados todos ellos en revistas y suplementos) reclaman la publicación de un libro.

Pienso, por último, en que esa misma tendencia se da desde tiempo atrás en algunas escritoras chicanas, como Yolanda Luera, quienes logran verdaderos aciertos.

Pero, como diría el buen amigo Guillermo Gómez Peña, la línea es quebrada y no admite, como nada lo admite, fronteras rígidas. Así, la oralidad, cuya característica central aparte de recuperación de la memoria lo es su tendencia hacia la cotidianidad, se emparenta —choca y saca chispas— con la escritura como reestructuradora de la conciencia, línea que atraviesa a una buena parte de escritoras bajacalifornianas de hoy. Esa reestructuración de la conciencia que es más que nada conciencia de sí; es decir, conciencia de enfrentamiento con la realidad, porque la realidad agrede y degrada y uno —*una*— no puede quedarse impasible frente a esa situación. Allí sí la feminidad, además de desgarradura y otredad, es resistencia, que a ratos se convierte en reclamo y denuncia, en, digámoslo con palabras de Rosina Conde, mentada de madre contra el mundo, porque el mundo es así y no

---

[24] Carr, D., "La narrativa y el mundo real: un argumento en favor de la continuidad", en *Historias*, núm. 14, México, INAH, 1986, pp. 15-27.

merece otra cosa. Mas esa reestructuración de la conciencia no es un proceso tan simple ni tan sencillo: en los textos de Laura Villadazveytia y en los pocos de Ana María Fernández (deudoras a morir de las lecciones de rebeldía de Óscar Hernández), la conciencia hace burla de la conciencia, negándose a ratos, dudando de su ser en sí en otros: allí *(Jugamos a sobrevivir* y *Amores últimos),* bien lo sea el Mexicali de la chulis y gordis o el retrato de la adolescente reprimida, fantasiosa, en vías de convertirse en poeta, desgarran al ser de la mujer y al ser de la escritora y ubican a la segunda en momentos de duda, de definición. Allí la conciencia, reestructurándose, no logra, técnicamente, ser plenamente literaria.

Tampoco lo logra en los textos de Elizabeth Cazessús, Julieta González Irigoyen y María Eraña, para quienes la reestructuración de la conciencia *(Desde el día común, Crónica de la soledad* y *Otros paisajes)* se basa, en lo fundamental, en Tijuana como ciudad, como presencia, como motivadora de la escritura; de una escritura que quizá, técnicamente, dé más de sí, si se entiende a esa escritura como compromiso, como oficio, como rigor y disciplina. La conciencia es no sólo del ser en sí, sino de la escritura como ejercicio existencial, como razón de ser que no admite desvíos (o no muchos al menos).

Termino este recuento —breve, paisajista, somero, que ofrece hipótesis más que explicaciones— reconociendo a tres narradoras sólidas ya, realizadas sin duda, conscientes de su oficio y por ello, quizá conscientes de que su escritura transita por los terrenos de la reestructuración de la conciencia. De ellas en particular Rosina Conde requiere de un estudio mucho más a fondo, mucho más detenido y concreto. Lupita Rivemar, por el contrario, es una escritora en formación —pero consolidada en ese aparentemente contradictorio proceso—, que, creo, no decaerá en el futuro. Escritora en formación lo es también Dolores Zamorano —hoy en Puebla—, cuya fuerza escritural es sorprendente. Hay, en efecto, en estas tres narradoras coincidencias. Parten, por ejemplo, de un punto en común: Tijuana, la dolorosa, la cruel, la inhumana; pero también la que se vive todos los días, porque aquí nos tocó vivir y qué le vamos a hacer, ¿no? Sus personajes, femeninos los más destacados, a pesar de que se resisten a la brutalidad de la vida diaria, terminan sucumbiendo, porque aquí nos tocó vivir y qué le vamos a hacer, ¿no? Anécdota, lenguaje, estructura de los relatos que de ellas conozco concretan, antes que nada, conflictos, realidades que cuestionan, con el puro señalamiento, a lo cotidiano, al individuo y a la sociedad. Elementos entrelazados —anécdota, lenguaje, estructura— dicen, con estas escritoras, que la singularidad existe, en la medida en que ninguna reducción analítica logra —quizá ni tiene por qué buscarlo— borrar en sus textos la presencia de lo femenino: condición de ser, de existir, de transcurrir del mundo, y claro, también de su escritura. Escritoras, las tres mencionadas, en donde anécdota y lenguaje le dan razón a Ong cuando dice:[25] "Al almacenar el saber fuera de la mente, la escritura, y aún más la impresión, degradan las figuras de sabiduría de los ancianos, repetidores del pasado, en provecho de los descubridores más jóvenes de algo nuevo." Reestructurar la conciencia, ¿tarea de las jóvenes escritoras de Baja California?

[25] Ong, *op. cit.,* p. 47.

Disperso que es uno. Confuso a veces. Termino aquí y digo, con Kristeva:[26] "Por lejos que me remonte en el recuerdo de mis amores, me es difícil hablar de ellos. Esta exaltación más allá del erotismo es dicha exorbitante tanto como puro sufrimiento: la una y el otro hacen que las palabras cobren pasión. Imposible, inadecuado, enseguida alusivo cuando querríamos que fuese muy directo, el lenguaje amoroso es un vuelo de metáforas: es literatura." Y nadie mejor que la mujer, añadiría yo, para concretarlo.

[26] Kristeva, *op. cit.*, p. 1.

LA LITERATURA BAJACALIFORNIANA CONTEMPORÁNEA: EL PUNTO DE VISTA FEMENINO

Gabriel Trujillo Muñoz
UABC

Durante las primeras décadas del siglo xx, la mujer poco tuvo que ver con la creación literaria que en Baja California se producía, aunque no dejara de ser el tema obligado (la musa inspiradora) de los poetas bohemios de aquellas épocas. Cuando la mujer llegaba a publicar lo que escribía, su trabajo se limitaba al campo del periodismo, donde se le permitía pergeñar artículos que ofrecían consejos a otras mujeres (desde cómo cuidar al recién nacido hasta cómo maquillarse y estar a la moda), o la reseña de fiestas y reuniones. En ambos casos, el lugar de la escritura femenina era la sección de sociales.

Con el paso del tiempo y a partir del fin de la Segunda Guerra Mundial, una buena parte de la prosperidad económica del vecino país del norte se vio reflejada en la sociedad fronteriza mexicana. Ya es posible entonces, cambios sociales de por medio, vislumbrar la aparición de los primeros libros de cuentos o poemarios hechos por escritoras bajacalifornianas. Ana Lagos Graciano, Olga Vicenta Díaz Castro o Aída Castro de Hernández son algunas de las poetas o narradoras que dan a conocer sus trabajos en la década de los años sesenta. Ellas todavía se encuentran ancladas en los convencionalismos de la época, ya sean éstos literarios (el naturalismo y el modernismo como únicos puntos de referencia) y sociales (el culto a la familia y la deificación del amor materno como temas inextricablemente femeninos).[1]

Sin embargo, el cambio definitivo ocurre unos años más tarde, a fines de los años setenta y principios de los ochenta, con la aparición de una nueva generación de escritoras que proclaman, por su actitud vital y escritural, la libertad e independencia que las caracteriza. Por lo mismo, los cambios que ellas manifiestan son ya parte de las transformaciones sociales, de los papeles más abiertos que hombres y mujeres habían ido asumiendo, en forma individual y colectiva, en la sociedad mexicana y, sobre todo, en la sociedad fronteriza. Rosina Conde, Mara Longoria, Guadalupe Rivemar, Yolanda Luera, Ana María Fernández, María Eraña, Patricia Vega, Flora Calderón y un vasto etcétera, conforman así una nueva etapa de la

---

[1] Para un enfoque sociohistórico de la literatura bajacaliforniana escrita por mujeres, véase Gabriel Trujillo Muñoz, "Mujer, literatura y frontera", en *El Oficio*, núm. 3, revista de los talleres literarios SEBS-DAC, marzo 1985, pp. 50-57.

literatura bajacaliforniana por medio de la singularidad de sus visiones y el rigor escritural de sus creaciones.[2]

Este ensayo busca explorar los temas que esta generación, la de los años ochenta, ha manifestado con mayor insistencia en sus obras: el ámbito familiar, las relaciones amorosas y la visión del ámbito fronterizo que viven y experimentan en toda su compleja magnitud. Esta elección no es gratuita: en esta tríada temática se ubican los puntos de conflicto o solidaridad que las escritoras fronterizas han hecho suyos por sentirlos más cercanos a ellas mismas, a su cotidianidad y afanes ideológicos. Son, pues, la originalidad y la lucidez de sus planteamientos escriturales al abordar estos temas lo que ha logrado que la literatura bajacaliforniana hecha por mujeres sea una de las zonas más vivas y dinámicas del quehacer literario del noroeste de México. Veamos el porqué.

EL ÁMBITO FAMILIAR: LO COTIDIANO TRASCENDENTE

Si como dice Marta Lamas, "la idea de familia no es una idea neutral",[3] y cuando ésta aparece inmediatamente se asocia a la mujer, entonces los cambios sociales que han transformado el ámbito familiar están íntimamente asociados con las propias transformaciones del papel de la mujer en tal sociedad. De ahí que Rosina Conde (Mexicali, 1954) sea la primera escritora bajacaliforniana que fundamente sus textos en su afán de ruptura con los valores y tradiciones de su propia sociedad. Su capacidad de decir las cosas por su nombre, sin el uso de una simbología que las disfrazara, ha sido la aportación fundamental de Rosina Conde. En sus narraciones y poemas los conflictos entre los hombres y las mujeres se dan enmarcados tanto por la sexualidad como por el despotismo social (padre-hija, hermano-hermana o marido-mujer) que hace de la familia un sistema de opresión y sometimiento que busca perpetuar estereotipos conductuales y rígidas escalas de valores. Ante ello la rebelión y el asco son reacciones instintivas, actitudes básicas de autodefensa. Las protagonistas de Rosina Conde o su yo poético (ya hablemos de su prosa o su poesía) enarbolan el estandarte de la independencia de la mujer en un territorio existencial donde ella misma puede aceptarse tal cual es y no tal como las reglas sociales y familiares quieren que sea:

> Mi padre me ha corrido de casa
> (me negué a bailar el vals primaveral
> y a probar la hostia sagrada
> en cambio
> he decidido tener un hijo).[4]

("Con guante blanco")

[2] Llamo escritoras bajacalifornianas a las narradoras y poetas nativas del Estado o que, nacidas en otra parte del país han hecho aquí su obra literaria. Constituyen una generación no por contar con edades semejantes o cercanas (entre Ana María Fernández y Flora Calderón median 20 años), sino por haber empezado a publicar en la década de los años ochenta y hacerlo con una nueva actitud y un nuevo lenguaje.

[3] En Marta Lamas, "Salinas y las mujeres", *Nexos*, núm. 124, abril de 1988, p. 13.

[4] En *Melquiades* V, Irvine, University of California, 1987, p. 16.

En otras escritoras, en cambio, la estructura familiar no es vista sólo como objeto de ataque y las figuras de autoridad que la presiden (abuelos, padre o madre) son abordadas con distancia pero con afecto. No se desea repetir los esquemas de comportamiento o las creencias que los mueven, pero se les comprende o se les acepta con todas sus limitaciones y esquematismos. Esta posición ante la familia es notoria en la obra de Yolanda Luera (Mexicali, 1950), tal vez porque para nuestra autora, al pasar a vivir a Estados Unidos, el núcleo familiar adquirió un valor relevante como espacio de identidad y arraigo cultural y no fue visto como un obstáculo para la conformación de la personalidad. Por ello, Luera puede ofrecernos, sin adornos ni autocomplacencias, un retrato tan tiernamente brutal de su familia:

> Quiero ser feliz, dice mi madre
> que oxidándosele los huesos y la carne,
> olvidó que un día no le colgaban las arrugas
> por el rostro ni le corría el diabetes por la sangre.
> Quiero ser feliz, dice,
> pero sufre diariamente el infinito goce
> del sufrir que sacrifica a las madres.
>
> Sufre a mi padre que babea alcohol cada fin de
> semana. Sufre a mi hermana tristemente retardada
> que golosea dulce bajo la cama. Y sufre a la abuela
> en sus últimos años goteantes que dejó de ser
> matriarca y se convirtió sólo en abuela enferma.
>
> Y mi madre, tres veces madre,
> quiere ser feliz mientras se unta el cuerpo
> con aceite para aliviar sus reumas,
> antes de empezar a ver sus telenovelas.[5]

("Amada")

También puede darnos a conocer los vínculos de la sangre, las profundas raíces de su cultura de origen, como cuando uno de sus personajes, Casimira de Díaz, su *alter ego*, va a visitar a su abuela moribunda en un hospital de Chula Vista, en San Diego, y obtiene una especie de regresión al paraíso perdido de su infancia:

Casimira de Díaz, compara la blancura de las sábanas que cubren el cuerpo moreno de su abuela, con la blancura de su propia piel. La trenza de largos cabellos platinados de la abuela se ha desbaratado, y los cabellos perezosamente se extienden por la almohada. La abuela está de espaldas a la única ventana que existe en el cuarto. Casimira se acerca al cuerpo lentamente y sus labios encuentran una frente sudada donde deposita un beso. En sus labios queda la sensación agridulce de los chabacanos en almíbar. —¡Abuela! ¡Abuelita! ¿Me oye? Soy Yo. Yo soy, Casimira, abuelita. Hoy es domingo como aquel día en el que caí al canal en Mexicali, y me salvaste jalándome de las greñas. ¿Recuerdas

---

[5] En Yolanda Luera, *Solitaria J*, Estados Unidos, Lalo Press Publications, 1986, p. 23.

cuando me llevabas a oír misa, y me regañabas porque me revolvía en la banca como un gusano? Domingo, es domingo como cuando me llevabas de la mano a San Diego a cobrar el dinero que los gringos te debían por limpiarles la cola a sus chiquillos, como cuando te quedabas en casa a descansar, y me trenzabas el pelo y éramos las dos muy felices, muy felices... La abuela no le responde. Casimira le toca la mano libre y empieza a sobársela con movimientos circulares hasta que se convence de que no obtendrá respuesta. Resignadamente se dirige a la ventana. Sus negros ojos alcanzan a distinguir unos manchones de nubes rosadas y púrpuras que la puesta del sol a las cinco de la tarde ha decorado en el cielo al despedirse. El cristal de la ventana le regresa a Casimira de Díaz el reflejo de una mujer aterrorizada que no puede deshacerse del reloj pulsera que estrangula su muñeca izquierda. Para espantar su miedo, para ahuyentar la imagen, Casimira de Díaz empieza a cantar una canción que su abuela gustaba de canturrear mientras lavaba platos cuando todavía era joven, cuando todavía... —De domingo a domingo te vengo a verrrr... cuando será domingo cielito lindo para volveeeer.[6]

("Casimira")

Un caso parecido sucede con Flora Calderón Ruiz (México, 1967), quien describe con igual ternura el antagonismo entre su madre y ella, desde la sabiduría que le da hacer un recuerdo de su propia vida y descubrir cuán semejantes son ambas en el fondo, aunque cada una vea la realidad de distinta manera:

> Es que la luz de tus ojos negros
> sólo espinitas de amor me deja
> y todo siempre igual
> tú siempre tan real
> tan llena de poder y pavimento
> tan sabia y flor
> y yo pinche poeta
> y yo manojo de sueños
> a mí jodiéndome la bohemia
> de noche al centro de la luz
> a mí crugiéndome el manifiesto
> tú siempre en los gastos
> en las meriendas raquíticas
> tan fuerte tan real
> que se te ha olvidado soñar
> se te ha olvidado
> que el que nace para cementerio
> de mil cruces se llena
> de sueños revive...
> ahora la lucha es otra
> ahora la lucha es más que la vida
> por esto y todo aquello
> es que los años de ser estrella
> e iluminar han comenzado
> ¡ay! madre yo no te duelo
> por eso somos del viento

---

[6] En *El Oficio*, núm. 6, revista de los talleres literarios SEBS-DAC, septiembre de 1987, pp. 19-20.

niños de tu fuerza
mujeres y hombres de toda tu vida
y luego te preguntas
por qué soy poeta.[7]

("¿Y te duelo madre?")

Tal vez quien resume con mayor ironía, no ya el papel de hija o de nieta, sino el de esposa en el ámbito familiar, en la rutina de irla pasando como un objeto ornamental que adorna el "sacrosanto" hogar, sea Mara Longoria (Mexicali, 1959). En sus textos la mujer aparece como un fantasma, como una presencia evanescente y lacónica que cavila en su propia pasividad con punzante desencanto:

A veces miro sus pezones y no los reconozco
palpo mis senos y me parecen extraños
termino por desconocer mi cuerpo.

En medio de esa maraña de observaciones
me extravío en el cavilar oscuro y cotidiano
de fémina común.

Hay momentos para conversar largo y tendido
de mujer a mujer conmigo misma
luego resulta de todo ello una plática insulsa
algo así como una charla de "viejas".

La vida de las "viejas" es como la mía:
llena de instrascendencias trascendentales.[8]

("Poemas")

LAS RELACIONES AMOROSAS: COEXISTENCIA Y CONFLICTOS

Rosina Conde fue la primera escritora bajacaliforniana en explorar, sin ninguna clase de cortapisas, la relación amorosa en un mundo de dominados y dominadores. En sus primeros textos, el hombre y la mujer eran dos desconocidos que se atacaban mutuamente: ya fuera un marido que violaba y sodomizaba a su esposa, o una prostituta y su chulo que compartían las miserias cotidianas del *streap-tease*. En textos posteriores, el tono desafiante disminuye y la ironía matiza la descripción del vínculo amoroso de sus protagonistas. Otras escritoras, como la propia Longoria, incursionaron en las sendas abiertas por Rosina Conde, llegando a describirse a sí mismas a partir de la definición de su propio erotismo, de su propia sexualidad:

[7] En *Espiral*, núm. 3, revista de los talleres literarios SEBS-DAC de Ensenada, septiembre de 1987, pp. 13-14.
[8] En *Memoria del Primer Encuentro de Escritores de las Californias*, SEBS-DAC-San Diego State University, 1987, p. 118.

Me descubro mujer
Me descubro íntegra, obscena
Me descubro un lunar en la espalda
Y el nacimiento del vello púbico
Cubriendo la infernal ansiedad de ser tocada.[9]

("Poema")

Igual lo ha hecho Ana María Fernández (Mazatlán, 1947), que sólo quiere pertenecerse a sí misma, porque ha descubierto que su valor no está en ser una propiedad o una pertenencia, sino en su propia libertad autoafirmativa, en su capacidad de vivir el mundo sin máscaras ni componendas de ninguna especie. De ahí que se autonombre "La mujer de nadie". De ahí que pueda ver cara a cara, cuerpo a cuerpo, al hombre que yace junto a ella:

Te descubrí
recién nacido
en mi lecho
con tu ignorancia
en mi almohada
tu disfraz de hombre
sobre el piso[10]

("Reafirmación")

Del autodescubrimiento erótico de Conde, Longoria y Fernández, al cómplice desenfado de la poesía de Yolanda Luera, sólo hay un paso, pero es un paso significativo: el vínculo amoroso ya no es contemplado ni analizado con dolor o rabia, sino con un tono picaresco, incapaz de ocultar una ironía vivificante, un humor que puede reírse tanto de los demás como de sí misma. En Luera, la relación que llega a establecerse entre un hombre y una mujer tiene la trascendencia de lo instantáneo, la fascinación de lo efímero y la virtud de lo mudable:

Alguien ha dejado
sus zapatos bajo mi cama.
No sé quién fue.
No sé si fueron del sujeto
que se espulgaba la barba
dentro del espejo
queriendo descubrir
pelos de oro en el
arco iris de su imagen.

¿Serán tal vez del hombre
que se sienta a volar papalotes

[9] *Ibid.*, p. 118.
[10] En Ana María Fernández, *Amores últimos*, Cuadernos del taller de literatura, núm. 7, UABC, 1987, p. 34.

de pergaminos chinos
bajo la mesa del comedor?...

¿Quién ha dejado
un par de preguntas
bajo mi cama?[11]

("Un par de preguntas")

Bajo este amplio espectro de aproximaciones a la realidad amorosa, las escritoras bajacalifornianas han oscilado desde los poemas de Patricia Vega, donde hombres y mujeres son adversarios irreconciliables en el campo de batalla de lo sexual, hasta los relatos de Dolores Zamorano, donde mujer y locura se expresan a través del monólogo interior, del diálogo esquizoide entre la realidad y el deseo. Otros planteamientos abarcan el autodescubrimiento corporal y la reivindicación del placer frente a la intransigencia moralista de una sociedad de hipócritas bienintencionados, como lo expresa Gloria Patricia Arenal cuando habla del tinglado de la gente, que se desinfla como un pastel que sale a destiempo del horno; o cuando Juana Ríos Aizú expresa la comunión solidaria con el otro, su igual, su compañero. En cada una de estas autoras, el amor (y con él la sexualidad) representa el ritual necesario para acceder, vía dolor-placer-angustia-rabia-alegría, al encuentro con ellas mismas, a la sabiduría que da a conocer sus propios fantasmas y convivir, hasta el fondo, con sus propias obsesiones. Así, el hombre es identificado por parte de estas narradoras y poetas como el factor desencadenante de una reflexión personal que trasciende las experiencias de vida particulares de cada una de ellas y se expande hasta englobar lo colectivo por medio del análisis y la crítica social.

LA FRONTERA: PAISAJES VIVENCIALES

Si el vínculo amoroso y el ámbito familiar son temas recurrentes en la poesía y la narrativa femeninas de cualquier parte del mundo, el tema fronterizo (en este caso: el ámbito fronterizo México-Estados Unidos) es, ciertamente, un tema que surge como una expresión literaria de importancia a partir de los años setenta en la literatura chicana y llega a ser predominante, una década más tarde, entre los literatos fronterizos de ambos lados de la línea.

Tanto los escritores como las escritoras bajacalifornianas se han abocado a desentrañar las múltiples realidades, escenarios y sucesos que conforman la amalgama de corrientes migratorias, persecución de ilegales, comercio de "curios", confrontación de culturas, sociedades de supraconsumo y comunidades de mísera sobrevivencia, prostíbulos y maquiladoras, sectas religiosas y racismo, solidaridad y contrabando, que constituyen, junto a cientos de otros factores, la fisonomía abigarrada y siempre cambiante de la frontera norte de México.

En este paisaje vivencial sobresale, por el número y la calidad de los escritos que se le han dedicado, uno de los escenarios paradigmáticos de la vida fronteriza:

---

[11] En Yolanda Luera, *Solitaria J*, Estados Unidos, Lalo Press Publications, 1986, pp. 8-9.

el burdel y sus sórdidas atmósferas. Rosina Conde es, de nueva cuenta, la primera en darnos una visión del mismo donde éste aparece como un microcosmos de la realidad fronteriza. Aquí, en este espacio caótico y sofocante, confuso y convulso, gringos, chicanos y mexicanos venden, compran y regatean, con furibunda impaciencia, su porción de placer, que es, al final de cuentas, su porción de poder (oh dólar admirabilis).

Para Guadalupe Rivemar, por ejemplo, la zona norte de Tijuana es el sitio ideal para que la vida manifieste su espectáculo público, el escenario idóneo para que el ser humano fronterizo, aquel que vive entre dos mundos y que no pertenece del todo a ninguno, sea, al mismo tiempo, cómplice y testigo del *show* multitudinario de la avenida Revolución. Quien camina por estos rumbos y penetra a tales tugurios, descubre en ellos un mundo que vive bajo sus propias leyes, un paraíso infernal que espera, ávido, nuestra presencia:

Afuera de los locales hay unas vitrinas con fotos de las mujeres que trabajan ahí, dando "floor show". Hemos entrado a dos lugares pero hay demasiada gente, demasiada oscuridad, es mejor seguir buscando algo más adecuado, con menos estridencia para hablar además de ver. Alfonso que conoce bien estos lugares nos guía hacia uno de sus favoritos: *El New Yorker*, ahí, donde el espectáculo es variado. Vamos, vamos, ven. En el camino se me van trepando las miradas, unas ansiosas, otras perdidas, la mayoría desoladas. Los que duermen en la banqueta quizá esperan a la mañana para cruzar "al otro lado" porque traen consigo una especie de itacate. Otros esperan morirse de hambre o de cirrosis. Todos vamos de paso después de todo; es cómodo estar entre tus brazos.[12]

Lo que está observando en *El New Yorker* le sirve a Guadalupe Rivemar para describir tanto el espectáculo de la *vedette* que se desnuda frente al público como los pormenores de un encuentro amoroso. Al complementarse ambos relatos, Rivemar logra mostrarnos las ocultas semejanzas, los vínculos que hay entre una posesión por la mirada y la posesión que implica el acto sexual. Así *vedette* y protagonista acaban siendo participantes de un ritual idéntico, fincado en las raíces de una sociedad patriarcal, donde lo decente y lo indecente, lo prohibido y lo moralmente aceptado representan las dos caras de una misma realidad:

Sólo tiene puestos los zapatos, usa pelo corto, sus piernas son largas, senos pequeños, piel morena, es bien proporcionada, tendrá 28 años. Se mueve y hace como que baila. Con desgano levanta los brazos, menea la cadera para un lado y para el otro mientras camina por la pista. Su rostro es poco expresivo. No veo tu rostro porque has apagado la luz y te has metido entre las sábanas sin previa invitación. Uno quiere imaginarse la vida de las prostitutas para escribirles su historia a nuestro modo. Son objetos de estudio sociológico o personajes de novela. ¿Cómo empezaron, por qué, disfrutan?, qué te importa. Sienten o no sienten, qué harán cuando estén viejas Y las jóvenes se han de cotizar más alto. Empiezo a sentirte...

Es como si estuviera viendo una película, registro imágenes, una tras otra, gestos y miradas, no la mía por supuesto, la de los demás. Anuncian el siguiente número, una cantante de ranchero: Paloma, paloma errante. Aparece con su vestido mexicano, largo.

[12] En *Memoria del Primer Encuentro de Escritores de las Californias*, SEBS-DAC-San Diego State University, 1987, p. 170.

Luce abundante melena larga, su voz grave. La observo por el espejo que tapiza uno de los pilares casi junto a nuestra mesa. ¿Me habrá visto ya? Ni siquiera me atrevo a voltear. Quiero irme. Para qué incomodarla. Estela me había dicho que su madre era cantante. Hemos sido amigas por mucho tiempo. Tres años es poco tiempo. Ahora la observo de frente, canta la última canción y se despide, baja del escenario, se pierde entre las mesas y entra al baño donde están las demás esperando su turno. Ahora es nuestro turno. Empieza y te sigo, un poco por cariño, otro poco por soledad. Unas entran, otras salen, suben y bajan, se estiran, abren los brazos, las piernas. Espero que salga pronto, son muchas ahí adentro: quiero levantarme y espero, me quedo quieta. ¿Qué pasa? Nada, nada. Que salga ya. Desespero. Ganas me dan de ir a sacarla de donde está. Ha de faltar sólo un poco más. Ahí está ya. Terminas. Me levanto por fin y voy a saludarla. Se ha sorprendido de verme, yo le digo que vengo con unos compañeros de trabajo y le pregunto por Estela. Nos despedimos con un beso en la mejilla. Amanece. No deberíamos de estar aquí. Amanece para nosotros, ella apenas irá llegando a su casa y dormirá unas horas porque tiene que recibir a Esteban y Javier con la comida lista cuando lleguen de la secundaria. Hoy no trabajaremos porque es jueves, Jueves Santo. Santo. Santo.[13]

("El New Yorker")

La frontera se torna, para estas escritoras, en una zona de conflictos interminables, de cotidianas fricciones, de prodigios y milagros que hacen su aparición en todo momento y en cualquier esquina. Por ello, María Eraña narra las peripecias de unos migrantes llegados de México y asaltados por judiciales en cuanto ponen un pie en Tijuana. Por ello, Guadalupe Rivemar habla de esta misma ciudad como un paisaje "de calles abigarradas, impregnadas de olores",[14] donde, a pesar de la miseria y las transas, las injusticias y prepotencias de toda clase, es una realidad que le pertenece, que le incumbe, que siente suya. Por ello, Ana María Fernández menciona las "púas del horizonte"[15] al referirse al cerco de alambres que es la línea divisoria entre ambos países, porque si Fernández no expresara tal característica de su paisaje vivencial, en este caso de Mexicali, no sería entendible aquella parte de su obra donde no sólo el desierto, sino también la utopía del norte impone, a destajo, sus espejismos y visiones. Por ello, finalmente, para Eraña, Rivemar, Fernández o Conde vivir en la frontera supone la responsabilidad de tener abiertos los ojos ante un orbe donde las desigualdades sociales entre una potencia imperial y un país en proceso de desarrollo se manifiestan con exasperante brutalidad como en ninguna otra parte del mundo.

CONCLUSIONES

Por supuesto, el ámbito fronterizo, las relaciones amorosas y el entorno familiar no son los únicos temas de interés por parte de las escritoras bajacalifornianas, pues también han incursionado en el relato rulfiano que hace de la realidad campesina

[13] *Ibid.*, pp. 170-171.
[14] En Guadalupe Rivemar, "Regresamos", en *El Oficio*, núm. 5, revista de los talleres literarios SEBS-DAC, mayo de 1987, p. 34.
[15] En Ana María Fernández, "Mexicali/USA", *Mexicali: Escenarios y personajes*, UABC, 1987, p. 309.

su centro de expresión, en las historias de vida donde la infancia es lugar privilegiado o en la narración humorística de lo cotidiano. Vuelvo a repetir, sin embargo, que la tríada temática de la que este ensayo hace mención es la zona central de la creación literaria hecha por mujeres que aquí, en Baja California, se ha dado a conocer durante el transcurso de los años ochenta. Y es que tal zona ha continuado atrayendo en los últimos años a un mayor número de escritoras porque es ahí donde se encuentran los ejes principales de su vida personal y colectiva, los puntos cardinales de sus propias existencias.

Habría que señalar, por último, que las temáticas fronteriza y amorosa no son exclusivas (como sí lo es el orbe familiar) de las escritoras bajacalifornianas, ya que ambas forman parte fundamental de la literatura escrita tanto por hombres como por mujeres en esta región del país. Lo que sí es significativo es que la creación literaria realizada por estas últimas ilustra los cambios de percepción que la mujer fronteriza ha tenido y tiene de sí misma y del ámbito familiar y social en que ha vivido y vive. Y estos cambios de percepción han conducido a que la literatura bajacaliforniana contemporánea hecha por mujeres exprese, con un vigor y una honestidad envidiables, la condición de la mujer, su marginalidad y opresión, por medio de una escritura donde los planteamientos críticos no se desbordan en apologías o ataques frontales, sino que recrean, con puntillosos detalles y matizada ironía, semejante realidad, dejando que sea el lector quien dictamine sobre la misma. De ahí, pues, la pertinencia de sus obras, la fuerza testimonial de sus creaciones. De ahí, también, el rigor expresivo de esta nueva literatura.

ESCRITORAS BAJACALIFORNIANAS
BIBLIOGRAFÍA SUMARIA 1962-1987
(NARRATIVA Y POESÍA)

Arenal Franco, Gloria Patricia y otros, *Tercer encuentro de poesía joven de la frontera norte de México*, México, SEP-Programa Cultural de las Fronteras, 1987, 359 pp.

Bolívar, María Dolores, Virginia Corona, Mara Longoria, Juana Ríos Aizú, Guadalupe Rivemar Valle y otras, *Memoria del primer encuentro de escritores de las Californias*, Mexicali, México, Dirección de Asuntos Culturales-San Diego State University, 1987, 212 pp.

Bonilla, Peggy, *Coloquio de melancolías*, Cd. Juárez, Chih., México, Editorial El Labrador, 1982, 54 pp.

Cárdenas Montes, María, *Flores del desierto*, edición de la autora, Ensenada, México, 1962.

Castillo, Martha Edna y otros, *Primer encuentro de poetas y narradores jóvenes de la frontera norte*, México, SEP-Programa Cultural de las Fronteras,1987, 83 pp.

Cazessus, Elizabeth, María Eraña, Julieta González Irigoyen, Guadalupe Rivemar y otras, *Desde el día común*, Tijuana, México, Editorial Imagen, 1987, 83 pp.

Conde, Rosina, *Poemas de seducción*, México, Ediciones La Máquina de Escribir, 1981.

———, *De infancia y adolescencia*, México, Editorial Panfleto y Pantomima, 1982.

———, *En la tarima*, Colección Laberinto, núm. 43, México, Universidad Autónoma Metropolitana, 1983.

Conde, Rosina, Katery Mónica García, María Antonieta Longoria, Juana Ríos Aizú, María Ruth Vargas Leyva, Patricia Vega y otros, *Parvada. Poetas jóvenes de Baja California*, (antólogo Gabriel Trujillo Muñoz), Mexicali, México, UABC, 1985, 234 pp.

Conde, Rosina, Rosa María Pérez, Irma Torres, Delia Valdivia, Laura Villedazveytia y otros, *Antología de la nueva narrativa bajacaliforniana* (antólogo Óscar Hernández), México, UABC, Mexicali, 1987, 277 pp.

Corona, Virginia y otros, *Fuera del cardumen. Antología de una nueva narrativa bajacaliforniana*, Tijuana, México, edición de autor, 1982, 200 pp.

Díaz Castro, Olga Vicenta, *Narraciones y leyendas de Tijuana*, Tijuana, México, edición de autor, 1973 (2ª ed., 1981).

Esali (Estela Alicia), *Aprendiz de humano*, Tijuana, México, Instituto Tecnológico de Tijuana, 1987, 204 pp.

Fernández, Ana María, *Amores últimos*, Cuadernos del taller de literatura, núm. 17, México, UABC, Mexicali,1987, 68 pp.

García Katery Mónica, *Para empezar*, Cuadernos del taller de literatura, núm. 9, México, UABC, Mexicali, 1985, 29 pp.

Lagos Graciano, Ana, *Cantos de luz y sombra*, Tijuana, México, Editorial Californidad, 1962, 81 pp.

Lever, Alicia, *Oscilando entre la nostalgia y el gozo*, Cuadernos del taller de literatura, núm. 15, Mexicali, México, UABC, 1987, 78 pp.

López Barrera, Luz Mercedes, *Letras*, Cuadernos del taller de literatura, núm. 11, México, UABC, Mexicali, 1985, 41 pp.

Luera, Yolanda, *Solitaria J.*, La Jolla, California, Estados Unidos, Lalo Press Publications, 1986, 49 pp.

Monroy, Gloria, *De madrugada, platicando con las estrellas*, edición de autor, Mexicali, México, 1987, 80 pp.

Pérez Viladoms, Rosa María, *Vidas paralelas*, Cuadernos del taller de literatura, núm. 13, México, UABC, Mexicali, 1986, 48 pp.

Prado Gutiérrez, Elena, *La gloria que descubrió Joel*, Ensenada, México, Industria gráfica, Editorial Mexicana, 1980, 63 pp.

Rodarte Martha, *La gran familia*, Cuadernos del taller de literatura, México,UABC, Mexicali, 1983, 42 pp.

Rodríguez, Mercedes Rosalinda, *El oficio del viento*, Cuadernos del taller de literatura, núm. 4, Mexicali, México, UABC, 1986, 74 pp.

Ríos Aizú, Juana, *Sonetos*, Publicaciones cachanillas, núm. 1, Mexicali, México, Ayuntamiento de Mexicali, 1987, 24 pp.

Valdivia, Delia, *La naranja*, Cuadernos del taller de literatura, núm. 8, Mexicali, México, UABC, 1984, 18 pp.

Vargas Leyva, María Ruth y otros, *Siete poetas jóvenes de Tijuana*, Editorial Ibo-Cali, Tijuana, México, 1974, 70 pp.

———, *Celeste y ocho poemas*, Tijuana, México, Instituto Tecnológico de Tijuana, 1987, 31 pp.

Vega Salcedo, Patricia y otros, *Todas mis amigas son poetas*, México, Editorial Rosamunda, 1983.

———, "Parodias de guerra", en el volumen colectivo *Por la piel*, Ediciones de la revista Punto de Partida, México, UNAM, 1986, 89 pp.

Villanueva, Estela (de), *Espirales de juventud*, edición de autor, Mexicali, México, 1986, 80 pp.

———, *Cuentos de calafia*, Edición de autor, Mexicali, México, 1987, 114 pp.

Villedazveytia, Laura, *Jugamos a sobrevivir*, Cuadernos del taller de literatura, núm. 16, Mexicali, México, UABC, 1987, 85 pp.

Zamorano, Dolores y otros, *Tierra natal* (antólogo Sergio Gómez Montero), Serie Piedra de Fundación, México, INBA-ISSTE-UNAM, 1987, 110 pp.

CONTEXTO REGIONAL DE LA CREACIÓN LITERARIA DE LA FRONTERA

Leobardo Saravia Quiroz
COLEF

Empiezo este texto que a primera vista desatiende la convocatoria de este coloquio. No es así. Me parece que la reflexión sobre el contexto, que enmarca la creación literaria en el norte de México, es necesaria e importante para comprender las tendencias y recurrencias temáticas más evidentes de su literatura, la marginalidad de ésta en el contexto cultural de México. En resumen, el marco de fondo que le da referencia a los esfuerzos de escritores de ambos sexos en la región. Presento a la consideración de ustedes estas notas descriptivas que admiten el beneficio de una exposición más orgánica.

Son varios los factores que inciden en la naturaleza periférica de la literatura hecha en la frontera norte; los más importantes son elementos de signo histórico y social que han determinado su subdesarrollo y que son característicos de la región.

A la cultura en la frontera, por su complejidad y fragmentación, es más adecuado visualizarla desde el punto de vista antropológico, que en palabras de Carlos Monsiváis es "un modo de vida, respuestas condicionadas al medio ambiente, identidad de sobrevivencia, producto del proceso unificador de los medios masivos, etc.". En este sentido la frontera es, en lo económico, un campo de experimentación donde tienen lugar, se entrecruzan y enfrentan las tendencias de la economía internacional, que permiten un crecimiento económico, impetuoso y desigual, caracterizado por la ausencia de planificación. En lo cultural, es una sociedad que resiente los efectos del aislamiento geográfico roto para efectos prácticos muy recientemente; sociedad donde emergen cíclica aunque irregularmente movimientos de carácter contracultural y antiautoritario como el pachuquismo y los movimientos juveniles, y que observa la proliferación de sectas religiosas, la dualidad vital de los *conmutters*, la percepción de estilos de vida sustentados en la marginalidad urbana y la fragmentación cultural, resultante de la migración incesante de diversos estados con distintas expresiones culturales.

A la frontera la ha definido centralmente su papel de estación de paso de migrantes, de vasta zona desdeñada por el centralismo, o espacio donde según la óptica del centro peligra la soberanía y la identidad cultural. Los casos de Tijuana y Ciudad Juárez son altamente significativos ya que su evolución y desarrollo han marcado la fama pública de la frontera. Ambas ciudades tienen estructuras económicas similares, fundamentadas en el turismo, que ha propiciado una especie de leyenda negra sobre la frontera, vigente hasta la fecha. En este estereotipo han colaborado las versiones literarias, las preferencias temáticas del cine nacional y extranjero, y el prejuicio moral del periodismo amarillista del sur de Estados Unidos. Sin embargo, no hay de qué extrañarse: en el caso de ambas ciudades la dependencia del turismo ha derivado en estilos de vida y comportamientos que deben ser analizados con el instrumental sociológico y no con el escrúpulo moral.

Actualmente, en los años ochenta, la frontera define su perfil en la persistencia de procesos sociales y económicos como la actividad turística, elemento decisivo que ha consolidado la terciarización de la economía fronteriza y la vigencia del trabajo informal; en la migración incesante que ha impulsado una alta tasa demográfica desde los años cuarenta; en la evidencia de una relación binacional áspera e incidentalmente violenta que se objetiva en las ciudades de la región. Además, otro factor significativo es la emergencia de procesos clave como la industrialización subordinada, que actúa de manera activa en la modificación y ascenso de nuevos estilos de vida. La frontera ha sido —comprobación empírica disponible— un territorio poco propicio y difícil para el desarrollo de la literatura. Espacio donde la cultura popular es un universo vasto y diverso, alimentado por la multirregionalidad derivada de la migración. Territorio que históricamente ha carecido de una infraestructura editorial y de una tradición literaria significativa. Aunado a esto, la vigencia de una política cultural del estado que no ha definido estrategias concretas que influyan de manera específica en el fomento de la literatura y la creación artística.

CREACIÓN LITERARIA

En la frontera no puede hablarse con certeza de una tradición literaria durante el siglo pasado y la primera parte de éste. Puede afirmarse que hubo un conjunto de esfuerzos aislados, episódicos, importantes desde el punto de vista de experiencia grupal y del antecedente que representaron. Sin embargo, no constituye una tradición como un corpus articulado, donde reconocer la trayectoria de un género, de núcleos referenciales o propositivos. Además, el aislamiento geográfico, la desvinculación concreta, han propiciado un atraso notable en la asimilación de las formas expresivas modernas y de las propuestas de la vanguardia nacional. Esto explica el histórico desfase existente entre los niveles de calidad literaria logrados en esta zona con respecto a los observados en el centro del país. Un problema adicional de la literatura fronteriza es, aparte de la indiferencia institucional y la vistosa incompetencia del periodismo cultural, la dificultad de difusión de ésta, ya que el férreo centralismo vigente ha determinado la ausencia de oportunidades para su reconocimiento extrarregional. Actualmente, se observa una ligera modificación en esta constante. En número creciente los escritores fronterizos tienen acceso a los circuitos comerciales de publicación. Un elemento decisivo en la frontera es la ausencia de una infraestructura editorial que constituya una base de lanzamiento y promoción para los escritores de la región. Las universidades fronterizas han tratado de cumplir con el papel que les corresponde como difusores de cultura y factor dinamizador de la actividad literaria; sin embargo, su producción ha sido hasta ahora muy limitada y carente de permanencia y constancia. La ausencia de una vinculación real con el centro del país ha determinado las manifestaciones culturales de la frontera. Esto, a su vez, significa una relación de lejanía y de asimilación parcial y fragmentaria de la tradición existente en el país. Además, la cercanía con Estados Unidos determina una estrecha convivencia con las referencias, mitos y fijaciones característicos del *American way of life* y con su oferta cultural particularmente creativa y seductora durante los años sesenta. Sería excesivo afirmar que los escritores de la frontera tienen una formación de carácter binacional en términos de influencias literarias; no es así, pero revelan, sobre todo en el noroeste de México, una significativa cercanía y conocimiento de la literatura norteamericana, que los provee de un acervo de referencias e influencias proveniente de una literatura, la norteamericana, de importancia nada periférica.

Actualmente, es observable una recurrencia de la utilización de lenguajes marginales. En muchas páginas de escritores y poetas de la frontera se reflejan las vivencias y cotidianidad de los barrios, de la periferia urbana. Hay antecedentes en este sentido; no hay que olvidar que en los sesenta, el *slang* fronterizo fue adaptado creativamente a las necesidades expresivas de los escritores de la "Onda". Ese producto sincrético de dos idiomas fue asimilado y refuncionalizado en el habla cotidiana de la juventud capitalina de México.

A partir de los setenta, los escritores fronterizos acusan influencias literarias que lo son también a nivel nacional; la asimilación de las actitudes vitales de la generación *beat*, y lo que significó en la asunción de una escritura más libre y desenfadada; la aventura chamánica de Carlos Castaneda y su incursión por un mundo mágico en la cual redescubre un universo de elementos sensoriales que dejan huella en esa generación; la valoración de los elementos culturales de las minorías indígenas (yaquis, tarahumaras), sus cánticos rituales, su cosmogonía, su percepción de la naturaleza.

En el ámbito de las influencias regionales, no ha existido una interacción significativa con la literatura chicana. En este sentido, la frontera entre los dos países ha sido un eficaz obstáculo para la comunicación entre los escritores fronterizos mexicanos y sus homólogos chicanos. La percepción que se tiene de este lado de la frontera sobre la literatura chicana no es precisa: constituye la visión objetiva de una corriente creativa que busca su definición, que genera un vigor inesperado por su representación de una cultura a la defensiva, de una cultura sitiada que vive momentos de búsquedas y dilemas.

Es necesario destacar las diferencias existentes en el desarrollo literario de los estados fronterizos. Existe una especie de insularidad que impide el intercambio de experiencias, de hallazgos y de proyectos comunes en detrimento de un desarrollo más provechoso e intenso entre escritores de distintos estados. El noroeste impone otro tipo de manifestaciones culturales que en la región centro-norte, por razones de índole histórica y de ámbito geográfico. Sin embargo, existen constantes como el "aislamiento" geográfico, la coexistencia bicultural, la difícil asimilación de las tradiciones del centro del país, el relativo apego, hasta la década de los setenta, de formas tradicionales que cayeron rápidamente en anacronía y desuso.

En la literatura de la frontera nunca se han dado los excesos; es notable la pervivencia mayoritaria de un tono menor que admite sin embargo excepciones; la vigencia de un *stablishment* cultural limitado y generalmente precario que hasta los ochenta registra una relativa eclosión.

El espacio geográfico de la frontera tiene lugar en la obra de sus escritores nativos, que han interiorizado el paisaje, las atmósferas, la perspectiva histórica y la circunstancia del individuo frente a su ámbito hostil, yermo, vastamente inaprehensible, en lo rural; y abigarrado, cambiante y depauperado en lo urbano. Anteriormente, la frontera había sido recreada significativamente en la literatura mexicana y la estadunidense. Hay varios ejemplos, desde el *Ulises criollo* de José Vasconcelos, que registra sus remembranzas escolares y temprano antimperialismo; la visión ambivalente del norte de México en *Al filo del agua* de Agustín Yáñez; la descripción tangencial del arrabal tijuanense en *Los motivos de Caín* de José Revueltas, aparte de otros escritores como Fernando Jordán y Ricardo Garibay, cuya visión es similar, con varios puntos en contacto: la preconcepción moralista, la utilización del espacio norteño como elemento escenográfico: la recreación festiva de las zonas de tolerancia, versiones que confluyen en la misma profesión de fe: la dependencia orgánica respecto al viejo paradigma de la leyenda negra, desarrollado a partir de los casos límite de Tijuana y Ciudad Juárez.

En la literatura estadunidense hay registro de escritores como John Steinbeck y su descripción casi naturalista de la península bajacaliforniana; el novelista policiaco Joseph Wambaugh, quien advierte con nitidez la feroz desigualdad económica entre los dos países y asimila esta reflexión como recurso explicativo en su novela *De líneas y sombras*; la visión ácida, muchas veces incoherente pero profundamente provocadora de destacados miembros de la *troupe beat*. La breve e incompleta relación culmina con la referencia a *Poso del mundo*, libro del norteamericano Ovid Demaris, límite del radicalismo vejatorio y xenófobo, promocionado por el *Detroit Tribune* como "una lista de lugares que un turista decente no debería visitar". La visión de estos escritores se suma a la amplia bibliografía existente y ellos dan testimonio, desde diferentes perspectivas, de la posición extranjera sobre la frontera de México. De las cuales, me quedo con la del inglés Graham Greene, quien escribe:

> La frontera significa algo más que la aduana, el funcionario que solicita el pasaporte y un hombre con un fusil. Allá todo va a ser diferente; la vida no volverá nunca a ser la misma una vez que nuestro pasaporte haya sido sellado y que nos encontremos sin habla entre los que cambian dinero. El hombre que busca paisajes imagina extraños bosques e inauditas montañas; los románticos creen que al otro lado de la frontera las mujeres serán más bellas y complacientes que en casa; el desgraciado imagina, al menos, un infierno diferente; el viajero suicida espera la muerte que nunca encuentra. La atmósfera de la frontera es como empezar de nuevo otra vez.

Actualmente, escritores fronterizos retoman con alto nivel literario a la frontera como visión intransferible, punto de referencia, así también la escritura sin destinatario geográfico. Escritores como Federico Campbell y su recurrencia por el espacio bajacaliforniano, donde transcurren los vínculos entre poder y periodismo, la rememoración exacta de fijaciones personales que lo son también colectivas;

José Vicente Anaya, quien difunde la poesía joven fronteriza en foros nacionales y prosigue su trabajo de poeta fuertemente marcado por la poesía ritual indígena y la literatura estadunidense; Jesús Gardea y su permanente y reconocido trabajo de narrador que no ofrece concesiones al centralismo. Otros escritores publican y trabajan en foros de penetración y difusión nacionales: Luis Cortés Bargalló, Eduardo Hurtado, Carlos Montemayor, Sergio Gómez Montero, Daniel Sada, Fernando Sánchez Mayans, Rosina Conde, Gabriel Trujillo; algunos más: Luis Humberto Crosthwaite, Rogelio Vizcaíno, Gerardo Cornejo Murrieta, Minerva Margarita Villarreal, Julieta González Irigoyen, Ruth Vargas Leyva, Guadalupe Rivemar, José Manuel Di Bella, Raúl Antonio Cota, Miguel Manríquez, entre otros.

La poesía fronteriza muestra actualmente un desarrollo notable. Y es sin duda el género con mayor número de practicantes. Los poetas jóvenes escriben con una mayor desinhibición y soltura; revelan un catálogo de influencias más diverso; exploran las posibilidades de la imagen, de la metáfora; experimentan y son capaces —en el caso de Baja California y Sonora, señaladamente— de escribir una poesía característica que mucho debe al paisaje, a la marginalidad urbana y a la circunstancia geográfica. Poesía en la cual el desierto encuentra una resonancia concreta, así como la evocación amorosa y la crítica social. Es un género que se da con diversidad y acepta la versión desencantada y amarga hasta la lucidez de Francisco Morales, así como el talento para inventar atmósferas e incursionar en las posibilidades del lenguaje de un José Javier Villarreal; acepta también la aprehensión del recuerdo de un mundo rural o la evocación de la relación amorosa, en Minerva Margarita Villarreal. La expresión de este género literario es desigual: permanecen reductos donde se trabaja la poesía patriótica, declamatoria, ceñida a moldes modernistas y románticos, derivada de una sensibilidad anclada en la obra de Amado Nervo, de Enrique González Martínez y Luis G. Urbina. Afortunadamente, ésta es una vertiente cada vez más escasa y en paulatina desaparición, circunscrita ahora a los certámenes municipales o a reuniones hogareñas.

En la narrativa se registra el juego lúdico con el lenguaje propio de Daniel Sada, el humor irónico de Luis Humberto Crosthwaite, el fraseo ceñido, la construcción demorada en detalles que se resuelve en tensión de relato policíaco de Gabriel Trujillo, la edificación de mundos personales y opresivos de Jesús Gardea. En fin, la narrativa fronteriza, durante mucho tiempo circunscrita al cuento, accede a la novela con las obras pioneras de Federico Campbell, Joaquín Armando Chacón, Daniel Sada y Ricardo Elizondo. Sin embargo, la novela no ha tenido aún concreciones ambiciosas, proyectos más orgánicos y representativos. El ensayo y la crónica a pesar de su urgente importancia como medio de registro, sátira y crítica social, son prácticamente inexistentes. El ensayo revela un relativo y reciente dinamismo, aunque su amplitud temática sea por ahora limitada y su ejercicio poco sistemático. La crónica, por su parte, es ejercida con el espíritu de la "bohemia" o por afán meramente descriptivo, sin asimilar aún las conquistas y hallazgos que se han dado en este género a nivel nacional.

Para finalizar esta descripción somera del contexto regional y su circunstancia literaria, es necesario señalar que la literatura fronteriza, a pesar de desarrollarse en un medio particularmente hostil, se encuentra en un momento de emergencia notable; habla de esto el surgimiento de revistas y suplementos, la participación cada vez más frecuente de los escritores regionales en foros y medios de difusión nacional; en el desarrollo de un movimiento cultural, todo lo magro que se quiera, pero relativamente autónomo del centro del país. Otro factor acumulativo es el hecho de que las universidades, muy recientemente, hayan iniciado labores de difusión literaria de manera sistemática y permanente. Es necesaria la continuación de esta tendencia, impulsar nuevos foros e instancias de expresión literaria. Sin embargo, la provincianidad tiene costos inevitables: la atmósfera cerrada de las burocracias culturales; la costumbre autoritaria de conceptuar a la cultura y a la literatura como algo superfluo, ornamental o simple impulso filantrópico, conceptos que es necesario combatir.

En la frontera ya no se discuten conceptos totémicos como "pureza del lenguaje"; ni la vieja pugna de nacionalismo *versus* cosmopolitismo inquieta las conciencias de los escritores. Coexisten los que se afanan por la página perfecta; aquellos para los cuales la sintaxis es un escrúpulo prescindible y los que condescienden a la utilización del lenguaje popular y del *grafitti*, o echan mano de las obsesiones identificatorias de los jóvenes de los barrios populares. Es decir, temáticamente es una literatura plural y diversa.

Sin embargo, a la literatura fronteriza le falta enfrentar las batallas más arduas, que son contra la indiferencia centralista; el lastre que significa la ausencia de tradiciones específicas y en favor de la profesionalización de la escritura; el impulso a un mayor rigor autocrítico y la decisión de "romper el cerco" regional que limita su difusión. Son éstas condiciones imprescindibles para acceder a una mayor madurez creativa y por ende a las obras definitivas.

EXPRESIÓN Y SENTIDO EN LA POESÍA Y LA PROSA DE ROSINA CONDE

Humberto Félix Berumen
UABC

A Rosina,
por supuesto

¿Poesía femenina? Más que eso: poesía feminista. Mejor aún: poesía que alude a la condición de la mujer, a su situación, a las circunstancias que determinan su vida social y personal. Poesía femenina sí, por la voz que la alienta y por ser obra de una mujer; poesía feminista también por el compromiso implícito. Pero, sobre todo, poesía. Poesía que es amorosa, sin ser sentimentalista; que es violenta por directa; descarnada por efusiva. Poesía que refiere una realidad ineludible: la de la mujer y su tiempo. Mejor aún: poesía que es a la vez afirmación personal y decisión crítica. Crítica que es rechazo, que es denuncia, que es compromiso. Reivindicación del erotismo, más como desinhibida sensualidad que como mero ejercicio lúdico. No busca sutilezas poéticas ni persigue alambicadas construcciones verbales. Su fin es otro; otra su intención. Es la suya una poesía beligerante, contestataria: al pan, pan; y al vino, vino. No la lírica desolación amorosa, no la pudibunda autocomplacencia intimista: la exaltación del placer, la recuperación de la propia existencia corporal, la desmitificación de lo "femenino", la voluntad y la conciencia de ser en un tiempo y en una sociedad específicos. ¿La recuperación del ser propio de la mujer pasa por la apropiación de un lenguaje y una manera también propia para expresarlo? Sí, sin duda. No se dice lo mismo con nuevas palabras, como tampoco se dicen las mismas palabras para nombrar lo novedoso. Uno y otro, lenguaje y sentido, expresión y palabra, se corresponden y complementan en la tarea de crear un nuevo discurso, una nueva forma de entender y asumir la vida y sus contradicciones. No pasividad sino crítica, comprensión y no justificación. Así la propuesta poética es una y la misma: rechazar la imagen arquetípica de la mujer como un ser desvalido y dependiente, a la vez que se rechaza el lenguaje pretendidamente poético con el que se ha recubierto ese arquetipo:

> Detesto las palabras
>   sutiles y melosas
> a los que se asustan
>   cuando chingamos a nuestra madre
> a los hipócritas que lloran
>   cuando la clítoris se abre ante ellos

                    y a los que violan
                        la imagen del poeta.

La propuesta se repite en un excelente poema, "En secreto", dedicado a Ruth Vargas que es una declaración de principios y de su concepción del quehacer poético:

                    Dicen, mujer,
                    que no cantamos a la rosa y su fragancia
                    que nuestras palabras son obscenas.
                    Y es que olvidan, mujer,
                    que para orinar
                    tenemos que bajarnos los calzones y sentarnos,
                    somos el colchón del coito
                    que a fuerza de golpes se magulla.
                    Pero no les digas, mujer,
                    que en nuestros pechos pequeños y redondos
                    y sobre la piel de nuestro vientre,
                    lloran estrías luminosas
                    porque se olvidarían de nosotras.

En otros momentos la recuperación del erotismo asumido o vivido por la mujer es lo que viene a complementar el afán desmitificador:

                    La luna entra
                    a través de la persiana
                    iluminando cara, tórax
                    y tu pierna levantada.
                    Yo, sentada,
                    distrayendo tu miembro
                    recordamos la tarde,
                    la lluvia
                    y la montaña.

                                                    ("Momento")

O en este otro de la serie de *Poemas de seducción* y que da título al único libro publicado. En realidad una pequeña *plaquette* editada en 1981:

                    Me seducías
                    con sólo poner
                    tus labios
                    sobre mi clítoris.
                    Me seducías.
                    Con tu mirada,
                    tus gestos,
                    palabras.
                    Movimientos sencillos,
                    cotidianos.

Empero existen también los poemas de exaltación, de júbilo o de canto por las cosas simples y cotidianas:

> Soy,
> como dice el marinero,
> dos pequeñas lunas.
> Una que despierta con su canto
> a los borrachos
> al son del vuelo de las gaviotas.
> Otra, que se apaga de madrugada
> con el sueño gentil que dan las olas.

En los poemas más recientes, que han ido apareciendo en revistas y suplementos culturales diversos, la crítica se hace extensiva a las relaciones familiares y laborales. En el poema titulado "De preferencia", y no sin cierta ironía, se hace alusión a la contratación de mano de obra femenil, las condiciones de trabajo y su explotación laboral:

I

> Se solicita señorita
> para trabajo fácil
> que sepa cocinar y lavar platos
> servir la mesa, coser, planchar
> zurcir calcetas, barrer, trapear.
> De preferencia bilingüe
> (con pasaporte)
> Se quede a dormir...

II

> Se solicita señorita
> para trabajo fácil.
> No importa que ignore el lenguaje académico
> y quiera comprarse un televisor a colores.
> Lo que importa es que no exija
> un lugar en la historia
> que no ponga en crisis al servicio...

III

> Se solicita señorita
> para trabajo fácil.
> No se requiere experiencia.
> Ofrecemos salario superior al mínimo indispensable
> un ambiente agradable
> y la seguridad de que nunca enterará
> de que lo maquilado por usted

contamina al mundo entero
de que sus hijos nacerán con malformaciones
cerebrales
y que a los veintiún años
usted no servirá ni para contestar el teléfono.

("De preferencia")

En un breve poema, de título "Con guante blanco", las relaciones familiares, formativas, son enfrentadas de la siguiente manera:

Mi padre me ha corrido de casa
(me negué a bailar el vals primaveral
y a probar la hostia sagrada
en cambio
he decidido tener un hijo).

En suma, una poesía que manifiesta una actitud personal frente a la vida y el compromiso de revalorar el lugar de la mujer en un momento en el cual todo se encuentra sujeto a cambio.

Su prosa no es menos violenta, menos descarnada, que su poesía. De igual manera que su poesía no es menos desinhibida que su prosa. En una y en otra la atención está puesta en la condición de la mujer. El tema es el mismo; la actitud, idéntica. Pero en tanto que su poesía parece ser más íntima, más personal, la prosa resulta más explícita en su intención crítica. La impresión es, sin embargo, aparente. De la poesía a la prosa, y de ésta a la poesía existe un evidente propósito de someter a una crítica demoledora las relaciones sociales que determinen el papel. de la mujer. Esto último es particularmente cierto por lo que hace al libro *De infancia y adolescencia* (1982), en cuyas páginas se describe el proceso formativo de una joven adolescente en el contexto familiar:

¡Qué horrible es sentirse culpable!, pero más horrible es saberse sin identidad, que el apellido no te pertenece, que dependes del padre o del marido y que cuando haces algo que no vaya de acuerdo a sus principios estás pisoteando su nombre, como si a propósito hicieras las cosas para zapatear sobre ellos y no sobre ti misma,

exclama la protagonista al percatarse del ambiente que priva en toda familia en la que la palabra masculina es ley y norma.

No abundan, por cierto, en la literatura mexicana los relatos sobre el mundo femenino en la etapa de la adolescencia. Y esta sola particularidad hace de este pequeño libro una obra si no excepcional, sí significativa.

El mundo que se retrata es el tradicional mundo familiar dentro del cual se educa a la joven adolescente en las labores propias de su sexo —para emplear una expresión también tradicional y que mucho tiene de fondo—: "Una mujer debe buscar un hombre que le dé respeto y la proteja", "al hombre se le llega por el estómago", se le repite una y otra vez a la joven que se niega a aceptar su condición de mujer dependiente:

Me disgustaba su desprecio al tratarme; según esto, las mujeres sólo servíamos para fornicar y educar hijos, aunque a veces ni para eso, éramos unas brutas sin capacidad para entablar una conversación, además de débiles y pretensiosas. Lo que más coraje me daba, es que la mayoría de las mujeres que conocía eran así. Mi madre no era pretensiosa pero sí débil, siempre viviendo bajo la sombra de mi abuelo y de mi padre.

El tono manifiestamente biográfico empleado por la voz narradora —que no necesariamente se identifica con la vida de la escritora—, el uso de la primera persona en la narración, que todo lo refiere bajo su propia visión personal, junto con la referencia directa a las circunstancias sociales y familiares de formación de la mujer, hacen que nos enfrentemos con un relato significativo e importante por las razones antes expuestas.

En la tarima (1984), el otro libro de relatos publicado por esta autora, se divide en dos secciones: la primera compuesta por dos relatos que abordan en detalle el resquebrajamiento de la pareja tradicional, y un tercer relato humorístico, que poco o nada tiene que ver con el resto del libro. La segunda sección aparece agrupada bajo el equívoco título de "Viñetas revolucionarias"; es un recorrido por la noctámbula sordidez de los prostíbulos de la avenida Revolución de Tijuana. Su significación narrativa está en relación directa con su capacidad para remitirnos a un medio particularmente festivo y caótico.

Lo expuesto hasta aquí no agota la comprensión —y menos aún la significación literaria— de una obra que aunque breve se destaca por su intención y su proyección críticas en lo social y en lo particularmente vital de la existencia femenina.

PERIODISMO LITERARIO

Julieta González Irigoyen
Tijuana

A partir de la información institucionalizada, la uniformidad en el proceso de concentración —y distribución— de las noticias se ha convertido en un ejercicio automático y carente de responsabilidad directa; es decir, la despersonalización convierte al otrora reportero en captador de puntos de vista y mensajes controlados.

El seguimiento de un buen reportaje —por ejemplo— se ve obstaculizado por el control que de manera innegable se ejerce sobre los medios de comunicación social, de acuerdo con las reglas y necesidades del sistema político. Los controles pueden ser económicos, legales o políticos, ya que las concesiones o los patrocinios están condicionados por los efectos que la información tenga sobre el lector. Esto es, el nivel social de la información adecua la estructura y el funcionamiento de los medios: "dime qué tiraje tienes y te diré quién eres", o cuánto vales...

Actualmente, los centros de poder, los grupos de presión políticos y económicos ejercen control sobre los medios de información a través de inserciones pagadas —publicidad, gacetillas, etc.— y "una acción más o menos fuerte sobre la opinión pública" utilizando boletines corporativos y campañas informativas, a veces prolongadas, que rayan en la propaganda. La manera como tal información se concentra en los medios es una suerte de periodismo confidencial, con sus propias claves y con una previa censura, a veces conocida como reglas de selectividad.

Este "periodismo confidencial" conlleva una especie de complicidad entre la fuente que genera la posible noticia y el periodista, quien se ve comprometido a guardar silencio o "seleccionar" la información y, en el mejor de los casos, a maquillar la nota. Bajo la apariencia de objetividad, la selección de las informaciones permite que se falsee todo. En noviembre de 1951, apareció un prospecto con el título "Bellezas norteamericanas", que sólo contenía reproducciones de fotografías aparecidas en las revistas de Estados Unidos, apenas comentadas. Estas imágenes auténticas daban una idea muy pesimista de la sociedad estadunidense. El mismo procedimiento ha sido empleado respecto de la Unión Soviética: citas exactas de los diarios, pero elegidas, dan una impresión muy desfavorable. Esta forma de administrar la información se ha convertido en un arte, a tal grado que ha modificado sustancialmente los valores fundamentales del periodismo; así, podemos decir que la *verdad es la principal forma de la mentira.*

El control de la información desde el poder ejerce su monopolio, partiendo de la idea de que la noticia es mercancía informativa que puede ser peligrosa, sobre todo si contiene una dimensión educativa; entonces los grupos encaramados en el poder se arrogan el derecho a dirigir la educación de esos pueblos o a prevenirlos contra los peligros de saber "demasiado". Así, no siempre es suficiente la selección. Cuando los hechos son demasiado importantes para poder ser ocultados y su presentación es verdaderamente delicada (como el asesinato de algún periodista o un levantamiento armado en la Huasteca), los propagandistas oficiales desvían la discusión a terrenos más sólidos para el sistema (como el otorgamiento de títulos de propiedad a campesinos o programas demagógicos de abastecimiento de víveres a comunidades aisladas).

Por otro lado, el contenido de los medios informativos se reduce a la actualidad. Es decir, a hechos que acaban de suceder. Esto es lo común en el nivel regional; se practica un periodismo descriptivo, no interpretativo; no se contextualiza la información, se provee sólo así sin antecedentes ni posibles repercusiones; sin referencias al ámbito del lector ni a la manera como le afecta, directa o indirectamente.

Ante el panorama observado, en el cual se pretende negar la inteligencia del lector y habiéndose hecho a un lado la gran misión de la prensa mediante el ejercicio de ese periodismo institucionalizado, de agencia noticiosa, de boletín, creo que nos quedaría el recurso del *periodismo literario* para profundizar en las transformaciones que los hechos cotidianos van realizando en la vida de los pueblos y en el escenario donde el hombre vive.

Para analizar las posibilidades reales de ejercer este tipo de periodismo, habría que establecer, primero, las diferencias básicas entre el periodismo *objetivo* y esta fórmula que, aunque no es nueva en México, cobra dimensiones especiales en el contexto regional. En segunda instancia, consideraríamos la relación entre democracia e información, partiendo de la concentración de los medios en unos cuantos.

Mientras que la *objetividad* de la nota periodística convencional, parece pintar una raya entre el suceso y lo que el lector piensa que es la realidad —"eso pasa allá, pero no me pasa a mí"— la historia del mismo suceso, narrada en forma de cuento, crónica, prosa poética, etcétera, le sugiere al lector la posibilidad de que el protagonista de lo narrado puede ser él. Esto imprime en la conciencia colectiva un giro hacia la responsabilidad, admitiendo espejos reales de una rutina sustentada en el atolondramiento y la enajenación masivos, por el uso y abuso de los medios al servicio del poder.

En lo que respecta a la relación entre democracia e información, parece que la cuestión de la existencia real del famoso *quinto poder* ha quedado resuelta, o parece estarlo, por medio de la fórmula *libertad de expresión*. El recuerdo de revoluciones desencadenadas por los atentados cometidos contra esta libertad está presente en nuestras instituciones, aunque haya evolucionado ampliamente hacia otros puntos.

Si la *libertad de expresión, o de prensa,* condujera a una grandísima variedad de publicaciones en las que todas las opiniones estuviesen manifestadas por igual, incluida la defensa del interés general, el problema estaría prácticamente resuelto (siempre de acuerdo con el espíritu de la democracia occidental) gracias al juego de las compensaciones, propio de la división de poderes.

De hecho, la situación está muy lejos de ser así. El elevado costo de la información ha favorecido siempre a los defensores de capital. La concentración de los medios de producción ha acentuado aún más este desequilibrio.

Es cierto que existe gran variedad de opinión en el conjunto regional, pero la concentración crea bloques homogéneos, geográficos y sociales, integrados por personas informadas de la misma manera. Las diferencias entre los marcos de referencia de cada grupo crean antagonismos más brutales y estériles.

A nivel local, un ejemplo de periodismo útil a los intereses de unos cuantos, podría ser lo que sucedió en la década de los setenta, en lo que ahora conocemos como Zona del Río Tijuana, importante centro comercial de la ciudad: se despojó a los habitantes de esa extensa zona con la violencia institucional (expropiaciones, sentencias ejecutorias, el ejército, *bulldozers*, golpeadores a sueldo, etc.). Este proceso duró varios años y los desalojados hacia los cerros de las afueras de la ciudad no podrán olvidar los nombres de Echeverría, Milton Castellanos, López Portillo, etc. Sin embargo, la prensa regional seleccionando, tapando, maquillando, escondiendo, volteando los hechos, dejó plena constancia de su traición al oficio de informar a la sociedad que esperaba información completa, justa, oportuna. Se trataba no sólo de un área de terreno, sino de vidas y patrimonio de cientos de familias que quedaron en la marginación, en la que aún viven.

Las cosas no han cambiado y la prensa de estos días sigue los mismos pasos: la reciente muerte del columnista del semanario *Zeta*, los asesinatos de periodistas en Tamaulipas, Veracruz, Sinaloa, así como los asesinatos políticos de algunos dirigentes de la oposición, han sido tema de sólo dos o tres días en el ámbito local con casi nula cobertura a nivel nacional. En el mejor de los casos, se remite a nota roja o al chisme político rastacuero y degradante, para darnos una imagen triste de un periodismo traicionado.

Entonces, ¿cómo reivindicar al periodismo regional de este vacío en el que ha sido forzado a caer? El *periodismo literario* tiene, en Baja California, sus antecedentes en algunos suplementos culturales de finales de los sesenta y principio de los ochenta en los periódicos *Noticias* y *El Mexicano*. En los ochenta se registra un relativo ascenso, con la irrupción en los medios de verdaderos agentes culturales interesados en llevar la literatura, la poesía y el arte en general a los lectores dominicales. Así, surge "Imagen" como suplemento del *Diario Baja California*: la anécdota recoge momentos tragicómicos donde un excelente poema tenía pases a la plana del anuncio clasificado y se perdía entre las ofertas de carros usados y requerimientos de servicio doméstico. De ahí, "Imagen" pasa al periódico *El Heraldo*, donde recibe un tratamiento mejor y se sostiene durante tres años. Casi al mismo tiempo (en 1985) aparece *Tabloide* con su página "Aquí la palabra". Esta sección fue suprimida por la falta de visión de los editores al no considerar la importancia de dar al lector alternativas de expresión que reflejaran, artísticamente, la realidad, el ambiente circundante, los antecedentes y las repercusiones de los hechos y las situaciones cotidianas, para facilitar la penetración en el público lector y consecuentemente su participación activa en este tipo de periodismo, cuya condición esencial, en tanto forma de comunicación, es la retroalimentación.

Posteriormente, aparece el suplemento "Inventario" en el periódico *ABC*, al que concurre lo más representativo de la literatura y las artes gráficas de la región. Aquí se trasciende, del cuento y el poema, al ensayo económico y político, así como a la crítica literaria y musical.

Intentos de revistas como *Enlace* y *El Vaivén* (la primera sólo saca cuatro números y la segunda, nueve) mueren con corta vida, en virtud de aquello de la concentración de los medios de producción en unas cuantas manos, y de los miedos de la iniciativa privada a participar como patrocinadores parciales de verdaderas alternativas de expresión.

Por su parte, el quincenario *Paréntesis*, editado en Tijuana a finales de 1986 y principios de 1987, sólo tiene cinco números de vida; pero es un medio en el que se da tratamiento literario a todas sus partes: desde el editorial hasta la nota policiaca, utilizando la crónica, el ensayo y el cuento, básicamente.

En la actualidad, la revista bimestral *Esquina Baja* representa una alternativa real para el análisis serio de la cultura regional, desde el punto de vista del modo de vida en la frontera y sus matices económico-políticos y sociales.

Pero el periodismo literario no debe estar relegado a medios especializados, sino que debe trascender a las primeras páginas de los diarios, a la crónica deportiva, a la narración policiaca, a todo aquello en lo que la sociedad está involucrada y es protagonista directa. Entendiendo que la práctica de este periodismo acerca a quienes desempeñan tal oficio con los verdaderos intereses del lector, nos parece urgente la apertura de espacios para una utilización consciente de la información, de manera que eduque y movilice a la sociedad.

En medio de la perpetua crisis económica, política y cultural, la cantidad de tres o cuatro suplementos en el extenso territorio de Baja California es desalentadora. Tomando en cuenta la población de la entidad, la información contenida en tales suplementos llega a unos cuantos "privilegiados". Así se pierde ese chorrito de agua en el vasto desierto de la desinformación.

TERCERA PARTE

LAS ESCRITORAS CHICANAS:
RUPTURA DEL CERCO PATRIARCAL Y COLONIAL
EN UN ESPACIO DE CULTURAS DISCREPANTES

LA LITERATURA DE LA CHICANA: UN RETO SEXUAL Y RACIAL DEL PROLETARIADO

Norma Alarcón
UCB

Doy comienzo a este texto con dos criterios que, a mi parecer, reúnen sus diversas vertientes temáticas:

1) La literatura es el discurso teórico del proceso histórico.

2) La perspectiva crítica sólo surge claramente cuando no existe una tradición que recoja nuestra propia actitud y cuando una se da cuenta de que se enfrenta a una tradición extraña a la que nunca ha pertenecido o a la que ya no acepta sin cuestionar.

Las principales actitudes literarias chicanas, tanto de hombres como de mujeres, se reúnen en torno a la búsqueda de la autodeterminación, la autodefinición, junto con un proceso de autoinvención en los intersticios de varias culturas. Estas actitudes se llevan a cabo por medio de una perspectiva crítica, consciente de los rastros históricos que aporta, y cuya visión resulta en un discurso teórico del proceso histórico con respecto al individuo y a la familia en sus momentos más íntimos tanto como cognitivos. De las tres últimas décadas se podría recopilar una bibliografía de más de 100 autores. La mayoría de los libros publicados están escritos en inglés con frases ocasionales en español, cuyo impacto afectivo a menudo requiere interpretaciones que van más allá de lo literal. La selección de frases en español es muy especial y hace referencia al sistema de significación cultural mexicano. Así, lingüísticamente pone en juego por lo menos dos culturas: la norteamericana y la mexicana. Pero no sólo el uso ocasional del español plantea una yuxtaposición cultural para forjar la autodefinición y la autoinvención a la que aludí, sino también la apropiación del inglés como instrumento propio de comunicación. Este proceso, a mi parecer, encuentra analogía en el proceso histórico de apropiación del castellano como instrumento propio de comunicación en México y Latinoamérica. La escritora chicana Ana Castillo, por ejemplo, rehúye los talleres de literatura manejados por norteamericanos, pues teme perder su voz debido a la presión para incorporarse al idioma inglés en tales talleres. Sin embargo, ella escribe en inglés (a veces en español) pero elude la influencia dominante. Se trata de una escritora que surge del proletariado e insiste en su posición como punto de partida importante. Hay muchos más que se niegan a asistir a tales talleres y prefieren los suyos manejados por chicanos. Para estos escritores y escritoras es una cuestión de autoprotección para cultivar la voz y la temática propia —o sea la autodefinición y autoinvención. Sin embargo, escritores como Sandra Cisneros,

Gary Soto, Bárbara Brinson Curiel o Alberto Ríos han participado en talleres para escritores en las universidades norteamericanas y han asentido libremente a apropiarse de la técnica poética o narrativa para sus propios fines. Por ejemplo, Cisneros, que también surge del proletariado, nos cuenta de su mudez literaria frente a sus compañeros de clase en Iowa, un ambiente completamente norteamericano, pues le era imposible describir su ambiente de barrio de la misma manera que ellos —esto es, céspedes exquisitamente esculpidos, jardines y casas hermosas—; hasta su segundo año de curso no pudo romper ese silencio literario al proponerse escribir sobre el gueto, el barrio, la basura, las cucarachas y las ratas, lo cual significaba exponer su experiencia, su privacidad. Esto me recuerda lo que contaba Rosario Castellanos, a saber, que cuando llegó a la capital mexicana, al Distrito Federal, pensó que podría escribir sobre la gente más sofisticada e intelectual; en fin, que podría crearse un mundo fantástico, pero lo que pugnaba por salir de ella era el mundo mezquino de provincia. Así en Cisneros, lo que pugnaba por expresarse era el mundo del barrio.

Dentro de este marco lingüístico existen numerosas etiquetas para referirse a la literatura chicana: literatura de resistencia, literatura de protesta social, literatura para actuación *(performance)*, literatura del proletariado, literatura de estética *mainstream* o sea del medio anglo dominante, literatura feminista y literatura *gay*. La suma de estas etiquetas y los textos que les corresponden nos proveen un panorama estimulante y enriquecedor.

En los últimos diez años también ha aumentado en gran cantidad la producción literaria de la mujer chicana. La generación vigente de escritoras surgió a la sombra del movimiento sociopolítico chicano y a la del movimiento feminista angloamericano. El primero se caracteriza por una voz y perspectiva cultural sumamente masculina, y el segundo por la voz feminista de la mujer blanca de clase media. No obstante, en la década de los ochenta, las escritoras chicanas, apoyadas por el reto político y literario que fue la publicación de *This Bridge Called my Back* (1981), editado por dos chicanas, Cherríe Moraga y Gloria Anzaldúa, recoge la protesta contra el racismo feminista norteamericano y contra el sexismo en general, ya que estas actitudes marginaban a la mujer de color, aun cuando también se veía necesitada de emancipación. El libro reúne una serie de testimonios que expresan la experiencia de mujeres socialmente marginadas como las chicanas, cubanas, puertorriqueñas, orientales, negras e indígenas. Por medio de este libro se insistió en la imposibilidad de analizar la situación sociohistórica, la producción crítica, teórica y literaria de la mujer de color si no se tenían en cuenta los tres órdenes sociales y categorías analíticas que siempre han regido sobre su experiencia, esto es, género/sexo, raza/cultura, y *status* socioeconómico. En efecto, este libro inauguró los estudios sobre la chicana y otras mujeres de color en el ámbito universitario norteamericano.

Al estudiar la literatura de la chicana, nos damos cuenta de la obsesión por la genealogía tanto como por las circunstancias familiares inmediatas. Esta temática también obsesiona a los escritores pero su perspectiva difiere de la de las escritoras. Por ejemplo, la posición de los escritores ante el padre se puede resumir en las siguientes figuras paradigmáticas:

1) *Yo soy Joaquín,* de Corky González
2) *Pocho,* de José Villarreal
3) *Y no se lo tragó la tierra...,* de Tomás Rivera
4) *Bless me última,* de Rudolfo Anaya.

Estas obras nos ofrecen: *1)* la afirmación de la genealogía mexicana ante el hostil patriarca angloamericano; *2)* el rechazo del patriarca mexicano para emprender la búsqueda individual de modelos nuevos; *3)* el *Bildungsroman,* o sea el devenir del joven/hombre; *4)* la figura del pachuco como mito especular que ha rendido reflexiones sobre el racismo, el cambio de códigos lingüísticos, actitudes de reto y, como diría Rosario Castellanos, sobre el deseo de "otro modo de ser". Así lo planteó Octavio Paz en su primer capítulo de *El laberinto de la soledad*: el pachuco surge singularmente entre dos culturas, renegando de ambas. La figura del pachuco es sociohistórica y ha inspirado a muchos chicanos pero el pachuco no escribe por sí mismo; sólo sirve de espejo polifacético.

En cambio, la escritora chicana en la última década ha rechazado al padre y al patriarcado mexicano y angloamericano: *1)* guarda silencio sobre el padre dejando que su sombra se deje sentir entre líneas como fuerza opresora y represiva —como en la obra teatral de Moraga, *Giving Up the Ghost*—, o *2)* articula claramente su actitud diciendo, como lo hace Ana Castillo: "Hace mucho que dejé de amar a mi padre, sólo perduran los patrones de la esclavitud." Esta declaración se hace por medio del epígrafe atribuido a Anaïs Nin, que encabeza su narrativa epistolar, *The Mixquihuala Letters* (Las cartas mixquihualeñas). En esta obra, Castillo revela que los patrones de la esclavitud son la religión de la Iglesia católica que conlleva una rígida ideología con respecto a lo masculino y lo femenino y sus patrones sexuales: el *heterosexismo* ideológico que arrolla con ambos, hombres y mujeres, dentro del cual sólo la mujer sufre un abandono económico y social muy especial, y dentro del cual mujeres y hombres llevan una vida sobredeterminada, sin la posibilidad de liberarse de las ataduras socioculturales e históricas. (Hago notar aquí que la denuncia de la Iglesia, del catolicismo, también se efectúa entre los escritores Rivera, Villarreal, Islas, etc.) O sea que, para Castillo, la posibilidad de inventar "otro modo de ser" no se puede dar en un mundo donde las definiciones de lo femenino y lo masculino se manifiestan como dogma natural, social o religioso, fuera de nuestras manos; y también cuando se dan en oposiciones binarias donde el significado de un concepto depende tanto del otro. Para comentar este tema, primero me apoyo en una sentencia de Juan José Arreola que proviene de su obra *Homenaje a Otto Wininger,* filósofo social de la mujer que tanto dolor de cabeza causó a Rosario Castellanos: "Como buen romántico la vida se me fue detrás de una perra." Interpretaría que como a buen romántico la vida se le fue detrás de la musa, que se ha convertido hoy día en perra a causa de la degradación por abuso de lo romántico y les recuerdo que tal vez nadie como la obrera tiene el mejor asiento en el espectáculo romántico para saber de la degradación, la mujer que apenas levanta la voz. No obstante, a la escritora, que de acuerdo con el contrato romántico debía guardar silencio y sólo inspirar, ya sea como musa o como perra, se le ha antojado dirigirse a ese contrato romántico que está en bancarrota, pero con perspectiva sumamente diferente. Por ejemplo, podríamos revisar y apoderarnos de la frase citada y dictarla como sigue: "Como buena romántica se me ha ido más de una década detrás, ya no de uno, sino de varios perros." Así, de esta manera, define Castillo el amor: "¿Qué es el amor? En el sentido clásico es un instrumento para hacer que la mujer se someta al hombre." O sea, se apela a la desmitificación del amor romántico por un camino diferente al de Arreola. Aunque la ironía abunda en todas estas obras, escritoras como Castillo y Sandra Cisneros, en sus poemarios *My Wicked Wicked Ways*, experimentan la ironía de manera diferente o sea que al seguir detrás de varios perros, sigo con la metáfora de Arreola, llegan a darse cuenta de que los perros sólo quieren una esposa; es decir, tal como ellas lo interpretan, quieren una sirvienta (la dinámica en países donde todavía hay sirvientas tendría que especificarse), y no a un objeto de amor que es lo que *a priori* creían. Cuando la musa/perra se vuelve poeta y aprende a escribir, sólo saca en limpio que ha caído en una trampa muy honda. Sin embargo, para la poeta los objetos de amor no son entes abstractos, como el "amigo" o el "amado", sino que llevan nombre de pila como Álvaro, Sergio, Alexis, Francisco, Guillermo, Ricardo o Rodrigo. Al darles nombres tan concretos, la experiencia romántica no sólo alude a la ideología del inscrito contrato romántico, sino también a una experiencia que se vuelve suma- mente social. Pongo énfasis en la diferencia, pues otras poetas como la chicana Lucha Corpi o la mexicana Rosario Castellanos no le ponen nombres concretos a los entes amados, sino que aluden a ellos con metáforas como amor, amigo, o bien "X". Aquí hago notar que el mismo cambio en el nombre del ente amado nos sugiere un cambio de actitud; o sea, que al revelar los pies de barro del ente amado por medio de su nombre de pila, se vuelve mortal, uno de varios, convirtiéndose en perro doméstico. La desmitificación del *contrato romántico heterosexual* va muy de la mano con el rechazo religioso, sugiriendo claramente que la nueva actitud sobre la sexualidad femenina requiere una visión diferente del padre familiar y del padre religioso. O sea, que con una piedra se puede cazar (juego de palabras no intencionado) a tres figuras: al padre espiritual, al padre de familia y al amado. Todo esto requiere que se cuente con la posibilidad de un cuarto propio o de una casa propia, como lo sueña Sandra Cisneros en su *The House on Mango Street* (La casa de la calle Mango). Así, la apropiación de la sexualidad femenina y su práctica tanto como su definición, dependen de la independencia económica de todas las mujeres. ¿Cómo lograr esto?

Otra figura que se ha venido rescatando y revisando es la figura de la madre. Primero la escritora tanto como el escritor chicano se conciben a sí mismos como un milagro revolucionario intelectual. Dadas las circunstancias socioeconómicas de nuestras familias, es verdaderamente un milagro que tantos de ellos y ellas hayan podido apoderarse de la palabra y de la escritura, contra marea, para recuperar su genealogía. Desde este punto de vista esta generación es muy especial, pues su visión se desdobla hacia la clase obrera/campesina y la burguesía social e intelec- tual. Así su propio cuerpo sirve de prisma para iluminar varios órdenes sociales e ideológicos. Tomando en cuenta este marco socioeconómico, las escritoras han venido revelando una actitud ambivalente y contradictoria con respecto a la figura de la madre. Por un lado se la ve como mujer trabajadora que se ha sacrificado en los campos y en las fábricas para sostener a la familia; pero por otro, al entenderla como encargada de la transmisión de patrones culturales tradicionales, ella traiciona los intereses de la hija o la abandona a que se abra paso por sí misma y solitariamente en un ambiente sumamente hostil para la mujer de color. En las declaraciones más apasionadas con respecto a la figura materna, contamos con las de Alma Villanueva y Cherrie Moraga. Buscan solidaridad con la madre pero para ello requieren que cambie. Alma Villanueva sugiere que si es necesario la hija tendrá que transformarse en su propia madre, dado el abandono en que la hija se ve. O sea, que en última instancia, la hija se forjará la imagen materna a su manera y para sí misma. Así pues, entre las poetas y ensayistas chicanas se han recuperado las soldaderas de la Revolución mexicana, reconstruyendo una imagen verdaderamente revolucionaria y cuyos deseos han sido traicionados por el racismo y sexismo de dos patriarcados. Otra figura de talla materna que se ha recuperado y reconstruido para dar voz a las visiones de las escritoras contemporáneas es la muda pero maltratada imagen de la Malinche.

Con respecto a la Malinche intervienen dos escritores mexicanos cuya visión de ella ha influido en las letras chicanas. Octavio Paz y Carlos Fuentes; fragmentos de sus obras sobre la Malinche fueron incluidos en antologías de estudios chicanos en los años setenta. Las escritoras chicanas han revisado la ideología masculina sobre la Malinche y han reconstruido su perfil de varias maneras:

1) se le ha defendido por ser una esclava cuyas circunstancias históricas nunca se han tomado en cuenta ni en serio;

2) se le ha visto como un mito de la imaginación patriarcal para controlar la voz de la mujer;

3) se le ha visto como una diosa redentora que la mujer espera, una diosa a su imagen;

4) por fin, también se le ha visto como figura que verdaderamente puede explicar la experiencia sociohistórica de la indígena y la mestiza en este continente; o sea, figura al margen de la sociedad legítima y criolla, fuera de la ley y sin protección alguna, la "no mujer".

He escrito unos artículos que puntualizan más detalladamente estas visiones sobre la Malinche y también sobre la madre biológica y cultural de nuestros tiempos. En fin, lo que quiero subrayar hoy es que las figuras maternas en nuestra literatura actual son sumamente complejas, y que han servido de espejo polifacético para descifrar la subjetividad de la hija hoy en día. Así pues, si es verdad que la mujer (y el hombre) han sido la actualización práctica de la metafísica, la interrogación inmediata plantea la indagación sobre lo que es lo metafísico/ideológico y de qué manera se actualizan en nuestra experiencia. Es decir, captar conscientemente esa operación cultural es el paso necesario para la transformación social.

Aquí quiero hacerles notar que dos figuras comentadas por Octavio Paz en *El laberinto de la soledad*, y sobre las cuales él mismo observa que han sido desterradas y excluidas por culturas que se piensan más auténticas y legítimas, han sido retomadas por escritores y comentaristas de la cultura chicana: los hombres retoman al pachuco y las mujeres a la Malinche; las analogías que se pueden vislumbrar entre ambas figuras son numerosas:

1) el acceso a varios códigos lingüísticos que iluminan la situación existencial e histórica;

2) la recuperación de figuras expulsadas del buen trato, del ámbito de la gente decente;

3) la rebelión como método de supervivencia en ambientes culturales conflictivos donde los excluidos sólo a grandes penas pueden conseguir amparo;

4) el planteamiento de símbolos de la orfandad y de la existencia fuera de la ley vigente que siempre ha pertenecido a la aristocracia o a la burguesía.

A mi parecer, ambas figuras tienen una genealogía que permanece inédita, y no es nada sorprendente que el mismo grupo que retoma el término peyorativo "chicano" para revalorizarlo, retome figuras sociohistóricas con intenciones semejantes.

Para concluir, les ofrezco una cita tomada del último libro de Gloria Anzaldúa, *La frontera/Borderlands*. El capítulo de donde saco la cita lleva por título "La nueva conciencia mestiza"; está inspirado por José Vasconcelos y dice: "La nueva *mestiza* perdura al desarrollar una tolerancia de las contradicciones, una tolerancia de la ambigüedad. Aprende a ser india en la cultura mexicana (aprende), a ser mexicana en la cultura angloamericana (y aprende a ser *pocha* para la cultura mexicana), en breve, aprende a ser malabarista de culturas. Tiene una personalidad plural, maneja modalidades pluralistas, nada se desecha, ni lo bueno, ni lo malo, ni lo feo, nada se rechaza, nada se abandona. No sólo sostiene contradicciones, sino que transforma la ambivalencia en un punto donde los fenómenos se cruzan. El ser añade elementos que resultan en una entidad más grande que la suma de las partes."

LAS "SISTERS"

Federico Campbell
Escritor y periodista mexicano

Las escritoras chicanas no son personajes en busca
de autor, sino mujeres que tratan de deshacerse de
sus autores.

NORMA ALARCÓN

Después de varias décadas de salir tímida y casi clandestinamente a la calle, la narrativa chicana femenina —en medio de un barrio machista y una Norteamérica racista— está a punto del despegue, del salto cualitativo que habrá de llevarla más allá del mero registro de una circunstancia social ignominiosa y a la asunción de una temática más plural tanto como el empleo de todos los recursos provenientes del arsenal literario.

Si desde *Pocho*, la novela de José Villarreal, o los relatos de Josefina Niggly, hasta *El camino a Tamazunchale*, de Ron Arias, la literatura del sureste de Estados Unidos tuvo su centro de gravedad en el testimonio y la denuncia y concibió la obra literaria como un vehículo de ideas políticas de liberación, en los últimos años ese centro de gravedad empieza a desplazarse con otras cargas sociales y literarias: no deserta de sus componentes políticos y sociales (no niega la cruz de su parroquia), su búsqueda de identidad, su nostalgia por ciertos mitos mexicanos, como la Malinche, la Virgen de Guadalupe, la Llorona, pero las poetas y narradoras tienden a lanzarse más allá de los estrictamente documental y se aventuran hacia una dimensión estética tan desconocida como todas las regiones inéditas del arte. Su mundo es chicano. Son chicanos y chicanas también sus personajes y sus situaciones, pero ese modo de ser y de estar en el mundo no es la única razón de la nueva narrativa chicana escrita por mujeres.

En *Acá de este lado*, su ensayo sobre la literatura chicana que le hizo ganar el premio Comitán, Ignacio Trejo Fuentes advierte que "la tendencia más fuerte y notoria de la novelística chicana es de naturaleza social y política, y accede a estos niveles por medio de su afán denodado de denunciar las agresiones padecidas por la comunidad chicana a lo largo de su historia". Hay quienes piensan, añade Trejo Fuentes, que el carácter social de esta naciente novelística ha sido una de sus mayores limitaciones "porque al acaparar esa sola vertiente la atención de los escritores, se marginan elementos fundamentales del arte literario, en este caso específico el tratamiento de asuntos plurales, de diferente naturaleza, y el manejo de las variantes estilísticas y técnicas que provean a las novelas de mayores posibilidades de repercusión internacional, lo cual presupone que el encerramiento en ciertos patrones temáticos y artísticos... puede ser muy limitante".

Lo cierto es que, y esto fue inevitable desde muy al principio, la narrativa chicana femenina ha estado impregnada de un feminismo radical, es decir, por el propósito "de plasmar en las obras fenómenos relacionados con su condición de seres histórica, social y culturalmente definidos en términos distintos a los del varón".

Las mujeres que empiezan a escribir en la región chicana de la literatura han crecido en un mundo pirandelliano. Su principal problema es el de la identidad personal: quién soy, cómo soy para los demás, cómo me ven los otros. Ellas mismas son como personajes en busca de autor y añoran puntos de referencia fijos, antecedentes ciertos familiares o nacionales, señas de identidad como suele acontecer en el mundo siciliano de Luigi Pirandello.

Una vez desgastada como temática la identidad personal —la chicanidad— las escritoras chicanas se encomiendan a su propio esfuerzo de buscar y encontrar personajes femeninos, no tipos, que valgan por sí mismos y sean distintos de los estereotipos creados por los escritores chicanos hombres, en cuya novelística la mujer aparece invariablemente como figura protagónica secundaria y accesoria e incluso como comparsa, dice Ignacio Trejo Fuentes. Para la mirada y la voz narrativa provenientes de mujeres es importante el dilema de la identidad chicano-norteamericana, la relación de la pareja heterosexual, el papel de la mujer dentro de la familia y la relación femenina homosexual.

"I'M A CHICANO LESBIAN"

En la narrativa escrita por mujeres chicanas destacan los cuentos y las novelas de Cherrie Moraga, Roberta Fernández, Sandra Cisneros, Ana Castillo, Mary Helen Ponce, Silvia Lizárraga, Cecil Pineda, Sheile Ortiz Taylor, Denise Chávez, Elena Viramontes, y dos de las que tienen más tiempo escribiendo —una es de 1936, la otra de 1938— renovándose y siempre jóvenes: Estela Portillo y Berenice Zamora.

A su condición de chicanas en una sociedad racista, los personajes de Cherrie Moraga tienen que encimar las desventajas de nacer y crecer en un estrato especialmente machista de la comunidad México-norteamericana. El machismo esencial del mexicano sobrevive y se reproduce entre los chicanos y en nadie se dramatiza mejor esta situación ancestral como en el caso de la chicana lesbiana.

Éste es el tema nuclear de la narrativa y el teatro de Cherrie Moraga, nacida de padre anglosajón y de madre mexicana, así como de sus cuentos y ensayos.

En "La Güera", Cherrie Moraga —nativa de los Ángeles, actualmente profesora de un curso sobre el feminismo y la mujer de color en la universidad de Stanford— intenta explicarse qué significa ser chicana y lesbiana en la sociedad norteamericana a pesar de tener la piel blanca y al mismo tiempo los rasgos de una indígena mexicana.

Cuando finalmente levanté la tapa que cubría mi condición lesbiana, renació en mí una liga profunda con mi madre. No fue sino hasta que reconocí y confronté mi propia lesbianidad a flor de piel que sentí una estrecha identificación con mi madre, con su opresión por ser pobre, sin educación y chicana

escribe Cherrie Moraga, quien lleva hasta sus últimas consecuencias dramáticas el mismo tema en su pieza teatral *Giving Up the Ghost* ("Para renunciar al fantasma").

Junto con Gloria Anzaldúa, Cherrie Moraga es autora de una antología fundamental para conocer la literatura chicana escrita por chicanas: *This Bridge Called my Back*, que se ocupa del feminismo de las mujeres no blancas en Estados Unidos. Este grupo de autoras han discernido y localizado cierto desdén racista en el feminismo de la mujer blanca de clase media norteamericana, una condescendencia, un maternalismo no exento de matices racistas. Es decir: la principal observación de su discurso es que dentro de ciertos movimientos liberadores —como el de los chicanos, como el de las feministas— se encuentran instancias del cambio social cotidiano que disimulan otras discriminaciones raciales y sexuales.

Ya en 1984 y en 1986 la revista mexicana *Fem* dedicó sendos números a la poesía y la narrativa chicana compuesta por mujeres. En esos números se conocieron en México, por primera vez, las voces de Estela Portillo y Berenice Zamora, los relatos de Mary Helen Ponce, Martha Lizárraga, Roberta Fernández y Cherrie Moraga. Por ejemplo: "Zulema", de Roberta Fernández; "Cuando íbamos a la nuez", de Mary Helen Ponce; un fragmento de *The House on Mango Street*, de Sandra Cisneros, y un ensayo de Shirlene Soto sobre "La Virgen de Guadalupe, la Malinche y la Llorona".

Es probable que las narraciones de Mary Helen Ponce y Roberta Fernández se inscriban dentro de la tradición clásica de la literatura de la memoria. Sus incursiones retrospectivas las llevan a la reconstrucción o a la recreación del pasado y al placer de contar, al puro placer del texto, como diría Roland Barthes.

Sandra Cisneros es autora asimismo de *My Wicked Wicked Ways*. Nació en Chicago en 1954 y su primer libro fue de poemas: *Bad Boys*, que data de 1980.

A través de Esperanza, una niña, luego una muchacha que crece en un barrio chicano, Sandra Cisneros va haciendo ver el camino del descubrimiento de la sexualidad y de la propia identidad en el *barrio*, esa zona de tolerancia emocional, esa especie de gueto o espacio personal y seguro en que se desarrolla la historia del libro y la vida de la muchacha, sus familiares, sus amigos, sus conciudadanos gringos. *La casa de la calle Mango* no es menos una novela de aprendizaje que un testimonio social, un *Bildungsroman*, es decir, una novela de educación sentimental y artística, que una novela de trayecto o la relación de un viaje interior hacia el paraíso del "barrio" y la selva de la modernidad norteamericana o de la sociedad blanca occidental: una novela de aprendizaje estético, el de la propia Sandra Cisneros que aspira a hacer ver cuán difícil es formarse como escritora cuando toda la sociedad conspira contra el arte.

Ana Castillo, por su parte, ha sido conocida sobre todo por sus poemas. Desde *Las mujeres no son rosas*, de 1984, *Otro canto*, 1977, y *La invitada*, 1979, ha bordado también la temática femenina, la circunstancia de quien es mujer en la sociedad machista (la chicana) o racista (la angloamericana). Nacida en Chicago, vive actualmente en San Francisco, y en 1986 dio a conocer *The Mixquihuala letters* ("Las cartas de Mixquihuala"). Se trata de un epistolario o de una novela epistolar —como aquella de Laclos, *Las relaciones peligrosas*— que incorpora y recrea la correspondencia entre dos mujeres "hispánicas" y va elaborando el tema de la relación entre los sexos.

"En esta narrativa", dice Norma Alarcón, "Ana Castillo revela que los patrones de la esclavitud son la religión y la Iglesia católica, que comportan una rígida ideología respecto a lo masculino y lo femenino... y su sexualidad: el heterosexismo ideológico que arrasa a hombres y mujeres por igual pero dentro del cual sólo la mujer sufre un abandono económico y social..."

En el fondo lo que empieza a emerger del texto y sus significados son las formas en que hombres y mujeres se relacionan y se combaten tanto en la sociedad chicana como en la de acá de este lado, en la sociedad mexicana pura: los modos, los lenguajes, los sobreentendidos sexuales a través de los cuales se libra la interminable guerra entre los sexos.

Así, pues, la narrativa chicana de sello femenino refleja lo que significa ser mujer, chicana, y a veces lesbiana, en la sociedad sajona dominante, o el mero hecho de ser mujer en una pequeña sociedad machista, incluyendo una tercera zona de exclusión: la de la sexualidad.

En *De acá de este lado*, Ignacio Trejo Fuentes reconoce en *There Are no Madmen Here* ("Aquí no hay locos"), de Gina Valdez, uno de los primeros mundos novelísticos chicanos en el que la mujer no depende de la imagen patriarcal (padre, hermano, esposo) para realizarse, para ser ella misma, ni corresponde a una figura decorativa dentro de la casa o en el discurrir de la novela.

Pero este personaje de mujer tiene una mejor definición en *Portrait of Doña Elena*, de Katherine Quintana Ranch. La protagonista, naturalmente, es una mujer. Sin embargo, escribe Ignacio Trejo Fuentes, "no actúa frente a sus vicisitudes conforme a la tendencia común, cargada de rencor contra su *status* individual y colectivo, sino afronta su circunstancia con un sentido peculiar de la autoseguridad".

Consuelo, o Connie, se hace independiente, autónoma, fuerte, al enfrentar conflictos existenciales de gran peso. Triunfa artísticamente en Santa Fe, donde se inicia como pintora y reconoce feliz, plena, que existen muchos otros mundos —y más interesantes, más ricos— aparte del encierro matrimonial y procreativo. Desde un principio tiene la afortunada sospecha de que sí es posible lograrse como mujer a plenitud en este mundo.

"Hay, sí, una búsqueda de identidad, una indagación en el alma femenina inmersa en crisis íntimas; sin embargo, los propósitos van mucho más allá del revanchismo contra el hombre sexista y la sociedad racista y se instalan en la recuperación del sentido de pertenencia a ella misma."

Portrait of Doña Elena "es un trabajo meritorio no por lo que tiene que ver con los principios particulares de su autora, sino porque trasciende a niveles de indagación existencial susceptibles de ser apreciados fuera de sus fronteras femeninas o chicanas, o ambas: es simplemente literatura de gran factura".

Juan Bruce-Novoa coincide con Ignacio Trejo Fuentes en el sentido de que la nueva narrativa chicana escrita por mujeres tiende a ser menos retórica y didáctica que antes, y más "alegórica", "existencialista", poco explícita en cuanto a prestarse como vehículo de opiniones políticas. Podría ser el caso de la más reciente novela de Estela Portillo o de los relatos de Mary Helen Ponce y Roberta Fernández. Dos novelas sobresalientes en este aspecto que destaca Bruce-Novoa podrían ser *Frieze*, de Cecil Pineda y *Fault Line* (franja falsa, falla, en el sentido geológico), de Sheile Ortiz Taylor, responsable también de *Fall Back. Spring Forward*.

Entre las cuentistas más prometedoras, nos informa Juan Bruce-Novoa, habrán de conocerse muy pronto los nombres de Denise Chávez, autora de *The Last of the Menu Girls*, y de Elena Viramontes, responsable de *The Moths*, es decir, de "La polilla".

EVA ANTONIA WILBUR-CRUCE:
LA AUTOBIOGRAFÍA COMO *BILDUNGSROMAN*

Juan Bruce-Novoa
TU

Eva Antonia Wilbur-Cruce nació quince millas al norte de la frontera entre Arizona y Sonora en 1904, de padres mestizos, aunque la línea patriarcal ya llevaba el apellido anglosajón Wilbur, proveniente de un médico graduado de Harvard que había llegado al territorio poco después de la guerra entre México y Estados Unidos para trabajar en una empresa minera. El doctor Wilbur se hizo *indian agent* y se casó con una descendiente del teniente Moraga, el último conquistador de Arizona. La línea matriarcal era más reciente, habiendo tenido su origen en la huida de México del abuelo Vilducea durante el porfiriato. Agustín Wilbur se casa con Ramona Vilducea en 1901 y Eva Antonia es la mayor de los hijos, producto ya de dos culturas y varias clases sociales que se encontraron y se fundieron en un espacio polifronterizo de separación e intercambio. O sea, Wilbur-Cruce es una voz de la experiencia chicana.

Su libro, *A Beautiful, Cruel Country** (1987), es significativo por varias razones. Primero, porque la prosa escrita por chicanas aún escasea, haciendo que cada nuevo título sea todavía un acontecimiento notable. Luego, aunque la imagen de la abuela sea una de las más utilizadas en la literatura chicana, y a pesar de la reconocida fuerza de la tradición oral femenina, hacen falta testimonios escritos por mujeres ancianas. La autobiografía en general, como género, tampoco abunda entre chicanos, como tampoco entre mexicanos. Y los testigos de la invasión angloamericana, primero militar y luego de miles de civiles que duró más de medio siglo y que cambió radicalmente los territorios conquistados por Estados Unidos, están ya casi extintos. Entonces, nos debiera importar sobremanera tener fijados por la escritura los recuerdos de las generaciones que vivieron el cambio, aunque ya sólo quedan los que eran niños en esa época. Finalmente, y la razón más importante, es que está bien labrado el texto, con un gran sentido de la estructura que logra organizar los recuerdos sueltos en una trama reveladora de la aparición y definición del individuo; es decir, en términos genéricos, Wilbur-Cruce ha escrito un verdadero *Bildungsroman* autobiográfico. A la vez, consciente e inconscientemente pudo destacar de los muchos elementos posibles ciertos acontecimientos y ciertas imágenes, de tal manera que aparece tras los hechos un argumento, una lucha dialéctica e histórica, capaz de convertir el devenir personal en una evolución

---

* Eva Antonia Wilbur-Cruce, *A Beautiful, Cruel Country*, Tucson, University of Arizona Press, 1987.

comunal. O sea, el texto trasciende su categoría de recuento particular y asume valores representativos de un momento de cambio definitivo que todavía nos marca de algún modo.[1]

Estas últimas afirmaciones pueden parecer exageradas para una obra que sólo cubre tres años de la larga vida de Wilbur-Cruce, con uno que otro incidente anterior o posterior, y un prólogo ubicado en nuestra época, sobre todo si se tiene en cuenta que la época escogida va de los tres a los seis años de edad. La autobiografía se ha reducido a la niñez de la autora, ni siquiera pasando a la juventud ni mucho menos a la madurez. Sin embargo, reafirmo lo dicho y a continuación quedan expuestas mis razones.

Al nivel personal, de una manera típicamente tradicional, la narradora/protagonista se enfrenta a una serie de pruebas de las que sale triunfante. Podemos resumir el argumento de este nivel como el despertar de Eva como persona al aprender los oficios de una vaquero, y al lograr cierta libertad de movimiento en un ambiente peligroso y difícil no sólo para las niñas sino también para los adultos. Este cuento de una niña bien podría parecer literatura infantil, como unas amigas de la autora lo interpretaron;[2] pero la autora, adrede, ubica sus recuerdos en un contexto familiar que a su vez implica y requiere otro sociohistórico. Los primeros dos capítulos se dedican respectivamente a los dos abuelos, mientras el tercero se titula "Indian Country". Los tres juntos crean un contexto donde tres grupos —estadunidenses o blancos, mexicanos o mestizos, e indios o nativos— habitan un mismo espacio, aunque significativamente la narradora destaca con el título del tercer capítulo el hecho de que todos reconocían que la zona todavía era propia de los indígenas. En el cuarto capítulo, se ponen las fuerzas en movimiento en el presente de la niñez de Eva al narrarse un conflicto entre una india y la familia de Eva por la posesión y uso de una construcción, un gallinero. También queda establecida la competencia entre el sistema capitalista de los blancos y otro de la colaboración casi mutualista del abuelo Vilducea, el lado mexicano, entre los cuales se había desarrollado el sistema de la ganadería colaborativa. Aunque la niña Eva aparece en estos capítulos, funciona más como personaje secundario, dejando que otros hablen para contarnos cosas que ocurrieron antes de nacer ella. Estratégicamente la narradora

---

[1] Mikhail Bakhtin, en su ensayo sobre el *bildungsroman* [Mikhail Bakhtin, "The *Bildungsroman* and Its Significance in the History of Realism (Toward a Historical Typology of the Novel)", en *Speech Genres and Other Late Essays*, traducido por Vern W. Mc Gee, Austin, University of Texas Press, 1986, pp. 10-59], dice que la mayor parte de los *bildungsroman* narran la formación del protagonista dentro de un contexto estático; o sea, el personaje cambia en medio de un mundo que queda igual. Sin embargo Bakhtin añade que la forma "más significativa" de dicho subgénero se encuentra en novelas como *Gargantúa y Pantagruel, Simplicissimus*, y *Wilhelm Meister*, en las cuales la situación es distinta y más compleja porque lo personal y lo contextual tienen una relación orgánica. "In such novels... human emergence is of a different nature. It is no longer man's own private affair. He emerges *along with the world* and he reflects the historical emergence of the world itself. He is no longer within an epoch, but on the border between two epochs, at the transition point from one to the other. This transition is accomplished in him and through him. He is forced to become a new, unprecedented type of human being. What is happening here is precisely the emergence of a new man. The organizing force held by the future is therefore extremely great here —and this is not, of course, the private biographical future, but the historical future" p. 23. El texto de Wilbur-Cruce es de este tipo de *bildungsroman*.

[2] "My friends... found it so interesting that they suggested I write a little more and submit it to a publisher so that *other children* might read it too" [cursivas mías], p. xi.

contextualiza sus recuerdos los cuales no se podrán comprender bien sin referirse a elementos introducidos en esos primeros capítulos; o sea, las aventuras y pruebas de una niña quedan intrínsecamente vinculadas a su comunidad, y ésta a su momento histórico. De esta manera se arma un gran sistema intertextual.

Sin olvidar lo dicho, hay que analizar bien lo que la narradora ha decidido privilegiar con el título de primeros recuerdos, narrados en el capítulo 5 y titulado apropiadamente "My Earliest Recollections". Estos recuerdos señalan la naturaleza de algunas de las pruebas clave y aluden a toda una red de imágenes que forman el contexto explicado arriba. El análisis nos llevará continuamente hacia esa red para traernos de nuevo a estas imágenes generadoras.

> I see horn tips glistening in the sun above a swirling of dust; I hear the bawling of calves being branded and smell burnt hair.
> A high mound of moist, sifted soil. Swarms of red ants moving toward me. My belly and my chest already covered with them. My mother carrying me away from the Anthill; my father back from the doctor; medicine bottles on the table; my mother crying and salving me up; Father carrying me out to see de quail going across the yard... The crisis is past. All details are clear but disconnected.
> Up on the crest of a neighboring hill I sit on the crook of my father's arm. I see the ugly, black rubber niple of my milkbottle sticking out of the pocket of my father's Levi Jacket. The horse reaches down to browse, and I cringe up into a ball. I put my hands around my father's neck, and I bring my knees up to my chest and scream in panic. I did not cry because the horse wanted to eat, as everyone seemed to think then, but because I was afraid of the terrific height in which I found myself when the horse reached down. I sat in my father's arm, a good twelve inches above the saddlehorn, and when the horse reached down I found myself sitting at the brink of a precipice. When the horse brought his head up, the back of his neck with its wide mane screened the height from me and I dindn't feel in danger of falling. I stopped crying (p. 42).

Wilbur-Cruce crea lo que Bakhtin ha llamado los "signos que muestran el tiempo en su devenir" (p. 25). Aquí establece la base desde la cual evolucionarán estos signos para marcar el curso del tiempo y el desarrollo de la protagonista.

El ganado, o mejor dicho la ganadería —evocado en las sinécdoques de cuernos, el chillido de los becerros al recibir la marca ardiente y el olor a quemado— conforma la primera imagen. Y ya en este signo tenemos el proceso dialéctico característico de las pruebas que esperan a la niña Eva Antonia: de la amenaza que representan los cuernos pasamos a la respuesta de la organización humana impuesta a la naturaleza. Los elementos del signo también tienen su desarrollo diacrónico. En el capítulo 12 el padre regresa del rodeo de la primavera con el caballo herido por un toro. Si no hubiera sido por la intervención de un amigo, el padre habría caído bajo los cuernos. Más tarde, durante el rodeo del otoño del mismo año, el padre lleva a Eva consigo, y ésta, que tiene sólo cinco años, lo salva de otro ataque similar, con la diferencia de que su caballo actúa tan rápidamente que los cuernos enormes de una vaca brava no alcanzan ni a rozar el cabello del padre (capítulo 20). Sigue, entonces, el castigo de cortarle los cuernos a la vaca amenazadora, otra forma de marcar el ganado que aumenta en su violencia para superar el aumento de amenazas al animal. Entre el capítulo 5 y el 20, lo que era una imagen sin anécdota en el primer recuerdo logra su significado dentro de un código de valores, para luego permitir que Eva se sirva del signo para comprobar su maestría dentro del código.

El herrar y la marca llegan a tener un significado central. Ya en el capítulo 2 se explica que mientras el leer en sí no era muy importante, el saber leer las marcas era una necesidad (p. 13). El código determinante está fijado en el sistema, al que podemos llamar la gramática de la comunidad ganadera tradicionalmente conocida como la mesta,[3] y será este sistema el que opera en el texto —los primeros recuerdos de la autora privilegian el herrar o marcar como el acto de origen tanto de su código como de la organización social misma. Es decir, tanto Eva como los lectores tiene que aprender a leerlo y recrearlo para comprender lo que pasa y lo que significan los hechos. Parte esencial de este sistema era la diferencia entre los que tenían una marca y los que no: aquellos eran las personas de propiedad y valor, mientras éstos, aun siendo dignos de admiración, no eran más que errantes, lo cual equivalía a ser como los indios, o sea, lo peor. Para subir en categoría, uno tenía que ingresar al sistema, trabajando para, por y con los dueños de las marcas. Tener una marca era pertenecer porque con ella uno podía inscribirse en el gran texto de la mesta. Sin marca no se tiene permanencia en el sistema y eventualmente se desaparecerá del juego actual del código para pasar, quizás, a un simple recuerdo, una ausencia evocada por los dueños del código.

Eva no sólo tuvo su propia marca desde su nacimiento, *EW* (pp. 12-13), sino que su padre insistió en que aprendiera ella misma a marcar el ganado. Esto constituye una de las pruebas más significativas porque la marca es la del rancho del padre; de esta manera el padre "marca" a su hija, desde el principio, como su sucesora, depositando en ella no sólo sus sueños para el futuro sino simbólicamente su ser presente, si tomamos en cuenta que las iniciales de ella lo representan a él en la comunidad de la mesta. Esto quiere decir que el desarrollo de Eva es desde siempre un evento público, comunal, en el cual está en juego la reputación del padre.

En el capítulo 16 Eva aprende a hacer la hoguera para calentar los aceros, pero al quemar las líneas individuales de su marca, la E le sale al revés y el padre se enfurece. Mas ya para el capítulo 7 ha aprendido bien; más adelante veremos el papel de la madre en este aprendizaje. Aún más significativamente Eva ejerce aquí por primera vez su oficio de escritora como parte del código de la ganadería; o sea, para ella el escribir es una forma de rescatar lo suyo del anonimato de la manada, del caos que representa la naturaleza sin distinción, la inhumana. El hecho de que el poder escribir su nombre en algo que los demás luego reconocen como suyo distingue a la gente de bien de los demás, se extiende al acto mismo de escribir sus

---

[3] María Moliner, en su *Diccionario de uso del español*, t. 2, define "mesta" de la manera siguiente: "(Elipsis del latín 'animalia mista', animales mezclados o reunidos.) 1. Cierta asociación antigua de propietarios de 'ganados o de reses para fines comunes (Consejo de la Mesta)" (p. 402). Esta acepción explica el contexto dentro del cual Wilbur-Cruce nació y vivió sus primeros años. Aunque no fue mi intención crear ningún juego de palabras con el uso de "mesta", resulta fortuitamente *ad hoc* la segunda acepción: "Aguas del punto de confluencia de dos o más corrientes", porque el texto trata exactamente esta confluencia y sus resultados. Tampoco es ajeno a nuestra discusión que "mesta" se encuentre en la misma familia de palabras con "mestizaje" y "mestizo".

recuerdos porque es una forma de poner su marca sobre el tiempo y decir que ella y los suyos importaron, se destacaron, dejaron su marca en el mundo.

La imagen de las hormigas, aunque superficialmente distante de la primera, esencialmente representa la misma configuración: la naturaleza ataca y los humanos tienen que controlar el mal. Sin embargo, las diferencias son sumamente significativas. Primero, ahora Eva se ha metido donde no debiera andar y sufre las consecuencias. Esta tendencia de Eva a explorar la seductora naturaleza —el hormiguero se describe como un montecillo suave, y Eva siempre buscará las alturas y lo suave o no duro en la naturaleza— desde el principio surge como una característica clasificada como peligrosa por sus padres y como necesidad de control si va a sobrevivir. Aquí los dos colaboran para salvarla y curarla, como más tarde lo harán para educarla acerca de cómo prevenir otra crisis semejante —de nuevo Eva tiene que aprender a leer y manipular su contexto peligroso, que la reduciría a una más entre tantos animales, para convertirlo en un texto controlado, domado, o por lo menos comprendido por el Yo humano.

Como auténtico *Bildungsroman* de educación, la novela subraya la enseñanza. Sin embargo, la función de ambos padres es diferente desde el primer recuerdo de Eva. La madre la salva y la cura; el padre representa el vínculo con el sistema exterior —el doctor, la ciencia, el orden traído desde lejos a la frontera—, que los apoya en la defensa contra la barbarie. Pero también el padre representa el papel de galardón, que aquí toma la forma de volver a salir para gozar el espectáculo de la naturaleza, aunque muy significativamente aparezca la naturaleza al final de este recuerdo en la forma de una codorniz poco peligrosa y que va cruzando por el espacio enmarcado por los confines del patio; o sea, ya no es la naturaleza ajena, la descontrolada y peligrosa, sino la sublimada, la simbolizada, a la que el código dominante brinda permiso. Los padres colaboran, pero es sobre todo el padre quien siempre la dirige hacia afuera, hacia el mundo exterior, siempre como representante de la imposición de cierto sistema de control y orden sobre la naturaleza.

Dentro de este contexto, también hay que notar que las hormigas ya habían aparecido en el texto como un símil de los indios: "our Arrivaca Valley teemed with Indians who came and went like ants" (capítulo 2, p. 18), comparación que se repite en el capítulo 23: "the Indians looked like crawling ants" (p. 260). A través de una red de alusiones, los indios equivalen a una fuerza natural tan abundante que bien podría devorar a los seres humanos sobre todo a los débiles ingenuos como la niña Eva. Dicha equiparación no es gratuita, sino parte de esa misma gramática de la mesta y del texto. Ambos, las hormigas y los indios, abundaban; ambos son voraces —la narradora da tantas imágenes de los indios en busca de agua o comida y devorando lo que la familia Wilbur les da que no podemos más que pensar en ellos como seres hambrientos capaces de acabarse todo, aun cuero seco (capítulo 3, pp. 26-27). Y ambos amenazan a Eva, como veremos más adelante. Anticipando mi propio argumento, subrayo que en el Prólogo, escrito en los años ochenta, los indios aparecen sólo en el grito, "los pápagos", de las codornices que siguen viniendo al rancho de los Wilbur a abrevarse.

Las primeras dos imágenes se unen metonímicamente al aparecer los indios en enumeraciones como "Horses, cattle and Indians usually stayed on the riverbanks"

(p. 1); u otra de burros, ganado e indios (p. 64). Un día, Eva va con su padre a observar el ganado y encontramos la siguiente descripción.

A herd of cattle was bedded down right next to a group of Indians. A brindled cow lay under a mesquite tree chewing her cud. The brindled baby calf that slept at her side got up, moved a few feet away, urinated, went back, and playfully butted his mother on the head. Right across the way we saw an Indian woman chewing mesquite beans and somnolently looking into the distance. A naked Indian child slept at her side, half buried under the mesquite leaf mold. As I watched, fascinated, the child got up, rubbed his eyes, stretched, walked a few feet away, and urinated. The sweat of his body had rolled the leaf mold dust over and made black ridges across his back —a brindled child, unknowingly mimicking the brindled calf and playfully butting his mother on the head (p. 69).

En el capítulo 4, "Intruder in the Chicken Coop", una india gorda y sucia como una vaca se apropia del gallinero de la familia Wilbur para, muy literalmente, hacerse su nido y parir. Cuando el padre trata de correrla con el caballo, la india lo ataca con una estaca. Las metonimias son obvias: la india prefigura el ganado (tanto macho como hembra) que atacará más tarde, y lógicamente a todos se les tiene que aplicar la ley de la mesta: cortarles los cuernos, marcarles la oreja, aplicarles la marca, y en un rodeo llevarlos al campo apropiado, todo supuestamente para el bien de la sociedad. Ésta era la retórica y la gramática de la mesta. Si no se mantenía el sistema, la naturaleza, como la india, se apoderaría del espacio humano y quizás lo contaminaría de su suciedad, o lo abrumaría bajo su sobreabundante producción, de hijo o de estiércol (p. 149).

Hay que notar, sin embargo, que a Eva le atraía la falda púrpura de la india, como le atraía la suavidad del montecillo del hormiguero; es decir, la belleza sensual —lo suave— la seducía a pesar de que fuera señal de un ser peligroso. Más tarde, la madre de Eva cambió un poco de comida por una falda, y después de lavarla bien —descontaminarla del recuerdo indígena— le cosió a Eva su primer vestido no hecho de costales. Como el título mismo de la novela anuncia, para Wilbur-Cruce la naturaleza siempre tendrá esta cualidad ambigua de atraer y amenazar. La moraleja parece ser, de nuevo, que uno puede gozar de lo bello que provee la naturaleza siempre que uno lo adapte al marco de las reglas de la civilización según la interpretación de los mestizos. Que en este caso el proceso de adaptación se resuelva en la ausencia del cuerpo mismo de la indígena, prefigura la solución final de esta cuestión tanto en la novela como en la sociedad. Significativamente, cuando la gente admiraba el vestido de Eva, sus padres jamás dijeron de dónde habían sacado la tela, relegando lo indígena al silencio de la verdad escondida detrás de la mentira, a lo ausente que se convierte en una presencia familiar vergonzosa, metáfora quizás de la relación actual de la cultura estadunidense respecto al pasado indígena.

Eva aprenderá a protegerse tanto de los indios como de los animales. Su padre amenaza golpearla con la reata si no se defiende de una niña india más grande que ella. Eva casi mata a la india y luego la amenaza con: "Next time... you're not going to get up" (p. 65). Eva aplica el sistema de enseñanza a la india. La red metonímica se abre: cuando el padre realiza la amenaza de pegarle con la reata, no es por no haber controlado a la india, sino al ganado (capítulo 8). Más tarde, en el mismo capítulo en que Eva salva al padre del ataque de la vaca (capítulo 20), su padre la pone en un paso, ahora a pie, y de nuevo le dice que no deje pasar al ganado. Viene otra vaca brava, contra la cual la madre la había advertido, pero Eva logra darle en el hocico con una cubeta, triunfando en otra prueba. En los tres casos, el padre le da el encargo de defender algo. En el primero y el segundo Eva cumple, dando a sus contrincantes un golpe en la cabeza que los desorienta, descabezándolos metafóricamente. En el segundo, Eva fracasa y el padre la castiga tal como la amenazó en el primer caso. A fin de cuentas, los indios y el ganado se equivalen y dentro de la gramática de la mesta queda prefigurado el final necesario.

La tercera imagen es la culminante. El padre de Eva la detiene en sus brazos y a su vez está montado a caballo. Desde el principio Eva tiende a subir a las alturas de cualquier cosa o espacio —recuérdese el montecillo hormiguero. Seguirá esta tendencia, pero Eva aprenderá a realizar sus metas de una forma menos peligrosa: a caballo. Una de las pruebas toma la forma de una montaña, El Cerro Wilbeño, nombrado así por el abuelo de Eva. Lo describe como el elemento natural que dominaba el paisaje. En el capítulo 6, el padre lleva a Eva a la cima, los dos sobre un caballo. Este mismo caballo luego pasa a ser de ella y más tarde, después de las otras pruebas que hemos visto ya, Eva sube al cerro sola (capítulo 23, p. 259). Poco después captura un caballo salvaje y se encarga de lo que equivale a un rodeo pequeño. Sin embargo, un caballo casi la mata, no adrede, sino porque a fin de cuentas los animales, aun domesticados, son una amenaza que ante cualquier descuido por parte de los humanos puede resultar fatal.

El germen de esto se encuentra también en la imagen original. El caballo baja la cabeza para buscar comida, como es lo natural, y de repente la niña se encuentra muy lejos de la tierra. No obstante, el caballo es el animal que separa a los humanos de la naturaleza, permitiéndoles dominar el espacio y conquistar las alturas. El caballo, es el que distingue, significativamente a los mestizos y blancos de los indios.

Los pocos indios que tienen caballos parecen mestizos, y uno aun reconoce que en su pueblo no puede vestirse igual porque su padre no lo aceptaría. Es a caballo que la mesta se organiza: los propietarios se juntan a hacer los rodeos, el rito de reunir a todo el ganado como si fuera propiedad comunal, pero sólo para luego repartirlo cada uno con su marca de posesión y llevarse el suyo a casa. Sin el caballo la naturaleza no podría dominarse. Como imagen, entonces, es perfectamente *ad hoc* la primera. El caballo brinda distancia y altura cuando no baja la cabeza, los seres humanos tienen entre ellos y la tierra la protección y el apoyo de otro nivel de vida. Éste es el signo de la jerarquía de la mesta, de la caballería, de las clases sociales y, ¿cómo no notarlo?, del patriarcado: el privilegio resulta de la capacidad que uno tenga de explotar a otro ser vivo para hacer el trabajo fuerte. Ese ser a su vez logra cierto *status* privilegiado en la jerarquía, aunque sea a cambio de su libertad y de que siga, en definitiva, siendo inferior y aun peligroso. Y Eva va a convertirse en una jineta de primera clase a sus cinco años de edad. Tan prodigiosa resulta la niña que los vaqueros le brindan una serenata, privilegio que, como se establece antes en el texto, suele darse sólo a las mujeres maduras y guapas. A caballo Eva conquista su mundo y en parte es para rescatarlo del olvido que escribe el texto.

Antes de proseguir, hace falta analizar dos elementos más de estas imágenes degenerativas. Primero, su totalidad. Como una unidad, Eva se encuentra entre dos imágenes de cuernos (de los toros y de "the saddle horn"), y la diferencia entre ellos y el cambio en su posición con respecto a ellos encapsula el desarrollo del texto. De los cuernos puntiagudos y plurales pasamos a uno, singular y redondeado; los primeros son peligrosos y amenazadores, mientras el segundo es seguro y útil. Esto refleja la diferencia entre el ganado cornudo —tanto toros como vacas en la novela— de la primera imagen y el caballo de la segunda. El ganado representa la naturaleza necesitada de límites que continuamente reta al hombre o escapa de su control; el caballo es el animal que, una vez domesticado, ayuda al hombre contra el ganado. El caballo era, en efecto, la base de la economía de la mesta. Sin embargo, no debemos olvidar que al final de la novela, un caballo casi mata a Eva; o sea, de algún modo todavía representa una amenaza para ella. Entonces, ¿cómo debemos leer esta imagen ambigua?

Propongo que es aquí donde se vislumbra un subtexto feminista. La segunda forma del cuerno representa al hombre y su sistema de imponerse a la naturaleza. Aun el acto de cortar el cuerno metonímicamente se relaciona al de castrar el ganado, o de someter a los demás hombres en el juego machista. Sin embargo, ambos cuernos parecen representar una violencia penetrante —de penes, unos agudos y otros redondeados, pero ambos amenazadores. La amenaza de la segunda forma es que el padre quiere imponerle a la hija un modo masculino de vivir; trata de eliminar en ella todo rastro de comportamiento femenino. Y parece que casi lo logra: tanto en esta serie de imágenes como en el texto completo predomina la presencia masculina y específicamente la patriarcal. El papel de la madre se reduce a un mínimo y parece ser reactivo en vez de activo. De esta manera los lectores bien pueden leer la novela como una iniciación de una niña al orden masculino; y en parte de eso se trata. Pero no del todo.

Para entender la posibilidad de otra lectura, la feminista, tenemos que pasar al otro punto que nos falta del análisis de las imágenes generativas. Al final de las tres, la narradora interviene desde el presente de la escritura para imponer su interpretación retrospectiva a los acontecimientos, diciendo que la comunidad no comprendió su reacción y le atribuye una motivación falsa. Aquí la Eva madura —o quizás mejor dicho "Bonnie", nombre que un escritor le da a Eva porque ella le recuerda a su propia hija y que Eva adopta a pesar del disgusto del padre— cambia el pasado, corrigiéndolo para reinterpretar y controlar su propia imagen, dándose una motivación distinta. Entre las dos interpretaciones se halla una diferencia histórica. La preocupación predominante en la vida del padre era de orden práctico: la de tener bastante que comer frente a los animales y los indios que siempre amenazaban con devorarlo todo. En el texto abundan las referencias a los indios que llegan a la casa buscando comida. La preocupación de la narradora en su momento de recordar y escribir es la de encontrarse en el precipicio de la nada: la base de aquella existencia que ha desaparecido ya de la memoria comunal actual. Podemos interpretar la metáfora como el descubrimiento de que la historia de su época ha desaparecido tanto de la memoria común como de la familiar.[4] Eso quiere decir que su propia identidad, el significado de su existencia, está a punto de desaparecer porque con su muerte ya no habrá recuerdo auténtico de lo que vivió. Será como el muro edificado por su abuelo, un objeto aparentemente inútil y que nadie podía explicar porque no recordaban por qué se había construido. El texto restituye sentido tanto al muro como a Eva.

Para restablecer su posición social e histórica, Eva necesita rescatar al padre y al caballo, signos clave en la semántica del sistema olvidado. Pero el peligro es que se recuerden de una forma idealizada que falsificaría el pasado, algo así como la imagen popular del *Hollywood Cowboy*, que la narradora explícitamente denuncia como infantil al decir que, cuando era muy niña, veía pasar a su padre y pensaba, "The prettiest horse and the prettiest man in the whole world" (p. 2). Pero de nuevo, ambos representan la dualidad de protección y amenaza, aun en el pasado, si tomamos en cuenta que Eva dice esto desde arriba del muro porque el padre iba a guiar el ganado al lado del muro y ella estaba en peligro. Entonces hay que recordar el pasado y a la vez corregir la interpretación de las imágenes, tal y como lo hace con la propia. Quiere recuperar el pasado y a la vez darle un sentido distinto. Por lo menos ofrece una nueva perspectiva de su papel, y por extensión del de la mujer en general.

Esta corrección se realiza en parte a través de una feminización de la historia que vemos en estas mismas imágenes. Resulta que los cuernos agudos pueden ser tanto de toros como de vacas, lo cual requiere que los lectores ajusten su primera interpretación de la imagen inicial: no necesariamente son cuernos de toros, porque los cuerpos no se distinguen en el polvo, y más tarde en el texto resulta ser tan peligrosa la vaca como el toro, quizás aún más. De la misma manera, las mujeres participarán en muchas faenas de la mesta que desde nuestra perspectiva actual estaban reservadas a los hombres. Eva misma llegará a ocupar la posición de un hijo, de un vaquero, de un jinete, y, finalmente, de la tradicional autoridad suprema en un texto, la de autor. Eva pasa de una posición en que los cuernos parecen estar sobre ella a otra donde ella está sobre el cuerno, y luego aprenderá a utilizar y manipular todo lo que ese cuerno singular representa, no sólo como parte de la silla de montar, sino en su totalidad metafórica y metonímica tanto sexual como escritural. De una manera podemos decir que Eva lleva a cabo una inversión feminista, pasando de la posición de debajo a la de encima —y las alusiones sexuales son las mismas que la autora hace posibles y que incluso busca al referirse varias veces a la sexualidad reprimida de sus padres, y a la suya, más libre en su expresión ya a los seis años de edad.

Que Eva pueda realizar todo lo dicho implica un aprendizaje de modos de comportarse, y por supuesto de eso se viene hablando desde el principio del ensayo. Queda dicho que los padres de Eva colaboran en su educación. Sin embargo, hay una diferencia marcada entre los códigos que cada uno le enseña. Como podríamos esperar al tratarse de una sociedad tradicional, los códigos reflejan la posición

[4] "It occurred to me then that my own nieces and nephews didn't appreciate the animals any more than these girls did, and that I could never get them to sit still long enough to tell them about the country life", explica la narradora en su Prólogo (p. x).

social de los sexos. La fórmula del padre es machista y agresiva: a la amenaza uno responde recíprocamente con una violencia mayor para imponerse al otro; de esta manera se establece una distancia entre el jefe y los súbditos. La madre le enseña una estrategia más defensiva: la costumbre de reconocer el peligro potencial y evadirlo; en vez de imponerse, debe quedarse quieta y silenciosa, "So still that if they [los toros] see you they'll believe you are part of these dead roots" (p. 72). Mientras el padre le inculca el concepto de destacarse de los demás para ser más poderosa, la madre le enseña el arte de mimetismo animal de pasar inadvertida para protegerse, de no atraer la atención de los seres más poderosos. El padre le enseña a comportarse como un animal vivo entre otros y que puede, a pesar de su tamaño, imponerse a los demás; mientras la madre le aconseja que frente a los seres amenazadores por su tamaño y la arbitrariedad de su comportamiento, hay que desaparecer de su percepción, tomando la apariencia de lo seco y muerto, "dead roots". Sin embargo, los dos códigos coinciden en la importancia de aprender a leer los distintos textos del sistema de la mesta y de la naturaleza.

La narradora concreta la diferencia de orientación de los padres en el símbolo de la letra *E*, que Eva tiene que aprender para poder escribir su marca. El padre le enseña a hacerla orientándose hacia la cabeza del becerro; o sea, él actúa dentro del sistema de la mesta y el valor de todo depende del ganado. La madre explica que esto sería peligroso, porque depende de si el becerro está del lado derecho o del izquierdo. La madre inconscientemente señala lo que la narradora recalca: la amenaza continua por parte de la naturaleza, aun cuando parezca estar domada. La madre le enseña que la escritura se orienta desde la perspectiva de uno mismo, con la E hacia la mano derecha. Es decir, que mientras el padre trata de someterla al sistema exterior, la madre le enseña a manipular el sistema desde su propia perspectiva.

Sin embargo, lo que produce el conflicto aquí es que ambos padres se enfocan en la hija, forzándola a aprender códigos que tradicionalmente se han reservado para niños o niñas. El padre parece progresista y liberal porque insiste en que su hija tenga la oportunidad de aprender las costumbres de los hombres, lo cual le da a Eva la libertad de movimiento que no tienen todas las mujeres en el texto. Más aún, no falta quien le critica su comportamiento, como la abuela Wilbur que insiste en que Eva aprenda a portarse como una niña quedándose en casa, donde puede prepararse para ser madre de familia. Sin embargo, el padre trata de eliminar en Eva todo rastro de lo femenino, enojándose cuando otros la miman. La madre, sin embargo, le enseña a sobrevivir como una mujer tradicional, o sea, a reconocer a los poderosos y a no enfrentarse a ellos. Pero también le enseña a recordar todo lo que ve y a recontarlo con detalle y exactitud. Esta costumbre también le causa problemas con la abuela porque su lenguaje directo y el recuento de sus experiencias ofenden a la señora. Eva tendrá que crear de estas dos posibilidades una síntesis muy suya para sobrevivir. Irónicamente, la educación misma la pone en peligro.

Debajo de la trama personal de Eva corre el argumento antiguo de civilización y barbarie. Y lo expreso de esta manera de la que se ha abusado porque es demasiado obvio que tanto los personajes como la misma autora dan esta interpretación a la oposición entre sociedad occidental europea y la americana indígena.

Aquí todo lo que no sea de los mestizos o blancos es lo ajeno, lo animal y lo bárbaro en el sentido de que hay que controlarlo, domesticarlo y limitar su área de movimiento. Para así hacerlo, se somete todo y a todos a la gramática de la mesta. Esto incluye a los indios. Como dice la narradora: "The families of the ranchers stayed home, but the Indians, men and women together, were constantly on the move" (p. 19). La cuestión histórica parece ser si este espacio se ganará para los "civilizados" —en su sentido original de urbanidad fija— o se quedará en la barbarie. A fin de cuentas, cada personaje lleva a cabo esta misma lucha en su trama personal.

Los padres de Eva tienen que educarla para que no se porte como una india inconsciente. Mientras los indios se mueven aparentemente sin darse cuenta de nada, aun mezclándose con los animales más bravos, Eva tiene que aprender a fijarse bien en todo para protegerse del peligro. El padre de Eva, a su vez, continuamente lucha para mantener el orden de su rancho y el control sobre el ganado. El abuelo Vilducea lucha por cultivar, en medio del desierto, una huerta utópica en una isla. La abuela Wilbur lucha contra su propio hijo porque éste no quiere educar a su hija dentro de las normas religiosas y sociales de los modales femeninos y cristianos. Para ella, su nieta ya es demasiado salvaje. Para el abuelo Wilbur, la lucha consistía en establecer en medio del campo un espacio occidental. De nuevo, la autora logra concretar los conceptos en imágenes visuales. El padre continuamente trabaja con el ganado para limitar su movimiento, insistiendo en que se mueva por rutas fijas para conducirlo al corral donde puede aplicársele el acero. Para él la marca es su muro al caos. Para la madre es el arte de distinguir las cosas unas de otras y luego nombrarlas. Su forma de controlar y marcar el mundo es oral. La abuela Wilbur lo hace con oraciones y modales: su imagen concreta es la de arreglarse las uñas para que estén redondeadas y así señalar que ella no trabaja en un contexto de labor.

La autora privilegia más, sin embargo, a los abuelos y los primeros capítulos se dedican a ellos. Vilducea tiene su huerta, pero la tiene que proteger contra los "Thieving Indians" y las inundaciones. Contra los primeros opone su presencia como guardia; contra las crecidas hay unos árboles que funcionan como diques para dividir el fluir y proteger la isla; lo más probable es que hayan formado la isla. El abuelo Wilbur construyó su casa, pero para protegerla hizo un muro de casi dos metros de altura al otro lado del patio que quedaba frente a la cocina. Nadie recuerda por qué edificó el muro, pero llegamos a entender que lo hizo para dividir el espacio entre lo suyo y lo de afuera, para mantener la diferencia. Claro, el muro se convierte en el punto de contacto también cuando los indios llegan y se sientan en él. Cuando los indios tienen que abandonar sus tierras, se describe cómo van llegando al muro en olas humanas, para luego virar hacia el lado y seguir su éxodo, tal como las aguas contra los árboles en la isla del abuelo Vilducea, o el ganado al enfrentarse con Eva y su caballo en algún paso por donde no debe pasar.[5] Y el muro, que representa el afán de separar la zona entre la suciedad del afuera y la limpieza del

[5] Al describir el éxodo de los indios, la autora hace la siguiente comparación: "They came tumbling out like a flash flood and joined those who were waiting in the llano, mixing and milling around like cattle" (p. 303).

espacio interior, es donde a Eva le gusta jugar antes de tener su propio caballo, y se ensucia, quedándose gris de tierra y polvo, el color entre claro y oscuro.

La autora logra convertir su imagen en la metáfora de todos los esfuerzos: en ella se depositan las esperanzas de diferencia, pero ella prefiere residir entre las fuerzas en oposición, convirtiéndose en espacio de síntesis, aun de lo masculino y femenino. Es la presencia de Eva, quien rechaza la dicotomía para instaurar el proceso de síntesis, lo que requiere que leamos todas las demás imágenes de división como zonas de intercambio. Sin embargo, esta alternativa sintética funciona como subtexto del otro superficial en el cual predomina el afán concretado de la línea divisoria, el límite la frontera entre civilización y barbarie.

Esta oposición dialéctica se resuelve, entonces, de una manera totalmente lógica dentro del texto, una lógica que aparentemente responde a la oposición de fuerzas. Tomando en cuenta todo lo que queda expuesto sobre la red de imágenes y relaciones metonímicas, no nos sorprende que a los indios, encarnación misma de la barbarie, se les apliquen las leyes codificadas en el texto. Son una amenaza, aun los que parecen ya domesticados. Su mera presencia pone en peligro "a los humanos", como vemos capítulo tras capítulo. Entonces lo que se hace con ellos al final es un gran rodeo para llevarlos a una reserva en los capítulos 25 y 26. La autora nos prepara cuando dice que los indios tienen que irse en cuanto así se les ordene: "When the Indians are told to go they had better go... If they were left to do as they please you'd sink to your ankles in human feces... we could easily have an epidemic of typhoid fever" (p. 149). De nuevo los indios son comparados al ganado salvaje, a una inundación y a la plaga, todas imágenes de la barbarie ya codificadas: contra el ganado, el rodeo; contra la inundación, las barreras; contra las plagas, la distancia y la medicina. No hay remedio, parece decir la autora. Y la lógica interna es perfecta, o casi.

Casi, porque se olvida una cosa: sin el otro, uno mismo pierde su orientación al encontrarse sin el polo opuesto que le servía de norte. Y con la desaparición del indígena, la familia de Eva sufre cambios irremediables. Los abuelos Vilducea se enferman y mueren rápidamente, y la fiesta central del calendario religioso local, que el abuelo organizaba, se deja de celebrar. Es decir, ya sin el otro, uno mismo se autodestruye, o simplemente se transforma en otro ser con otra orientación. Recuérdese que la autora hace hincapié al principio en el hecho de que esta tierra era "Indian Country". Sin indios, entonces, la tierra pierde su identidad esencial y algo parecido pasa a los demás habitantes. Con la desaparición del indio, los mestizos comienzan a observar el paisaje tal como acostumbraban a hacerlo los indios, pero sin saber por qué lo hacen. Quizás en busca del espíritu ordenador de un pasado perdido y nostálgicamente añorado. En ese pasado ellos dominaban, y lo que augura el futuro es que las fuerzas exteriores aplicarán sobre ellos la misma ley de represión que ellos aplicaron al indio y al ganado. En efecto, al final se comienza a decir que las cercas acabarán con el sistema de rodeos, como el automóvil disminuirá la importancia del caballo, destruyendo la relación estrecha entre él y los hombres. Eva se hace amiga de las cosas y se refugia en el silencio. No es sino hasta unos setenta y pico años más tarde cuando, para educar a los jóvenes que ya no saben nada de ese mundo de principios de siglo, cumple con la petición que le hizo su abuelo Vilducea de que algún día le contara a la gente acerca de la belleza de esos tiempos.

Pero aun en su afán de cumplir, Eva no se escapa de la lucha paradigmática de su autobiografía. Ella comienza a recordar todo, con una memoria detallada que no olvida nada. Escribe por diez años hasta tener "four two-inch-high stacks of paper" (p. xiii). Pero luego, alguien que sólo ha leído una cuarta parte de esa producción, le dice que mejor se dedique a contar sólo hasta la desaparición de los indios. De nuevo alguien pone un muro al abundante fluir descontrolado y natural, lo que ella llama "the infinite expansion of memory" (p. xiii), limitando a Eva en lo más íntimo. No le permiten vagar libremente como quiere y como hacían los indígenas.

Este hecho nos hace repensar el texto y darnos cuenta de que a Eva siempre le cortaron el fluir natural, amenazándola como si fuera un animal más o una india potencial. Tuvo que aprender a manipular sistemas, y al final supera al padre y a la madre al crear una síntesis de los dos. Su escritura le sirve de marca para identificar una época como la suya, pero también muestra que practica el arte de la memoria y el de nombrar las cosas, como le enseñó su madre. Cuenta el pasado, pero poniendo las cosas en su lugar propio, lo cual equivale a escribirlas desde su perspectiva.

Al padre le aplica la ley de cortarle el cuerno de su imagen, recordando que ya a los seis años ella reconocía que era un tirano y que si tuviera que casarse con un tipo como él, su única alternativa sería envenenarlo (p. 276). Pero hay que recordar que al cortarle el cuerno a la vaca, no la mata, sólo la hacen menos peligrosa y más aceptable. Esto mismo hace Eva con su propio padre, y lo logra aplicándole el arte de recordar detalles y de nombrar las cosas del modo más ventajoso para ella, estrategias aprendidas de la madre. Y aunque la agresividad de este esfuerzo parezca más de la índole de enseñanza patriarcal, hay que notar que la hace casi imperceptiblemente. Fácil sería leer el texto y no darse cuenta de la desmitificación del padre. Es decir, la narradora ataca al padre casi disimuladamente, como le había enseñado a hacer su madre. Pero no del todo, porque de su padre también aprendió que la imposición del poder tiene que ser pública y social. El equilibrio entre estas dos tácticas es la síntesis de Wilbur-Cruce.

El resultado de esta síntesis tiene un fuerte matiz andrógino. Es obvio que la autora quiere mostrar que ella llegó a trascender la frontera tradicional entre hombre y mujer y aprender a trabajar como un vaquero. Más aún, llega a hablar como un hombre, no sólo por las obscenidades que pronuncia de niña, sino por la forma directa en la cual cuestiona tanto a los adultos en general como a su propio padre. Y quizás más significativa sea la forma en que feminiza al padre. Recordemos las imágenes de los primeros recuerdos cuando dice: "I see the ugly, black rubber nipple of my milkbottle sticking out of the pocket of my father's Levi jacket." Aun al nivel superficial, muestra que el padre a veces la cuidaba, haciendo el papel de la madre. Sin embargo, a un nivel más profundo, el de las imágenes poéticas, lo convierte en un tipo de hombre con teta. Esta ambigüedad es la misma que caracteriza al padre a lo largo del libro, una mezcla de amor tierno y rigidez cruel, de ofrecerle libertad y exigirle obediencia ciega, de ser el hombre más bello del mundo y el más temido a la vez. Como la tierra misma, el padre era una síntesis de opuestos.

Irónicamente, aun en su autobiografía Wilbur-Cruce se encuentra limitada, circunscrita podríamos decir, por la presencia de los indios. Con la ausencia de éstos parece que no quedó vida que contar. Pero sabemos que no es cierto porque quedan, según la autora, las tres cuartas partes del manuscrito. Pero sus consejeras le impusieron ese hecho histórico como el muro para prevenir el fluir caótico de la memoria y hacer posible el texto. Es el límite que ordena el espacio de la narración, la frontera entre un libro legible y los recuerdos sueltos y amorfos que Eva Antonia Bonnie Wilbur-Cruce no nos ha llegado a contar. Ojalá que se brinque la barda como buena vaca brava para asaltarnos más salvajemente con otro tomo de su autobiografía ya no tan domesticado.

ÚLTIMA LA CURANDERA, SU NAHUAL Y PRÁCTICAS FRONTERIZAS DE SALUD FÍSICA Y MENTAL

Edith Jonsson-Devillers
UCSD Div. Family Medicine

Se ha dicho que la sociedad mexicano-norteamericana da más importancia a las enfermedades que los otros grupos étnicos.[1] Tal vez por esta razón escogiera Rudolfo Anaya una curandera como protagonista de su novela *Bendíceme, Última*. Última vive en un pequeño pueblo de Nuevo México y libra a los seres humanos de la enfermedad, no solamente física sino mental. Asimismo encarna de manera más extensiva las creencias y actitudes de mucha gente de ascendencia mexicana que radica en Estados Unidos.

Nuevo México es un lugar privilegiado de encuentro de varias etnias y la novela refleja por lo menos cuatro de ellas que se manifiestan en la vida de Antonio, el yo narrativo, el niño de siete años protegido y amado por Última. Primero la mexicana por su cercanía a la frontera y por los usos y la lengua de la familia; después y de manera más velada la española, con su fondo de creencias griegas, árabes y bíblicas en prácticas de salud; tercero la americana, concretada en el mundo extraño de la escuela a la cual ingresa Antonio, donde todos hablan inglés cuando él sólo sabe el español; finalmente la autóctona navajo, a veces mezclada de asiática, que corre en contrapunto a lo largo de la novela. Nos limitaremos aquí a examinar las creencias hispanoamericanas tal como se manifiestan en las prácticas de curanderismo que el autor se complace en describir.

ÚLTIMA Y EL CURANDERISMO

La partera

La obra empieza con la llegada de Última, acompañada de una lechuza misteriosa, a la casa de Antonio. Los curanderos, en la medicina popular o folclórica, prestan su ayuda en cada crisis o etapa importante de la vida, y el pequeño Antonio ve en un sueño visionario, en el que asiste a su propio nacimiento, cómo Última sirvió

---

[1] En *Curanderismo: Mexican American Folk Healing*, de Robert T. Trotter II y Juan Antonio Chavira, Athens, The University of Georgia Press, 1981, los autores relacionan esta actitud con la familia: "The result of this family orientation is that illness may have greater relative social importance for Mexican Americans than for other ethnic groups", p. 164.

de comadrona a su madre para el parto. Ésta es ducha en los quehaceres del parto, pero su papel no se limita a eso. En el momento del nacimiento, los dos clanes de la familia, los Lunas, por parte de la madre, vienen con sus dádivas al recién nacido. Traen chile, maíz, manzanas y otros frutos de la tierra que han cultivado. Por parte del padre, los Márez, vaqueros del llano, llevan consigo los arreos de un caballo, chapas y botellas de whisky. Tales hadas quisquillosas, cada clan, desea que el niño siga sus modales y la discusión llega a amenazas, pronto hasta el punto de sacar pistolas. Es entonces cuando Última aparece como ángel de la guarda. Es ella quien impone la paz, recogiendo el cordón umbilical y el sobreparto que va a enterrar. Así será la única en saber la ventura del niño.

En aquella ocasión, el papel de la madre es minimizado para dar toda la importancia a su sustituta, la comadrona que contribuye a dar a luz, no solamente el cuerpo sino el espíritu del niño que ella va a comprender y guiar con sabiduría en un momento formativo de su vida. Antonio explicará más tarde: "I felt more attached to Ultima that to my own mother. Ultima told me the stories and legends of my ancestors. From her I learned the glory and the tragedy of the history of my people, and I came to understand how that history stirred in my blood" (p. 115).[2] Última encarna realmente el alma de este pueblo fronterizo.

La curandera

Son comúnmente hierbas las que los curanderos utilizan en su oficio. Última es ante todo lo que la gente del pueblo llama yerbera, por un don natural que ha desarrollado gracias a las enseñanzas de su maestro y mentor, "el curandero más grande de todos los tiempos, el Hombre Volador de las Pasturas". Así, obedece a la tradición que considera el curanderismo como una ciencia ejercitada por seres elegidos que transmiten su poder al mismo tiempo que su saber.

En las colinas del llano, recoge hierbas y raíces que evocan la diversidad de culturas que utilizan plantas medicinales en el territorio de Nuevo México. Por ejemplo, la mexicana con las tunas del nopal, que se utilizan por sus propiedades diuréticas y laxantes; la europea con el orégano, que además de ser utilizado como condimento en el pozole, es estomacal, emenagogo y demulcente; la navaja con el oshá, este nabo salvaje y común, panacea de la medicina popular. Última habla con Antonio de los secretos del arte: "She spoke to me of the common herbs and medicines we shared with the Indians of the Rio del Norte. She spoke of the ancient medicines of other tribes, the Aztecas, Mayas, and even of those in the old, old country, the Moors" (p. 39). Cuando no puede lograr algunas plantas en el llano o el río, las consigue de la gente que viene a verla para curaciones, y que le llevan hierbas y raíces de otros lugares, en un sistema de intercambio tan viejo como en las primeras sociedades humanas, que rige todavía en ambos lados de la frontera y en México mismo.[3]

---

[2] Las referencias con páginas marcadas entre paréntesis en el texto, se hacen a la edición siguiente: Rudolfo Anaya, *Bless me, Ultima*, Berkeley, Tonatiuh International, 1971.

[3] Según una comunicación oral de la bióloga Edelmira Linares Mazari, el 13 de febrero de 1988 en San Diego, según trabajos realizados en mercados y tianguis de la ciudad de México para el Jardín Botánico de esta ciudad.

Se reconocen de paso las creencias étnicas de los mexicanos brevemente mencionadas: "León (un amigo de Antonio) tenía la mollera caída, y Última le había curado con manzanilla" (p. 39). La mollera caída es una condición de los recién nacidos que les provoca insomnio, vómitos, falta de apetito, etc. La medicina la diagnostica como deshidratación por tendencia a la diabetes, pero el pueblo lo considera como una enfermedad, la cual remedia a veces levantando el paladar con el dedo, o agarrando al niño por los tobillos y poniéndole la cabeza abajo para que la fontanela quede en su sitio.[4] También se cree en las propiedades de las plantas. Cuando Antonio regresa atemorizado de una expedición donde ha visto matar a un hombre, Última le da una poción que lo adormece en el acto. Le lava las cortaduras que le hicieron las ramas de los árboles y al día siguiente no hay dolor: hay un poder extraño en las medicinas de la Grande, poder que procede sin duda del carácter social de las enfermedades, tal como lo han explicado los etnógrafos,[5] pero también de la personalidad asombrosa de la mujer misma.

Según una tradición bien establecida, los curanderos no cobran por sus servicios, ya que recibieron "el don" de un poder superior. Bien conocido entre ellos es por ejemplo don Pedrito Jaramillo, "el santo de Falfurrias", en Texas. Lo que este curandero aceptaba era para dar de comer a los que venían a verle de lejos, o para ir a curar a los que no podían ir a su casa.[6] Última sigue esta tradición, cobrando poco o nada, pero aceptando muestras de gratitud tales como el regalo de un cordero que le quiere dar Téllez agradecido (p. 224).

El epíteto de "Santa" se da varias veces a Última. La madre de Antonio, que exige el respeto de sus hijos hacia la mujer que ha recogido, la llama "la Grande": "My mother called Ultima la Grande out of respect. It meant the woman was old and wise" (p. 3). Cuando los hijos mayores vuelven de la guerra, abrazan al padre y a la madre, pero se arrodillan para la bendición de Última. Después de la curación del tío Lucas, la gente inclina la cabeza a su paso, una tía toca la orilla de su vestido como se hace a una santa (p. 96). Es la única, junto con el padre jefe de la familia, que no se abstiene de comer antes de comulgar (p. 28). Pero mientras ese acto por parte del padre es rebelión contra la religión, se ve en Última como manifestación de una autoridad máxima que no necesita cargarse con rituales. Última es un ser aparte que tiene su propio acceso al mundo de la divinidad.

Esta actitud de reverencia de la familia, aunque poco común en la sociedad anglosajona, se entiende sin embargo en el contexto social y religioso del pueblo fronterizo donde tiene lugar. "Es una mujer que no ha pecado", murmura la gente. Se entiende por eso que es virgen y que, por consiguiente, al igual que la Virgen tiene poderes divinos gracias a su pureza. Es éste el poder del cual toma conciencia

---

[4] Véase por ejemplo David Werner, *Donde no hay doctor*, México, Editorial Paz-México, 3a. edición, 1976, p. 9.

[5] Véase por ejemplo Lyle Saunders, en *Cultural Difference and Medical Care: The Case of the Spanish-Speaking People of the Southwest*, Nueva York, Russel Sage Foundation, 1954: "Illness and disease, it must be remembered, are social as well as biological phenomena [...] What is recognized as disease of illness is a matter of cultural prescription" (p. 142).

[6] Cf. Eliseo Torres, *The Folk Healer: The Mexican-American Tradition of Curanderismo*, Kingsville, Texas Nieves Press, n.d., p. 39.

el niño cuando siente una gran fuerza, como torbellino, cuando recibe su bendición (p. 51). Es este poder casi divino el que hace de Última un ser aparentemente omnisciente, que sabe lo que ocurre en la vida de Antonio y lo que va a ocurrir: "Sabía que ella tenía el secreto de mi destino", es una frase frecuentemente repetida por el joven.

EMBRUJAMIENTO, EXORCISMO Y CREENCIAS DE LA COMUNIDAD HISPANOAMERICANA EN MATERIA DE SALUD

Pero este poder no deja de causar miedo y resentimiento. Dos clanes van a enfrentarse acerca de Última. "Es una curandera", dicen los que la conocen bien, Antonio y su familia. "Es una bruja", dicen sus enemigos, los que tienen desconfianza en su poderío. La separación entre bruja y curandera, de hecho no es neta y tajante, ya que ambos oficios todavía operantes en las regiones fronterizas, como también en otros lugares del mundo, son modos de acceder a un plano distinto al material.

En realidad, como lo han notado Robert Trotter y Juan Antonio Chavira, sociólogo y profesor de psiquiatría y medicina familiar respectivamente, los miembros de la *Raza* no diferencian entre lo natural y lo supernatural, como en la cultura anglosajona.[7] Por esta razón, una enfermedad puede haber sido causada por un proceso natural o supernatural. Estos autores reconocen de hecho tres niveles diferentes: *1)* el nivel material, en el cual se utilizan los símbolos religiosos, hierbas, agua y fuego, sahumerios, velaciones, etc.; *2)* el nivel espiritual, que yo preferiría nombrar espiritista ya que se puede ejercer recurriendo a médiums, y en el cual se manipula una energía psíquica, en estado de trance, gracias a corrientes espirituales; y *3)* el nivel mental, donde la curación (o la maldición) se puede hacer incluso lejos de la persona. En este caso se utilizan vibraciones mentales para conseguir cambios de comportamiento en el paciente o la víctima.[8]

Pero generalmente, en la mente popular como en la novela, la palabra "bruja" implica una asociación con los poderes del mal y una intención malévola, mientras que el concepto "curandera" es más ambiguo, designando a veces intentos benévolos y virtuosos, y a veces una actuación tan poderosa que no se sabe si viene de Dios o del Diablo, y se supone que más vale no indagar.

Esta distinción entre bruja y curandera apunta hacia el dilema ético que atormenta a Antonio a lo largo de la novela: ¿por qué existe el mal, si Dios es bueno? En su experiencia de chiquillo que se pregunta si un día debe volverse cura, como lo desea su madre, se da cuenta de que Dios no perdona siempre, y castiga, mientras que la Virgen perdona. Última es una Virgen que ha bajado de su pedestal para

---

[7] "The *curanderos* indicated that any particular illnes suffered by a patient could theoretically be caused by either natural or supernatural processes. This means that there is a natural form of diabetes and a form caused by a supernatural agent, such as a brujo (witch or sorcerer). The same is true for alcohol, cancer, and so on. One of the key problems that the curanderos deal with is identifying the nature of the causal agent for a particular illness" (*op. cit.*, p. 14).

[8] Cf. *ibidem*, capítulos 5, 6, 7.

apaciguar, acariciar y pronunciar palabras de sabiduría.

El carácter benéfico de la magia de Última queda claramente establecido para Antonio y los Márez en dos situaciones de extrema emergencia en el curso del relato: el embrujamiento del tío Lucas, y el exorcismo de los bultos en el rancho de los Téllez. Procuraremos ahora estudiar cómo estos acontecimientos de la novela reflejan las creencias de la comunidad fronteriza de Nuevo México en materia de salud, tales como los etnógrafos las han recogido todavía en los años setenta.

El embrujamiento del tío Lucas

El tío Lucas está muriéndose sin que la medicina científica pueda remediar su mal. Para la comunidad en que vive, es claramente un caso de embrujamiento porque éste ha sido testigo de una misa negra. Encontró por casualidad, buscando a sus vacas, bolitas de fuego en el claro de una parte escondida del bosque. Estas bolitas, nos aclara el sociólogo Lorin Brown, son una de las formas que toman las brujas. Cuando se acercó Lucas, resultaron ser las hijas Trementina matando a un gallo y cociendo la sangre del animal en una olla, en medio de bailes y conjuros. Las hermanas, al verle, aullaron como furias y se arrojaron sobre él, pero Lucas ató dos palos de madera en forma de cruz, gritando "Jesús, María y José", lo que derrumbó a las brujas que finalmente se escaparon maldiciendo a Lucas.

Para remediar este mal diabólico no hay otro amparo que recurrir a prácticas similares, y así es como Última debe utilizar recursos mágicos para salvar a Lucas. Los medios de curación son aparentemente los medios sencillos que suelen emplear todos los curanderos y que están al alcance de cualquier humilde hogar: agua y queroseno que servirán para cocer un brebaje de hierbas, incienso para purificar la atmósfera, y aceites especialmente preparados para esta enfermedad espiritual.

En esta curación participa también Antonio, que desempeña un papel de primera importancia en esta ocasión. En primer lugar, Antonio es también un Juan, y aunque Anaya no explica en la novela el valor trascendental de este nombre, notamos que Última le permite acompañarla porque ése es uno de sus nombres. La clave del enigma la encontramos en esta cita de Lorin Brown, "you know a Juan can catch a witch no matter what shape she is in".[9] Antonio Juan sirve pues de instrumento para lograr la captura de las tres hijas Trementina, las tres brujas.

Pero en segundo lugar, Antonio tiene un papel muy especial de ayudante en la práctica mágica de Última. Parece pasar, como un médium, por un trance hipnótico: "My eyelids grew very heavy, but they would not close completely. Instead of sleep I slipped into a deep stupor. My gaze fixed on my poor uncle and I could not tear my glance away. I was aware of what happened in the room, but my senses did not seem to respond to commands. Instead I remained in that wakin dream" (p. 92). En ese estado parece cargar con el sufrimiento de su tío, sintiendo el dolor alternado con sentimientos de júbilo y poderío. Última está utilizando el cuerpo del joven para dar fuerzas al tío Lucas que finalmente se restablece.

La idea de un "médium", que no actúa por sí mismo, sino que deja entrar un

9 *Ibid.*, p. 149.

"espíritu" en su cuerpo para efectuar una curación, no es una idea nueva en las creencias del pueblo, pero los etnógrafos señalan que ha ganado en popularidad con el crecimiento rápido de los "templos espirituales" en las comunidades mexicano-norteamericanas, difundidas especialmente por figuras tales como Allen Kardec o el Niño Fidencio.[10] Sin referirse a fuentes precisas, Anaya incorpora estas creencias en su relato para realzar la figura de Última, que dirige esta sesión con dominio total sobre los poderes siniestros. En realidad, Antonio está relacionado con ella por un lazo más fuerte que el de la amistad o incluso de la sangre. Parece ser una proyección de ella misma que se presta dócilmente a sus obras.

Pero el trabajo está a medio hacer. El retorno a la vida del tío Lucas tiene una continuación que pone de manifiesto creencias universales, ya que se trata de artes mágicas por mimetismo. Para sanar completamente, tendrá que vomitar el espíritu malo. Última hace entonces muñequitas de arcilla que parecen cobrar vida al recibir el aliento de Lucas. Clava un alfiler en cada una de ellas y hace tragar a Lucas una medicina particularmente potente. Ahora viene un episodio muy naturalista, en el cual el niño se despierta y vomita bilis verde, y poco después el tío Lucas también se despierta y devuelve bilis verde, vomitando finalmente una bola de pelo. Es su pelo, recién cortado, que las hijas Trementina habían recogido en la tienda de su padre el peluquero para hacer su "trabajo". Última tendrá que incinerar esta bola de pelo en el lugar donde bailaron las brujas y se sentirá un olor a azufre, prueba incondicional del diabolismo de estas mujeres.

Se ve con esto que el autor no desdeña el recurrir a las creencias más tradicionales de magia negra para servir, sin embargo, a un fin "blanco", en su deseo de hacer de Última un retrato idealizado de curandera. Es a este personaje femenino que otorga las cualidades de decisión, autoridad y respeto por parte de la comunidad que se reconocen generalmente a un "hombre medicina" o chamán. Ella es además un símbolo de la mujer mexicano-norteamericana que ha conocido las luchas de un pueblo para preservar su identidad, que actúa guardando vivas costumbres de una raza, y que sabe consolar los espíritus mientras cura los cuerpos.

Pero el respeto y la admiración dejan a veces lugar a la desconfianza y al temor cuando las conciencias no son buenas, y el odio puede revelarse tan grande como el amor que inspira Última. Un día, Antonio nota que una de las muñecas se ha arrugado y doblado, y sabemos que ha muerto una de las brujas. Tenorio Trementina viene acompañado a buscar a Última para quemarla como bruja, acusándola de la muerte de una de sus hijas. Para probar la honradez de Última, Narciso, un amigo de la familia, hace una cruz con agujas de pino que han recibido la bendición del cura y las clava en el marco de la puerta (p. 127). Si los enemigos de Última ven que ha pasado la puerta, deben retirar la acusación y renunciar a matarla, según la creencia común entre los hispánicos de la frontera de que una bruja no puede pasar una puerta que esté marcada con una cruz.[11] En este momento la lechuza de

---

[10] Véase especialmente el capítulo sobre la "Historia del curanderismo" en *Curanderismo*, incluyendo las páginas 34-35.

[11] Lorin Brown cita por ejemplo el caso siguiente: "José de la Luz Chávez's wife [...] testified that she had tested Teodorita once when she called at her home. After Teodorita was inside she had secretly

Última se abalanza sobre Tenorio, le arranca un ojo y en el alboroto creado, Última pasa el umbral de la puerta. Todos tienen que constatar que el poder de la curandera es bueno, aunque Tenorio le echa su maldición. La pandilla de Tenorio se marcha, pero en este momento Antonio ve las agujas de pino caídas al suelo, y el lector se queda con la duda acerca del poder benéfico o maléfico de la hechicera.

El exorcismo de los bultos del rancho de los Téllez

Un poco más tarde, en el rancho de Agua Negra, otro hechizo atormenta a la familia de los Téllez. Las ollas y los platos se levantan en el aire y se estrellan contra la pared. Rocas pesadas como melones son arrojadas y caen en el techo de la casa, y la familia vive en medio del terror. Cuando Téllez pide los servicios de Última, ésta descubre que los "bultos", según la expresión fronteriza, o sea los fantasmas que hacen estas fechorías, son los de tres indios muertos cuyos ritos funerarios no fueron respetados y que están manipulados por brujas con malas intenciones. Última descubre todo esto por su visión interior, pasa el día haciendo invocaciones y consigue apresar a los tres bultos, que incinera con la ayuda de Antonio y de su padre encima de una plataforma según el ceremonial de los comanches.

De este incidente recalcaremos tres aspectos desde el punto de vista antropológico y social: *1)* la pluralidad de culturas en esta región de la frontera hace deseable y necesario el respeto y la aceptación de usos y prácticas diferentes; *2)* cuando Última manda que corten leña para la incineración, dice que Antonio debe cortarla porque entiende el poder de los árboles. Antonio, antes de cortar, habla con el árbol y le pide que tenga la bondad de dar su medicina, como lo hacían los mismos indios que vagaban por estas tierras cuando tenían que suprimir la vida de un animal o vegetal en los altos momentos de su tradición; *3)* la explicación de la magia de Última la da el padre de Antonio cuando dice: Ultima has sympathy for people, and it is so complete that with it she can touch their souls and cure them" (p. 237). La magia de Última es este poder de simpatía, en el sentido más profundo de la palabra inglesa, más próxima a la etimología griega de emoción sentida en común. Última es la figura de la madre tan respetada y amada en el mundo hispánico, la que siente por sus hijos que son todos los de la comunidad humana.

El nahual

Con Última llegó también una lechuza misteriosa. Se dice usualmente que las brujas suelen convertirse en lechuzas o a veces en perros. Pero la lechuza de Última en lugar de infundir pavor, inspira y protege. Acompaña a Antonio en la noche dramática de la muerte de Lupito, y su canto le infunde valor (p. 21). Canta otra vez cuando los hijos mayores regresan finalmente a casa después de la guerra. Defiende a Última de los peligros que la acechan, clavando las uñas en los coyotes

---

placed two needles in the shape of a cross over the door-frame. Teodorita tried to leave the house several times, but she would get only as far as the door and return. She tried this several times and became desperate at her inability to go through that door. Finally Luz's wife, taking pity on her, removed the needles and showed them to her, "now I know you are a witch [...]" p. 147-148.

que rodean la casa. Es ella la que arranca un ojo a Tenorio Trementina cuando éste quiere matar a Última. Tenorio es de hecho el primero que se da cuenta de la verdadera identidad de esta lechuza, que es el espíritu o alma de la curandera. Descubrir este secreto es saber la manera de acabar con ella, y es matando a la lechuza "con una bala moldeada por el Príncipe de la Muerte" (p. 245) que Tenorio cumple su cruel deseo de venganza.

Esta idea de un desdoblamiento de la personalidad en un ser humano y otro animal no es nueva, y se encuentra en muchos cuentos populares del mundo entero. Pero queda vigente hasta hoy día en la tradición oral de grupos indígenas y mestizos de México. La antropóloga Lilian Scheffler, refiriéndose a estos relatos que recopiló en 1982, habla de esta creencia en la existencia de nahuales en la comunidad, es decir de "personas que tienen la facultad de convertirse en animales, conversión que realizan durante las noches adquiriendo con la transformación las características del animal. Se cree que estas personas son brujos, quienes mediante prácticas de tipo mágico logran dicha transformación para beneficio propio y perjuicio de los demás".[12] En las creencias del México precolombino, el *nahual*, que es según León-Portilla el falso médico o brujo, puede desarrollar un papel benéfico como en el mito de Quetzalcóatl, cuando el dios baja a los infiernos acompañado de su *nahual* o doble en forma de perro y éste le aconseja y le ayuda a dar vida a los hombres.[13]

La idea del doble o de la dualidad impera en efecto en toda la mitología de los nahuas. Ometéotl, el principio generador universal, es un dios dual y vive en Omeyocan, el sitio de la dualidad. El mismo Quetzalcóatl unifica en su nombre los dominios del cielo (el quetzal) y la tierra (la serpiente). Eliade ha visto en este aspecto andrógino la coexistencia de los opuestos, indicando así una trascendencia.[14] Asimismo, la personalidad de Última encarnada en la lechuza, alcanza una dimensión que sobrepasa lo humano: "The owl was the protective spirit of Ultima, the spirit of the night and the moon, the spirit of llano" (p. 242). La lechuza que le dio su sabio maestro, es "su vínculo con el tiempo y la armonía del universo" (p. 247). Así es que su muerte no es un fin, sino una continuación según la doble herencia del pensamiento hispánico y mexicano que acepta la muerte como otra fase de la vida. Sus últimas palabras a Antonio son: "look for me in the evenings when the wind is gentle and the owls sing in the hills, I shall be with you" (pp. 247).

La novela de Anaya encarna en la figura de Última todos los atributos que la gente del campo reconoce en sus curanderos: los conocimientos de hierbas y curaciones, una dedicación total a su oficio que los hace ponerse al servicio de los que atienden según prácticas elaboradas a partir de la lengua española y un sistema de creencias compartidas por todos y que son el producto de una simbiosis de

---

[12] Lilian Scheffler, *Cuentos y leyendas de México: tradición oral de grupos indígenas y mestizos*, México, Panorama Editorial, 1982.

[13] Cf. Miguel León-Portilla, *La filosofía náhuatl estudiada en sus fuentes*, México, UNAM, 4a. edición, 1974, p. 183-185.

[14] Cf. "Le mythe de l'androgynie divine", en *Traité d'histoire des religions*, París, Payot, 1964, 1975, pp. 351-352.

culturas. Aunque humilde mujer del pueblo, Última tiene una sabiduría que le hace comprender los anhelos y las pasiones de los que la rodean, y un poder que le permite cambiar el curso del destino sin que sus familiares lo pongan en tela de juicio.

Trasciende así las limitaciones humanas y alcanza un nivel mítico dentro de una fe sincretista que une conceptos católicos y panteístas, superando así la dicotomía bien y mal, Dios y Diablo, que tanto atormenta a Antonio. En su deseo de indagar la realidad vivida del pueblo campesino de la frontera de Nuevo México, Anaya nos presenta una mujer idealizada pero con rasgos y prácticas profundamente arraigados en el medio ambiente, y recalca así la primacía de los valores éticos y humanos de una vivencia personal surgida desde el cuestionamiento conflictivo de varias culturas en contacto.

LA SEMIÓTICA DE LA CHICANA:
LA ESCRITURA DE GLORIA ANZALDÚA

Debra D. Andrist
Baylor University

Los estudios feministas, la literatura femenina o desde la perspectiva femenina, funcionan como campo interdisciplinario porque ayudan a recuperar la historia perdida de la mujer además de tratarla como participante en todos los aspectos de la sociedad. La semiótica, la ciencia de la señal, ayuda a descubrir los mensajes que el arte envía tanto a hombres como a mujeres sobre el ser femenino, además de la imagen de sí que tiene la mujer y la imagen que tiene de las otras. Claro que estamos en los inicios del uso de este método, pero su aplicación al arte ilumina los aspectos del género y de la cultura, porque la semiótica trata de lo que dicen los mensajes. Usando una metáfora lingüística, esta presentación trata semióticamente de la literatura de Gloria Anzaldúa para encontrar los mensajes que ella envía sobre la chicana. No se puede establecer "una chicana" por la obra de una escritora, pero los rasgos comunes entre las mujeres chicanas son muy obvios en la obra de Anzaldúa y ésta nos sirve de ejemplo.

Aunque la forma de la literatura (los *genres*) no cambia mucho por las líneas culturales (reconozco que los elementos orales y populares son más importantes en la literatura chicana), se puede decir que los propósitos de la literatura chicana, como el arte visual chicano, están muy asociados con los propósitos sociales y culturales chicanos. Como Mildred Monteverde dice en un resumen del arte visual chicano, la literatura chicana quiere

> to change attitudes of self-denigration and to assert positive precepts of Chicano identity. Art is auxiliary to the social change and functions importantly in the ideation and dissemination of Chicano thought. Art heightens a new awareness and charges this consciousness with a deeper meaning... It appears that many artists are responding to the need for the communication ideas on a popular level; the need to present a positive image of the Chicano in reaction to the derogating stereotyping most apparent in movies and television. In efforts to establish and reinforce a Chicano identity, much Chicano art depends on literal, anecdotal subject matter presented in a realistic manner.[1]

La literatura chicana quiere cambiar las actitudes negativas y establecer las identidades positivas. El arte ayuda al cambio social y tiene una función muy importante en el

---

[1] Mildred Monteverde, "Contemporary Chicano Art", en *Aztlán*, otoño de 1971, pp. 54-56.

concepto y en la difusión del pensamiento chicano. El arte reconoce de nuevo este conocimiento y le da un significado más profundo. Parece que muchos artistas responden a la necesidad de comunicar ideas a un nivel popular; la necesidad de presentar una imagen positiva del chicano para luchar contra los estereotipos negativos de las películas y la televisión. Para establecer y reforzar una identidad chicana, mucho del arte chicano depende de la materia cotidiana, literal, de anécdotas, presentada de una manera realista, verosímil.

Naturalmente la orientación de la chicana es esta misma, pero tiene un fondo más específico y más en conflicto. Magdalena Mora y Adelaida R. del Castillo dicen que la artista debe

analyze [her own female] liberation within the context of national oppression and class conflict... liberation is primarily a political question linked to the liberation of her people and her class.[2]

La artista chicana debe analizar su propia liberación femenina en términos de la opresión nacional y el conflicto de las clases sociales... la liberación es primero una cuestión política, parte de la liberación de su raza y su clase.

Pero Mora y Del Castillo no han reconocido o no han subrayado bastante todos los aspectos de la situación de la artista chicana, los más psicológicos. Marta Ester Sánchez, en su libro *Contemporary Chicana Poetry* (La poesía contemporánea de la chicana), describe el conflicto de las tres identidades que tiene la escritora ·chicana: sí, es chicana pero también es mujer y también es escritora. Como resultado, es aún más difícil presentar las imágenes positivas como un equilibrio entre las tres. Algunas escritoras escogen el énfasis de una u otra, como dice Sánchez acerca de Villanueva, Cervantes, Corpi y Zamora.

Yo hablo de Gloria Anzaldúa, una texana, y sus esfuerzos para mantener un equilibrio entre las imágenes positivas de las tres identidades. Y ella tiene otra también, es lesbiana, lo que complica más la situación. En general, Anzaldúa, en su libro *Borderlands/La frontera*, trata más de las imágenes positivas de la chicana-mujer-escritora-poeta (no digo poetisa porque el término tradicionalmente implica una poesía al margen de *la poesía*). Su prosa es casi un *stream-of-cons-ciousness* (pensamiento interior), con citas de la poesía de otros, de canciones, etc. Su poesía incluye más de su identidad lesbiana. Aquí quiero hablar de las imágenes positivas de las diversas identidades de la obra de Anzaldúa.

Anzaldúa presenta imágenes de fuerza y de poder a través de tres elementos: la serpiente, la palabra y la cadena generacional de las mujeres. La obra de Anzaldúa no es solamente muy visual en sus imágenes, sino que también está muy llena de significado lingüístico. La semiótica funciona en dos niveles para encontrar sus mensajes. Los tres elementos para establecer las imágenes de fuerza y poder están

[2] Magdalena Mora y Adelaida R. del Castillo (eds.), *Mexican Women in the United States: Struggles Past and Present*, Occasional Paper, núm. 2, Los Ángeles, Chicano Studies Research Center Publication, UCLA, 1980, p. 28.

representados con palabras femeninas: *la* serpiente, *la* palabra y *la* cadena, además de darle al lector señales muy visuales.

La serpiente es el "tono" personal de Anzaldúa (su identidad animal), como explica en el capítulo 3 de su libro *Entering into the Serpent* (Entrar en la serpiente). La autora explica su miedo inicial a las serpientes por mitos culturales. Su madre le decía, "No vayas al escusado en lo oscuro... a snake will crawl into your nalgas, make you pregnant... They seek warmth in the cold. Dicen que las culebras like to suck chiches, can draw milk out of you."[3]

Una vez la autora encontró una gran serpiente negra en la cocina; otra vez fue atacada por una de cascabel, pero su bota la protegió del veneno. Esa noche, más tarde, se dio cuenta de su "tono" por un sueño.

No voy a hablar de los rasgos freudianos aquí porque, en mi opinión, la discusión impondría explicaciones ajenas culturalmente. Se puede hablar de una aplicación junguiana, posiblemente, tal como lo menciona la propia Anzaldúa, porque los arquetipos corren dentro de todas las culturas, sin importar el aspecto social sino el psicológico. Pero aunque lo excluyo, reconozco que se podría hacer un estudio freudiano en especial porque la escritora es lesbiana.

Lo importante del motivo de la serpiente es el nexo que representa con la cultura india, antes de las imposiciones europeas y de los sentimientos de inferioridad que provocaron los atropellos y violaciones de los conquistadores. Anzaldúa explica con detalle las religiones nativas y establece un equilibrio entre las dos culturas, mostrando orgullo por los antecedentes indígenas: la chicana puede tomar una doble ración de fuerza y poder de sus dos culturas. La mujer se asocia con las diosas: Coatlicue, Tonantzin, Tlazolteotl, Cihuacoatl y con la serpiente en sus diversas formas. Éstas fueron las creadoras, las madres de todos (p. 27). Es obvio que la diosa representa el poder y lo positivo para la mujer. También existe el aspecto natural de la serpiente, la muda de piel que representa el renacimiento. La serpiente entonces no solamente simboliza la natalidad y la función creativa por su aspecto divino, sino que también ofrece una esperanza para el futuro.

Además de sus múltiples aspectos positivos en términos de lo chicano y lo femenino, la serpiente, según Anzaldúa, contiene los elementos básicos de conflicto en cuanto a la identidad de la poeta. "She is symbol of the fusion of opposites: the eagle and the serpent, heaven and the underworld, life and death, mobility and immobility, beauty and horror", dice en el capítulo 4 de *La herencia de Coatlicue/The Coatlicue State* (p. 47). La serpiente como ser afirma que se puede existir en conflicto, se puede disfrutar el conflicto, se puede triunfar en el conflicto.

La serpiente es la señal más importante en la obra de Anzaldúa para dar a los lectores mensajes de la fuerza y el poder de la chicana-mujer-escritora. Por falta de tiempo, sólo he tratado algunos aspectos significativos de este motivo.

Por falta de tiempo también no podré explicar con detalle lo que representan la palabra y la cadena de generaciones como señales en la obra de Anzaldúa. Pero tradicionalmente los actos de habla y de escritura han representado actos de toma de control, de asunción de fuerza y poder. Para el chicano la palabra, hablada o

---

[3] Gloria Anzaldúa, *Borderlands / La frontera*, San Francisco, Spinsters/Aunt Lute, 1987, p. 25.

escrita, supone también un acto político. El bilingüismo y especialmente el inter-lingüismo (término acuñado por Juan Bruce-Novoa sobre el uso de las dos lenguas: español e inglés en la misma obra), representa un equilibrio entre ambas culturas y un ejercicio de poder. Anzaldúa habla de eso en el capítulo 5 de *How to Tame a Wild Tongue*, en el que *code-switches* (cambia la lengua/el lenguaje) frecuente-mente en la misma frase (p. 54). Y si el control de la lengua es una imagen y una forma de poder para la raza, lo es aún más para la mujer y la poeta.

Asimismo, muchos críticos han escrito sobre el poder de la cadena de genera-ciones en la literatura chicana: Sánchez, Tey Diana Rebolledo, Anzaldúa y otras. La imagen de la cadena tiene muchas funciones: como nexo con los antepasados indios, como fuente de la tradición oral (los cuentos) de la raza, y como persistencia de la habilidad para sobrevivir a pesar de todo. Pero además de ser una señal chicana, la cadena también representa a la mujer: la abuela, la madre, la hermana, la hija. No se trata de negar la existencia de la cadena masculina, sino de señalar la fuerza enorme y positiva de la cadena femenina. En Anzaldúa, por ejemplo, los parientes femeninos son los que dan el apoyo y el conocimiento cultural, en contraste con los hombres chicanos que, en general, refuerzan en las mujeres los sentimientos de inferioridad y la tradición machista (p. 83).

La obra de Gloria Anzaldúa, creo, sirve como fuente de señales para establecer el equilibrio de una múltiple identidad en la mujer chicana.

Bibliografía

Freeman, Jo, *Women, A Feminist Perspective*, Palo Alto, California, Mayfield Publishing, 1984, 615 pp.

Hedges, Elaine e Ingrid Wendt, *In Her Own Image: Women Working in the Arts*, Nueva York, Feminist Press, 1984, pp. 111-114, 198-202.

Lauter, Estella, "Mythic Patterns in Visual Art by Women", en *Women as Mythmakers: Poetry and Visual Art by Twentieth Century Women*, Bloomington, Indiana University Press, 1984, pp. 131-171.

Leal, Luis, "Female Archetypes in Mexican Literatura", en *Women in Hispanic Literatura: Icons and Fallen Idols*, Los Ángeles, University of California Press, 1983, pp. 227-242.

Martínez, Manuel J., "The Art of Chicano Movement and the Movement of Chicano Art", en George J. García (ed.), *Selected Reading Materials on the Mexican and Spanish American*, Denver, Commission on Community Relations, 1969.

Mirandé, Alfredo y Evangelina Enríquez, *La Chicana: The Mexican-American Woman*, Chicago, University of Chicago Press, 1979, p. 283.

Monteverde, Mildred, "Contemporary Chicano Art", en *Aztlán*, otoño de 1971, pp. 51-62.

Mora, Magdalena y Adelaida R. Del Castillo (eds.), *Mexican Women in the United States: Struggles Past and Present*, Occasional Paper, núm. 2, Los Ángeles, University of California Press, Chicano Studies Research Center Publication, UCLA, 1980, 178 pp.

Ordóñez, Elizabeth, "Sexual Politics and the Theme of Sexuality in Chicana Poetry", en *Women in Hispanic Literatura: Icons and Fallen Idols*, Los Ángeles, University of California Press, 1983, pp. 316-339.

Ortner, Sherry B. y Harriet Whitehead, *Sexual Meanings: The Cultural Construction of Gender and Sexuality*, Cambridge, Inglaterra, Cambridge University Press, 1981, 435 pp.

Quirarte, Jacinto, *Mexican American Artists*, Austin, University of Texas Press, 1973, 149 pp.

Sánchez, Marta Ester, *Contemporary Chicana Poetry; A Critical Approach to an Emerging Literatura*, Berkeley, University of California Press, 1985, 377 pp.

Unger, Rhoda, *Female and Male: Psychological Perspectives*, Nueva York, Harper and Row, 1979, 564 pp.

Vigil, Evangelina (ed.), *Woman of Her World: Hispanic Women Write*, Houston, Arte Público Press, 1983, 179 pp.

THE BOOK ON MANGO STREET: ESCRITURA Y LIBERACIÓN EN LA OBRA DE SANDRA CISNEROS

Manuel M. Martín-Rodríguez
UCSB

Desde el mismo momento de su publicación *The House on Mango Street*, de Sandra Cisneros, ha atraído el interés de la crítica por diversos motivos. Unos críticos hacen de la obra una lectura feminista, como Erlinda González-Berry y Tey Diana Rebolledo o como Julián Olivares; otros se plantean el problema del género literario, como Pedro Gutiérrez-Revuelta, y otros se ocupan de la ideología como el propio Gutiérrez Revuelta o Juan Rodríguez. En este trabajo voy a analizar la obra como acto de discurso, enmarcado en una situación comunicativa literaria, mediante la cual su autora narra una serie de experiencias reales o imaginarias, con la intención de establecer un diálogo con un público no conocido y conseguir ciertos efectos con su comunicación.[1]

Desde este punto de vista, la modificación del título del libro que propongo en este trabajo se justifica de dos maneras. Una, externa, porque como lectores nos enfrentamos al *Libro de Mango Street*, es decir, al texto literario que crea el espacio ficcional que es Mango Street. La otra, interna, porque en una de sus posibilidades simbólicas la casa representa al libro, como se verá a continuación. Además, el libro es una de las preocupaciones que muestra Sandra Cisneros en sus ensayos críticos.

La importancia que para Cisneros adquirieron los libros desde su infancia es destacada por la propia autora en "Ghosts and Voices", por ejemplo. Allí cuenta que pensaba quedarse con un ejemplar de un libro que ella y su hermano habían sacado de una biblioteca. Los dos hermanos estaban dispuestos a pagar el importe del libro con tal de poder conservarlo en casa y Cisneros recuerda: "I didn't know books could be legitimately purchased somewhere until years later. For a long time I believed they were so valuable as to only be dispensed to institutions and libraries, the only places I'd seen them" (p. 71).

Ya como escritora, Sandra Cisneros se plantea la escritura de *The House on Mango Street* como un cruce entre poesía y ficción: quería escribir narraciones que tuvieran en sí una unidad de efecto individualmente pero que, al mismo tiempo, pudieran unirse para formar una obra mayor, como dice en su artículo "Do You

---

[1] Para Mary Louise Pratt, los textos literarios se pueden clasificar como actos de discurso de la siguiente manera: "Literary works belong to a class of utterances addressed to an Audience; within this class they belong to the subclass of utterances that presuppose a process of preparation and selection prior to the delivery of the utterance; and they belong to the subclass of utterances whose relevance is tellability and whose point is to display experience" (p. 152).

Know Me?": "I wanted to write a collection which could be read at any rando point without having any knowledge of what came before or after. Or, that could be read in a series to tell one bis story" (p. 78). Es decir, no una serie de narraciones cortas independientes, sino un conjunto orgánico que, respetando la autonomía de cada sección, mantuviera una estructura mayor. Algo así como una casa con respecto a sus diferentes cuartos.

Ahora bien, establecida la importancia del libro como vehículo valioso de transmisión de ciertas experiencias y aclarada la intención estructural de su autora, podemos preguntarnos por qué considera ella narrable *The House on Mango Street*; ¿qué efectos quiere lograr al desplegar ante el lector las experiencias de sus personajes? Y, ¿qué la mueve a publicar la obra?

En el contexto de los años ochenta, que es cuando se publica, el libro se enmarca en el novedoso y abundante corpus de la narrativa escrita por chicanas. Con ello, Cisneros contribuye a una de las tendencias actuales más fructíferas de la literatura chicana mediante un texto sobre la experiencia de una adolescente que se busca a sí misma en un "barrio" de una gran ciudad del medio oeste. Como obra literaria, su narrabilidad, su razón de ser, estriba en la ampliación del espacio literario establecido para incorporar aspectos de la realidad tradicionalmente evitados. Publicar una obra así representa, además, un desafío a la literatura canónica desde el cuádruple aspecto de mujer, minoría, ideología y lenguaje, como ha notado recientemente Ellen McCracken.

Como acto de discurso, hay que entender *The House on Mango Street* de dos maneras: una, en el nivel del discurso de los personajes; la otra, como comunicación entre la autora y el grupo de lectores que reciben la obra. En el primero de los casos, encontramos una multiplicidad de voces procedentes en su mayoría del barrio en el que vive Esperanza, la narradora. En el segundo, es la voz de la autora la que percibimos tras el texto ya que al acercarnos a la obra lo hacemos conscientes de que se trata de un texto literario emitido por la autora como tal. Por razones de exposición, voy a considerar separadamente estos dos planos para reunirlos después en una conclusión final.

En el mundo de los personajes la figura central la ocupa Esperanza, nuestra guía por el "barrio". A través de su palabra llegamos a conocer gran parte de la problemática que la obra plantea, tanto cuando dialoga con otros personajes como cuando lo hace con un interlocutor no especificado al que se dirige, por ejemplo, al comienzo de la obra: "We didn't always live on Mango Street. Before that we lived on Loomis on the third floor, and before that we lived on Keller" (p. p. 7).

Desde estas palabras iniciales podemos observar que en su discurso se produce una tensión constante entre el yo y los otros, que será una de las características destacadas de la obra. La primera palabra del libro es precisamente "nosotros", "we", en lugar del esperable "yo". Esto nos prepara ya para entender la dialéctica individuo/grupo que se va a desarrollar en el resto de la obra. El conflicto, en última instancia, es el de individuación frente a la pertenencia al grupo, simbolizado por la casa que Esperanza desea: "Not a flat. Not an appartment in back. Not a man's house. Not a daddy's. A house all my own" (p. 100).

Pero la casa no es exclusivamente un símbolo de independencia física y mental, sino también el derecho a la propia expresión.[2] La asociación aparece explícitamente indicada en "A House of My Own", en donde la casa deseada se define como "a house quiet as snow, a space for myself to go, clean as paper before the poem" (p. 100). Por tanto la casa es también un libro por escribir, una página en blanco a llenar con la propia voz, que es lo que hace Esperanza como narradora:

> I like to tell stories. I tell them inside my head. I tell them after the mailman say here's your mail. Here's your mail he said.
> I make a story for my life, for each step my brown shoe takes. I say, "And so she trudged up the wooden stairs, her sad brown shoes taking her to the house she never liked (p. 101).[3]

La visión del acto de narrar que se presenta en este caso, sin embargo, distorsiona la realidad. La selección del vocabulario y la abundante modificación adjetival no pertenecen propiamente al lenguaje de Esperanza en el resto del libro. Se trata más bien de un discurso escapista a la manera del cine de Hollywood, el mismo discurso que Esperanza critica en "Beautiful and Cruel", en donde se presenta como una mujer fatal muy particular: no la de labios rojísimos de las películas sino la que se levanta de la mesa como un hombre, sin colocar la silla en su lugar ni llevarse su plato a la cocina.

El discurso escapista es sólo una de las posibilidades narrativas de Esperanza y, de hecho, la menos fructífera. Ella misma parece darse cuenta y modifica su posición de forma más realista cuando dice hacia el final del libro: "I like to tell stories. I am going to tell you a story about a girl who didn't want to belong" (p. 101), y a continuación sigue un párrafo que comienza exactamente igual que el que inicia la novela. Implícitamente, Esperanza está reconociendo la superioridad de la historia que habla de la realidad sobre la que glamoriza los hechos de forma ideal.

Trasladando ese mismo descubrimiento al conflicto entre individuación y pertenencia, la narradora se da cuenta de que lo uno es inseparable de lo otro porque el individuo sólo se define en su relación con la comunidad de los otros. Es por ello que cuando habla de la casa en "Bums in the Attic" cuenta que será una casa para ella pero en donde habrá sitio también para los que no tienen un lugar que puedan llamar suyo.

Relacionado esto con el tema de la expresión, se puede ver ahora que si la casa es la página en blanco antes del acto de la escritura, habitarla no es sólo llenarla con la propia voz sino también dejar que las voces de los que no tienen voz literaria

---

[2] Julián Olivares (pp. 162-163) ha notado que el simbolismo de la casa conlleva implícitamente, además, la problemática de la mujer encerrada y dedicada a las tareas domésticas, situación que Esperanza se propone superar.

[3] González-Berry y Rebolledo ya hacen referencia a la autoconciencia de Esperanza como narradora, aunque ellas lo aplican a su comparación entre *Mango* y la obra de Tomás Rivera. Gutiérrez-Revuelta, por su parte, contrasta las historias que le cuentan a Esperanza sus padres, alienantes, con las que Esperanza decide contar, que tienen su fundamento en la realidad. Sin embargo, en ocasiones también Esperanza mitifica esa realidad de todos los días.

la ocupen. Este proceso se realiza en *The House on Mango Street* mediante la recreación de la palabra de los habitantes del "barrio", especialmente la de tantas mujeres encerradas como viven en él. Aunque Esperanza es quien narra, su deseo de reproducir fielmente las voces de los otros se refleja en la ausencia de puntuación con que se reproducen sus discursos (es decir, al mismo nivel que el de la narradora), y a la frecuente intervención directa de los otros personajes.

De ese modo, *La casa de Mango Street* se convierte en el libro de Mango Street, el espacio literario en donde el individuo encuentra un ámbito personal desde el cual relacionarse con su grupo. La escritura alcanza el nivel de liberación que para Esperanza suponía una casa propia fuera del "barrio": "I put it down on paper and then the ghost does not ache so much. I write it down and Mango says goodbye sometimes. She does not hold me with both arms. She sets me free" (p. 101).

El conflicto entre individuación y pertenencia se resuelve satisfactoriamente cuando Esperanza descubre que para reconciliar ambos aspectos es necesario afirmarse primero a sí misma pero sin olvidar sus raíces en la colectividad. Realizarse a sí misma, entonces, supone un doble movimiento de salir del grupo y regresar a él: salir para conocerse; volver para reconocerse como parte de un todo. Éste es el mensaje de las últimas líneas del libro:

> Friends and neighbors will say, What happened to that Esperanza? Where did she go with all those books and paper? Why did she march so far away?
> They will not know I have gone away to come back. For the ones I left behind. For the ones that cannot get out (p. 102).

Es una especie de prueba o sacrificio simbólico (no en balde el apellido de Esperanza es Cordero), en el que el individuo asume la representación de la comunidad. Al mismo tiempo, muestra la idea de la escritura como liberación, una vez más. Liberación del ambiente opresivo del "barrio", liberación de los fantasmas personales que afectan al escritor,[4] liberación del silencio que se impone sobre tantas y tantas mujeres del "barrio", etcétera.

No obstante, no hay que confundir la representación de la voz de la comunidad con la propia voz de la comunidad expresándose a sí misma. En este sentido, *The House on Mango Street* es un acto de discurso individual, producto de una autora concreta. La intención de esa autora, según indica en "Notes to a Young(er) Writer" era hablar de lo que otros escritores ni siquiera mencionaban, la realidad del "barrio" y de las mujeres sin voz y sin acceso al mundo de los libros: "There are so few of us writing about the powerless, and that world, the world of thousand of silent women... needs to be, must be recorded so that their stories can finally be heard" (p. 76).

El libro, así pues, adquiere la importancia de un objeto capaz de conseguir ciertos efectos, particularmente el de registrar las voces de esos seres silenciados o, al menos, canalizar sus historias a través de la voz de una narradora central. En este sentido, pertenece a la categoría de actos de discurso que J. L. Austin ha

---

[4] En palabras de Sandra Cisneros: "If I were asked what it is I write about, I would have to say I write about those ghosts inside that haunt me, that will not let me sleep, of that which even memory does not like to mention" ("Ghosts and Voices", p. 73).

llamado ilocucionarios.[5] Por su intención, *The House on Mango Street* es un acto ilocucionario de discurso eficaz y se ajusta a los requisitos propuestos por Austin. En primer lugar, es claro que la autora tiene una intención definida al escribir su texto. En el momento histórico y literario en que la obra se publica, Cisneros pretende incorporar al espacio narrativo la temática de la mujer chicana, marginada por razones de sexo, raza y clase social, entre otras. En parte, la obra surge de su experiencia como asistente administrativa en la Loyola University of Chicago, sobre la cual comenta: "From this experience of listening to young Latinas whose problems were so great, I felt helpless; I was moved to do something to change their lives, ours, mine. I did the only thing I knew how. I wrote..." ("Do You Know Me?", p. 78), y sigue mencionando varias de las historias incluidas en *Mango*.

Además, la autora trata de provocar con su discurso una respuesta en el lector, y una respuesta doble: de quienes comparten dicha problemática en mayor o menor medida, espera el reconocimiento y la identificación, de ahí que la historia se presente de forma poética y sugerente más que expositiva; de quienes detentan el poder en ciertas esferas, busca el reconocimiento de que esa situación existe y la ampliación de horizontes de la "realidad oficial". Precisamente, el segundo requisito de Austin para que un acto ilocucionario sea eficaz es que la intención de su emisor(a) sea reconocible y busque una respuesta del interlocutor. Que esa intención ha sido reconocida se puede ver gracias a los numerosos artículos y ponencias sobre la obra de parte de la crítica,[6] y también por la concesión del Before Columbus American Book Award y de una beca del National Endowment for the Arts.

Por último, Austin sugiere que se necesita también que la fuerza ilocucionaria del enunciado (en este caso literario) consiga ciertos efectos incluidos en su intención. En el caso de *The House on Mango Street*, entre los efectos conseguidos está la inclusión de la obra (y con ella de la realidad que describe) en numerosos cursos académicos y congresos como éste.

BIBLIOGRAFÍA

Austin, J. L., *How To Do Things With Words*, Ed. J. 0. Urmson, Nueva York, Oxford University Press, 1962.

Cisneros, Sandra, "Do You Know Me?: I Wrote *The House on Mango Street*", *The Americas Review* 15.1 (primavera de 1987), pp. 77-79.

————, "Ghosts and Voices: Writing From Obsession", *The Americas Review* 15.1 (primavera de 1987), pp. 69-73.

————, *The House on Mango Street*, 1984, Houston, Arte Público Press, 1985.

————, "Notes to a Young(er) Writer", *The Americas Review* 15.1 (primavera de 1987), pp. 74-76.

González-Berry, Erlinda, y Tey Diana Rebolledo, "Growing Up Chicano: Tomás Rivera and Sandra Cisneros", *Revista Chicano-Riqueña* 13.3-4 (otoño-invierno de 1985), pp. 109-119.

---

[5] Austin los define como "[the] performance of an act *in* saying something as opposed to performance of an act *of* saying something" (p. 99).

[6] Aunque no todas las respuestas coinciden. Así, Juan Rodríguez considera que el mensaje de *Mango* es alienante.

Gutiérrez-Revuelta, Pedro, "Género e ideología en el libro de Sandra Cisneros: *The House on Mango Street*", *Crítica* 1.3 (otoño de 1986), pp. 48-59.

McCracken, Ellen, "Sandra Cisneros' *The House on Mango Street*: A Feminist Perspective on Patriarchal Violence", presentado en el Third Annual Colloquium on Mexican Literature. University of California, Santa Barbara, mayo de 1988.

Olivares, Julián, "Sandra Cisneros' *The House on Mango Street* and the Poetics of Space", *The Americas Review* 15.3-4 (otoño-invierno de 1987), pp. 160-170.

Pratt, Mary Louise, *Toward a Speech Act Theory of Literary Discourse*, Bloomington, Indiana University Press, 1977.

Rodríguez, Juan, "*The House on Mango Street*, by Sandra Cisneros", *Austin Chronicle*, 10 de agosto de 1984.

HACIA EL TERRENO SIN COLONIA: LA ESCRITURA DEL CUERPO EN LA POESÍA DE CARMEN TAFOLLA

Charles Richard Carlisle
Southwest Texas State University

La literatura chicana, sobre todo aquella obra escrita a partir de la década de los sesenta, se ha enfocado frecuentemente en la identidad del individuo y del pueblo chicano como grupo; o sea, aquello que se pudiera llamar el chicanismo. Este enfoque "neonacionalista" del chicanismo mediante imágenes de las raíces precolombinas e hispanas de los mexicano-norteamericanos, es una expresión literaria de los anhelos de afirmación del pueblo chicano rodeado por la cultura anglosajona dominante en Estados Unidos, sobre todo durante el periodo clave de 1965 hasta mediados de la década de los setenta.

La búsqueda de identidad, tema básico de las artes plásticas y de la literatura chicana, sigue vigente hasta la fecha, aunque para la mujer chicana la cuestión de la autoidentidad es todavía más compleja. Esto se debe al hecho de que, aunque el feminismo chicano ha sido una consecuencia natural de la lucha de los chicanos para realizar la justicia, la igualdad y la libertad, como afirma Elizabeth Ordóñez,[1] las mismas mujeres que trabajan para tratar de lograr los cambios sociales anhelados por todo chicano (sea mujer u hombre) se dan cuenta a la vez del triste hecho de que para ellas existe otro aislamiento, otra alienación, además de la condición del pueblo chicano frente a la cultura anglosajona: su propia condición de mujeres dentro de ambas culturas.

Marta Ester Sánchez describe esta situación de las escritoras y activistas chicanas que toman conciencia de su posición, en pleno periodo de lucha entre los años sesenta y setenta, en el prefacio a su valioso estudio *Contemporary Chicana Poetry*:

> Their participation in student and community-based activities of the Chicano movement brought home to Chicana activists and writers the fact that they were being denied positions of authority within their own culture. As women they held subordinate status in both cultures. Male-dominated organizations excluded them from voting and holding office. Their realization of the sexual biases and the chauvinism of Chicano males, together with the impact of the women's movement, motivated them to express their femenine identity and to challenge the prerogatives accorded to men by Mexican-Chicano culture.[2]

---

[1] Elizabeth Ordóñez, "Sexual Politics and the Theme of Sexuality in Chicana Poetry", *Women in Hispanic Literature: Icons and Fallen Idols*, Beth Miller (ed.), Berkeley, University of California Press, 1983, p. 316.

[2] Marta Ester Sánchez, *Contemporary Chicana Poetry*, Berkeley, University of California Press,

La poesía de las chicanas que publican a partir de los setenta demuestra ambos anhelos: el de todo chicano frente al sistema dominante en su país y el de la chicana que busca expresarse como una mujer que vive entre dos culturas cuyas tradiciones la consideran como un ser inferior —exprésese este prejuicio tanto de parte de la cultura anglosajona como de la chicana. Por eso, además de poemas que buscan la identidad de todo chicano para educar al pueblo y fomentar cambios sociales, más y más la voz poética chicana es enriquecida por poemas que exploran el contexto más universal de la identidad de la mujer. Algunas proveen relatos de la mujer chicana en diversas manifestaciones socioculturales.[3]

Esta poesía se refiere a imágenes como la de la madre, la abuela, la curandera,[4] o la joven "carnala" de los barrios urbanos, como también al quehacer cotidiano tradicionalmente asociado con la mujer: todas ellas son una afirmación de la mujer chicana. El resultado es una fuente de orgullo no solamente en cuanto al tema tratado en el poema, sino en cuanto a la obra en sí, pues el nivel de expresión desmiente la absurda y tradicional idea de que la poesía femenina es "inferior" a la masculina según lo que escritoras como Cheri Register han llamado "la crítica fálica".[5]

Al hablar de estas diversas imágenes de la mujer chicana se piensa en las desarrolladas a través de los pasados quince años o más por poetas clave como Cordelia Candelaria, Sandra Cisneros, Ángela de Hoyos, Pat Mora, Evangelina Vigil, Alma Villanueva, y otras como Carmen Tafolla misma.[6]

1985, p. 4. Para considerar los fundamentos, Evangelina Enríquez, *La Chicana: The Mexican-American Woman*, Chicago, University of Chicago Press, 1981, pp. 202-243. Para otra fuente valiosa, véase Rosaura Sánchez (ed.), *Essays on La Mujer*, parte I, Los Ángeles, Chicano Studies Center Publications, Universidad de California en Los Ángeles, 1977; como también las historias orales en Nan Elasser, Kyle MacKenzie e Yvonne Tixier y Vigil, *Las Mujeres: Conversations from a Hispanic Community*, Old Westbury, Nueva York, The Feminist Press y McGraw-Hill Book Company, 1980. Un ensayo que recalca la tensión entre mujer y hombre dentro del movimiento chicano mismo es la Introducción de María Herrera-Sobek (ed.), *Beyond Stereotypes: The Critical Analysis of Chicana Literature*, Binghamton, Nueva York, Bilingual Press/Editorial Bilingüe, 1985, pp. 9-25.
[3] Según Cheri Register, "Feminist Literary Criticism is ultimately cultural criticism". Véase "American Feminist Literary Criticism: A Bibliographical Introduction", en Josephine Donovan (ed.), *Feminist Literary Criticism: Explorations in Theory*, Lexington, Kentucky, The University Press of Kentucky, 1975, p. 10.
[4] Un ejemplo clave de tal imagen es justamente el título de un poemario reciente de Tafolla. Véase Carmen Tafolla, *Curandera*, San Antonio, M. and A. Editions, 1983.
[5] Register, *op. cit.*, pp. 8-9. Véase también Margaret Anderson, "Feminism as a Criterion of the Literary Critic", *Atlantis: A Women's Studies Journal*, vol. 1, núm. 1 (otoño de 1975), pp. 3-13. También publicado en Cheryl L. Brown y Karen Olson (eds.), *Feminist Criticism: Essays on Theory, Poetry and Prose*, Metuchen, N. Jersey, The Scarecrow Press, 1978, pp. 1-10.
[6] Para ver unos ejemplos de semejantes retratos de la mujer en la cultura chicana, véase, entre otros, Cordelia Candelaria, "Haciendo tamales", *Ojo de la Cueva*, Colorado Springs, Maize Press, 1984, p. 18; Sandra Cisneros, "New Year's Eve", *My Wicked, Wicked Eyes*, Houston, Arte Público Press, 1987, pp. 90-91; Pat Mora, "Curandera", *Chants*, Houston, Arte Público Press, 1984, p. 26; Evangelina Vigil, "Por la calle de Zarzamora", *Thirty an' Seen a Lot*, Houston, Arte Público Press, 1985, pp. 19-20; y Alma Villanueva, "Mother, May I?", Sánchez, *op. cit.*, pp. 303-335. Véanse también Carmen Tafolla, "Allí por la calle San Luis", *Cedar Rock*, invierno de 1981, p. 4. Es importante señalar que estos poemas dan un paso más allá de ciertas obras (tanto de chicanos como de autores no chicanos) que tan sólo crean retratos estereotípicos o románticos de la mujer chicana. Véase, por ejemplo, Carmen Salazar Parr y Genevieve M. Ramírez, "The Chicana in Chicano Literature", en Julio A. Martínez y Francisco Lomelí

Dice Evangelina Vigil que tal literatura sirve para retratar a la mujer como "un símbolo de fuerza espiritual, de virtud y de sabiduría".[7]

Basta citar tan sólo un fragmento de "Memories" de Carmen Tafolla para ver cómo se perfila la mujer en la poesía de esta índole. He aquí el relato de su bisabuela en este poema sobre la vida de su familia en el siglo XIX:

> Medina Magiadora
> My campmeeting-preacher grandfather
> used to wash souls here
> baptizing them
> in the name of.
>
> My fronteriza-fuerte great-grandmother
> washed clothes here
> washed clothes here
> scaring the stains away
> from her loved ones' clothes.
>
> I only wash memories
> of lives and times I never knew
> Dipping them delicately
> in the soft waters of the shady
> Medina
> softly publishing them clean
> until the faces of the past are clear...[8]

Es evidente la fuerza de la bisabuela cuyo esposo, un predicador protestante, bautiza a la gente "lavando almas" en el río Medina (que la poeta llama "Medina Magiadora") —el mismo río donde ella lava que lava—:

> ...sacando a las manchas
> de la ropa de sus seres queridos.

El esposo tiene un puesto aceptado por la sociedad como superior, pero sin embargo es la imagen de esta mujer cuyo "oficio" es el de lavar ropa la que destaca en la página por la forma en la cual Tafolla la retrata, elevándola a un nivel casi mítico.

La poeta se identifica con el trabajo de su bisabuela, diciendo que su propia creación —el poema mismo—, es el oficio de lavar memorias:

(eds.), *Chicano Literature: A Reference Guide*, Westport, Connecticut, Greenwood Press, 1985, pp. 97-107. Una fuente importante para la figura de la Malinche es Norma Alarcón, "Chicanas in Feminist Literature: A Re-Vision through Malintzín/or Malintzín: Putting Flesh Back on the Object", en Cherríe Moraga y Gloria Anzaldúa (eds.), *This Bridge Call My Back: Writings by Radical Women of Color*, Nueva York, Kitchen Table-Women of Color Press, 1983, pp. 183-190.

[7] Evangelina Vigil (ed.), "Introduction", *Woman of Her World: Hispanic Women Write*, Houston, Arte Público Press, 1987, p. 7.

[8] Tafolla, *op. cit.*

...de vidas y tiempos que no conocí
sumergiéndolos delicadamente
en las tranquilas aguas
del Medina en sombras... [la traducción es mía]

Luego de presentar la historia de sus antepasados, tanto la de los hombres como la de las mujeres, Tafolla se dirige de nuevo al río Medina y remata el poema, volviendo a la imagen sugerida por el verbo "lavar", con los siguientes versos en español:

Medina Magiadora.
Aquí estoy,
lavando mi herencia.

Carmen Tafolla comparte este anhelo de autoidentidad como chicana con las poetas ya mencionadas, así también el anhelo de autoexpresión como mujer y, además de poemas como este ya citado de "Memories", va más allá del contexto social para expresar la escritura del cuerpo la cual, según la poeta y crítica paraguaya Lourdes Espíndola, es una manera de escribir que

...funciona casi como si fuera un espejo vuelto hacia dentro, una posibilidad de conocimiento nuevo y de cambio, desechando la estética masculina que impone un ideal de mujer, una estética a veces no compartida por las mujeres; poco natural para ella en otros casos, o conducente a la competitividad entre las mujeres y no a la unidad de las mismas.[9]

El término "escritura del cuerpo" nace de la crítica feminista de escritoras francesas como Luce Irigaray, Julia Kristeva y Hèléne Cixous, durante la década de los setenta. Estas escritoras buscan un lenguaje poético antipatriarcal que focaliza el cuerpo de la mujer como el núcleo de su expresión, por ser el territorio no colonizado por el hombre. Una obra que sirve como manifiesto de la escritura del cuerpo en cuanto clave para una escritura femenina antipatriarcal (antifalologocéntrica) es "La risa de la Medusa" de Hèléne Cixous. Ella dice que los hombres han cometido el crimen más indecible contra la mujer a través de los siglos:

Insidiosa y violentamente, ellos han causado que ellas odien a las mujeres, que sean sus propias enemigas, que movilicen su fuerza inmensa en contra de sí mismas... ¡Han creado para las mujeres un antinarcisismo! ¡Un narcisismo que se quiere tan sólo para ser amadas por lo que las mujeres no tienen! Ellos han construido la lógica infame del antiamor.[10]

Dirigiéndose a toda mujer que piense escribir, Cixous recomienda:

Escríbete. Tu cuerpo tiene que ser oído... Escribir. Un acto que no solamente "realizará" la relación sin censura de la mujer nativa; le devolverá sus bienes, sus placeres, sus

---

[9] Lourdes Espíndola, "Contrapunto: Sobre la escritura del cuerpo", Suplemento de Arte y Espectáculos, *Última Hora* (9 de octubre de 1987), p. 4.

[10] Hèléne Cixous, "The Laugh of the Medusa", traducido al inglés por Keith Cohen y Paula Cohen, *Signs: Journal of Women and Culture in Society*, vol. 1, núm. 4 (verano de 1976), p. 787.

órganos, sus territorios corporales que se han guardado bajo sellos... le arrancará de la estructura hecha super-yo dentro de la que ella misma siempre ha ocupado el espacio reservado para las culpables... la arrancará por medio de ... esta emancipación del texto maravilloso que es su propio ser, el cual ella tiene que aprender a decir urgentemente.[11]

Entre las poetas chicanas contemporáneas varias buscan tal "emancipación... de su propio ser" en su expresión poética, entre ellas las mencionadas como Cordelia Candelaria, Ana Castillo, Pat Mora y Alma Villanueva.[12] En este estudio abordo textos de Carmen Tafolla que muestran esta tendencia feminista de la "escritura del cuerpo", tendencia y concepto polémicos para la crítica feminista de hoy en día (véase nota 11) y que tiene como ímpetu la búsqueda de identidad (elemento "clásico" de la literatura chicana) y su expresión en términos no expropiables por la experiencia masculina: el terreno no colonizado por el hombre.

Seguramente, Carmen Tafolla es una poeta que ha aprendido a "hablar el cuerpo" al decir de Cixous, de tal manera que demuestra cómo la escritura del cuerpo puede servir para expresar lo netamente femenino dentro del canon de la poesía chicana. Esto se aprecia, por ejemplo, en "Soulpain":

> They ask
> what it is like
> to lose
> a baby.

[11] Cixous, p. 880. Toda la cuestión de la escritura del cuerpo es polémica, como lo es la teoría de la crítica feminista en sí, pues se pueden considerar tales teorías como vagamente paternalistas. Al decir de Sandra Harding, "...we sometimes claim that theorizing itself is suspiciously patriarchal, for it assumes separations between the knower and the known, subject and object..." [Sandra Harding, "The Inestability of the Analytical Categories of Feminist Theory", *Signs*, vol. 11, núm. 4 (verano de 1986), p. 647]. Entre los numerosos estudios que tratan la polémica de la escritura del cuerpo, véase Leslie A. Adelson, "Racism and Feminist Aesthetics: The Provocation of Anne Duden's *Opening of the Mouth*", *Signs*, vol. 13, núm. 2 (invierno de 1988), p. 239, donde la autora recalca la dificultad respecto a la escritura del cuerpo, afirmando que: "On the one hand, feminist theory cites that... [female] body as resistant or in opposition to the dominant system of order and signification. On the other hand, and at the same time, that body is a cultural construct through and on which that system is inscribed. Analysing images of women in the tradition of bourgeousie literature... [Sigfrid] Weigel has concluded that 'the actual battlefield is the female body'. The same might be said, I would argue, albeit for different reasons, of the female body in feminist tests."
Entre otras fuentes sobre esta cuestión, véanse Sara Castro-Klaren, "La crítica literaria feminista y la escritura en América Latina", en Patricia Elena González y Eliana Ortega (eds.), *La sartén por el mango*, Río Piedras, Puerto Rico, Ediciones Huracán, 1985, pp. 27-46; Claire Duchen, *Feminism in France: From May '68 to Miterrand*, Londres, Routledge y Kegan Paul, 1986, pp. 84-91; Mary Eagleton (ed.), "Do Women Write Differently?", *Feminist Literary Theory: A Reader*, Nueva York, Basil Blackwell, 1986, pp. 205-206; Gisela Ecker (ed.), *Estética feminista*, Barcelona, Icaria Editorial, 1986, pp. 9-20; Ann Rosalind Jones, "Writing the Body: Towards an Understanding of L'Ecriture Femenine", *Feminist Studies*, vol. 7, núm. 2 (verano de 1981), pp. 247-263; Elaine Marks, "Women and Literature in France", *Sings*, vol. 3, núm. 4 (verano de 1978), pp. 832-842; Elizabeth A. Meese, "Defiance: The Body (of) Writing/The Writing (of) Body", *Crossing the Double-Cross: The Practice of Feminist Criticism*, Chapel Hill, Carolina del Norte, The University of North Carolina Press, 1986, pp. 117-131; Toril Moi, *Sexual/Textual Politics*, Londres, Methuen, 1985, pp. 102-126; y Sigfrid Weigel, "La mirada bizca: Sobre la historia de la escritura de las mujeres", en Ecker, *op. cit.*, pp. 69-117.
[12] Véanse, entre otros ejemplos: "Penis envy", Candelaria, *op. cit.*, p. 52; "After Tasting (The Apple)", Castillo, *op. cit.*, p. 15; "Plot", Mora, *op. cit.*, p. 20; y Villanueva, "In Your Body", Sánchez, *op. cit.*, p. 33.

<pre>
        Seven hours later
            they are gone
            and I am here

            still trying
                to
                mouth
                an answer.

        Eyesmute
        Roomempty
        I pull my body slowly to salute
        Shiverstanding I proclaim in dry dead throat:

        A part of my
                body
        has been amputata-   And no one else
                -ted   can
                                                tell:
        The seedlings of my
                soul   And the roots
        have been ripped   out   tossed into   a
                                                    grave.[13]
</pre>

Si bien el cuerpo de la mujer es el terreno no colonizado por el hombre, es también el espacio que la distingue de él y mediante el cual se libera. Se nota desde la primera estrofa de este poema, cuyo título significa "dolor del alma", como la poeta establece una distancia entre sí misma, como hablante, y "Ellos" —los seres no nombrados que "preguntan / cómo es / perder / a un bebé".

Estas circunstancias, claro está, pueden incluir tanto a la mujer que no ha sufrido tal pérdida como a todo hombre, pero el desarrollo de imágenes netamente femeninas —la escritura del cuerpo— que emplea Tafolla a través del poema, produce el efecto de distancia total más bien entre la mujer y el hombre.

Desde su propia soledad, la hablante profundiza la significación de su experiencia y es sumamente importante la forma en que la expresa:

<pre>
            Siete horas después
            ellos se han ido
            y yo estoy aquí

            tratando aún
                de
                articular
                una respuesta.
</pre>

---

[13] Carmen Tafolla, "Soulpain", Vigil, *op. cit.*, p. 25.

Se ve cómo Tafolla divide la segunda estrofa, ubicando el verbo "articular" en lugar céntrico, para recalcar el significado del verbo en inglés, pues "to mouth" es "articular", "pronunciar", "decir", pero "mouth" también es "boca", una imagen corpórea que sugiere lo femenino —sobre todo en este caso dada su ubicación dentro de la estrofa—, y es este vínculo con el cuerpo lo que sirve como puente hacia las estrofas siguientes, mediante las cuales la poeta se describe en términos físico-psicológicos para subrayar su aislamiento en este momento.

Para describir su estado físico y psicológico, Tafolla crea dos palabras constituidas por dos sustantivos con sus respectivos adjetivos: *eyesmute* y *roomempty* —que serían literalmente "ojosmudos" y "cuartovacío". La poeta emplea estos términos como adjetivos para definirse a sí misma (a la hablante) —el "Yo" del tercer verso de la estrofa— de la siguiente manera: "de ojos mudos", es decir, sus ojos ya no comunican nada; y esta imagen es intensificada por otra, la del adjetivo que significa "de cuarto vacío", la cual alude a la pieza del sanatorio donde está la hablante a solas con su dolor; pero, más aún, sugiere que ella misma es un cuarto vacío porque le han vaciado el vientre, como sabemos al leer las estrofas que siguen donde "proclama con garganta muerta y seca" la pérdida de su bebé y, en este caso, el bebé aparece tratado como parte del cuerpo de la mujer. La relación del feto con la madre en cuyo vientre reside, es un tema social que hasta ahora divide las opiniones tanto de mujeres como de hombres. Tafolla lo expresa de esta manera:

> Una parte de mi
> cuerpo
> ha sido amputada   Y nadie más
>   lo puede
>   decir;
> Las plantas de semilla de mi
>   alma   Y las raíces
> han sido desgarradas   echadas   arrojadas en   una fosa.

De los poemas de Tafolla publicados en los pasados cinco años, el que tal vez muestre mejor la escritura del cuerpo es "Woman-Hole", cuyo título es otro término compuesto que en un nivel significa "agujero/fosa de mujer", y que sugiere "mujer hecha agujero/fosa" a otro nivel de interpretación. Escrito en una mezcla de inglés y español, el poema dice así:

> Some way there is a
> vacuum —a black hole—
> in the center of womanhood
> that swallows countless
> secrets and has strange
> powers
>
> Yo no sé de esas cosas
> sólo sé que the
> black echo is music

                    is sister of sunlight
                    and from it
                    crece
                    vida.[14]

Este poema comienza con unos versos que recuerdan la narrativa folclórica cuando relata mitos más allá del tiempo: "Se dice que hay / un vacío —una fosa negra—..." Se trata de una imagen que sugiere un vacío tan grande como aquellos que tanto se describen hoy en día en la literatura sobre las partes más profundas del espacio mismo, pero en seguida la poeta trasciende esta sugerencia proponiendo la significación concreta: "el centro del sexo femenino".

Ahora bien, hay que mencionar que el término que emplea en inglés, *womanhood*, se puede interpretar de dos maneras, pues tanto significa "ser mujer" como "sexo femenino". De esta manera Tafolla logra mantener el nivel mítico sugerido por los primeros versos al mismo tiempo que subraya el cuerpo y el sexo de la mujer. Manteniendo ambos niveles de interpretación, la poeta dice que éste es un vacío que "se traga incontables / secretos y que tiene extraños / poderes". Aquí se alude a la visión del hombre para con el sexo femenino "el ser mujer", en términos de su propia alienación desde la cual crea una mitología del abismo negro que contiene secretos y que tiene un poder de devoración.

Tafolla crea este ambiente de la mitificación alienante que el hombre ha hecho de la mujer —la distancia sugerida en términos más inmediatos y menos cósmicos en "Soulpain"—, y luego habla de su propio concepto de la mujer, un concepto integral y nada alienado que la poeta profundiza aún más dirigiéndose al lector en la mezcla de español e inglés que es el habla chicana de todos los días,[15] pero sin perder el otro nivel míticamente universal. Así lo muestra cuando dice: "sólo sé que el / eco negro es música / es hermana de la luz del sol / y que de ella / crece / vida".

El poema resulta ser una afirmación del propio ser mujer, una exaltación del propio sexo femenino en el pleno sentido del término. Tafolla emplea la tensión entre la falta de comprensión masculina que ha creado tales mitos como el de la fosa negra devoradora, y la sencilla verdad de la esencia del sexo femenino (el mismo ser mujer) como fuente de vida.

La manera en que este poema emplea la imagen del sexo femenino para desmitificarlo en cuanto a su falsa apreciación alienante, y para expresar el orgullo de ser mujer, recuerdan las palabras de la artista Judy Chicago que explica su propia búsqueda a través de imágenes visuales asociadas con el sexo femenino:

> Then I did some drawings in which the centers of the forms were dark. I felt the darkness in my stomach as a sense of wrongness, as if there were something wrong with me, and I knew that I was going into the place inside me that had been made to feel wrong by my

---

[14] Tafolla, "Woman-Hole", Vigil, *op. cit.*, p. 24.
[15] Para tener una valoración importante de parte de Tafolla misma sobre el habla chicana como un lenguaje poético dignamente viable, véanse Carmen Tafolla, "Chicano Literature: Beyond Beginnings", en Marie Harris y Kathleen Aguero (eds.), *A Gift of Tongues: Critical Challenges in Contemporary American Poetry*, Athens, Georgia, The University of Georgia Press, 1987, p. 223.

experiences in the male-dominated world. I opened the forms and let them stand for my body experience. The closed forms transmuted into doughnuts stars, and revolving mounds representing cunts. (I use the word "cunt" deliberately, for it embodies society's contempt for women. In turning the world around, I hope to turn society's definition of the female around and make it positive, instead of negative.)[16]

En "Woman-Hole" Carmen Tafolla logra expresar poéticamente lo que pretende hacer Judy Chicago en la escultura al crear una nueva visión de la vagina: la exaltación de la mujer mediante aquello que ha sido el blanco de la incomprensión masculina como también de su explotación. El poema sirve, entonces, como un ejemplo más de la manifestación de la voz feminista de esta poeta. Es una manifestación integralmente lograda de la escritura del cuerpo en el mejor sentido del término: la expresión del cuerpo de la mujer más allá de la explotación —el terreno sin colonia.

---

[16] Judy Chicago, *Through the Flower: My Struggle as a Woman Artist*, Garden City, Nueva York, Anchor Books, 1982, pp. 54-55.

EN TORNO A LA POESÍA DE ÁNGELA DE HOYOS

María Eugenia Gaona
Centro de Enseñanza para Extranjeros
Área de Estudios Chicanos, UNAM

Han pasado 23 años desde que Luis Valdez, convencido de que el arte se nutre de las experiencias colectivas, y el acto creativo incorpora y trasciende el goce individual y estético, formó el Teatro Campesino y dio lugar a que resurgiera una de las expresiones artísticas más importantes de las últimas décadas: la literatura chicana.

"Las dos caras del patroncito", representada en 1965, "La quinta temporada" en 1966, y "Los vendidos" en 1967, fueron las obras que anunciaron que el arte se convertía en el aliado de una comunidad hasta entonces invisible dentro del contexto de la sociedad angloamericana, y que aparecía orgullosamente reivindicando su derecho a manifestarse al unísono en todos los campos de la realidad social.

Septiembre de 1965 se convierte en una fecha memorable que marca un hito en la expresión cultural de la comunidad chicana; por primera vez ésta participa en forma colectiva para encontrar en los "actos" un medio de expresión en el que cristalizarán los problemas por los que el trabajador agrícola atraviesa, y donde se le dará forma, contenido y vida a la experiencia de explotación y sufrimiento que había sido dolorosamente silenciada durante muchos años.

El teatro, el arte que en más de una ocasión extiende una barrera impalpable de la que cuelga un espejo duplicador de la realidad, en el cual se concentran voces y presencias, se transformaba en un espacio que se extendía para darle cabida a campesinos que, con su propio lenguaje y experiencia, combinarían el juego y la protesta, la crítica y el humor, la realidad y el deseo dentro de esas pequeñas obras denominadas significativamente "actos"; con esa plurivalencia de significados que remiten a la actuación; a conductas que no tienen vuelta de hoja y que nos definen en el mundo pero, por encima de todo esto, a la acción.

No en vano los postulados establecidos para los "actos" del Teatro Campesino fueron: "Inspirar al espectador a la acción social; iluminar aspectos específicos de los problemas sociales; realizar una sátira de la oposición; mostrar una posible solución a los conflictos y expresar lo que siente la gente."[1]

---

[1] Luis Valdez, y el Teatro Campesino, *Actos*, San Juan Bautista, Ca., Menyah Productions, c. 1971, p. 6. Valdez añade a estos postulados lo siguiente: "¿Qué es lo nuevo en realidad? Las obras teatrales han hecho esto por miles de años. Es cierto, excepto que el énfasis mayor en el acto es la visión social opuesta a la del artista individual o a la visión del dramaturgo."

En 1967, Rodolfo "Corky" González da a conocer su poema "Yo soy Joaquín"; si el Teatro Campesino llevaba a cabo su labor artística con una participación colectiva en la que destacaban inicialmente los problemas sociales de los trabajadores agrícolas, y posteriormente los de la comunidad chicana en su conjunto, el poema de González pone al descubierto uno de los conflictos cruciales en el que se debatían muchos chicanos: la búsqueda del ser cultural. Esta búsqueda se realizará a lo largo del poema como un doloroso alumbramiento que tiene que llevarse a cabo para encontrar las raíces que sustentan y revitalizan la identidad de los chicanos. La historia, columna vertebral de toda cultura, se recupera en un espacio poético que profundiza en los orígenes mediante imágenes que fusionan el mito, la realidad histórica, y la realidad social.

Este poema, de enorme resonancia en la conciencia de los chicanos por la riqueza de las imágenes que dan fuerza a la protesta, por la voluntad de recuperación de un pasado compartido por la comunidad, y por levantarse como una voz que orienta y a la vez expresa y da forma a una inquietud colectiva, permitió que el Movimiento Chicano iniciara un movimiento poético en el que el compromiso social despertó la inquietud de innumerables voces que no habían encontrado los cauces para expresarse.

Un repaso a las revistas más conocidas que fueron publicadas en la década de los setenta, como *El Grito, De Colores* y *Chicano-Riqueña*, nos muestran una abundante producción literaria en la que tienen cabida todos los géneros, y entre los que predomina la poesía con características que, además del tono combativo propio de una toma de conciencia política, nos mostrarían la visión sensible e imaginativa de un pueblo que empezaba a autodefinirse culturalmente a través del lenguaje literario.

La participación y representatividad de las mujeres en este ámbito no se dejó esperar; varias voces femeninas como las de Diana López, Paula Ballesteros y Leticia Rosales empezaron a escucharse durante estos primeros años como el preludio de otras que, para 1975, irrumpirían con plena madurez y soltura, haciendo evidente que la mujer chicana, además de asumir con entusiasmo su compromiso en la lucha reivindicatoria de los derechos de su comunidad, contaba con una experiencia y una visión del mundo que enriquecería la de sus compañeros poetas.[2]

Entre estas voces destaca la de Ángela de Hoyos, poeta que sorprendió por el dominio literario, sensibilidad e imaginación que impregna cada uno de sus poemas. Ángela de Hoyos pertenece a la generación que se vio directamente involucrada con el Movimiento Chicano; nació en Coahuila en 1945 y vivió gran parte de sus años de formación en San Antonio, Texas. Al igual que otros artistas que han captado las inquietudes de su tiempo, Ángela de Hoyos fue permeable a aquellas que le tocaron de cerca y que conciernen a la lucha de su pueblo y a su condición femenina.

Alrededor de 1969 escribe los poemas que aparecieron en sus libros más comprometidos con su comunidad: *Arise, Chicano and other Poems* y *Chicano Poems: for the Barrio* publicados en 1975. El siguiente año, la Universidad Veracruzana da a conocer *Selecciones*, con la traducción de la poeta cubana Mireya

---

[2] Cf. la revista *El Grito* en sus primeros números.

Robles, libro imprescindible para comprender diversos matices y vertientes que fluyen de su mundo poético.

En el estudio que Luis Arturo Ramos dedica a la poesía de Ángela de Hoyos, nos habla de la bifurcación temática que presenta su obra con una vertiente donde la autora se "aboca a la tarea de testimoniar, denunciar y didactizar llevada por un imperativo de reivindicación social que le resulta, dada su realidad, ineludible". La otra, constituida por aquellos poemas donde la escritora "se enfrenta con ella misma y con el mundo que la circunscribe".[3]

Estas dos vertientes, que temáticamente se identifican con facilidad, y que para fines del análisis es indispensable tomarlas en consideración, se encuentran entreveradas en los dos primeros libros *Arise, Chicano* y *Chicano Poems: for the Barrio*, y adquieren otra dimensión en *Selecciones*.

En *Arise, Chicano*, cuyo título evidencia la intención de la autora, encontramos nueve poemas que alternan la protesta social, la crítica y la denuncia —mediante esa facultad que adquiere el poeta para convertirse en guía de su gente, enseñándole los posibles caminos que la conduzcan a la liberación— junto con las reflexiones que pertenecen a la intimidad, en ese espacio personal que es espejo y es enigma donde proyectamos una interrogante imagen de nuestro ser y nuestro estar en el mundo.

De esta manera, el libro se inicia con el poema "Arise, Chicano", que descubrirá al pueblo la situación de opresión esclavizante con la que se le han enturbiado los días, despojándolo de la sonrisa, los sueños y la posibilidad de expresar la angustia mediante palabras que le pertenezcan, pues el verdadero lenguaje, el que hasta entonces se domina, se asoma silenciosamente a los ojos:

> Cómo expresar tu angustia
> cuando ni aun tus quemantes palabras
> te pertenecen, son prestadas
> de los purulentos barrios de protesta
> y la tristeza en tus ojos
> refleja sólo el dolor silencioso de tu pueblo.

Por eso, surge la exhortación final que invita a recuperar la posición erguida con la cual se lucha, la misma que el poeta verbaliza como la manifestación de ese deseo inexpresado y común a todos:

> Levántate chicano —te dicta la divina chispa
> íntima— Lava tus heridas
> y venda tu agonía.
> Nadie te redimirá.
> Eres tu propio mesías.[4]

Reflexión última que descubre que el conocimiento de la opresión del pueblo chicano debe ir más allá de la autocompasión y transformarse en acto que redima.

---

[3] Luis Arturo Ramos, *Ángela de Hoyos. A Critical Look*, Albuquerque, Nuevo México, Pajarito Publications, c. 1979, p. 10.

[4] Ángela de Hoyos, *Arise, Chicano*, San Antonio, Texas, M & A Editions, 1976, p. 13.

El poema se desarrolla en tres tiempos: el primero, en el cual se describen y señalan las condiciones de miseria cotidiana que se acompañan de la heroica voluntad de sobrevivir en las condiciones más adversas; el segundo, donde se explica la razón por la cual se carece hasta de la posibilidad de expresar el sufrimiento; y el tercero, en el que brota el grito de rebeldía que incita a la acción.

"Brindis: por el barrio", otro poema de tema social, aparece en la tercera edición del libro con un epígrafe de César Vallejo que pertenece al poema "La cena miserable"; este epígrafe nos pone sobre la pista del desarrollo de "Brindis: por el barrio", como la respuesta contrapunteada al de Vallejo. El epígrafe dice:

> Y cuando nos veremos con los demás, al borde
> de una mañana eterna, desayunando todos

y Ángela de Hoyos le contesta a Vallejo haciendo un brindis en el que celebra el principio de esa mañana eterna:

> Hermanos, tomamos hoy
> la fresca leche del amanecer
> —por vez primera, sin sabor
> a agrio.

Entre los dos poemas se establece ese diálogo intemporal que se hace posible a través del arte, pues lo que en el de Vallejo es obsesiva pregunta donde la espera se impacienta con interrogantes que cuestionan hasta cuándo durará el sufrimiento, la duda, la permanencia en la tierra que se nos ha ofrecido como alimento cotidiano no pedido, junto al estremecimiento lúcido de que la vida se desvive en forma irremediable, en el poema de Ángela de Hoyos se transforma en una respuesta alborozada que ofrece a su gente como primicia para el futuro:

> Por vez primera
> la mesa puesta
> con platos llenos de esperanza,
> y en nuestras manos analfabetas
> algún noble destino ha depositado
> una dorada promesa para el mañana.

Estrofa en la que se advierte que el presente no se ha modificado al punto de que desaparezca la miseria; pero la esperanza será el punto de partida que sacie momentáneamente la urgencia de calmar esa hambre de conocimiento y dignidad acumulada a lo largo de los años:

> Pero hoy cenamos
> para calmar la pena
> —la pena de remotas hambres
> que Vallejo nunca llegó a conocer.[5]

[5] *Ibidem*, p. 19.

Esta referencia directa a César Vallejo ahonda el contraste existente entre "La cena miserable" y "Brindis: por el barrio"; la desesperanza, manifiesta en una de las estrofas del poema del bardo peruano donde exclama:

> De codos
> todo bañado en llanto, repito cabizbajo
> y vencido: hasta cuándo la cena durará[6]

en Ángela de Hoyos encuentra una respuesta que rebasa el dolor íntimo del poeta al señalar que la cena durará hasta que se sacie esa hambre primaria y colectiva que se ha padecido físicamente y que ha tenido hondas repercusiones espirituales; hambre que no obstante llenarse de sentido como insatisfacción existencial en Vallejo, nunca podrá compararse con la que ha sufrido todo un pueblo.

"Brindis: por el barrio" nos habla de la fuerte impresión que la poesía de César Vallejo produce en Ángela de Hoyos; en otros de sus poemas, fundamentalmente en los que aparecen en *Selecciones* (1976), se constata si no una influencia, sí la existencia de sensibilidades poéticas afines que se estremecen con semejante intensidad frente al mundo. En una entrevista que Javier Vázquez-Castro le hace a la autora en marzo de 1978, ella confiesa la significación especial que Vallejo tiene en su obra: "porque como yo fue mestizo, porque sufrió mucho y porque su poesía es de protesta".[7] Protesta en la que Ángela de Hoyos incorpora a su voz toda la indignación de su gente para hacer un reclamo a la prepotencia de la sociedad angloamericana que ha intentado condenar a un pueblo y su cultura al silencio y a la marginación; pero también protesta individual porque como mujer chicana sumergida en el mundo de los valores norteamericanos y del predominio de la cultura masculina, tendrá que librar una doble batalla para superar las condicionantes sociales de una exclusión social y una exclusión sexista.

Por esta razón, el tono épico que Ángela de Hoyos alcanza en su poesía de compromiso político se muda en una sonrisa donde se combinan el humor y la ironía como la más efectiva forma de ubicarse en el mundo y domesticar su realidad inmediata.

No es aventurado suponer que Ángela de Hoyos pasó por el mismo proceso de toda una generación femenina nacida en la década de los cuarenta; probablemente recibió la educación tradicional destinada a las mujeres, y ciertamente se sintió comprometida con el movimiento que ha puesto en entredicho que la mitad del género humano quede relegado en un mundo construido por hombres y mujeres. Las contradicciones internas a las que se vio sujeta toda esa generación femenina, que propició un cambio de conductas y valores aplicados a su sexo, y que libró una lucha interna y externa para que la educación tradicional recibida en la infancia no se convirtiera en obstáculo para la búsqueda de la libertad, se resuelven la poesía de la escritora en un humor crítico con el que observa las relaciones entre los sexos:

---

[6] César Vallejo, *Poesía completa*, Premiá Editora, S. A., 1979, pp. 95-96 (La nave de los locos).
[7] Javier Vázquez-Castro, *Acerca de literatura. Diálogo con tres autores chicanos*, San Antonio, Texas, M & A Editores, c. 1979, p. 24.

He aquí mi mano.
Complaciente esclava
te la extiendo
            en buena fe.
En el instante difícil
            acudirá a tu ayuda:

te pondrá el sobretodo
te enfrentará a las circunstancias
soportará el peso
te quitará la máscara
retirará tus juguetes
intuirá el camino
asentará los libros
renunciará gentilmente

o simplemente
indispensablemente
suavizará la caída...

Mi mano...
Podrías acariciarla
de
        cuando
            en
                cuando.[8]

("Para el camino")

Irónica y suave invitación que sintetiza el determinismo ancestral de la devoción de la mujer frente a la indiferencia masculina.

En este poema y otros similares, Ángela de Hoyos aplica su sentido del humor como la forma más efectiva para desenmascarar las conductas entre el hombre y la mujer. La opresión interna compartida que nos hace esclavos del hábito y nos impide modificar los papeles asignados culturalmente para cambiar las relaciones entre la pareja, son el sustento de estos poemas. Nadie está culpando a nadie, la responsabilidad es mutua, pues una y otra vez repetimos los mismos errores:

Ni aun de estos duros golpes
aprenderé.
Y mañana
con cielos idénticos
sobre mi espalda sin columna
la historia se volverá a repetir.[9]

---

[8] Ángela de Hoyos, *Selecciones*, México, Universidad Veracruzana, 1976, p. 9 (Cuadernos del Caballo Verde, núm. 16).
[9] *Ibidem*, p. 17.

Estos poemas, dirigidos a la mujer, son —según palabras de Ángela de Hoyos— "el modo de estrujar y despertar el proceso de pensamiento con la intención de crear el espíritu de cambio", "pues me parece —dice— que así como siento yo, sienten otras mujeres".[10]

En la voz de Ángela de Hoyos encontraremos un registro de amplia tesitura con zonas oscuras y zonas luminosas que nos entrega como caminos donde el cielo puede estar muy cerca de la mano: "Mira. Para acariciar las alas de un ángel / sólo tienes que alcanzar esa nube", o donde la muerte nos acecha: "la muerte con su incansable hoz / insidiosamente escarbando / en el césped rebelde de tu cuerpo".

Poesía que nos ofrece esa biografía íntima de experiencias comunes y universales que nos hermanan en todas las latitudes, dándonos un sentimiento de intemporalidad. Verdades constantes que no por compartidas dejan de ser inéditas para cada uno de nosotros y que inexorablemente marcan nuestro destino y se cumplen a su hora. El dolor, la enfermedad, la incomunicación acompañada de la soledad y el silencio, la lucha entre la vida y la muerte en la que cada una de ellas se afirma a expensas de la otra, son los temas trágicos que nos conmocionan en algunos de sus poemas. Para Ángela de Hoyos la palabra redime, se convierte en ordenadora del caos de las emociones que nos sacuden continuamente, y que en la poeta se convertirán en ese balbuceo temerario de los elegidos que a tientas nos descubre, con imágenes y metáforas, esas zonas inexploradas de la realidad que quedan como nuevas tierras donde transitan otras generaciones.

Así, Ángela de Hoyos se nos presenta en su obra como una de las poetas chicanas de suma intensidad y madurez en el periodo temprano del desarrollo de la literatura chicana contemporánea, y de la presencia femenina en la misma. La calidad de sus poemas demuestra, una vez más, que el compromiso político y social no está reñido con la poesía de gran aliento, en la cual las experiencias individuales y colectivas alcanzan su plena realización en el arte: otras escritoras chicanas que siguen sus pasos darán fe de esto.

[10] Javier Vázquez-Castro, *op. cit.*, pp. 21-22.

TEMÁTICA E IMÁGENES PREVALENTES
EN LUCHA CORPI

Cida S. Chase
Oklahoma State University

La poesía chicana contemporánea nace de un preciso suceso histórico, el movimiento chicano de la década de los sesenta. Como es resultado de un proceso de enérgica protesta, esta poesía entra en el panorama de las letras norteamericanas dominada por un vigilante deseo de justicia social y de liberación. Los principales móviles de lirismo surgen de un marcado afán de autoafirmación del poeta como miembro de un grupo minoritario que vive en medio de una sociedad hostil y llena de prejuicios. La búsqueda de una identidad propia en las raíces indígenas del chicano constituye un motivo que viene apareciendo desde los albores de la poesía chicana contemporánea. Uno de los poetas cardinales, Alurista, se señala, por ejemplo, como uno de los primeros en crear el concepto de Aztlán para identificar el suroeste de Estados Unidos, territorio que los chicanos consideran patrimonio suyo.[1] Estas recreaciones poéticas en un pasado indígena real y mítico, que abundan en la poesía chicana, puede que sean tachadas de adolecer de un indigenismo literario retrógrado, sin embargo ellas constituyen un aspecto fundamental en el proceso de crear una identidad propia, positiva y noble del chicano actual y de sus antepasados.

En la poesía chicana femenina contemporánea, además del movimiento chicano *per se*, entran otros móviles que la hacen en general combativa y rebelde. Los advenimientos de la liberación femenina y la revolución sexual han dejado marcas indelebles en la poesía de la chicana contemporánea. Es poesía que tiene por lo común un tono airado de denuncia y elementos de indignación y anticonformismo con respecto a la situación de la mujer en la sociedad del presente y del pasado. Son estos móviles los que impulsan a Ángela de Hoyos, por ejemplo, a producir un poema como "Would You Please Rephrase the Question" ("Tenga la bondad de dirigirme de nuevo, en otras palabras, esa pregunta") que dice así:

> ...lo que me molesta
> es que me diriges la pregunta
> con aire autocrático,
> de esa manera tuya-¡Chaz!
> al golpe de hacha
> y ni siquiera

---

[1] Luis Leal, "El concepto de Aztlán en la poesía chicana", *Imagine* 1.1 (1984), p. 120.

> tuve tiempo de
>   armarme
> para contestarte
>   debidamente
>
> ...oye, chiquito
> qué no has oído del Women's Lib?
> Hasta Alurista lo afirma:
>   Ya las mujeres no te piden permiso,
>   te dicen "quiero hacer esto..."
>   y sanseacabó.
>
> Así es que, hazme el favor
> —por lo que te dé más coraje—
> Would you please rephrase the question?[2]

Éste es un gemido de resentimiento que brota de la conciencia feminista de la poeta, un signo de protesta contra la opresión masculina.

José Olivio Jiménez en su obra *Cinco poetas del tiempo*,[3] comentando algunos aspectos de la poesía española de la posguerra, dice que "la reducción temática a la luz de las urgencias sociales y políticas del día" constituye un territorio peligroso para los poetas. Cuando esas "urgencias" se convierten "en consignas literarias de exclusiva validez llegan a empobrecer dogmática y preceptivamente el campo de posibilidades creadoras del poeta".[4] Aunque Jiménez tal vez tenga razón en su juicio, es preciso reconocer que en cuanto a la poesía chicana contemporánea se refiere, el adherirse a temas de protesta y autoafirmación es posiblemente un paso necesario en el proceso evolutivo de esta poesía.

Lucha Corpi, cuya producción poética es el tema al que debo ceñirme aquí, sigue en algunos aspectos la corriente temática de la poesía chicana femenina contemporánea. Sin embargo, su discurso poético logra, la mayoría de las veces, apartarse de la protesta social y del indigenismo. Si algunos de sus poemas emiten protesta, lo hacen con suma sutileza. Sus poemas, más que gritos airados, son plegarias o inquietudes que se conjugan ante la contemplación de la vida de la mujer contemporánea o la contemplación del ciclo implacable de la naturaleza. Un poema suyo, "Receta de invierno" por ejemplo, surge de la vida agitada de una mujer moderna que entre sus múltiples ambiciones profesionales, se mantiene consciente de sus obligaciones domésticas y que además necesita tiempo para el amor. Así dice:

> La desazón madura
> de la manzana verde
>
> Bajo la armadura
> el corazón compasivo
> de la castaña

---

[2] *Imagine* 1.1 (1984), p. 86.
[3] Madrid, Ínsula, 1964, 30.
[4] *Loc. cit.*

(victoria del otoño)

La intrépida caricia
del vino rojo y robusto

El recuerdo del rocío
entre las primaveras
moradas del repollo
Nuez moscada y laurel
El llanto de la cebolla
La picardía del ajo
Y una risa de sal
para llenar mi soledad

La tibieza de tu mano
sobre mi pecho—
ya puede llegar el invierno.[5]

Así como Pablo Neruda celebró la cebolla, la alcachofa, la sal y otros alimentos elementales en sus odas, Lucha Corpi le da nobleza poética al repollo, a la cebolla, al ajo y a otros comestibles que se encuentran en la cocina de su casa. El hecho de que se hallen en la cocina y no en la huerta, donde comienzan su jornada poética numerosas legumbres en la obra de Neruda, se hace evidente en el término "Receta" que inicia el título del poema. "Receta" en relación con los productos a que alude la voz poética connota de inmediato en la mente del lector el lugar donde se preparan los alimentos, la cocina. Este poema de Corpi está integrado por una serie de imágenes domésticas distribuidas en seis estrofas que confluyen en una sensación final de satisfacción y paz. Comienza el poema con una visión oximorónica de la manzana a la cual el adjetivo "verde" le da una dimensión gustativa. La imagen de la castaña en la segunda estrofa contiene connotaciones bélicas con el uso de los términos "armadura" y "victoria", sin embargo, esta imagen se suaviza cuando la poeta personaliza la nuez asignándole un "corazón compasivo". En la cuarta estrofa las hojas del repollo morado se metaforizan en "primaveras". Aquí Corpi produce una imagen mucho más lograda, "entre las primaveras / moradas del repollo", que otras imágenes semejantes de figuras literarias de renombre, como por ejemplo la concepción de que "la lechuga es toda enaguas", de Gómez de la Serna en sus "Greguerías".[6] La quinta estrofa presenta una acumulación de imágenes olfativas cuando se apunta a la nuez moscada, al laurel, a la cebolla y al ajo. Es interesante notar que Corpi se refiere a los zumos ardientes de la cebolla diciendo solamente "El llanto de la cebolla". Neruda, en cambio, utiliza cinco versos para aludir a esos mismos zumos en la "Oda a la cebolla". Así dice Neruda:

---

[5] Lucha Corpi, *Palabras de mediodía-Noon Words*, traducción de Catherine Rodríguez-Nieto, Berkeley, El Fuego de Aztlán, 1980, p. 46. Los poemas de Corpi citados en este trabajo vienen de esta edición, a menos que se indique lo contrario. Los números de las páginas aparecen entre paréntesis junto a las citas.

[6] Ramón Gómez de la Serna, *Obra selecta*, Madrid, Editorial Plenitud, 1947, 661 pp.

y al cortarte
el cuchillo en la cocina
sube la única lágrima
sin pena.
Nos hiciste llorar sin afligirnos.[7]

Ambos poetas, Neruda y Corpi, coinciden en que la cebolla no produce molestias adrede. En el poema de Corpi la cebolla misma es la que realiza la acción de "llorar" y Neruda especifica la inocente culpabilidad de la cebolla cuando dice: "Nos hiciste llorar sin afligirnos". El poema de Corpi culmina en una imagen de satisfacción y de seguridad en la que asoma la nota amorosa: "La tibieza de tu mano / sobre mi pecho— / ya puede llegar el invierno", expresando así que con alimentos y calor humano la vida es buena.

Ecos de Pablo Neruda en la poesía de Corpi. Un caso claro de este aspecto se hace evidente en su logradísimo poema "Dos de noviembre en junio". Dicho poema se inicia con la misma expresión que Neruda utiliza en "Walking Around", composición en la cual el poeta chileno comunica un insaciable tedio existencial y que comienza con las palabras "Sucede que me canso de ser hombre".[8] El poema de Corpi constituye cinco partes extensas de diferente número de versos cada una. Aunque en él Corpi no se lamenta con la vehemencia de Neruda del eterno problema del ser humano, de llevar a cuestas su existencia, la voz poética expresa el peso espiritual que impone la vida con sus múltiples conflictos y contradicciones. He aquí la primera mitad de la primera estrofa:

Sucede que me canso
a veces
de conjugar
helechos de tiempo
analizar
casos y fechas
explicar
las tres personas
y sus mundos
indicar
que reflexivos
cuelgan
de la telaraña
gramatical
con las caras
vueltas
hacia el espejo (p. 82)

[7] *The Elementary Odes of Pablo Neruda*, traducción de Carlos Lozano, Nueva York, Las Americas Publishing Co., 1961, 28.
[8] *Five Decades: Poemas 1925-1970. Pablo Neruda*, edición y traducción de Ben Belitt, Nueva York, Grove Press, 1974, pp. 28-30.

Los infinitivos que sobresalen, "conjugar", "analizar", "explicar", "indicar" aluden a las tareas que atormentan a la poeta. Son tareas difíciles y cerebrales a las cuales apunta la bella imagen "conjugar / helechos de tiempo". Ésta es una imagen que sugiere quehaceres delicados y casi intangibles porque tienen que ver con la expresión de ideas. Las tareas en cuestión se vuelven más abstractas cuando se alude a la necesidad de "explicar / las tres personas", una imagen ambivalente cuyo significado es probablemente religioso. Esta conclusión deriva de la posible alusión al misterio de la Trinidad y también del hecho de que más adelante el poema presenta claras alusiones al papel de la religión en la comunidad hispana. Sin embargo, como el fragmento citado se da en términos lingüísticos, la imagen puede también referirse a personas gramaticales. Esta segunda interpretación se obtiene asimismo al observar los versos siguientes: "indicar / qué reflexivos / cuelgan / de la telaraña / gramatical" que parecen aludir a la necesidad de aventurarse por los vericuetos de la lengua para explicárselos a otra persona.

Dos fragmentos de la sección quinta de este mismo poema comienzan también con la expresión "Sucede que":

Sucede que me canso
de cafés revolucionarios
y poetas pavorreales,
de reflexivos narcisos
y cantares de sordos.

Sucede que me aterra
esta generación endurecida
que se lanza a buscar definitivos,
labra nombres y blasfemias,
diserta sobre los pros y los contras
de la lucha armada,
medita sobre cadáveres ajenos
con una cerveza en la mano
y un grito ácido en los labios (p. 92)

En estos fragmentos la poeta protesta ante los sabelotodo que ofrecen explicaciones simplistas y saturadas de subjetivismo, "reflexivos narcisos", para esclarecer problemas serios. El segundo fragmento citado expresa la inquietud del poeta ante los jóvenes superficiales que ya de nada se espantan, que constituyen una "generación endurecida" y se apresuran a encontrar soluciones fáciles, "definitivos", como los "poetas pavorreales" del primer fragmento citado arriba. La imagen "labra nombres y blasfemias" apunta a la falta de respeto de aquellas para quienes nada es sagrado y que se atreven a hablar de conflictos bélicos lejanos con actitud insolente: "diserta sobre los pros y los contras / de la lucha armada, / medita sobre cadáveres ajenos / con una cerveza en la mano".

Un poema también muy logrado es el titulado "Sonata a dos voces". Es una extensa composición dividida en dos partes. Como insinúa el título del poema, dichas partes llevan subtítulos de afiliación musical, "Largo frenético" y "Adagio" y en ambas se combinan imágenes cotidianas que aluden al ritmo desenfrenado de la vida moderna e imágenes de la naturaleza. La segunda parte, "Adagio", ofrece la reacción de la poeta ante las múltiples actividades de la vida y culmina apuntando a problemas verdaderamente serios de la humanidad. Así transcurre "Adagio":

> Se me ha clavado un silencio en la garganta
> un cúmulo de voz coagulada que tenaz impide
> todo deseo de canto.
> Los ojos apuran el crepúsculo
> en sorbos verdemente lentos
> y la palabra queda entrelabios
> como un débil aroma a jazmines muertos.
> Por la calle
> alguien silba una tonada taciturna
> se detiene y recoge los últimos tréboles
> de la temporada
> para la hija pequeña en casa
> que gusta todavía
> de estos diminutos prodigios
> la que comparte el sueño del ciempiés
> de recorrer el mundo a pie frenético
> algún día.
> En el patio
> el limonero ha dado flor y fruto
> entre mil balas de lluvia
> y la violencia del viento.
> A lo lejos
> el tren zumba rumbo al sur
> y a galope tendido la niebla lo acompaña.
> Estupefacta
> la ciudad contempla su perfil
> en el espejo pérfido del agua
> mientras
> en El Salvador los niños mueren de prisa
> y en África la sangre se seca lenta
> y no hay palabra que pueda detener
> el largo beso de sombras de la muerte
> si no se extiende la mano amiga
> si el corazón permanece ajeno
> porque
> a fin de cuentas
> solamente el amor nos salva.[9]

Los primeros siete versos de esta segunda parte aluden a las consecuencias de la vida ajetreada que se transforma en obstáculo para el acto creador. La voz poética indica que le ha acaecido "un silencio en la garganta" y la voz se le ha coagulado y "tenaz impide" su intento de crear poesía, "canto". Ni siquiera la naturaleza, aquí

[9] Este poema proviene de *The Americas Review*, XV. 3-4 (1987), p. 54.

señalada con una imagen cromática, "el crepúsculo / a sorbos verdemente lentos", puede hacer brotar las palabras. La novedad de obtener un adverbio, "verdemente", de un adjetivo de color señala al mismo tiempo el acto concentrado de contemplación y la lentitud del proceso crepuscular. El poema se continúa con una imagen auditiva cuando "alguien silba una tonada taciturna" que capta la atención del poeta. Esta imagen se vuelve visual cuando la poeta vislumbra a ese "alguien" recogiendo "los últimos tréboles" de la estación para una niña, que como muchas mujeres modernas, va a compartir "el sueño del ciempiés / de recorrer el mundo a pie frenético", es decir vivir de prisa. Los versos que siguen, "En el patio / el limonero ha dado flor y fruto", evocan aquella imagen de Machado en su poema "Retrato": "Mi infancia son recuerdos de un patio de Sevilla, / y un huerto claro donde madura el limonero."[10] Al leer el verso de Corpi se piensa en problemas de intertextualidad, ya que su imagen tiene casi todos los elementos de la de Machado, el patio, el limonero y la idea del proceso de madurar del árbol frutal. En el caso de Corpi, dicho proceso ya se ha completado porque la voz poética expresa que "el limonero ha dado flor y fruto".

La lluvia y el viento constituyen imágenes frecuentes en la poesía de Corpi. En general la lluvia es benéfica, mansa y bella. El viento, cuando es huracanado, indica desasosiego y violencia. Sin embargo, en "Adagio" ambas imágenes de la lluvia y del viento son portadoras de sensaciones bélicas y de tortura. Se alude a la lluvia que desciende con la fuerza nefasta de "mil balas" y a "la violencia del viento". Ambas imágenes preparan el camino para el final desolador del poema y la inquietud de la poeta ante el sufrimiento del prójimo, "en El Salvador los niños mueren de prisa / y en África la sangre se seca lenta / y no hay palabra que pueda detener / el largo beso de sombras de la muerte". La conjunción "y" en función de anáfora intensifica el dolor de la voz poética ante la tragedia a que alude.

El pasar del tiempo y la conciencia lúcida de la condición finita y transitoria del ser humano son otros temas que Corpi aborda mediante imágenes cotidianas e imágenes relacionadas con la naturaleza. "Canción de invierno" es un poema que reúne estas cualidades. Es como los anteriores, un poema extenso; tiene cuatro estrofas que forman en conjunto treinta y un versos, los cuales varían en longitud. Los más cortos son de dos sílabas y los más largos, alejandrinos. Así comienza este poema:

> En un abrir
> y cerrar de ojos
> lleno de
> magia
> relojes
> sueños viejos
> llega el invierno[11]

Aunque aquí parece utilizarse la común analogía entre el invierno y la vejez, la poeta señala el paso rápido de la vida de un modo novedoso, a través de imágenes

---

[10] Antonio Machado, *Poesías completas*, Madrid, Espasa-Calpe, 1969, p. 76.
[11] Este poema proviene de *The Americas Review*, XX. 3-4 (1987), p. 51.

cotidianas como el abrir y cerrar de los ojos y la marcha del reloj. La sucesión de versos cortos contribuyen a comunicar la sensación de la rapidez con que pasa el tiempo, un recurso también novedoso del decir poético de Corpi. El poema continúa con alusiones al amor que da origen a la procreación de nuevas vidas, del mismo modo que la lluvia contribuye a la germinación de la semilla. Sin embargo, en la última estrofa se contempla la inquietud del poeta ante su propia temporalidad:

> No hay nada fijo ni perenne
> ni la lluvia
> ni la semilla
> ni tú
> ni yo
> ni nuestro dolor
> de este mundo que sangra
> porque vamos siempre tirando senda,
> abriendo brecha por caminos desconocidos,
> venciendo la furia del olvido verso a verso.[12]

El término "nada" y el uso tan intenso de "ni" en función de anáfora en cinco versos contribuyen a reafirmar el sentido negativo del final del poema. La voz poética parece decir que la vida no es eterna y que una vez cumplido el ciclo vital todo lo vivo se acaba. Es curioso notar que los últimos tres versos hacen surgir en la mente del lector aquel caminante de Machado a quien el poeta dice: "no hay camino, / se hace camino al andar. / Al andar se hace camino, / y al volver la vista atrás / se ve la senda que nunca / se ha de volver a pisar."[13] Aunque los versos de Corpi no contienen el fuerte sentido existencialista de los de Machado, sí se notan en ellos alusiones a la dureza de la vida y a las ansias de alcanzar inmortalidad a través de la poesía. El poema termina con la afirmación de que el olvido puede vencerse "verso a verso".

Lucha Corpi ha logrado apartarse felizmente de la poesía meramente social, de protestas vociferantes y de extremosidades feministas. Los poemas aquí comentados tienden a centrarse en las angustias que produce la vida activísima de la mujer moderna y en temas de marcada universalidad como son el sufrimiento del prójimo, el paso inexorable del tiempo y la condición temporal humana. Estos temas se hacen evidentes mediante el uso de imágenes cotidianas, domésticas, que incluyen alimentos y objetos comunes de la casa. En su poesía también asoman imágenes abstractas como las observadas en "Dos de noviembre en junio" e imágenes simples tomadas de la naturaleza que aluden a la lluvia y al viento.

Lucha Corpi cumple su labor de poeta de un modo notable. Tiene razón Juan José Arreola cuando se refiere a la poesía de Corpi diciendo: "Hacía mucho tiempo que no oía una voz poética de mujer que hablara con tal sencillez, con tal energía, y que estuviera tan llena de afortunados hallazgos poéticos."[14]

---

[12] *The Americas Review*, XV.3-4 (1987), p. 51.
[13] Antonio Machado, *Obras completas*, p. 158.
[14] Lucha Corpi, *Palabras de mediodía-Noon Words*, traducción de Catherine Rodríguez-Nieto, Berkeley, El Fuego de Aztlán, 1980, Prólogo, p. xviii.

TRES MOMENTOS DEL PROCESO DE RECONOCIMIENTO EN LA VOZ POÉTICA DE LORNA D. CERVANTES

Justo S. Alarcón
Arizona State University

En el congreso de la Western Social Sciences Association, Lupe Cárdenas[1] nos presentó un estudio sobre el tema de la identidad en un poema de la escritora chicana Lorna D. Cervantes, sobre el que voy a tratar aquí. Lupe Cárdenas se basaba en el poema "Caribou Girl"[2] y lo analizaba a partir de dos símbolos: el del "espejo" y el del "viaje". Ahora trataré yo de estudiar otro tema relacionado con el de la identidad no sólo basado en ese poema, o en los motivos simbólicos citados, sino que lo enfocaré en tres poemas y en la trayectoria del tiempo y del espacio.

Además de "The Caribou Girl/La niña reno" me concentraré también en "Freeway 180"[3] y en "Self-Portrait".[4] Como observación general, se nota en los tres poemas un doble contrapunto en el tiempo y en el espacio. Este contrapunto o forcejeo entre fuerza opuestas, y al mismo tiempo complementarias, es una especie de dialéctica, de líneas convergentes que, en un vaivén mutuo, se dirigen hacia una síntesis final. Veamos cómo se lleva a cabo.

En "Caribou Girl" notamos que el yo poético, en un momento dado, y después de varios años, cobra conciencia de su ya alejada niñez. Usando el símil de un "salvavidas *(lifeguard)*, se zambulle repetidas veces en una piscina moderna para rescatar de un embalse antiguo y rústico la porción de su niñez ya perdida por haber sido olvidada.

En la primera zambullida solamente logra reconocer vagamente a una niña. No puede mantenerse mucho tiempo dentro y debajo del agua porque necesita "respirar" nuevamente ("take another breath"). Sale para volver a zambullirse. Sin embargo, el segundo intento no se lleva a cabo de inmediato, sino que tenemos que esperar a que termine el poema. Pero el poema no termina: queda abierto. Esto nos quiere indicar que habrá otras zambullidas posibles (¿necesarias?) para lograr al final la "reunión" completa de la persona de base, o sea, para una totalidad psicológica y cultural integrada.

Desde el punto de vista de la doble coordenada de espacio y tiempo, es interesante notar que han transcurrido varios años (¿10, 15, 20?) y que hay, por lo

---

[1] Lupe Cárdenas, "La identidad como búsqueda en Lorna D. Cervantes", 30th Annual Conference of the Western Social Sciences Association, Denver, Colorado, abril 27-30 de 1988.

[2] *Flor y Canto IV & V: An Anthology of Chicano Literature*, José Armas, y Justo Alarcón *et al.*, (eds.), Albuquerque, Pajarito Publications, 1980, pp. 51-53.

[3] *Flor y Canto*, p. 54.

[4] *Flor y Canto*, p. 55.

menos, dos espacios geográficos bien distintos: el de la "reservación" y el de la ciudad. Como dato interesante es digno hacer notar el hecho de que en este poema la voz poética se identifica, no con el aborigen indio mexicano-sureño, sino con el aborigen indio norteamericano-norteño ("*caribou girl*").

¿Cómo se consigue, pues, la armonización entre esta doble fuerza que ha rechazado en el pasado al yo "original"/niña y que ahora trata de recobrarlo al yo "actual"/adulta en la doble coordenada del espacio y del tiempo?

Tratemos de analizarlo. Entre la primera zambullida y la segunda —que es también la última— se nos describen las experiencias "primarias" y "secundarias", es decir, aquellas de cuando ella era niña y aquellas de cuando ella era adolescente. Cuando era niña jugaba con y en la naturaleza. Leía en los "libros" de la vegetación, escuchaba las historias orales que le contaba su padre, corría con los animales mamíferos y remontaba el vuelo con las aves.

Fuera ya del ambiente de la naturaleza, que era el ambiente de su gente y el "suyo" propio, y trasplantada en un segundo momento al ambiente de los "otros", o sea, al de la ciudad, narra ahora *paralelamente* sus nuevas experiencias en este ambiente "extraño" que, con el paso del tiempo, hace "suyo" también. En otros términos, y *paralelamente*, repite las mismas experiencias, pero esta vez con un nuevo utensilio, de otra forma y manera. Por ejemplo, antes le enviaba mensajes a su padre por medio de un cuervo; ahora lo hace por medio del correo. Antes leía las cosas y los misterios de la naturaleza; y ahora lee lo mismo en los libros.

Pudiéramos continuar con este estudio analítico valiéndonos de los *paralelismos* y de las *coordenadas* del tiempo y del espacio para extraerle más significado al poema "The Caribou Girl". Pero, como indicamos arriba, ya Lupe Cárdenas lo hizo, aunque usando otra aproximación.

La escritora Lorna D. Cervantes hace uso de la misma técnica paralelística en los otros dos poemas de que nos vamos a ocupar aquí, "Freeway 280" y "Self-Portrait". En "Freeway 280", poema que se compone de cinco estrofas solamente, nos encontramos con una estructura muy similar a la de "Caribou Girl". La primera estrofa de "Freeway 280" encierra el tema y sustancia de todo el poema. Leemos:

> The casitas near the grey cannery
> nestled amid abrazos of climbing roses
> and man-high red geraniums,
> are gone now. The freeway conceals
> like a raised scar (p. 54).

> (Las casitas que están cerca de la grisácea enlatadora
> anidadas entre los abrazos de rosas trepadoras
> y de rojos geranios de la estatura de un hombre,
> ya han desaparecido. La autopista los oculta
> como si fuera una postilla hinchada.)

Además de hermosas imágenes, el poema está preñado de significado. Vamos por partes.

Fijándonos bien, podemos notar dos imágenes superpuestas. El verbo principal "nestled" ("anidadas"), participio pasado adjetivado, encierra la llave interpretativa. La casa, con el significado de hogar (*home*), es ya en sí un "nido". Un nido en donde, además de estar los dos padres, se encuentran los niños ("pajaritos"). Pero es que estos nidos ("las casitas") están construidos con "ramas" y "palitos" que se "abrazan": "Nestled amid abrazos of climbing roses / and man-high red geraniums" ("anidadas entre los abrazos de rosas trepadoras / y de rojos geranios de la estatura de un hombre").

El proceso de la personificación se hace doblemente interesante, pues, de un lado, el nido está "ennidado" por ramas que se "abrazan" y, de otro, estos brazos de ramas que se abrazan —en el idioma español— son femeninos unos (rosas) y masculinos otros (geranios). Pero esto ocurrió *in illo tempore*, porque "(they) are gone now" ("ya han desaparecido"), y porque "The freeway conceals / like a raised scar" ("La autopista los oculta como si fuera una postilla hinchada"). El progreso civilizador arrasó con la naturaleza, y la frialdad del cemento enterró y apagó el calor del amor humano. Y, haciendo esto, la autopista de cemento frío se levantó ("raised") como una postilla o postemilla humana sangrante ("scar"), y semejante a la giba o joroba de un camello o dromedario que carga en sus espaldas a viajeros o carros.

La segunda estrofa comienza con un interesante "But...". Este "pero" nos indica que, a pesar de los años de "abandono" y a pesar del progreso entrometedor en el territorio de la naturaleza, ésta no se deja vencer, como tampoco la gente que fue desplazada, porque, "in the abandoned lots below / new grasses sprout / wild mustard reclaims" ("en los solares abandonados allá abajo / brotan nuevas hierbas / y la mostaza silvestre los reclama para sí"), y un niño travieso le jala las trenzas a su hermana, tira piedras en el riachuelo y anda pescando renacuajos. Y como si la vida siguiera lo mismo, en la tercera estrofa observamos que las viejitas vuelven a esos solares abandonados a recoger verdolagas, espinacas y yerbabuena, porque "The old gardens come back revived" ("por que los viejos jardines vuelven a renacer con vida nueva").

En la cuarta estrofa la voz poética deja de hablar en tercera persona y se interpone ella entre el texto/objeto y el yo/lector, hablándonos en primera persona. "I scramble over the wire fence / that would have kept me out" ("Yo trepo sobre la cerca de alambre / la cual me hubiera dejado fuera"). El tiempo presente aquí ("I scramble"/"Yo trepo") es pivotal y fundamental, pues nos coloca en el centro del poema y equidistantemente de los dos momentos del tiempo y de los dos espacios: algo que pasó y que ya no es y algún lugar que fue, pero que ya no existe en la misma forma en que existía.

Brevemente, aquella niña que fue (como en "Caribou Girl", no sólo quería salirse del barrio ("Once I wanted out"/"Una vez quise salirme"), sino que quería irse lejos también ("I wanted the frigid lanes"/"Quería los fríos carriles"). Es decir, quería irse a otro lugar o espacio en el que no hubiera sol ni olor a "tomates tatemados". Pero esa misma niña que quería saltar la alambrada del barrio para irse a lugares ignotos, y que por fin se fue (tuvo que irse) con la construcción de la autopista 280, recapacita años después sobre lo que dejó y lo que encontró en dos épocas distintas y en dos espacios diferentes, para hacer una síntesis de las dos partes dispares y, sin embargo, complementarias. Nos dice:

> My be it's here
> en los campos extraños de esta ciudad
> where I will find it, that part of me
> mown under
> like a corpse
> or a loose seed (p. 54).
>
> (Quizás sea aquí
> en los campos extraños de esta ciudad
> en donde yo la encuentre, esa parte mía
> arrasada y segada
> como un cadáver
> o una semilla abandonada.)

A semejanza de "Caribou Girl", este poema, aunque no tan complicado y extenso, nos deja la puerta abierta a varias posibles interpretaciones por el simple hecho de que queda inacabado. Hay una posible "muerte" final ("corpse") o quizás un posible "renacer" ("loose seed"). Esta disyuntiva parece resolverse positivamente, en sentido de un "renacer", puesto que el "niño", la "niña" y las "viejitas" han vuelto, aunque sólo sea de visita, al barrio "abandonado" que el progreso no fue capaz de matar ni de desraizar, pues la renuente naturaleza volvía a brotar con sus "espinacas, verdolagas y yerbabuena", y el "arroyo" todavía lleva agua y cría "renacuajos".

Si esto ocurre con la naturaleza, es muy posible y probable que "that part of me" ("esa parte mía") esté enterrada como una "semilla" de "espinaca, verdolaga o yerbabuena". Es decir, la naturaleza y la cultura chicana, fundamentadas en la naturaleza, pueden ser, deben ser, son la misma cosa. "That part of me" ("esa parte mía") psicológica y cultural que fue y que estuvo perdida, abandonada, desaparecida, olvidada por algún tiempo, renacerá con nueva vida, pero esta vez matizada de otros valores obtenidos en las "frigid lanes" ("en los frígidos carriles"), lejos del barrio.

Interesante es observar los dos versos con que se abre la última estrofa: "May be it's here / en los campos extraños de esta ciudad". Los campos "extraños" muy bien pudieran ser los que están al otro lado de las "frigid lanes". Pero el contexto nos da a indicar que esos campos "extraños" pueden ser los campos de origen (del barrio), pues "viene de vuelta" al barrio después de vivir varios años "fuera" del mismo. Así que, después de haber perdido contacto con el barrio, se le aparece ahora como cosa "extraña". O sea, que tiene que volver a "reconocer" aquello que había "perdido" y olvidado.

Tanto este poema "Freeway 280" como "Caribou Girl", son dos esfuerzos poéticos por buscar los años perdidos de la niñez. Nos recuerda, aunque en menor escala, el intento y el viaje que emprendió Alejo Carpentier en *Los pasos perdidos*[5]

---

[5] Alejo Carpentier, *Los pasos perdidos*, México, Compañía General de Ediciones, S.A., 1966.

para recobrar aquello "original" que se perdió en las Américas con el avance de la civilización occidental europea.

Para terminar, veamos brevemente el tercer texto de la autora chicana Lorna D. Cervantes, "Self-Portrait". Lo transcribiré completo por ser muy corto:

> I melt into the stone Indian features of my face.
> Olmec eyes. I am an old brown woman of the moon.
> I am the milk raw woman side of Ometeotl.
> Quetzalcoatl has his sex in me. His long cock
> is a soft pink plume of subtle poetry. His face
> is in my dark eyes. Ancient rites on a pyramid
> of small colored stones. We make slow sacrificial
> love. (p. 55)

> (Yo me derrito en los pétreos rasgos de mi cara.
> Ojos olmecas. Yo soy una prieta anciana de la luna.
> Yo soy la leche del lado femenino de Ometeotl.
> Quetzalcóatl tiene su sexo en mí. Su largo pene
> es una suave pluma rosa de sutil poesía. Su cara
> está en mis ojos oscuros. Ritos antiguos en la
> pirámide de piedritas coloreadas. Las dos nos hacemos
> lentamente el amor sacrificial.)

Aunque corto, este párrafo a modo de poema tiene una forma apretada y compacta. Observemos brevemente dentro del esquema que nos hemos trazado al principio, dos cosas principales. Que las oposiciones de tiempo y espacio son evidentes. Por una parte, observamos el pasado lejano, el tiempo de los olmecas, mayas y aztecas y, por otra, el presente, quedando en el vacío el resto. Al mismo tiempo, y concomitantemente, tenemos dos espacios diferentes, el de Mesoamérica y el de Aztlán. Pero ambos polos se cierran en una síntesis: en la voz poética chicana. Al decir que "Quetzalcoatl has his sex in me" ("Quetzalcóatl tiene su sexo en mí"), que "We make slow sacrificial love" ("Nos hacemos lentamente el amor sacrificial") y que "His long cock is a soft pink plume of subtle poetry" ("Su largo pene es una suave pluma rosa de sutil poesía"), tenemos la síntesis a tres niveles: el "vital" (biológico), el "artístico" (poético) y el "ritualístico" (sacrificial o religioso). Los tres son valores trascendentales. Una síntesis de opuestos al nivel humano no puede hacerse, sino trascendiendo los valores particulares para llegar a los universales.

Para concluir observamos claramente que la intención de la voz poética en estos tres poemas, entresacados de su obra, es la de buscar, a través de la metáfora y de la imagen poética, uno de los problemas que han afligido, que afligen y que quizás aflijirán por mucho tiempo más al chicano en la trayectoria de su realidad histórico-cultural.

EL ATAQUE ABIERTO AL "MACHISMO" EN EVANGELINA VIGIL

Arturo Ramírez
SOSU

Evangelina Vigil, originaria de San Antonio, Texas, es hoy por hoy una de las poetas chicanas más sobresalientes. Con su estilo de lirismo vernacular ha publicado varios libros de poesía: *Nade y nade* (1978); *Thirty an' Seen a Lot* (1982); y *The Computer is Down* (1987). También fue editora de una importante colección de escritos de mujeres, *A Woman of her Word* (1985). En los últimos meses publicó su traducción al inglés de la novela de Tomás Rivera, *...y no se lo tragó la tierra (And the Earth Did Not Devour Him*, 1987). El libro *Thirty an' Seen a Lot*, del cual comentaremos dos poemas, fue premiado con el American Book Award, Before Columbus Foundation. Vigil también ha recibido una beca del National Endowment for the Arts. Además ha ganado varios premios, entre ellos el de First Prize del New York Coordinating Council of Literary Magazines.

Evangelina Vigil-Piñón, llamada "Vangie", es una escritora bilingüe y a veces con fuerte sabor popular en su lenguaje. Aquí sólo trataremos dos poemas donde Vigil ataca al machismo. Tenemos que aclarar que Vigil usa ciertas palabrotas y hace varias referencias obscenas para expresar su visión del machismo. Parece que Vigil considera necesario emplear estas palabras para reflejar un mundo grosero, grotesco y deshumanizado. Igualmente, el ataque al machismo de Vigil llega a cobrar mayor relieve al expresarse abiertamente con palabras supuestamente secretas y masculinas.

En seguida cito el texto íntegro del primer poema que comentaré con detalle:

me caes sura, ése, descuéntate

eres el tipo
de motherfucker
bien chingón
who likes to throw the weight around
y aventar empujones
y tirar chingazos
and break through doors
bien sangrón
saying con el hocico

"that's tough shit!"

bien pesao
el cabrón

y precisamente por esa razón
whereas ordinarily
out of common courtesy or stubbournness
the ground I'd stand and argue principles—
esta vez que no
porque esa clase de pendejadas
mi tiempo fino no merece
y mucho menos mi energía
sólo que ahí se acabe el pinche pedo

y no creas tú que es que yo a ti te tengo miedo
si el complejo ese es el tuyo
porque sabes que, ¿ése?
out of pure self-interest
I like to wear only shoes that fit
me gusta andar confortable

En este poema, "me caes sura, ése, descuéntate", Evangelina Vigil se confronta con el macho, el "motherfucker / bien chingón" y lo ataca como exponente o representante del machismo y sus peores manifestaciones y excesos. Vigil nos da a saber que el problema del machismo es problema del macho. Como nos dice Vigil, "si el complejo ese es el tuyo", y así pone en tela de juicio, condena y externaliza la problemática del machismo. Desde el punto de vista de Vigil, el macho chingón y el machismo con sus pendejadas "mi tiempo fino no merece / y mucho menos mi energía", así que le pone fin a la relación con lo que nos comunica en el título, "me caes gordo o me caes mal", con la advertencia de que "el cabrón", el macho, abandone ese lugar y la deje libre.

Según Vigil, el macho tiene varios rótulos, que se pueden resumir con términos como "motherfucker", en inglés, que es quizá el peor epíteto en esa lengua. El macho es también "bien chingón / who likes to throw the weight around", un individuo que pretende imponer su voluntad sobre la mujer, una fuerza representativa del caos y de pujanza y autoridad sin base verdadera.

El macho resume violencia sin control, una fuerza avasalladora y caótica. Según la poeta chicana, al macho le gusta imponerse solamente porque sí, para establecer su poderío. Al macho, según la interpretación feminista, antimachista de Vigil, le gusta "aventar empujones / y tirar chingazos / and break through door..." Se da a entender claramente la base violenta del macho, con golpes expresivos de fuerza física, derrumbando puertas, haciendo lo que le da la gana sin importarle ninguna finura. Al contrario, el macho en esta visión poética de Vigil es un bruto, un animal, una bestia, un monstruo que carece de consideración, compasión, tolerancia, sensibilidad y comprensión mínima humana. Como dice Vigil, el "bien sangrón / saying con el hocico / 'that's tough shit!' / bien pesao / el cabrón". El macho no toma en cuenta a la mujer, no se compenetra, no compadece, no le importa en absoluto la perspectiva femenina. Al contrario, ve sólo su autoridad de manera egoísta. Solamente considera su punto de vista y su poderío, sin importarle nada más allá.

En la segunda estrofa, Vigil nos comunica que por los buenos modales y la buena crianza, ella ordinariamente sólo sostendría su punto de vista y lo discutiría de manera razonable con el macho. Pero en este caso, por lo extremo de este torbellino caótico, ella tendrá sencillamente que rechazarlo y apartarse "porque esa clase de pendejadas / mi tiempo fino no merece / y mucho menos mi energía..." Ya no puede seguir la relación, se ha llegado a su límite, "ahí se acaba el pinche pedo", subrayando las obscenidades del macho, del "motherfucker, el chingón", y sus "pendejadas" que ahora se vuelven totalmente inaguantables.

La poeta, de manera agresiva, responde al macho con sus mismas palabras y actitudes de rechazo; como feminista, Vigil no acepta un papel subordinado para la mujer. En la tercera estrofa comienza diciendo, "y no creas tú que es que yo a ti te tengo miedo", indicando así una actitud de igualdad en esta confrontación. El complejo del machismo es, no de ella, sino del macho mismo. Y ¿ella, en qué queda? Sencillamente, en los últimos versos del poema, nos habla de la importancia de su punto de vista y de que lo que cuenta es andar a gusto, libre, cumpliendo sólo con sus propios deseos, gustos e intereses.

El poema, "me caes sura, ése, descuéntate", es un ataque abierto al macho y así, por extensión, al machismo. La feminista se independiza y se libera del macho y su caos violento lleno de "pendejadas". Poema bilingüe, también contiene expresiones chicanas que son apropiadas para dirigirse en términos escuetos y casi brutales al macho. Las palabrotas que emplea Vigil también encajan bien en el mundo animalesco lleno de obscenidades del macho. Es necesario que Vigil use expresiones machistas para que el "macho" pueda comprender el mensaje urgente y hasta violento de la poeta. Es absolutamente necesario artísticamente que las emplee, no por capricho, para comunicar con mayor eficacia un ataque abierto al machismo.

Hay un segundo poema significativo en el cual Evangelina continúa su ataque. Es un poema bilingüe, con fuerte carga feminista chicana. El poema se intitula "para los que piensan con la verga (with due apologies to those who do not)", y dice así:

lost cause:
ya no queda energía mental
y ni siquiera señas
del sincero deseo
de tratar de alivianarle la mente
al hombre bien perdido
en el mundo de nalgas y calzones

se trata de viejos repulsivos
tapados con cobijas de asqueroso sexismo
agarrándose los huevos
a las escondidas
with brain cells
displaced / replaced

> by sperm cells
> concentrating:
> pumping away
>
> ya no queda energía mental

Lo primero que se puede comentar es el título porque lleva una fuerte carga de significado. El título indica que el poema se dirige abiertamente a los machos que piensen de la mujer y de la vida sólo por medio de su órgano sexual. Obviamente son aquellos hombre machos que se encuentran en un nivel animal, sin sensibilidad, cultura, modales, inteligencia o amor verdadero. El poema así es una embestida, un ataque abierto sin temor a las consecuencias puesto que se trata de una crítica muy justa según Vigil.

En los marcos de este poema, Vigil nos presenta una visión de la realidad en la cual el macho obviamente toma a la mujer como objeto sexual, enfocando sólo el aspecto bestial. Al mismo tiempo tenemos que aclarar que el subtítulo del poema, entre paréntesis, "with due apologies to those who do not", indica que no todos los hombres pertenecen a esta especie de "macho" que sólo actúa de acuerdo a los instintos puramente sexuales. Vigil pide disculpas a esos hombres que sí tienen sensibilidad, cultura, inteligencia, comprensión y simpatía para con la mujer. Así que hay jerarquías y distintas categorías de hombres en el mundo masculino visto por Vigil.

En la primera estrofa, Vigil indica que ya ha llegado a un estado de máximo cansancio, que ya ha decidido abandonar la lucha por mejorar a los hombres que "piensan con la verga". Es, según ella, "a lost cause", una causa perdida, ya se han desgraciado totalmente estos hombres que están "bien perdido[s] / en el mundo de nalgas y calzones". Es claro que está rendida por la fatiga, "ya no queda energía mental" para seguir luchando, para ayudar a mejorar a los machos que brutalmente se dejan guiar sólo por su falo. La poeta dice que no le quedan "ni siquiera señas / del sincero deseo / de tratar de alivianarle la mente" a estos hombres. No sólo no tiene ya esos sinceros deseos. Ya resulta demasiado tarde y hasta patético el hecho de que tiene que poner fin a esta lucha, a esas esperanzas de rescate que quizás tuvo en momentos idealistas del pasado.

En la segunda estrofa, Vigil precisa el retrato de estos "viejos repulsivos / tapados con cobijas de asqueroso sexismo" que son los machos. Vigil se refiere a una costumbre masculina bien consabida que nos retrata a estos machos "agarrándose los huevos / a las escondidas", mostrando que no pudieron obrar realmente en secreto ya que Vigil ha podido penetrar este mundo escondido. El sexismo de estos hombres es asqueroso y ese mismo asco es la reacción de Vigil. Ella también rechaza y critica pero no lo hace a las escondidas sino en un ataque abierto.

Estos machos repulsivos tienen células de esperma que han desplazado o remplazado las células del seso, así señalando que no son guiados por la inteligencia y la moralidad, eso es, lo humano, sino que son dominados totalmente por el sexo y lo animal, los instintos sexuales de las bestias que carecen de finura, gentileza, gracia, sensibilidad, conceptos espirituales, morales y artísticos, las características más altas y refinadas del ser humano.

La tercera estrofa es sólo un verso, "ya no queda energía mental", manifestando de una manera clara e ineludible el cansancio de la poeta que ha determinado abandonar la lucha y dar por totalmente perdidos a esos machos que sólo piensan en y con su sexo. Desde la perspectiva de Vigil, ha llegado la hora de terminar con esta batalla porque esos machos andan totalmente perdidos en otro mundo ajeno a lo humano.

Estos dos poemas proponen una ruptura y transformación en la obra de Vigil. Se trata de relaciones del pasado que antes se aceptaban o toleraban, pero que ya no se pueden soportar; así, la poeta señala un cambio de dirección. Por fin, más madura y con mayor fuerza de voluntad, rechaza el caos y los tipos repulsivos, los golpes y las violencias, los "chingazos" y las "pendejadas". Vigil ahora rechaza lo que quizás antes se podía aguantar y sufrir: la subordinación de la mujer al macho. En los dos poemas se indica claramente que se ha terminado la paciencia. La mujer no puede seguir soportando la violencia y la degradante deshumanización del macho.

En su ataque abierto al machismo, Vigil ha tenido que reflejar y captar esa realidad burda y obscena, y por esa razón le ha sido necesario emplear palabrotas. La realidad obscena del machismo se tiene que confrontar directamente con sus mismas palabras. Así, Vigil en estos dos poemas, con su poesía viva, vivaz y vívida, hace una importante aportación a la lucha contra el "machismo".

LOS PERSONAJES FEMENINOS EN *THE DAY OF THE SWALLOWS* DE ESTELA PORTILLO-TRAMBLEY

Lupe Cárdenas
ASU/West

Este trabajo es un pequeño estudio sobre los personajes femeninos que aparecen en las obras de la escritora chicana Estela Portillo-Trambley. En vista de que sería muy largo un estudio comprensivo de todas sus obras, escogí el drama que lleva por título *The Day of the Swallows* (1976).

En este drama hay, por lo menos, tres influencias patentes de la literatura española: *La malquerida*, de Jacinto Benavente; *Doña Perfecta*, de Benito Pérez Galdós y, sobre todo, *La casa de Bernarda Alba*, de Federico García Lorca. De *La malquerida* extrae la sabiduría y conocimiento que el vulgo tiene de los secretos "sociales" de la clase alta o pudiente, que se trasluce a través de las canciones, romances, coplas o corridos. De *Doña Perfecta* saca el tema de la "mujer perfecta", es decir, de la señorona de bien que el pueblo tiene como modelo de virtud y ejemplo. De *La casa de Bernarda Alba*, se copia el detalle de "el honor", basado en el "qué dirán". Importa más esto –la apariencia de virtud– que la misma virtud.

Comenzando por el escenario, notamos que la casa de doña Josefa es una casa inmaculada, llena de luz, limpieza y orden. Las paredes son blancas, las cortinas de encaje y los manteles de las mesas son de tejido elaborado minuciosamente. La casa está situada junto al lago San Lorenzo, que da el nombre al barrio contiguo a ella. La casa, pues, está fuera del barrio, lo cual es en sí mismo un dato revelador.

En un escenario más amplio, hay unas montañas verdes, grandiosas y puras, donde viven los indios, supuestamente cercanos a la naturaleza y, por tanto, incontaminados. De estas montañas procede un joven, Eduardo, que se enamorará de Alysea, una de las víctimas de doña Josefa.

No muy lejos de las montañas, de la casa de Josefa y del barrio, se encuentra la hacienda de don Esquinas, el criollo representante de los conquistadores, tipo que encarna la estructura social de su tiempo y del feudo medievalista.

Y como símbolo central hay un lago, el San Lorenzo, en donde habitan los "magos" de doña Josefa y se lavan y bañan las doncellas al mediodía, en la fiesta del Santo Patrón, para obtener el hombre apetecido, o sea "el príncipe soñado". A este lago irán doña Josefa y Alysea a enamorarse y en él, finalmente, se suicidará doña Josefa. Como veremos más adelante, el lago es uno de los centros más importantes en torno al cual gira la acción dramática.

A modo de observación, quisiera señalar que el escenario —el paisaje compuesto por el lago, el desierto y las montañas, y la casa de Josefa— es de lo más hermoso y delicado. Pero, en mi opinión, la falla radica en la falta de verosimilitud de estos tres elementos escénicos: las montañas, el desierto y el lago. Uno se pregunta, ¿cómo es posible, incluso en el suroeste, que colinden tres elementos tan dispares entre sí? Las montañas y el lago pueden ir juntos, pero el desierto aledaño a las montañas frondosas ya no es tan verídico. Puede concebirse un lago artificial en medio del desierto, pero un lago nítido, natural y lleno de tintes supersticiosos y milenarios no parece ser tan verídico.

Pasemos ahora a los personajes, que son el centro de nuestro interés. Hay cuatro personajes femeninos y cinco masculinos. Los femeninos son: doña Josefa, la señora "de bien" y matrona; Alysea, la joven rescatada de la prostitución por doña Josefa, y amante de ésta; Clara, la esposa del hacendado don Esquinas; y Clemencia, la lechera. Los personajes masculinos son Tomás, el tío de doña Josefa; el hacendado don Esquinas, esposo de Clara; el indio Eduardo, novio de Alysea; el niño David, recogido de doña Josefa y mutilado por ésta; y, por último, el padre Prado, párroco de la única parroquia del barrio.

La trama es más o menos simple: el argumento comienza indicándonos que en la actitud y comportamiento de doña Josefa hay algo raro, un misterio. Pronto sabemos que el problema esencial radica en una mala experiencia que tuvo cuando era niña. No sabemos realmente nada de su niñez ni de su familia, excepto la experiencia traumática que tuvo cuando unos cuantos muchachos que sacrificaban una bandada de pájaros, la tiraron al suelo y uno de ellos desangró (sacrificó) a una "golondrina" —de aquí el título— sobre el cuerpo de la pequeña Josefa. Más tarde sabemos que rescató al pequeño David de las manos de su padre borracho. Y, por fin, nos enteramos de que recogió a Alysea de una casa de prostitución y de las garras de un mal hombre con la ayuda de su bastón, símbolo fálico. En definitiva, el odio que tiene a los hombres no viene del lado cruel que éstos manifiestan.

A consecuencia de lo anterior, doña Josefa se aísla de la sociedad masculina creando su palacio antiséptico, su casa superfemenina. Quizás por su aislamiento, quizás por su aparente devoción y religiosidad, quizás por su máscara, la gente del pueblo, e incluso el cura párroco, la consideran el epítome de la mujer virtuosa. Y aquí se establece la raíz de la tragedia.

Hay un aparente "orden" natural o cósmico y un aparente "orden" social. Al nivel natural o cósmico, todo respira serenidad y belleza. Al nivel social, todo es armonía, una armonía que desemboca en letargo. Nos recuerda mucho la obra de Unamuno, *San Manuel bueno, mártir*, en donde la armonía de la naturaleza es el contrapunto de la tormenta psicológica de los personajes principales, el cura don Manuel y el joven Lázaro.

Doña Josefa, como era de esperarse, es el personaje central. Por tanto, su tragedia personal contaminará e impulsará el desenlace trágico de la obra. Existe una paz artificial que dura el tiempo y el espacio del drama. Hay tres incidentes que desencadenan el desenlace: el odio de doña Josefa por el hombre a causa de su experiencia de niña, el consiguiente lesbianismo reactivo y por ello antinatural con Alysea y, también consiguientemente, la mutilación —cortarle la lengua para que no hable— del niño David por haber presenciado el acto sexual entre las dos mujeres.

El tío Tomás, tío de Josefa, sabe lo de la mutilación del niño David y tiene en su posesión el cuchillo todavía ensangrentado que usaron las dos mujeres para el crimen perpetrado. Por tanto, él será el que chantajeará a su sobrina Josefa. En su poder está uno de los desenlaces de la obra dramática.

Alysea, la joven amante de doña Josefa, será la otra clave del desenlace del drama y en este aspecto con un personaje de la obra clásica de Jacinto Benavente, *Los intereses creados*: Crispín, el cerebro manipulador de todo el enredo en dicho drama, lo tiene todo muy bien calculado. Pero se le escapa un hilo mágico en todo el tinglado: se olvida de que Leandro (el otro pícaro) pueda "enamorarse". El amor, sentimiento muy humano, no entraba en sus planes. Todo se le cae por tierra. Aquí ocurre algo parecido. Alysea, la amante de Josefa, se enamora del joven indio Eduardo. Al conmutar la femenina, inmaculada y artificial casa de doña Josefa por el abrupto, natural y masculino medio ambiente de las montañas, de donde viene y en donde vive Eduardo, contribuye al resquebrajamiento de la armonía artificial creada por doña Josefa.

Profundizando en el tratamiento de los personajes, no cabe duda de que al personaje femenino se le confiere más "espacio", actúa más y es la causa del entramado y desenlace dramático. Por primera vez, algo parecido a *Come Down from the Mound*, de Berta Ornelas, 1975, vemos en la literatura chicana que los personajes femeninos predominan y llevan la batuta. Los personajes masculinos sirven de "relleno". Así vemos al tío Tomás, pícaro, borracho, argüendero, chantajeador y vividor, como encarnación de la fuerza negativa en el drama. Don Esquinas es la encarnación del *playboy* tradicional hispano, a pesar de ser indio. Y el padre Prado es el prototipo del cura bonachón, inocente e ignorante de las incontrolables pasiones del ser humano.

En cambio, si nos atenemos a los personajes femeninos, nos encontramos con rasgos vitales y "auténticos", en oposición a los "prototipos" del personaje masculino.

Clemencia, la lechera, aunque no tiene papel trascendental en la obra, es la que nos da inocentemente la pauta y el indicio de que "hay gato encerrado" en la vida de doña Josefa. Se comporta con mucha naturalidad y es una persona de carne y hueso. Va a lo suyo: distribuye y vende su leche y se preocupa humanamente de sus clientes.

Clara, la esposa del hacendado don Esquinas, también es una mujer de carne y hueso. Es amiga de doña Josefa. Se aconseja con ella, pero las consecuencias son fatales, pues doña Josefa, como odia a los hombres, influye negativamente en las relaciones matrimoniales de Clara y don Esquinas. Éste le echa la culpa a doña Josefa de que su esposa Clara ande siempre borracha. Por otra parte, Clara, al no tener relaciones sexuales normales con su esposo —siempre preocupado por el lado materialista de su hacienda—, se enamora y tiene relaciones sexuales con el joven Eduardo, futuro novio de Alysea. Por supuesto que doña Josefa va a sacar ventaja de este incidente para, más tarde, disuadir a Alysea de que cometa el error de enamorarse del joven indio porque los "hombre abandonan" caprichosamente a la mujer una vez conquistada ésta. Es decir, doña Josefa usa esta arma para que Alysea, su amante, no se vaya de su casa. En términos generales vemos a Clara como a una mujer dotada de debilidades humanas y poseedora de una belleza ya a punto de marchitarse, reaccionando ante ello con verdaderos resortes vitales.

Pero el personaje más elaborado desde el punto de vista psicológico y social, dejando de lado a doña Josefa, es la joven Alysea. Es una muchacha llena de sentimiento, de dolor, y traumada psicológicamente a causa de su remordimiento por la "desviación sexual" con Josefa y la complicidad en la mutilación del niño David. Le asombra el hecho de que Josefa pueda "callar y disimular el crimen" o los crímenes cometidos. Le remuerde la conciencia y lo manifiesta en sus relaciones con doña Josefa, con el tío Tomás, con Clemencia y con Eduardo, a quien confiesa su vida llena de lacras, a pesar de que ella es inocente de sus "circunstancias" negativas. No obstante, el personaje de Alysea se mantiene inocente y lleno de verosimilitud. No hay nada de estereotipo en ella y nos parece, por lo tanto, un buen estudio psicológico.

Pero la protagonista por excelencia es doña Josefa. Desde un principio observamos el misterio que la rodea. Una persona que comienza su vida en una forma "desviada" y, lógicamente, continúa por ese camino sin posibilidades visibles de enderezarse. Un eslabón se une a otro para formar una cadena ininterrumpida que la llevará a un *dénouement* catastrófico. La primera causa producirá un efecto que, a su vez, se convertirá en otra causa mayor para producir otros efectos negativos y, así, en movimiento creciente, hasta el final.

Su odio hacia el hombre comienza de niña cuando, como dijimos al principio, unos niños la tiran al suelo y sacrifican una de las golondrinas sobre su cuerpo. Ese odio la lleva al lesbianismo y al acto sexual con Alysea. El niño David presencia uno de esos actos desviados y, entonces, se ve en la obligación —para que no se divulgue dicho acto— de cortarle la lengua. Este crimen hace que, en parte, Alysea se aísle de doña Josefa. Por otra parte, su tío Tomás empleará el conocimiento de este acto de mutilación para chantajear a su sobrina Josefa. Para acallarlo, ella sucumbe al soborno. Todo esto la lleva a un aislamiento del pueblo y del barrio cada vez mayor. Por fin, ya no puede más con su conciencia y se confiesa con el padre Prado, quien recibe un choque al enterarse de que "la mujer impecable" ante la opinión del pueblo y la suya está llena de podredumbre.

Sin posible escapatoria, solamente le queda un recurso a la "virtuosa" doña Josefa: desaparecer. Esta desaparición se llevará a cabo el día de la única festividad sagrada del barrio: la de San Lorenzo, en donde toda la gente participará y en la que doña Josefa, escogida por su "virtud" fungirá como representante de todos. Ese mismo día doña Josefa contempla por la ventana un "lago" atractivo que la seduce en extremo, allí habitan sus "magos" bajo el resplandor y la estela de una luna medianochera.

Los ojos de Clemencia, que viene como de costumbre a distribuir la leche por la mañana temprano, no pueden creer lo que ven: momentos antes de la procesión del santo, y al tiempo que doblan las campanas de la iglesia parroquial, observa un cuerpo blanco e inmaculado que flota en el lago: el de doña Josefa. El "orden" aparente del principio se ha ido resquebrajando poco a poco hasta terminar en caos. Hasta ahora, no se había abordado la psicología femenina desde un ángulo tan detallista como el que se nos presenta en este drama. Quizás esto se explique por el simple hecho de que la mayoría de los personajes femeninos y los más estudiados han sido los creados por la pluma de escritores masculinos.

Creemos, para sintetizar, que la mujer presentada y estudiada por otra mujer muestra comportamientos recónditos que se le escapan a la observación y a la pluma del hombre. Como decía el profesor Justo Alarcón en la reciente conferencia de la WSSA, necesitamos más obras escritas por mujeres para enterarnos y aprender más, no sólo de cómo la autora chicana percibe al hombre, sino también, y sobre todo, de cómo se ve a sí misma.

BIBLIOGRAFÍA

Alarcón, Justo S., "Estela Portillo-Trambley: El culturalismo en su obra dramática". Ponencia presentada en 30th Annual Conference de la Western Social Science Association, Denver, Colorado, abril 27-30 de 1988.

Benavente, Jacinto, *La malquerida*, Madrid, Espasa-Calpe, 1967.

————, *Los intereses creados*, Madrid, Espasa-Calpe, 1967.

García Lorca, Federico, "La casa de Bernarda Alba", en *The Generation of 1898 and After: An Anthology*, Nueva York, Dodd, Mead, 1961.

Ornelas, Berta, *Come Down from the Mound*, Tempe, Miter, 1975.

Portillo-Trambley, Estela, "The Day of the Swallows", en *Contemporary Chicano Theatre*, Notre Dame, University of Notre Dame, 1976.

Unamuno, Miguel de, "San Manuel Bueno, mártir", en *Literatura española*, tomo 2, Nueva York, Holt, Thinehart, 1968.

DIONISIA VILLARINO, "LA CORONELA"

José Ríos Villarino
SDSU

Antes de presentar el estudio-homenaje sobre Dionisia Villarino, "La Coronela", quisiera constatar varios elementos relacionados con este tema y este estudio. En primer lugar, quisiera dejar constancia de mi profundo agradecimiento a don Néstor Agúndez Martínez, autor original y fuente de recurso mío en cuanto a esta pequeña semblanza de mi pariente doña Dionisia Villarino, "La Coronela". El homenaje a "doña Nicha" se vuelve elogio no sólo para ella, sino también para el profesor historiador Néstor Agúndez Martínez, director de la Casa de la Cultura de Todos Santos, B. C. Sur, por su esbozo histórico y biográfico. Destacar lo heroico en toda la vida de "La Coronela" es subrayar conceptos heroicos en el espíritu del historiador.

De hecho, lo heroico de "La Coronela" nos recuerda a otras grandes heroínas mexicanas que van desde lo histórico hasta lo mítico legendario, desde la Malinche hasta Juana Gallo, de la Adelita a la Valentina y la Rielera hasta figuras contemporáneas chicanas como Dolores Huerta.

Dentro de este cuadro histórico-mítico, nos encontramos con una mujer heroica, una heroína mexicana extraordinaria que sobresale como mujer, madre, partera, patriota, y como "La Coronela".

Este homenaje es con motivo del trigésimo primer aniversario de su muerte, ocurrida el 27 de abril de 1957.

Todos Santos, cuna de hombres ilustres es también el pueblo donde viera la luz primera una valerosa mujer que andando el tiempo habría de distinguirse por su arrojo y valentía en favor de las luchas libertarias del pueblo, siendo ella el genuino exponente del temple y calidad de la mujer sudcaliforniana: Dionisia Villarino, que por sus méritos en favor de la causa revolucionaria —a la cual prestó relevantes servicios de inteligencia— fue llamada desde entonces "La Coronela".

Su nombre completo es el de María Dionisia Villarino Espinosa. Nació en Todos Santos el 25 de junio de 1865, y fueron sus padres don Jesús Villarino Villalobos, de oficio labrador, y doña Liberata Espinosa Nieto, unidos en matrimonio civil el 14 de agosto de 1862 por el Juez del Estado Civil don Francisco Cota, ante los testigos Jesús Legaspy, Isidro Castro y Vicente González, labradores, originarios de Todos Santos.

María Dionisia fue bautizada el 15 de octubre de 1865 por el padre Gabriel González. Fueron sus padrinos el señor Francisco Cota —quien había unido en matrimonio, tres años antes, a sus padres— y su tía la señorita Rogaciana Calderón.

María Dionisia sólo tuvo dos hermanos, Manuel y Eloísa; la hermana fue casada y muy joven murió en Todos Santos; su hermano Manuel vivió por muchos años en el estado de Nevada, Estados Unidos, y falleció en el mineral de Santa Rosalía, B. C. Dionisia era muy joven aún cuando murió su padre en La Paz, B. C., el 7 de noviembre de 1885, víctima de la fiebre amarilla; su madre falleció en Todos Santos el 20 de marzo de 1902, víctima del cáncer.

Parte de su educación elemental la realizó en su pueblo natal para continuarla en San Francisco, California, a donde fue muy joven, casi una niña, para vivir al lado de sus tías Dolores Calderón y Tomasa Tena en la misma casa donde viviera desterrado el ilustre patriota todosanteño general Manuel Márquez de León. Dionisia regresó de San Francisco y muy joven contrae matrimonio con el joven Antonio Salgado Albáñez, con quien procrea siete hijos: Jesús, Antonio, Martín, Felipe, Amalia, Herminia y Laura de los cuales solamente sobreviven tres: Felipe, en Stockton; Laura, en San Francisco; y Herminia, en Santa Cruz, todos en el estado de California. Siendo doña Nicha —como también se le conoció— una mujer de grandes y humanos sentimientos, una madre amantísima, protegió y ayudó a mucha gente, sobre todo a los jóvenes humildes sin padres, de los cuales adoptó legalmente como sus hijos a Francisco Cosío y Gastón Salgado.

Dionisia enviudó joven y con sus hijos muy pequeños pasó a residir al mineral de Santa Rosalía, donde para darles sustento desempeñó labores de costurera, primero en la casa número 32 de la calle seis y después en la calle Noria, en la casa también marcada con el número 32. Fue aquí donde la sorprendió la Revolución y en los momentos más aciagos de la lucha ella, sin prejuicios femeninos, dio muestras de su gran valor al defender los principio de la Revolución Mexicana alentando y ayudando a los soldados revolucionarios en Baja California Sur; ayudó a la Revolución prestándole relevantes oficios de inteligencia, atendiendo heridos y procurando alimentos y agua para los soldados.

Algunos de sus biógrafos han dicho que participó en hechos guerreros disparando armas contra el enemigo, pero no es así, su labor fue exclusivamente de inteligencia, de espionaje, curando heridos y proporcionando alimentos y agua a los soldados; Dionisia, junto con María Jesús Carlón y su amiga "La Chayola", con el pretexto de vender alimentos, ofrecía tequila a las tropas enemigas y emborrachaba a los soldados de quienes obtenía preciada información que pasaba a los revolucionarios.

En el año de 1913, doña Dionisia tomó parte activa junto al grupo revolucionario que se pronunció contra Victoriano Huerta. Ese mismo año se hallaba Manuel F. Montoya en el mineral de Cananea, Sonora, y al estallar la Revolución ingresa a las filas de los viejos maderistas, comandados por el general Luis S. Hernández. Manuel F. Montoya, entonces teniente de Caballería y estando en Sonora, fue informado de que sus hermanos Diego y Gumersindo habían sido tomados prisioneros por órdenes de Pedro Condés de la Torre, comandante de la Plaza de Santa Rosalía; el teniente Montoya decide regresar a su tierra y lo hace en compañía de cinco hombres, viniéndose por la sierra, deteniéndose en "El Pozo" cuando las tropas federales habían salido para atacarlos. Aquí, en El Pozo, habló con Cruz Murillo, jefe de la avanzada del gobierno, que no opone resistencia y luego de haber comido y bebido los alimentos y el agua que les llevara doña Dionisia Villarino, se interna a la "Mesa de la Calera" junto con el mayor Gaspar G. Vela, pues los otros compañeros habían tomado distinto rumbo. En la Mesa de la Calera fueron sorprendidos Montoya y Vela la mañana del 30 de octubre por las fuerzas federales al mando del capitán Barrón, contra las cuales combatieron bravamente y, ante la valiente resistencia de aquellos dos patriotas, el enemigo recurrió a la fuerza bruta y desigual, haciendo que el barco de guerra "Tampico" disparara ochenta y seis cañonazos contra "Casa Blanca" donde estaban parapetados Montoya y Vela. El lugar fue convertido en escombros por el artero y desigual ataque, y allí murieron los valerosos y heroicos hombres que ofrendaron su vida a la Revolución y que hoy son conocidos como "Los Mártires de Casa Blanca". Los federales, aún insatisfechos del crimen cometido, por orden del villano Pedro Condés de la Torre tomaron los cadáveres y con saña los arrojaron al fuego, pero éste, con ser fuego, respetó y no consumió del todo aquellos heroicos despojos que fueron recogidos por doña Dionisia Villarino, quien dio muestras de su natural valor, de su temeridad y arrojo, al desafiar el poder del chacal Pedro Condés de la Torre velándolos en su casa. Debido a esto, el bárbaro comandante la manda a apresar confinándola a las inmundas mazmorras de la cárcel, precisamente a la bartolina número seis, de donde pasado un tiempo fue desterrada a Guaymas, Sonora. Internada en el cuartel federal se dedicaba a atender presos políticos que se hallaban enfermos; logró obtener la confianza de los jefes, que le permitieron vender alimentos dentro y fuera del cuartel inclusive, y llegó a poner una casa de asistencia de huéspedes cerca del cuartel. Se dice también que con la libertad que se le concedía y con el pretexto de vender alimentos, llegaba a la playa donde abordaba una canoa que conducía un viejo pescador y, por las noches, al amparo de las sombras nocturnas, iba hasta donde se hallaban las fuerzas maderistas que sitiaban el puerto, donde también se encontraba con sus hijos que luchaban por la causa revolucionaria; así continuó prestando servicios de inteligencia a la Revolución, proporcionando informes importantes a los maderistas sobre los proyectos y tácticas de los huertistas; cuando no podía acudir personalmente ante los sitiadores, se valía del viejo pescador para hacer llegar la información a los maderistas.

La lucha revolucionaria continúa y en 1914 el teniente Pedro Altamirano toma la Plaza de Santa Rosalía dominando a la guarnición federal. Pedro Condés de la Torre es vencido por los revolucionarios y desterrado a Guaymas, donde lo acompaña su familia. Algunos biógrafos de Dionisia Villarino, "La Coronela", han dicho que ésta esperaba a Condés de la Torre en los muelles del puerto donde "en igualdad de circunstancias y al encontrarse frente a frente, la brava mujer la espetó una maldición propinándole fuerte golpe en la cara, haciéndolo caer al agua al otrora orgulloso comandante Condés de la Torre", pero esto seguramente se ha dicho inspirándose en la energía de carácter y bravura de espíritu de esta ejemplar mujer; pero atendiendo al testimonio familiar sabemos y consignamos hoy lo que ella narraba a sus hijos respecto a este pasaje de su vida, quienes ahora nos dicen que efectivamente doña Nicha había acudido a los muelles del puerto para asegurarse de la llegada de Pedro Condés de la Torre, pero al verlo derrotado, enflaquecido, deprimido, reflejando una tremenda tristeza en su rostro, ella no le dijo una sola palabra, se sintió triste, sintió pena por el hombre derrotado y por su familia que lo acompañaba y dando media vuelta, enseguida se alejó de los muelles. Esto habla claramente del espíritu humano y comprensivo de esta mujer sudcaliforniana.

Entonces el general Maytorena hizo su entrada triunfal al puerto de Guaymas dando la absoluta libertad a doña Dionisia, quien regresa al territorio, nuevamente a Santa Rosalía, donde continúa preocupada por el destino del pueblo hasta el triunfo completo de la Revolución Mexicana. Al triunfo de ésta, su vida continúa ligada a todos los acontecimientos de la vida social y política del pueblo. Por algún tiempo sigue viviendo en Santa Rosalía y para sostener su hogar vuelve a sus actividades como costurera, que ahora alterna con las de partera, habilidad que seguramente logró al atender los partos de las soldaderas en Guaymas; el 24 de agosto de 1932 el delegado sanitario en Santa Rosalía, doctor Quevedo, le extiende un certificado de competencia en conocimientos prácticos de obstetricia, autorizándola a ejercer legalmente, y, el 3 de octubre del mismo año, el señor Felipe A. Montoya, delegado de gobierno en el mismo puerto, le concede permiso para manejar automóviles cuando tuviera que salir fuera de la población en ejercicio de su profesión como partera.

Pasado un tiempo retorna a su pueblo natal, Todos Santos, de donde viaja con cierta frecuencia a San Francisco, California, para visitar a sus hijas casadas que radican en Estados Unidos. Pero su residencia habitual es una pequeña casita de ladrillo rojo, con portal de madera, marcada con el número 38 de la calle Juárez, en su natal Todos Santos.

Durante la etapa de su vida en Todos Santos, participó en obras y tareas sociales y políticas, apoyó, animó e hizo campaña personalmente en el pueblo y las rancherías en favor de diputados federales; entre las gentes destacadas que ella animó, figura Braulio Maldonado, quien llegó a significar en la política nacional. También realizó campaña política en favor del doctor Adán Velarde para diputado federal, según los datos y fotografías del archivo familiar. El 15 de febrero de 1935, el señor Mario S. Castro y el profesor Lorenzo López González, directores del Comité de Acción Social y Educativa del Partido Nacional Revolucionario, la nombraron vocal de la Comisión de Higiene y Profilaxis, habiéndose distinguido por su labor; el 20 de abril de 1938, el Comité Nacional del Frente Único Pro-Derechos de la Mujer del Partido de la Revolución Mexicana, con sede en la ciudad de México, la designa y faculta para que en el Territorio de Baja California Sur, organice a las mujeres en grupos filiales que luchen por los derechos de la mujer sudcaliforniana y mexicana, labor muy meritoria y por la cual ella recibió merecidas felicitaciones del Comité Nacional. El 20 de noviembre de 1943, el Comité Central de la Defensa Civil del Territorio Sur de Baja California le otorgó un diploma "por la patriótica aportación que prestó a la legalidad de la República durante los aciagos días que dieron vida al movimiento revolucionario, como estímulo de un pueblo agradecido".

En su pueblo natal, frente a las costas de límpidas arenas que bañan las aguas del océano Pacífico, las enormes olas parecían resonar con más fuerza rompiéndose estrepitosamente sobre la playa aquella mañana del 27 de abril de 1957, cuando doña Dionisia Villarino, "La Coronela", la bravía mujer que tantas veces estuvo bajo el fuego de las balas enemigas que nunca lograron herir su cuerpo, moría con una sonrisa en los labios. El certificado expedido por el doctor Evaristo Hinojosa Salgado, dice: "siendo la causa de su defunción: infarto al miocardio, arterioesclerosis, insuficiencia renal y cardíaca, obesidad y cataratas bilaterales".

La vida de Dionisia Villarino, "La Coronela", conocida también popularmente como doña Nicha, es un elevado ejemplo para la ciudadanía no sólo de Sudcalifornia sino de la península entera, por su valor a toda prueba y sus grandes dotes humanos como madre y como mujer. Por su aportación a la Revolución Mexicana y por su gran arraigo entre las masas populares, es hoy y siempre el más fiel y genuino exponente del temple y la calidad de la mujer sudcaliforniana.

Los restos de Dionisia Villarino, "doña Nicha", "La Coronela", descansan en su tierra, Todos Santos, B. C. Estos restos serán trasladados próximamente a La Paz, donde descansarán para siempre en La Rotonda de Hombres Ilustres.

MERCADOTECNIA CULTURAL: ESTRATEGIAS DE DIFUSIÓN PARA EL PRODUCTO ALTERNO EN ESTADOS UNIDOS

Yareli Arizmendi
UCSD

Hace un año hablé acerca del desarrollo de la mujer en el movimiento cultural chicano y reconocí tres etapas de este desarrollo: la de la chicana, la de la mujer y finalmente la de la mujer chicana. Vimos que ahora la mujer chicana comenzaba una nueva etapa que le permitía constituirse en sujeto social consciente de la interrelación entre sexo, raza y clase económica. Recuerdo que una de las preocupaciones más importantes para los trabajadores intelectuales y culturales aquí reunidos, era la de cómo lograr que sus productos impactaran masivamente al mundo del cual hablaban. Es decir, que todo el trabajo de análisis y creación sirviera para impulsar cambios en la sociedad. Rápidamente identificamos uno de los mayores obstáculos para la realización de este fin: la falta de difusión, el corto alcance del producto, que al no apoyar del todo al orden dominante quedaba excluido de los medios tradicionales de difusión.

He estado pensando mucho en este tema y he tratado de buscar opciones prácticas en mi área de trabajo: el teatro. Lo que hoy platicaré con ustedes es el esbozo de una propuesta que se hará más consistente con el diálogo que entablemos al final de esta sesión. Es un borrador del plan que nos permitirá lograr que el trabajo intelectual y cultural que aquí hacemos llegue a quienes de verdad lo pueden hacer valer.

Así como la práctica ha obligado a la mujer chicana a constituirse en ser social e integrar todos los aspectos de su realidad en un plan de lucha, debemos ahora pedirle al intelectual y al artista que asuman su ser como parte del mundo en el que viven, y que su trabajo responda a las circunstancias y relaciones reales.

Es necesario hablar entonces del papel que tiene la cultura en la construcción y mantenimiento de una sociedad. Sabemos ya que una sociedad está construida con base en intereses materiales; o sea, económicos, y que esos intereses no siempre representan los intereses de la mayoría. Pero a pesar de este desbalance el grupo dominante sigue dominando. ¿Cómo es que este grupo logra mantener su poderío? Tal como lo explica Antonio Gramsci y lo clarifica Robert Kavanagh, "Los grupos y clases predominantes dependen sólo en parte del aparato legal y del poder de coerción y violencia del Estado para imponer y asegurar su predominio". El trabajo ideológico, es decir, el esfuerzo por presentar como realidad infalible los valores e intereses de la clase económicamente dominante, es lo que permite que la sociedad funcione cotidianamente sin necesidad de recurrir a la violencia directa todo el tiempo. Es claro entonces que la construcción y difusión de la ideología dominante cumplen una misión importante. En palabras de France Vernier, la ideología debe "construir los intereses de la clase dominante en indiscutibles valores universales y justificarlos", y como agrega Karl Marx "presentarlos como los intereses comunes de todos los miembros de la sociedad". Para lograr estos efectos todos los instrumentos de representación, es decir, todas las formas y foros de expresión pública son extremadamente útiles.

El análisis anterior nos lleva a descartar la idea de que existe un "arte por el arte". Como muchos lo han dicho antes, los productos culturales, en tanto que reflejan la realidad —una realidad fabricada por una ideología interesada—, no pueden ser autónomos de los proyectos dominantes y deben relacionarse con ellos en algún nivel, aunque esta relación sea antagónica. Henry Lesnick afirma "que si el arte no descubre los problemas de la sociedad y establece su oposición hacia el orden dominante, entonces objetivamente apoya al régimen". Es de primera importancia entonces que el artista y el intelectual elijan su campo claramente. Si después de una revisión sincera del trabajo se determina que el producto va contra corriente, entonces cae bajo la categoría de producto alterno y debe asumir las características que le corresponden. Entre estas características se encuentra la más importante y difícil de manejar: la marginalidad. Así como el individuo marginado emplea tácticas fuera de lo dominantemente aceptable para sobrevivir, asimismo el producto alterno debe construir su propio código de producción y difusión. Obviamente los conductos que se ponen a la disposición de los productos que apoyan las ideas dominantes no están al alcance del producto alterno, por esta razón debemos proceder de manera diferente. Esto no quiere decir que no existan conductos y recursos oficiales mediante los cuales se pueda propagar lo alterno. De hecho, aquí estamos trabajando con una producción en muchos sentidos alterna y marginal: la de la mujer. Pero entendiendo la relación antagónica potencial o directa que puede existir, es clave suponer que en momentos de radicalización social, cuando las contradicciones se exacerban, los apoyos también pueden ser eliminados.

El único apoyo constante para este producto es el que pueden ofrecer los que han servido de tema —los marginados", pero eso sólo sucede si han sido los verdaderos destinatarios del producto. Por eso es importantísimo que este tipo de trabajo no se aísle de aquellos que dan vigencia al producto, sino que luche incansable y creativamente por encarnarse en esas comunidades que tienen la necesidad y la posibilidad de oponerse a los intereses que no las representan y convertir lo alterno en *alternativa* viable.

Hemos podido apreciar que el trabajo ideológico y su difusión están como diría ese famoso y masivo personaje, el Chapulín Colorado, "fríamente calculados". Del mismo modo el producto alterno debe romper con esquemas románticos que le hagan creer que por el simple hecho de existir está impulsando cambios sociales, y debe calcular fría y científicamente su mercadotecnia. Es poco común escuchar este término mercantil, comercial, en relación con algo tan "puro y bello como el arte y la creación". Pero insisto y adrede devuelvo a tierra firme la función de estas formas de expresión al mencionar ahora la mercadotecnia cultural y específicamente la difusión del producto alterno en Estados Unidos.

La cultura de masas en Estados Unidos es una industria con un alcance increíble, la cual no se limita a impregnar su país, sino que se expande por el globo para crear lo que se conoce como penetración cultural. En su misión de mantener y propagar la ideología dominante, el producto masivo ha desintegrado la capacidad combativa y crítica del ser social: lo cual, a diferencia del mensaje que pretende promover este producto —el de la individualidad—, le ha quitado fuerza al individuo al separarlo de su contexto social y de sus compañeros. La mentira puede continuar puesto que en su condición imperial Estados Unidos puede "proteger" y alejar a sus ciudadanos de sus responsabilidades mundiales a costa de crear situaciones límites en los países que subsidian el "bienestar" estadunidense. Pero la rueda de la historia avanza y se sabe ya que el actual orden económico se está desmoronando, creando situaciones internas que a la larga se harán insostenibles —por ejemplo, la situación agrícola en el *midwest* y la exportación de fábricas de manufactura al extranjero que crean una circunstancia deplorable para los habitantes y las ciudades enteras que de ellas dependían. La realidad amenaza con destruir la fantasía y por eso cultural, política y militarmente el orden dominante atacará más fuerte que nunca antes de desintegrarse. Como seres de esta época nos toca asumir que vivimos en una era de tránsito. La tarea de la cultura alterna en estos momentos es la de reclutar voces, no las preparadas para cantar ópera, sino las que todavía no están seguras de poder cantar ni "Las mañanitas". Dado el aislamiento tan tremendo que ha logrado crear la cultura de masas, sería un triunfo sacar simplemente a la gente de esas cajas llamadas salas con muebles comprados en abonos e iluminadas por el instrumento más potente de la cultura dominante: la televisión.

Con este fin formé junto con Luis Torner, conocido actor y director mexicano, el proyecto *Teatro de los pastores*, el cual presentó una pastorela modernizada escrita por Emilio Carballido, también conocido autor mexicano, y adaptada y traducida por Raúl Moncada en colaboración con el grupo. El proyecto no aspiraba más que a reunir gente en un acto social y hacerla participar de una tradición que le permitiera reconocerse como grupo cultural y social. Es decir, que esta comunidad de individuos aislados, al congregarse, comenzará el proceso de constituirse en un grupo que adquiriera posibilidades de impacto social. Mi objetivo principal con este proyecto era también el de explorar la naturaleza de esta comunidad hispánica en San Diego y, ya en más información, formular estratégicamente la selección de material y el método de difusión del producto teatral alterno. Por medio de la realización de la fase inicial del proyecto, también se logró entablar una relación más íntima con la comunidad; es decir, un reconocimiento y una confianza que permitieran la continuación del proyecto.

Es aquí donde importa la táctica, los procedimientos que permiten sensibilizar y devolver la fuerza que da la posibilidad de acción a la comunidad. Pero siempre tomando en consideración el momento que vive esa comunidad, ese público, pues no hay cosa más dañina que el intelectual o artista radicalizado y arrogante que pretende dictar a las masas su proceder.

Pero también es necesario desafiar y conflictuar al público. Siempre pensando en reconstituir al individuo en ser social con responsabilidades más allá de las personales —que siempre terminan afectando lo personal—, el producto alterno debe tener como meta sensibilizar al público y preparar las condiciones para la acción directa cuando ésta convenga. Es decir, todo producto intelectual y cultural debe levantar el entusiasmo de sus receptores, pero además debe saber conducir al público entusiasmado al organismo/grupo que pueda convertir este nuevo entusiasmo en acción directa con posibilidades de impacto y transformación concreta. Para tener la posibilidad de dirigir al público al conducto correcto, se necesita estar asociado con organizaciones de masas o partidos políticos que realizan tareas de acción directa dentro de estas comunidades. La relación del trabajador cultural con dichas organizaciones puede ser tan formal o informal como las circunstancias lo permitan, pero debe existir. De lo contrario el producto alterno vuelve a caer en el romanticismo de pensar que sólo por existir cambiará la realidad. Aunque esto es cierto en un menor grado, podría llegar a ser más efectivo si está coordinado este esfuerzo con el de la acción directa. La historia comprueba que el trabajo cultural e intelectual asociado de esta manera es el más peligroso para el orden dominante por ser el más efectivo. Es deseable tornar nuestro trabajo intelectual y creativo en algo peligroso, con el fin de transformar las condiciones de desigualdad que todavía rigen para la mujer y el hombre chicanos. En este sentido, sin duda, el arte también se convierte en instrumento político, lo cual no quiere decir que deje de ser arte.

Pensar en estos términos exige la creación de un nuevo o viejo tipo de trabajador cultural. Gramsci ya lo había reconocido con el nombre de intelectual orgánico. Además de relacionarse con su público a niveles muy reales, este tipo de artista e intelectual analiza críticamente las necesidades de la realidad en la cual vive y permite que éstas le dicten su estética y su temática. Concretamente tendrá que escoger y adaptar su producto a las demandas que le imponen las estrategias de difusión para llegar a los verdaderos destinatarios de ese producto. Hay miles de ejemplos de productos alternos que de llegar a su destinatario real desatarían un gran diálogo capaz de impulsar una acción reformadora o inclusive revolucionaria, pero que sus requisitos formales, su lenguaje, los limitan a sectores que miran el producto como un estudio sociológico y no como reivindicación y diálogo reales. Quiero compartir un ejemplo de este caso, así como un ejemplo de lo contrario.

El *Old Globe Theatre* es un importante teatro regional, dedicado a la perpetuación del teatro clásico tradicional y al desarrollo de obras destinadas a Broadway. El año pasado montaron la primera obra escrita por un autor hispánico-norteamericano: *El cuarto de la caldera (The Boiler Room)* del *nauyorican* Rubén González. Esta obra de sensibilidad popular, presenta al mundo y los sueños de una familia puertorriqueña que ha emigrado a Nueva York, y que lleva 25 años ganándose la vida como conserje en los sótanos de un edificio decrépito en Manhattan. Los requisitos técnicos de esta obra son muy complejos y demandan de toda la tecnología disponible. *El Old Globe* disponiendo de dicha tecnología decidió montarla, y aunque esto fue positivo, la composición del público fue decepcionante. El 95% de las entradas estaban vendidas antes del estreno como parte de un paquete de suscripción. El boleto costaba un promedio de 25 dólares, lo cual es prohibitivo para la mayoría de la gente. Por consecuencia, el público estuvo compuesto por personas de más de 60 años, profesionales de La Jolla, a las cuales probablemente les pareció una obra pintoresca por sus rituales de santería y por el uso del lenguaje coloquial. Pero el público latino y el trabajador no tuvieron posibilidad de observarse, de conflictuarse, de dialogar. El otro caso es el de *Nora*, obra en un acto de Carballido, producida por el grupo universitario *El Teatro Ensemble*. Este grupo se ha constituido como una compañía de gira, reconociendo la tremenda necesidad de ir en busca del público. Existen dos ocasiones que recuerdo especialmente como actriz de esta obra porque fueron momentos compartidos con públicos verdaderamente destinatarios de este producto.

Nora trata el problema de la mujer que no ha vivido más que para tener hijos y criarlos "como gatos, nada más fijarse que traguen y que no rompan las cosas". Un día Nora decide, casi inconscientemente, preguntar sobre un trabajo como mucama en un hotel. No avisa a nadie y la obra recuenta las diferentes reacciones a su "desaparición". Hablan el marido, sus amigos, las comadres, la suegra y la hija, hasta que regresa Nora del trabajo, feliz por "sentir que podía hacer algo". Se desata una pelea entre Nora y Julio, su marido. Él le prohíbe trabajar y ella lo desafía. En un público de alumnos de secundaria, en su mayoría chicanos y latinoamericanos, éste se dividió y no esperó a que terminara la obra para expresar su opinión. Las mujeres aplaudían a Nora y le demostraban su apoyo con frases como "adelante", "no se deje"; mientras que los hombres le gritaban a Julio "que fuera hombre y la pusiera en su lugar", o que de plano le pegara. Al final de la obra abrimos el diálogo y nosotros no tuvimos que decir una sola palabra; más bien después de una hora hubo que cortar la discusión pues los estudiantes debían regresar a sus clases. Cuando tuvimos un público de adultos jóvenes, casados, con dos o tres hijos y con otro en camino la mayoría, la reacción fue espeluznante. El silencio y la tensión que se percibían en el público ante la misma escena eran desconcertantes. Era el silencio de quienes se reconocían en esos monólogos, de la pareja para la cual estas palabras evidentemente no eran sólo textos sino diálogos del diario.

Actualmente trabajo con *Teatro Meta*, programa bilingüe y bicultural del *Old Globe Theatre*, con el cual acabo de terminar un proyecto en las escuelas destinado a motivar a los estudiantes hispánicos de secundaria que están en peligro de desertar. Se ha comprobado ya un 75% de éxito con los estudiantes que participaron. Su asistencia y calidad de trabajo han mejorado y parecen estar mejor ubicados. También estamos en el proceso de formar un grupo independiente que desarrollará material para hacer teatro en restaurantes, manifestaciones, salones de clase, cafeterías de escuela, colas de cine, en la línea fronteriza y hasta en los foros de París. Pero siempre recordando nuestra marginalidad y apoyándonos en los destinatarios, que una vez que logremos ganar su confianza serán los que incansablemente llevarán a cabo las propuestas que nosotros iniciaremos en los escenarios.

Para concluir, quisiera reiterar que hasta ahora el trabajo cultural e intelectual ha sido separado de su función más peligrosa: constituir al individuo en un ser social. Ahora se presenta como una actividad de pocos y privilegiada. La cultura de masas que intenta dar cohesión a la sociedad por medio de eliminar la diversidad y básicamente al ser crítico, está al servicio de la eficiencia económica y burocrática para lo cual es determinante la homogeneización y aislamiento de los individuos.

El producto alterno pretende hacer todo lo contrario, pero sólo lo logrará si vuelve a encarnarse en las comunidades que históricamente han demostrado poder darle voz y acciones a los proyectos alternos. Todo espacio, por más pequeño que sea, es un espacio de batalla y se trata de utilizarlo con la mayor eficacia posible. No existen soluciones afines para todas las disciplinas, pero lo importante es aceptar el desafío de crear formas que respondan a las necesidades de la mayoría. El teatro y en general los productos culturales chicanos en gran medida dirigen sus esfuerzos en ese sentido. Por ello, es importante comprenderlos dentro de esta categoría de productos culturales alternos y, más aún, en el caso de las creaciones de la mujer. Desde este punto de vista es tan importante la creación como la recepción, lo que plantea la necesidad de crear nuevas formas de difusión.

BIBLIOGRAFÍA

Gramsci, Antonio, *Selections from the Prison Notebooks*, traducción al inglés de Hare y G. N. Smith, Londres, 1971.

Kavanagh, Robert, *Theatre and Cultural Struggle in South Africa*, Londres, Zed Books Ltd., 1985.

Lesnick, Henry (ed.), *Guerrilla Street Theatre*, Chicago, Bard, 1973.

Marx, Karl y Frederick Engels, *The German Ideology: Part I, Selections From Parts II and III and Supplementary Texts*, Nueva York, International, 1985.

Vernier, France, *¿Es posible una ciencia de lo literario?*, traducción de María Olmedo Martínez y Juan Alfredo Bellón Cazabán, Akal, 1975.

AL MARGEN DEL *MAINSTREAM*

Tita Valencia
Escritora mexicana

El *mainstream*, como su nombre lo indica, es río revuelto y ganancia de pescadores. Es el caudal de lo predominante en todos y cada uno de los ámbitos del quehacer humano. Como es lógico, en él priva la ley del más fuerte y el pez grande se come al chico. Qué duda cabe de que el *mainstream* es la potencia zanjeadora, conductora y constructora, determinante del derrotero histórico, ya sea en el primero o en el tercer mundo; pero lo determinante nunca ha sido sinónimo de lo mejor, ni siquiera de lo rasamente justo para el ser humano.

Como todo río que se respete, el *mainstream* se ramifica en afluentes de mayor o menor envergadura, según su área de acción. Y en vísperas del siglo XXI el *mainstream* de las artes y humanidades va siendo uno de los más desecados en el inventario universal, apenas lecho pedregoso en que algún hilillo de agua solitaria despierta el espejismo de la corriente que fue.

Hasta, digamos, el estallido de la Segunda Guerra Mundial, destinar la vida a las artes o humanidades no era más extravagante que destinarla a la explotación científica aunque, claro, además del imperativo vocacional conllevaba la disposición a plenitud del propio tiempo para ser libremente ganado o perdido en la inversión: *Of Time and the River*, como el título de Thomas Wolfe. Hoy la disposición tiene que ser de dinero, empezando porque "time is money". Y salvo en los inalcanzables niveles del *mainstream* editorial del primer mundo, todos sabemos que la creación literaria no da para vivir. Queda, pues, su ejercicio o como lujo supremo o como auto de fe. Doble compromiso existencial.

Para la mujer, triple. Nos veo a las escritoras de ficción o, mejor dicho, a las eternas aspirantes a serlo, esperando tener tiempo y/o dinero para escribir, no a la medida de nuestro potencial ni mucho menos, sino siquiera el mínimo indispensable para indexar un temario, apuntar ideas sueltas, células de cuentos, finales sin principio, títulos que no tendrán secuencia, asombros cotidianos como el que hizo decir a Sor Juana que si Aristóteles hubiera guisado, mucho más hubiera escrito. Imposible. Está, ante todo, el cumplimiento de esa primera responsabilidad que es la doméstica y de la que no sabríamos o no querríamos prescindir. Paralelamente, está el cumplimiento de un trabajo en serio, es decir, generador de ingresos para el hogar, ya sea para complementar el del marido o como sostén único. Y lo cierto es que quienes faltas de la debida preparación no logramos ingresar a las filas gemelas del periodismo, de la investigación o del magisterio —que son en sí creación y compromiso de tiempo completo— no pasamos nunca de la improvisación, no consolidamos una carrera congruente y gratificante como pueden serlo los *mains-treams* mencionados.

¿Y el texto que nos ronda la cabeza, el sueño indescifrado que se esfuma, el cabo suelto de poema que nos quema el corazón como una amenaza de muerte larga, largamente callada? ¿Y la respuesta a la literatura femenina que devoramos de continuo y a la historia de que somos parte? Esperan. Esperan mientras ensayamos la palabra subsidiaria en mal pagadas traducciones, textos ocasionales, oficios administrativos que nadie lee, en guiones para radio o televisión, aquí una adaptación teatral, allá un *collage* histórico, la introducción al catálogo de un amigo pintor, las notillas documentales a discos sin gloria, la crítica las más de las veces acrítica por el deseo de abrir camino a quienes luchan en campos tan infructuosos como el nuestro, etcétera.

Sorprendentemente, es éste el espacio en que nos va poseyendo una gran revelación que deviene una gran tentación. ¿Cuál? La muy paulatina percepción del prójimo que es la mismísima materia prima de la literatura: el barro humano de ambos sexos, la trama ya no inmediata y familiar, sino mediata y social. Y es entonces la ficción hecha realidad, a veces con baratura de historieta o telenovela, pero cuya matizada lectura no es la misma desde la perspectiva de una mujer que la de un hombre. Es tal el imperativo de esta atracción, que vamos sustituyendo el sueño de descifrar el ego propio y ajeno por cerrar filas con la vida que bulle en nuestro derredor; vamos abrazando esa "realidad rugosa" de que hablaba Rimbaud para constituirnos, en la medida de lo posible, en el punto y seguido laboral que, no carente de imaginación literaria, haga posible que otros —eminentemente otras— ingresen al *mainstream* de la creación. Creación que en muchos casos ya no versará sobre nuestro apasionado discurso interno —que hasta los años setenta no ha dejado de ser código cifrado para iniciados. En mis azarosas estancias en la burocracia descubro, una y otra vez, que existe ya toda una red de espionaje (entiéndase presencia y conciencia) femenina en todas las estructuras laborales de México; que tenemos testigos en la más amplia gama de niveles, desde la que ejerce posiciones de alto rango por derecho propio, hasta la bravura subterránea de los servicios en una retaguardia que ya empieza a deslindar integridad de entreguismo. Y conste que en tales medios no hay vuelo poético que valga, ni dato viable ni evidencias de verdad para que caiga la espada de Damocles sobre toda cabeza de mujer que ve, piensa y ya no calla.

En este sentido —y es una de las razones por las que me entusiasmó participar en este coloquio— yo tengo una deuda impagable con la mujer chicana. Bien puedo decir que mi muy tardío despertar a la conciencia social se dio en los casi siete años que viví en San Antonio. El contexto norteamericano intensificó cuantas similitudes y diferencias, negativas y positivas, pueden darse entre nosotras.

Históricamente, México se ha lavado las manos respecto al curso del destino chicano. Con frivolidad de coctel diplomático ha instituido en el suroeste norteamericano programas de "acercamiento" con nuestros hermanos, que a poco México mismo se encarga de inhabilitar. No nos afecta, en la medida en que nuestro desprestigio es aguja en el pajar norteamericano, pero sí lesiona en lo inmediato la de por sí difícil lucha de la comunidad mexico-norteamericana en su inevitable integración. Por su parte el gringo, espectador obligado y desdeñoso, es dueño del *ring* en que se entabla la lucha libre entre mexicanos y chicanos. A veces cobra la entrada al espectáculo; a veces paga por ver y azuza a los contrincantes para devaluar a su favor los remanentes.

El caso es que, quienes en nombre de México nos insertamos en ese mundo (sobre todo los chilangos, otra consecuencia nefasta de nuestro centralismo), nos encontramos de manos a boca con la más desconcertante de las situaciones: la tremenda culpa de no haber sabido, de no haber intuido, de no haber seguido y mucho menos acompañado el desarrollo vital de los chicanos. Ignorancia imperdonable ha sido presuponer que, porque provenimos de un mismo tronco racial, un idioma, una cultura, una religión otrora comunes, nos espera una comunicación implícita, como de parientes lejanos en que prevalece el llamado de la sangre. Nada más falso. Para quienes no lo han vivido en carne propia, es inimaginable, repito, inimaginable, lo que significa el trasplante de todo un árbol genealógico al territorio que, por definición, nos es a los latinos el más inhóspito posible. Y no ha sido un árbol: son millones, millones de árboles que no nos dejan ver el bosque. Por cierto que el idioma es uno de los peores agravantes del equívoco; siendo el mismo, ya no es el mismo porque se refiere a otro contexto, a otro sistema, a otro *establishment*, a otra mecánica operativa, a otras funciones, a otros riesgos, a otras consecuencias. Y esto abarca desde las "aseguranzas" médicas, desde los cupones del "welfare" por desempleo, hasta los Méxicos de referencia para unos y otros, que se multiplican en los más delirantes mitos de elección y, en su defecto, de franca invención.

Aceptar la constante de este desfasamiento me mantuvo en un saludable estado de alerta. Pude así valorar la impresionante ventaja que las chicanas nos llevan en muchos órdenes del desarrollo comunitario (el trabajo voluntario, por ejemplo, adquiere proporciones impensables en México); en su política frontal contra opositores chicanos o anglosajones en todas las áreas de la subsistencia, de los derechos humanos, la educación, los servicios públicos, la salud... por no mencionar su movilización de ayuda a nuestros indocumentados a través de instituciones como el "santuario". ¡Cuando el temblor de 1985, qué chicanas no dejaron sus prioridades profesionales por organizar los envíos de socorro a México! En suma: su aprovechamiento de los recursos materiales y humanos, sin duda dictado por casi cien años de soledad en su *status* de minoría —mujeres— al interior de otra minoría —chicanos— nos haría enrojecer de vergüenza.

Todavía no, en cambio, en su desempeño de las artes y humanidades. Todavía no en su literatura creativa, aunque empecemos a respetar su ejercicio de investigación y análisis. Y reitero por qué: porque sobre el origen común nos separan dos elementos definitivos en la formación estética del individuo, primero, y de la cultura, después: y son el tiempo y el espacio. Es decir, la literatura chicana como movimiento "colectivo" apenas está naciendo, apenas se está dando a luz a sí misma desde el convencional pero generalmente aceptado parteaguas de 1968. Y estoy hablando tanto de la masculina como de la femenina. Esto significa que, por mucho que haya leído este par de flamantes generaciones universitarias, cualquiera que sea el número de *masters degrees* y *phds* que hayan acumulado, en términos históricos no han tenido tiempo de crear sedimento, de crear fermento, de ser portadoras de ese decantamiento hecho *bouquet* que constituye la antorcha de relevo esencial en toda cultura.

No la grava ni para bien ni para mal la herencia ancestral de la literatura iberoamericana. Tampoco la anglosajona que tanto impactó a mi generación mexicana. No hablemos ya de otros *mainstream*s milenarios, excepto en el caso de chicanas con ramas familiares judías, griegas, italianas, germanas. No que no las conozcan; simplemente las adquieren simultáneamente a su propia novedad, a su propia contemporaneidad, a su propia guía de comerse al mundo. Disciplinadas a la manera norteamericana, metódicas según tales patrones, con recursos económicos inimaginables en nuestro tercer mundo, oscilan entre el academismo a ultranza y la barbarie nominatoria de su propio cuerpo, agotado por la más soez pornografía norteamericana para consumo "hispano". Y hay en ello testimonio de primera mano, autosacrificio, insolencia, audacia, ignorancia, sabiduría, teoría, instinto, talento, inocencia... erupción volcánica.

"Nada es excluyente", me decía Rosemary Catacalos, directora de literatura del Guadalupe Arts Center de San Antonio. "Porque estaríamos repitiendo exactamente el esquema discriminatorio que tanto hemos padecido y que queremos eliminar."

Para mí, el peligro que amenaza a la literatura chicana —y aquí sí me refiero por obvias razones a la femenina—, es la trampa anglosajona de ponerles, o demasiadas dificultades, o demasiadas facilidades. Aunque sus obras todavía no ingresan de lleno al *mainstream* editorial, las chicanas han conquistado en breve tiempo su derecho a la educación superior, a las carreras de alto nivel, a las becas, los *grants* o *funds*, los financiamientos municipales, estatales o federales de sus proyectos, etcétera. Pero vuelvo al principio: el *mainstream* es río revuelto y ganancia de pescadores. Y sin que yo pueda comprobarlo, intuyo que existe un deliberado maquiavelismo de las clases dominantes en sustraer todo apoyo a las escritoras más dotadas y, en cambio, concederlo desproporcionadamente a las menos. Esto tiene una incontrovertible razón de ser política: por un lado confirman su democracia disponiendo de partidas presupuestales para las minorías que, a boca cerrada, consideran racialmente inferiores: negras, chicanas, asiáticas. Pero por otro, demuestran abiertamente su ineptitud genética, sus "fallas de origen" como se dice en ingeniería.

No importa. Estas marginadas serán las márgenes de un futuro *mainstream*; los diques que refuercen no sabemos si un hilo de agua o un caudal; los ríos subterráneos y los mantos acuíferos que alimenten, al fin madres, el lecho de las próximas generaciones de escritoras chicanas. Qué duda cabe que quienes lo alcancen en legítima coincidencia de obra y oportunidad, habrán tenido que nadar contra corriente en forma casi suicida. Como los salmones, habrán tenido que emprender la escalada a saltos río arriba, dejando atrás su natural turbulencia oceánica para cruzar millares de kilómetros enemigos y arribar un día a las aguas dulces de la creación libre. El desove dará de todo, pero la ley de probabilidades nos dice que sobrevivirá la fuerza, que es ya un principio de calidad trascendente. Porque se saben medularmente, responsablemente portadoras de la voz que debe hablar por todas las que nunca, nunca más lo harán. Y será suyo el discurso de Joseph Brodsky al recibir el Premio Nobel, cuando dijo: "Mi sensación (de dificultad, de incomodidad) se ve agravada no tanto por el pensamiento de los que ocuparon este lugar antes que yo como por la memoria de los que no recibieron este honor, de los que no tuvieron la oportunidad de dirigirse *urbi et orbi*, como suele decirse, desde este estrado, y cuyo silencio acumulado busca en cierto modo expresarse a través de este orador."

No tengo la menor duda de que lo lograrán.

Este libro se terminó de imprimir en octubre de 1990 en
los talleres de Offset 70, Víctor Hugo 99, esq. Rumania,
col. Portales. Se imprimieron 1 000 ejemplares más
sobrantes para reposición. Cuidó la edición el
Departamento de Publicaciones de
El Colegio de México.